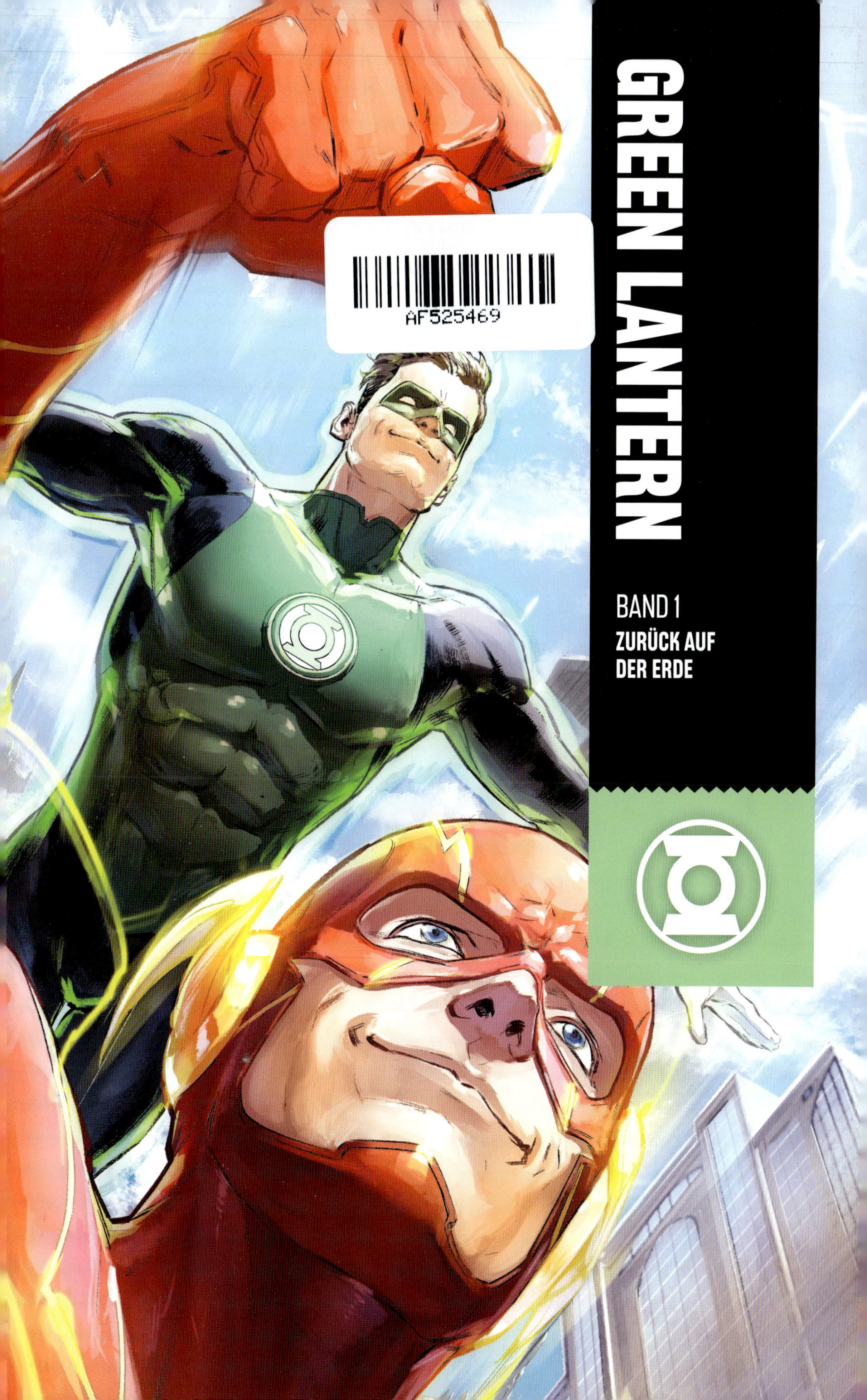
GREEN LANTERN
BAND 1
ZURÜCK AUF
DER ERDE

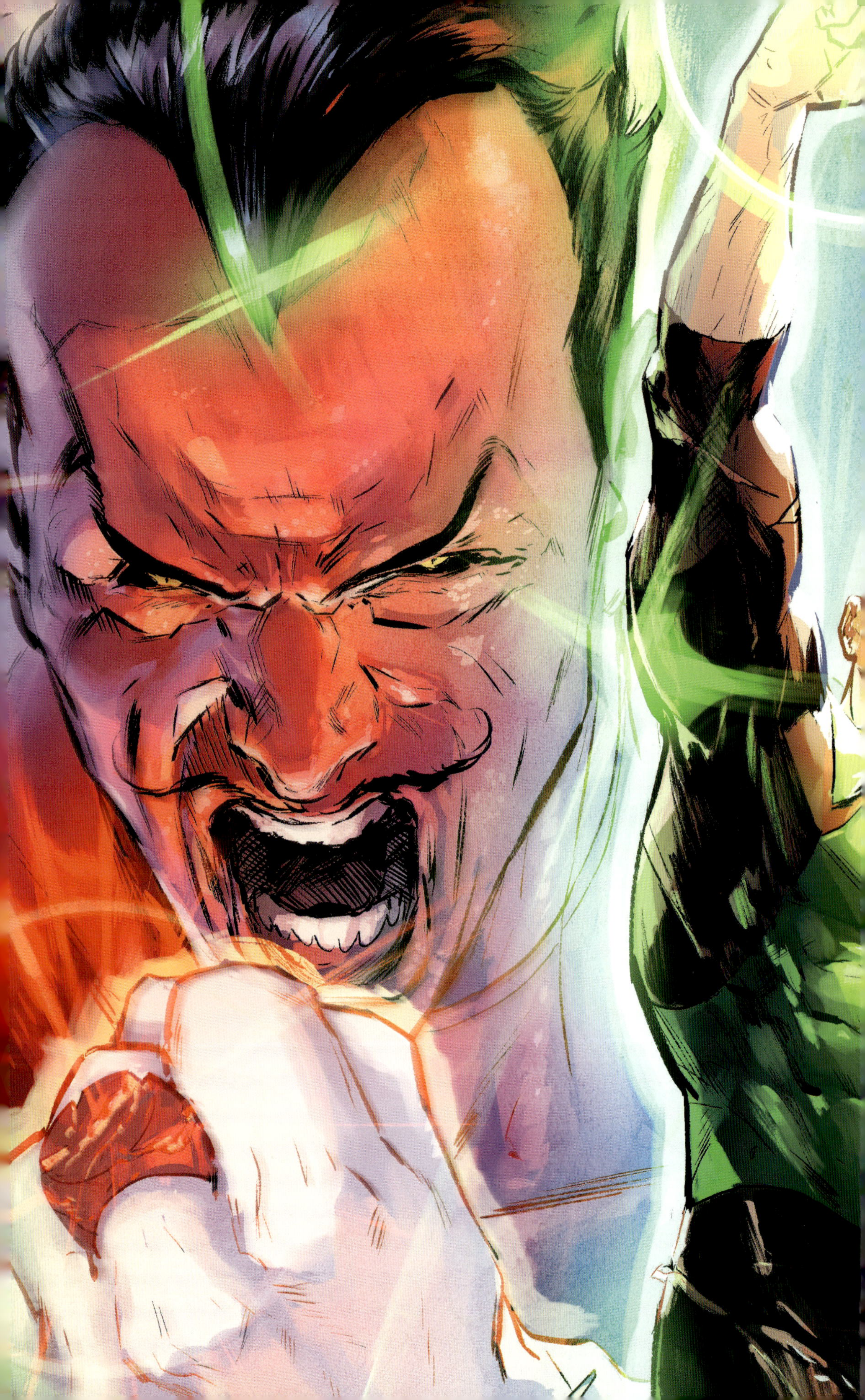

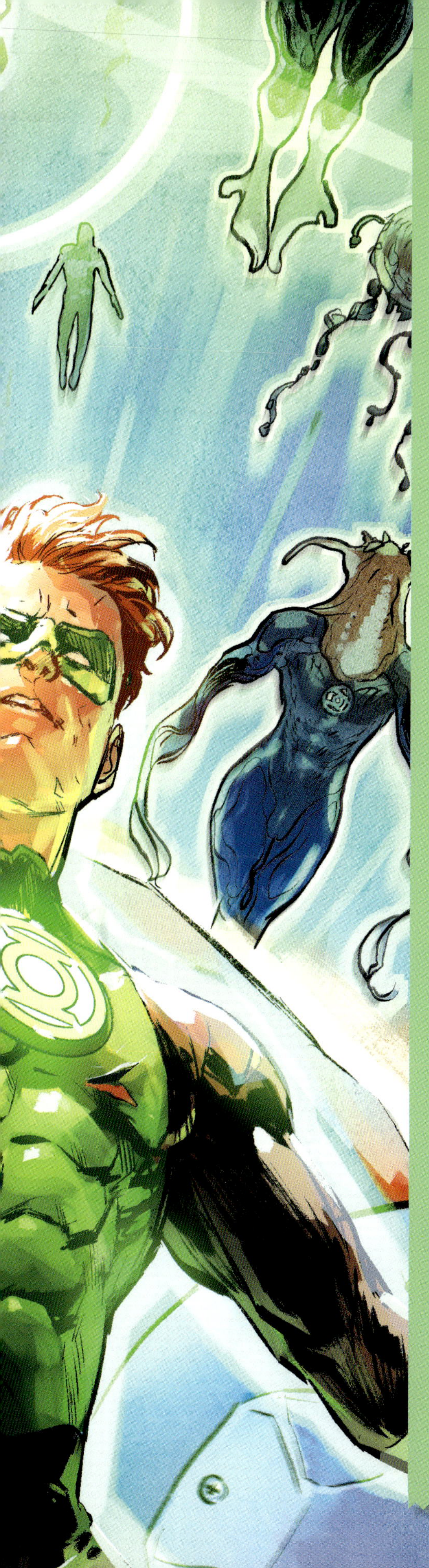

DER GRÜNE PLANET

Willkommen zu neuen Abenteuern mit der altbekannten **Green Lantern Hal Jordan** – dessen Leben nicht mehr so ist, wie es mal war. Über Jahrtausende hinweg haben die Mitglieder des **Green Lantern Corps** sämtliche Bereiche des bekannten Universums geschützt. Die weisen und unsterblichen **Wächter des Universums** vom Planeten **Oa** statteten ihre Agenten mit Energieringen aus, die die grüne Energie der Willenskraft bündelten, um damit in den ihnen zugewiesenen Raumsektoren für Recht und Ordnung zu sorgen.

Vor Kurzem gingen die Wächter ein Bündnis mit der neu gegründeten galaktischen Organisation der **United Planets** ein, dem jedoch kurz darauf eine verheerende Katastrophe folgte: Ein Terroranschlag zerstörte die Energiebatterie auf Oa und somit die zentrale Energieversorgung der Green Lanterns. Das Corps schien zerschlagen und erledigt. Durch die Anstrengungen der irdischen Lantern **John Stewart** jedoch, der mittels der göttlichen Energie der **Quelle** Oa wiederherstellte, konnte das Corps gerettet werden. Doch nach diesem glücklichen Ausgang für die Green Lanterns wurde ihre Welt erneut auf den Kopf gestellt. Die Wächter sind verschwunden und der **Raumsektor 2814** mitsamt dem Planeten Erde wurde von den United Planets, die das Green Lantern Corps mittlerweile leiten, zur verbotenen Zone erklärt. Hal Jordan, der einst als größte Green Lantern von allen galt, quittierte aus Protest über die Entwicklungen den Dienst beim Corps. Jetzt fristet er ein Dasein als ganz gewöhnlicher, ziemlich abgebrannter Erdenbürger auf seiner Heimatwelt. Doch manchmal sorgt das Schicksal für unerwartete Wendungen …

Christian Heiß

JEREMY ADAMS
Story

XERMÁNICO
SCOTT GODLEWSKI
Zeichnungen & Tusche

ROMULO FAJARDO JR.
Farben

CHRISTIAN HEISS
Übersetzung

GIANLUCA PINI
Lettering

XERMÁNICO
Original-Cover

GREEN LANTERN erscheint bei **PANINI COMICS**, Schloßstraße 76, D-70176 Stuttgart. Druck: Lito Terrazzi S.r.l. – Prato. Pressevertrieb: Stella Distribution GmbH, D-22297 Hamburg. Direkt-Abos auf **www.paninicomics.de**. Anzeigenverkauf: BLAUFEUER VERLAGSVERTRETUNGEN GmbH, info@blaufeuer.com. Es gelten die Anzeigenpreise gemäß der Mediadaten 2024. Geschäftsführer **Hermann Paul**, Publishing Director Europe **Marco M. Lupoi**, Finanzen/Logistik **Felix Bauer**, Marketing Director **Holger Wiest**, Marketing **Thorsten Kleinheinz**, Vertrieb **Alexander Bubenheimer**, PR/Presse **Steffen Volkmer**, Publishing Manager **Lisa Pancaldi**, Redaktion **Tommaso Caretti**, **Christian Grass**, **Christian Heiß**, **Nicola Soressi**, **Monika Trost**, **Daniela Uhlmann**, **Jürgen Zahn**, Übersetzung **Christian Heiß**, Proofreading **Monja Reichert**, Lettering **Gianluca Pini**, grafische Gestaltung **Rudy Remitti**, **Nicola Spano**, Art Director **Alessandro Gucciardo**, Redaktion Panini Comics **Annalisa Califano**, **Beatrice Doti**, Prepress **Francesca Aiello**, **Andrea Bisi**, Repro/Packager **Alessandro Nalli** (coordinator), **Anna Boselli**, **Mario Da Rin Zanco**, **Valentina Esposito**, **Luca Ficarelli**, **Linda Leporati**. Cover von **Xermánico**, *Green Lantern* 1. Variant-Cover von **Evan „Doc" Shaner**, *Green Lantern* 3 Variant.

Digitale Ausgaben:
ISBN 978-3-7569-0758-8 (.pdf) / ISBN 978-3-7569-0756-4 (.epub) / ISBN 978-3-7569-0757-1 (.mobi)

Bibliografische Information der Deutschen Nationalbibliothek
Die Deutsche Nationalbibliothek verzeichnet diese Publikation in der Deutschen Nationalbibliografie; detaillierte bibliografische Daten sind im Internet über dnb.d-nb.de abrufbar.

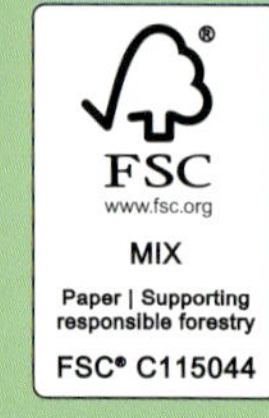

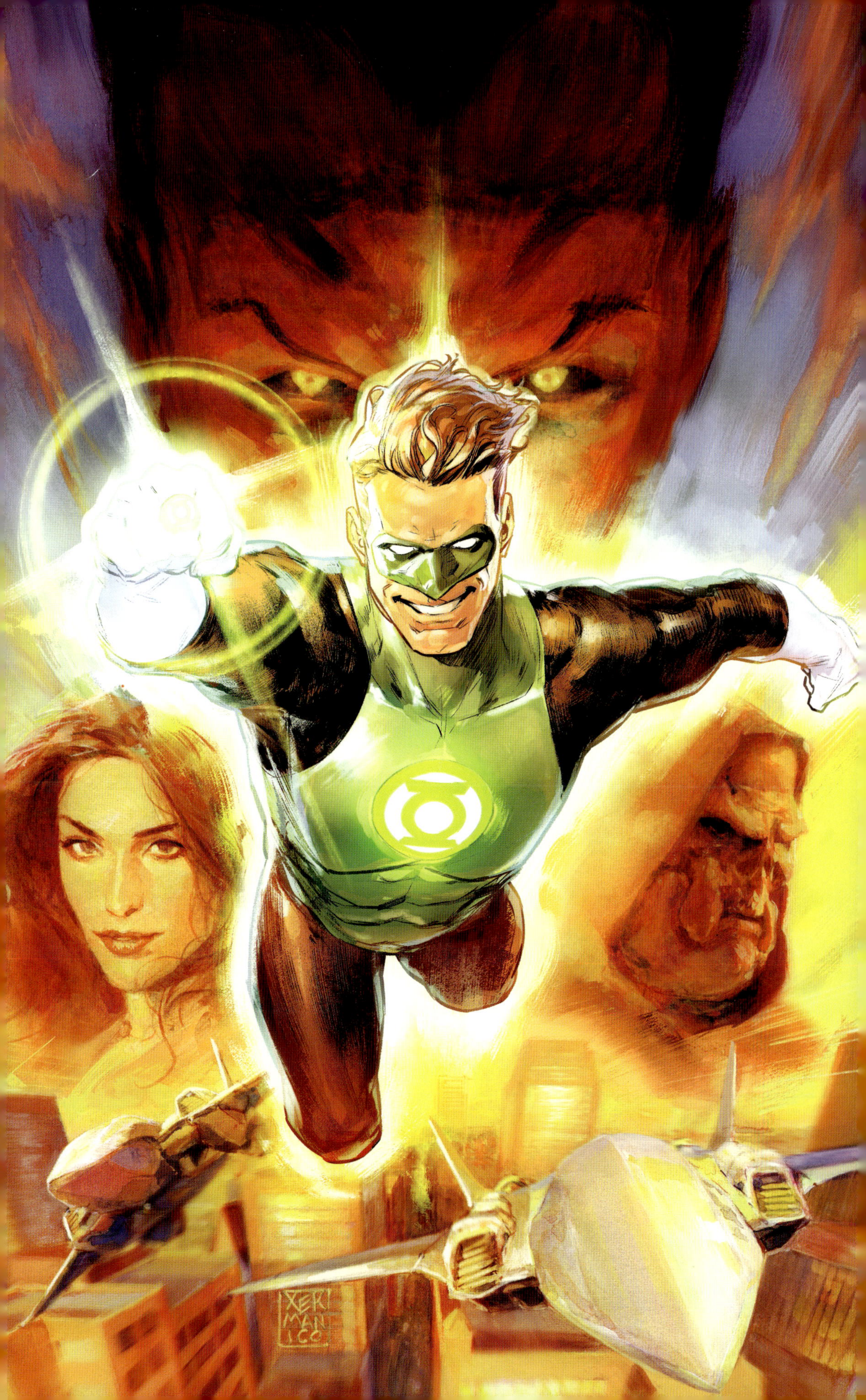

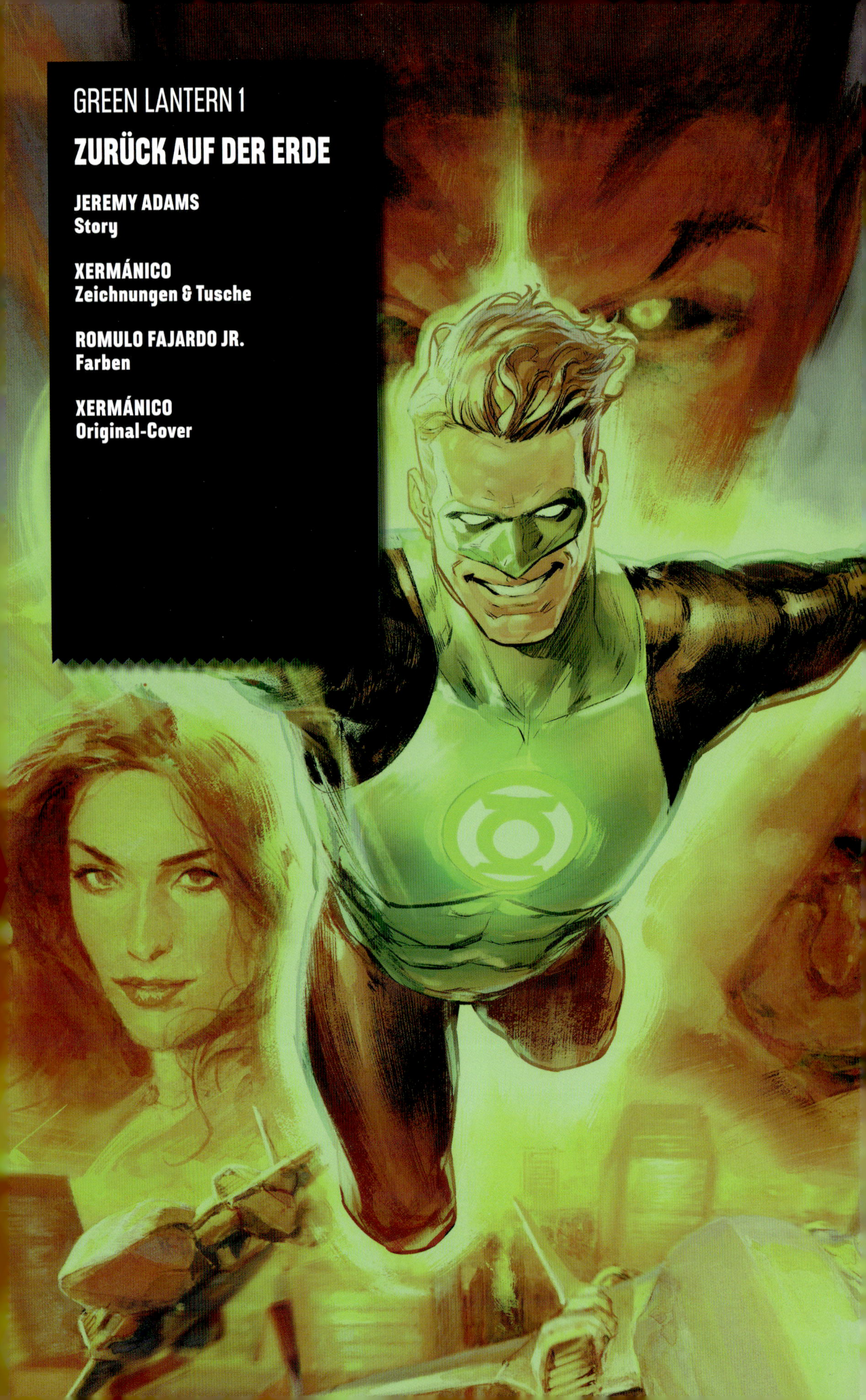
GREEN LANTERN 1
ZURÜCK AUF DER ERDE
JEREMY ADAMS
Story
XERMÁNICO
Zeichnungen & Tusche
ROMULO FAJARDO JR.
Farben
XERMÁNICO
Original-Cover

WIESO BIN ICH ZURÜCK-GEKOMMEN? WAS HAB ICH MIR NUR GEDACHT?

DU HAST DIR GEDACHT, DASS DAS DEIN *JOB* IST. DU DAFÜR *GE-BOREN* BIST.

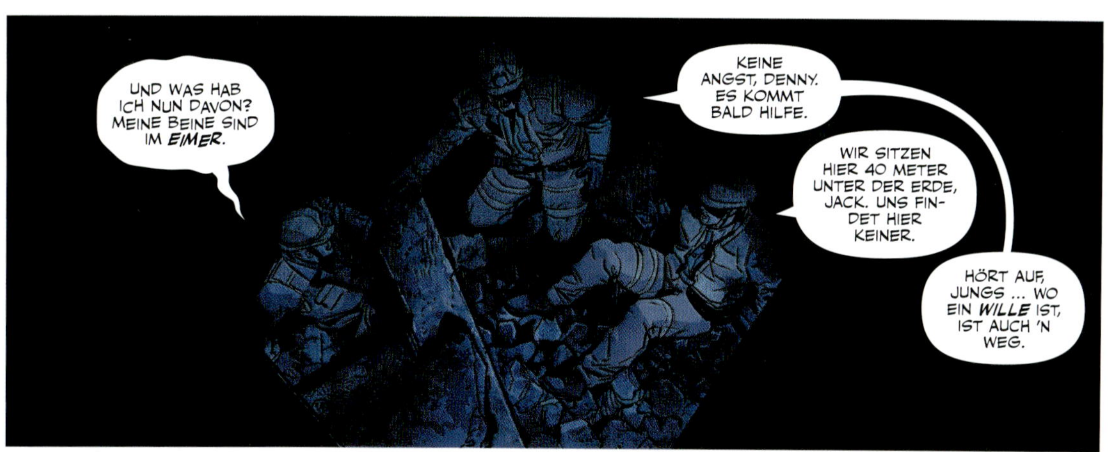

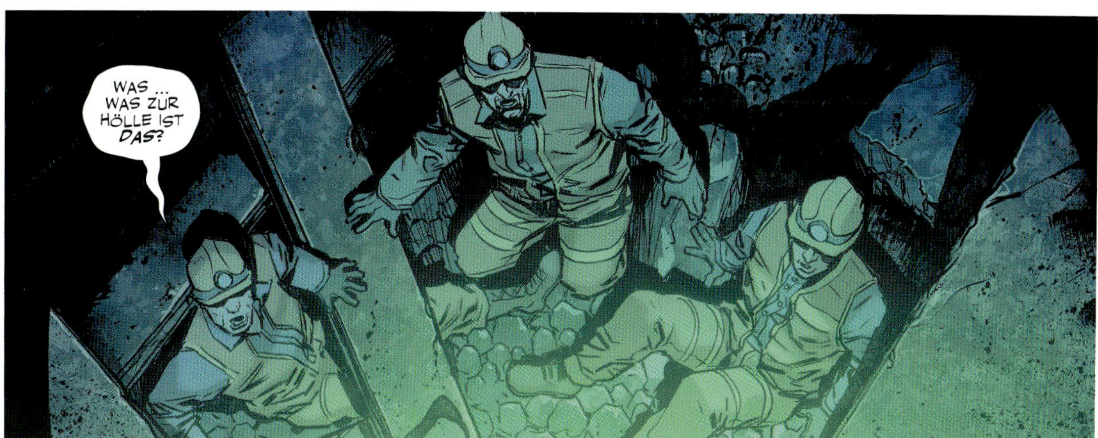

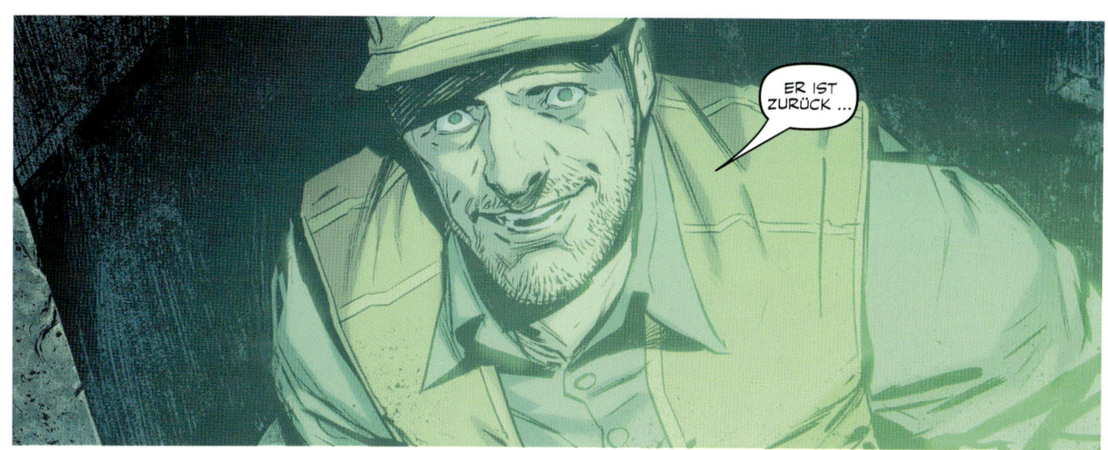

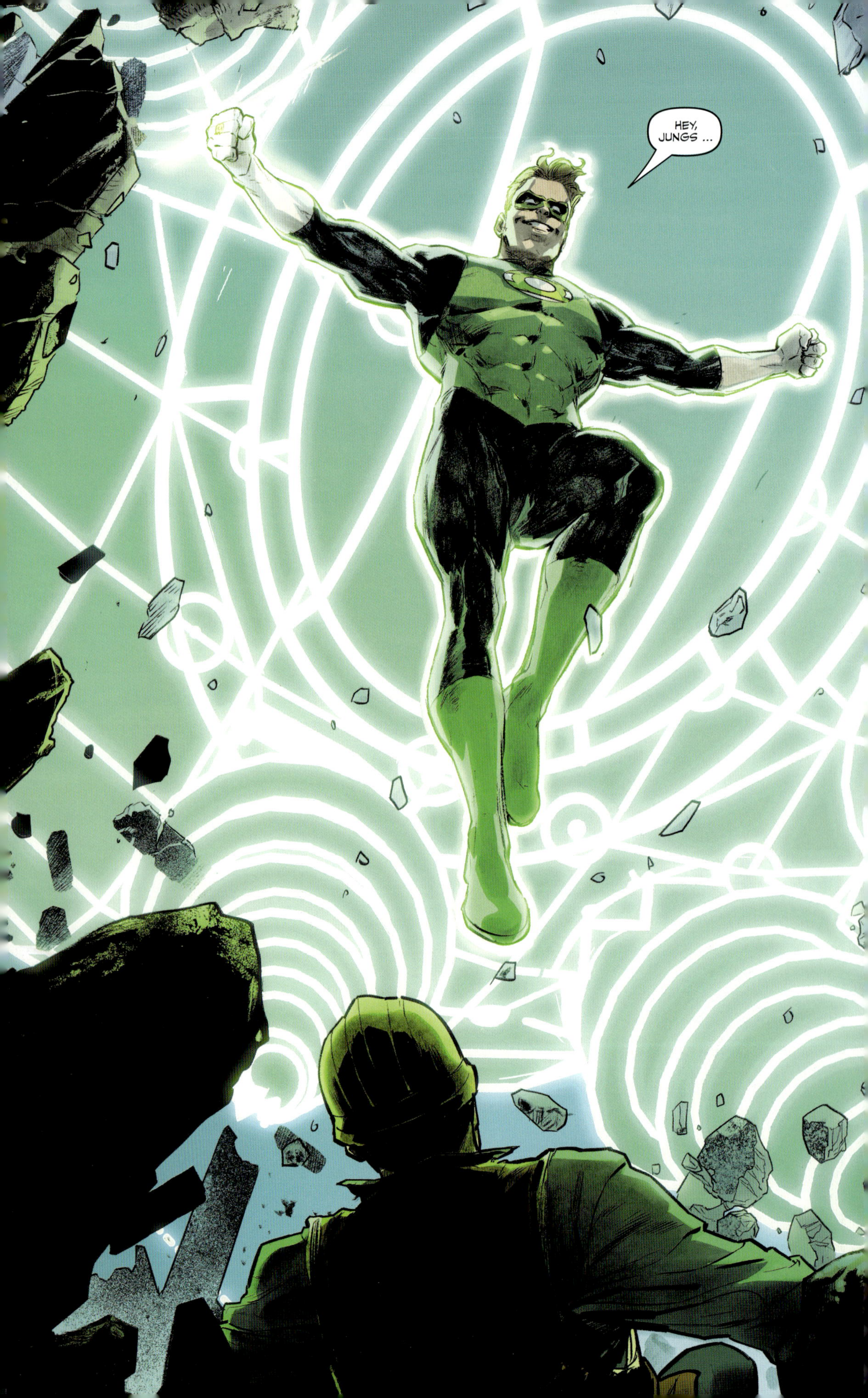
HEY, JUNGS ...

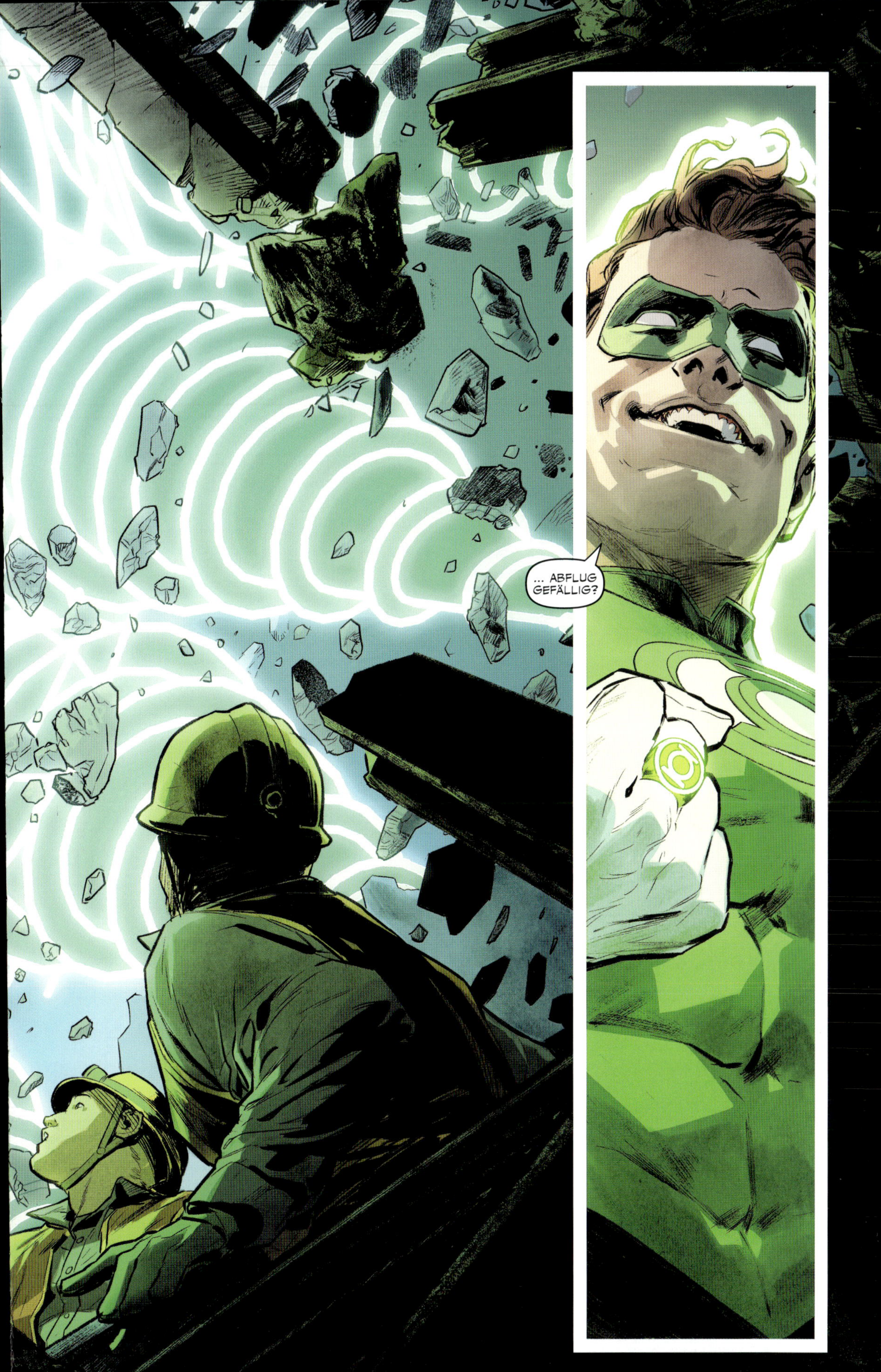
... ABFLUG GEFÄLLIG?

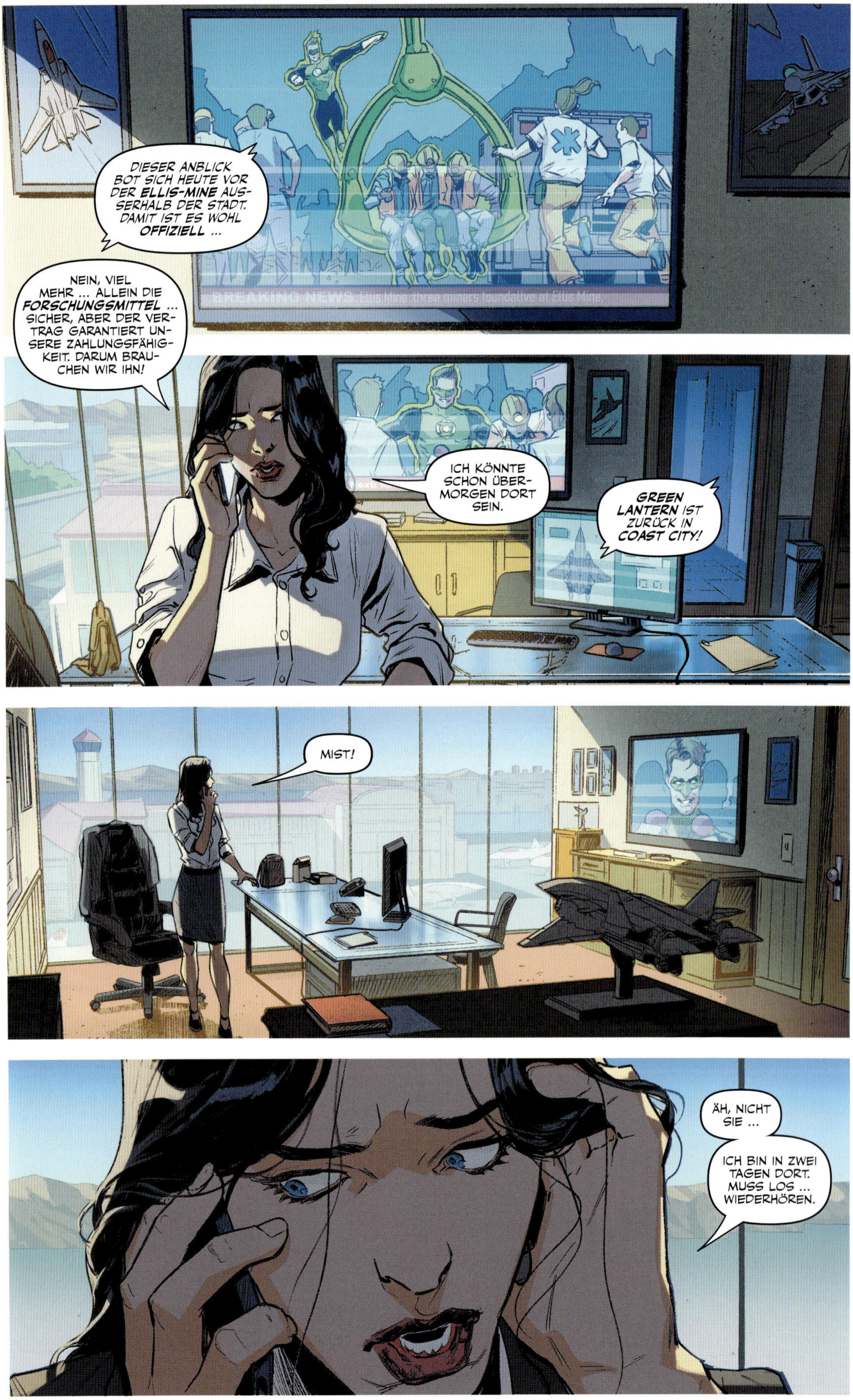

DIESER ANBLICK BOT SICH HEUTE VOR DER **ELLIS-MINE** AUSSERHALB DER STADT. DAMIT IST ES WOHL **OFFIZIELL** ...

BREAKING NEWS

NEIN, VIEL MEHR ... ALLEIN DIE ***FORSCHUNGSMITTEL*** ... SICHER, ABER DER VERTRAG GARANTIERT UNSERE ZAHLUNGSFÄHIGKEIT. DARUM BRAUCHEN WIR IHN!

ICH KÖNNTE SCHON ÜBERMORGEN DORT SEIN.

GREEN LANTERN IST ZURÜCK IN ***COAST CITY!***

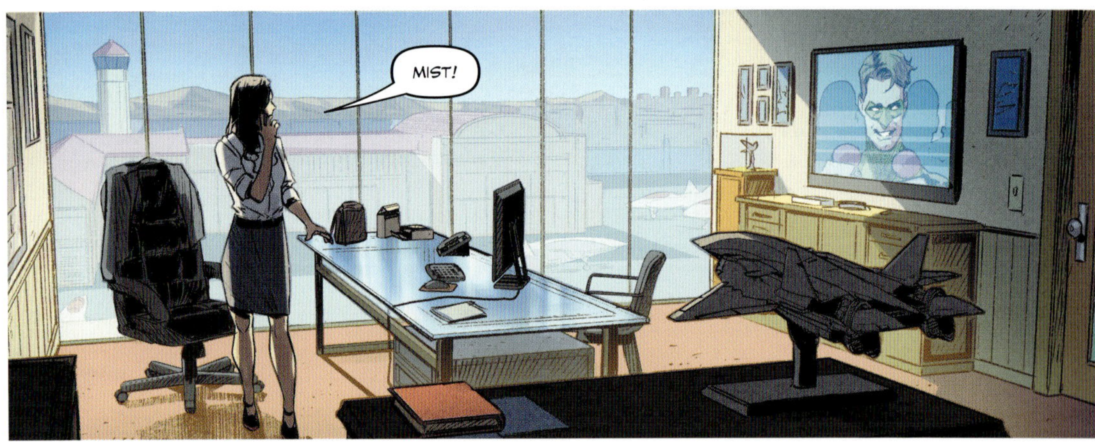

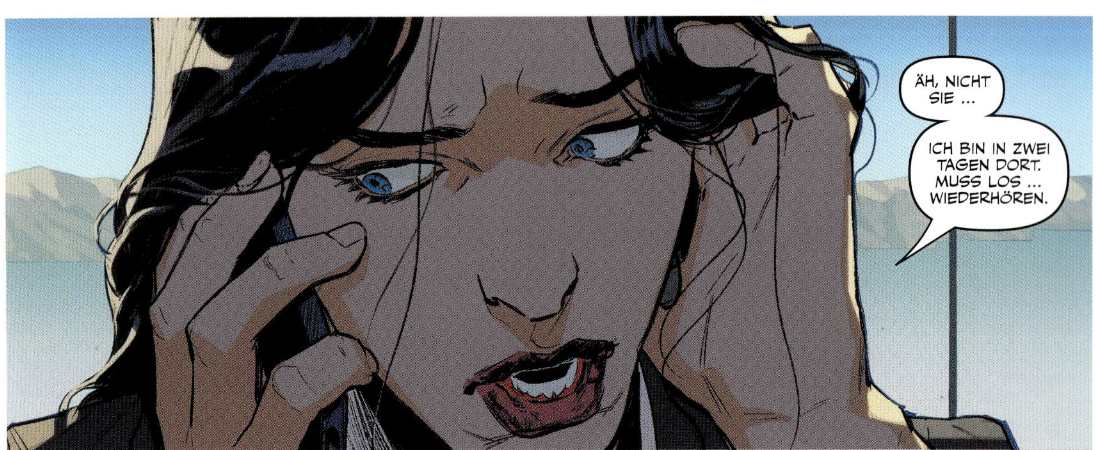

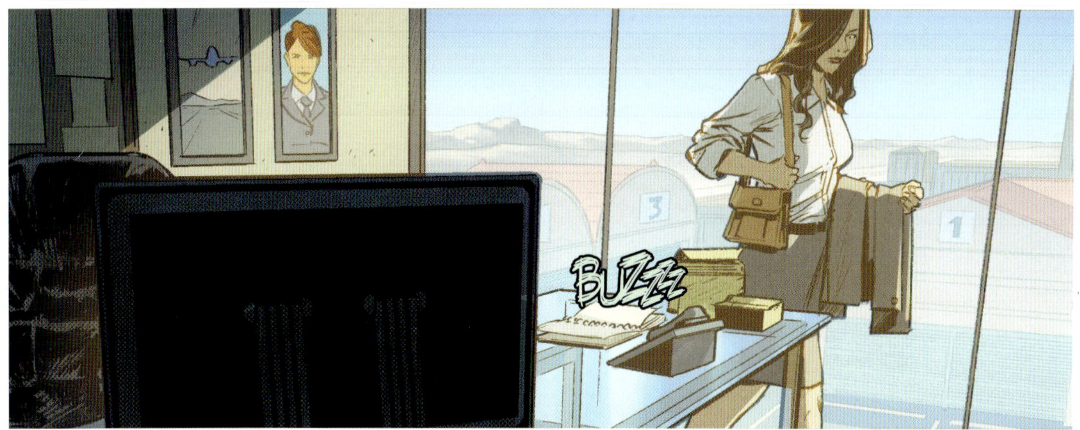
BUZZZ

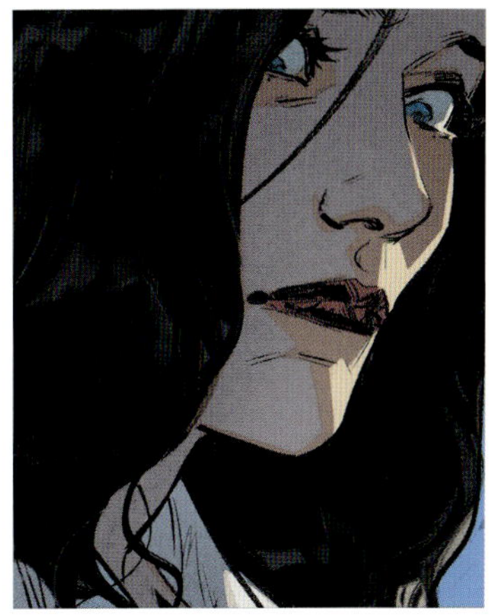

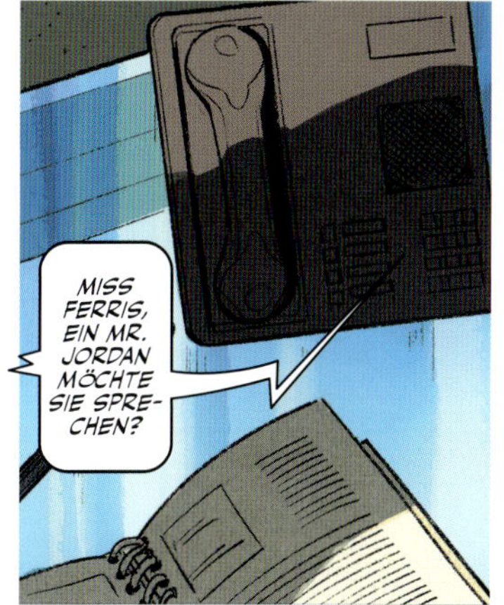
MISS FERRIS, EIN MR. JORDAN MÖCHTE SIE SPRECHEN?

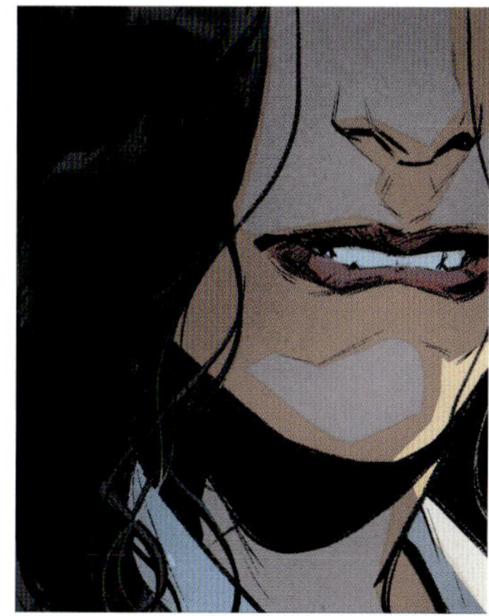

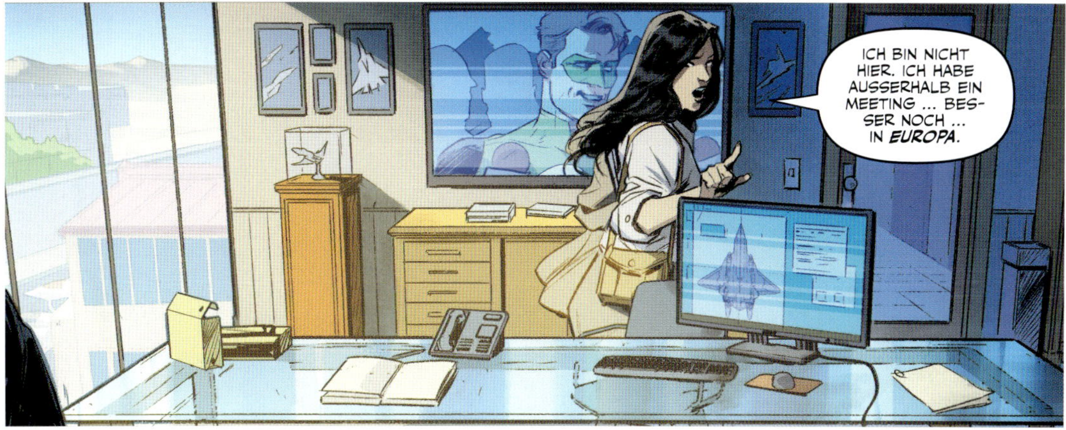
ICH BIN NICHT HIER. ICH HABE AUSSERHALB EIN MEETING ... BESSER NOCH ... IN *EUROPA*.

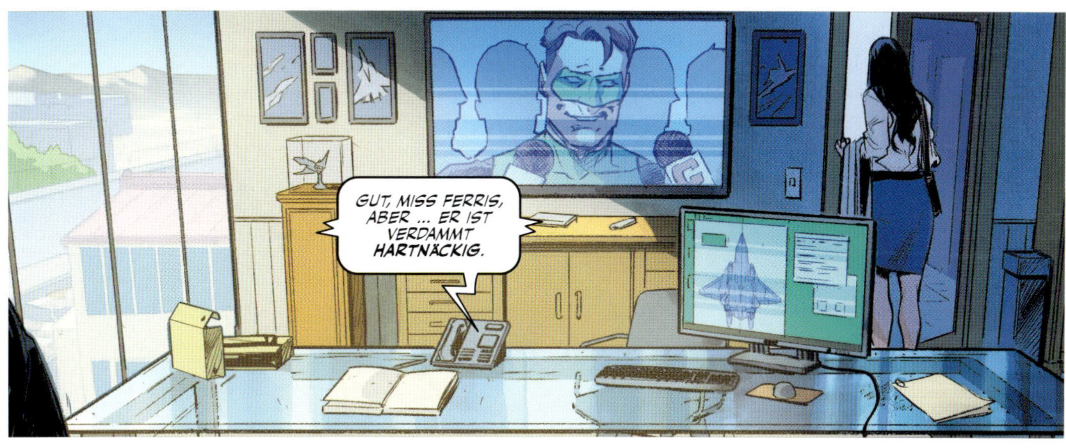
GUT, MISS FERRIS, ABER ... ER IST VERDAMMT **HARTNÄCKIG**.

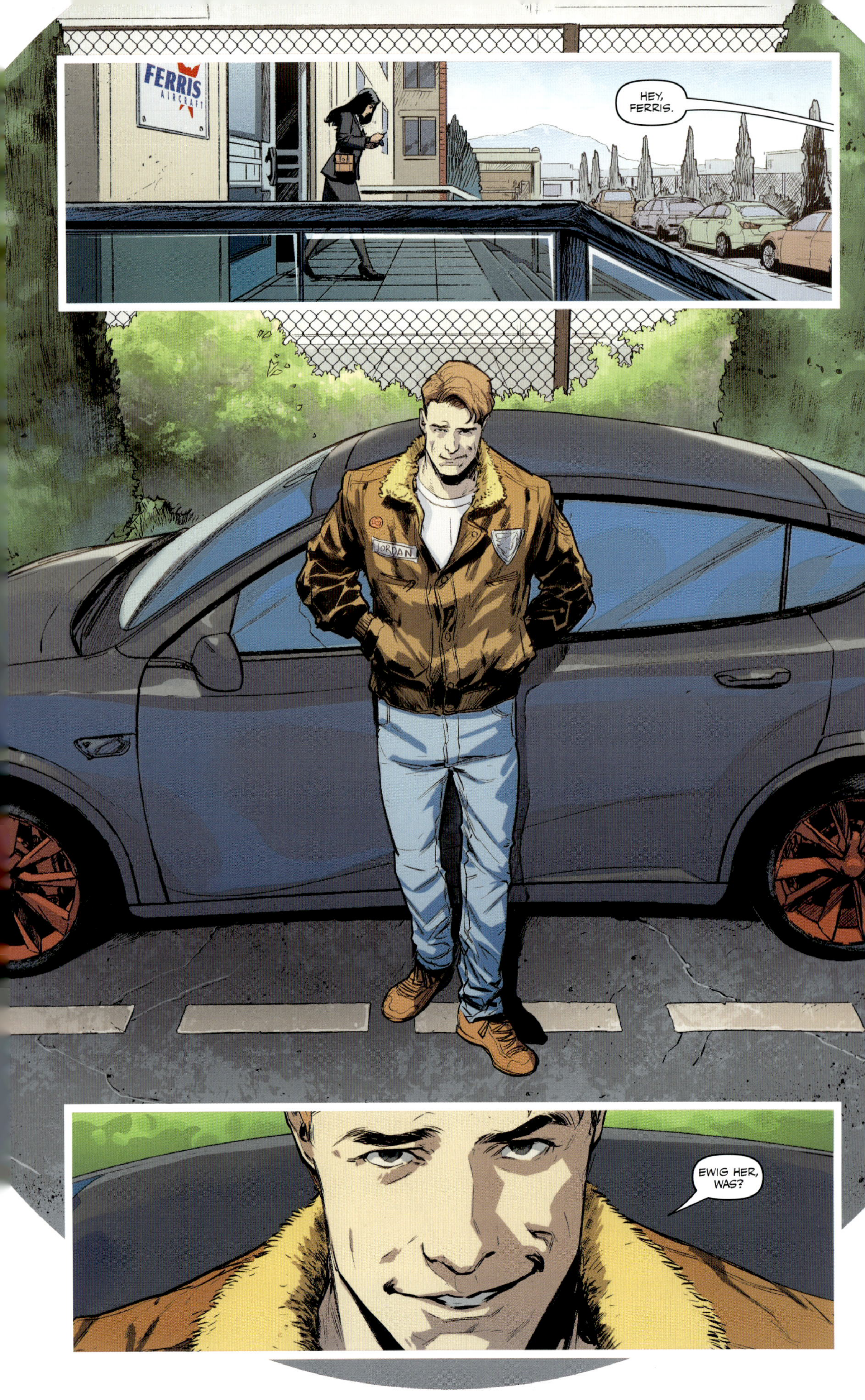
FERRIS
AIRCRAFT
HEY, FERRIS.
JORDAN
EWIG HER, WAS?

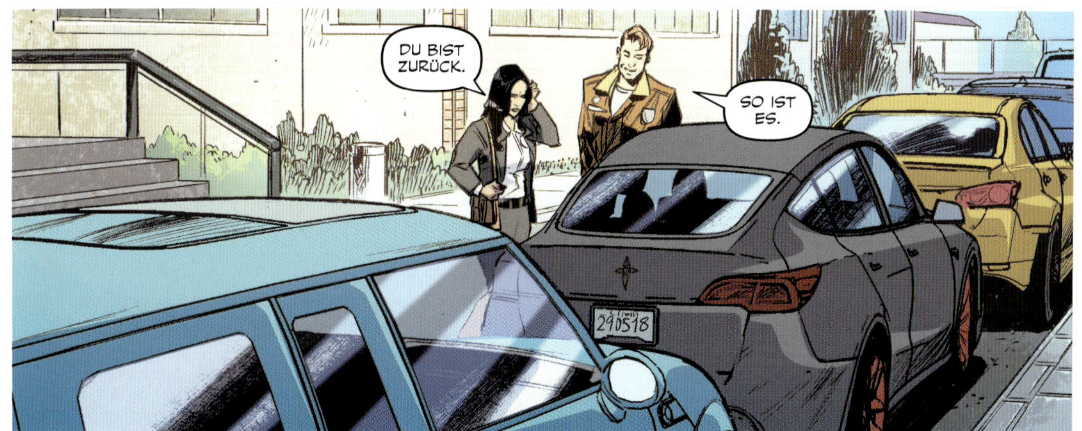
DU BIST ZURÜCK.
SO IST ES.
290518

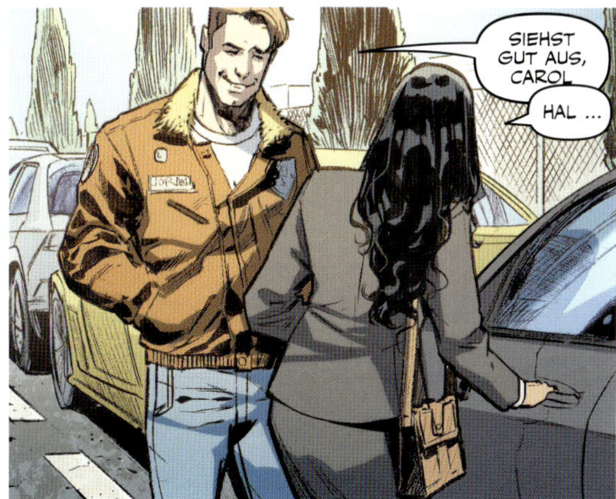
SIEHST GUT AUS, CAROL.
HAL ...

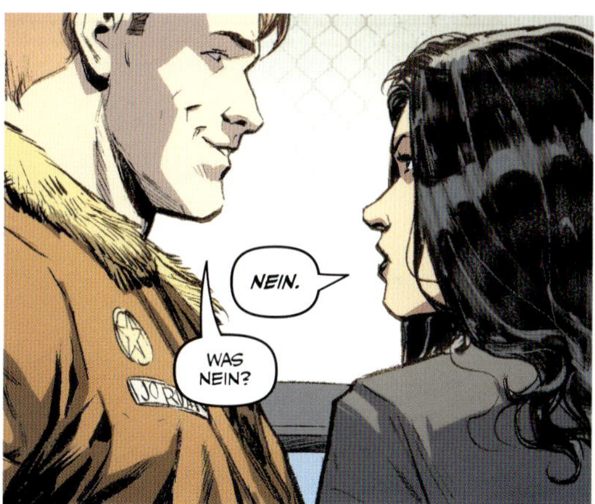
NEIN.
WAS NEIN?

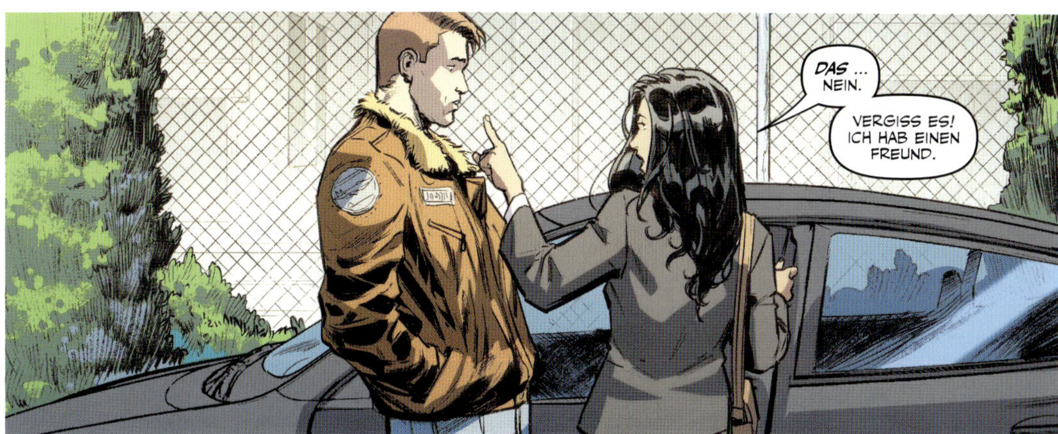
DAS ... NEIN.
VERGISS ES! ICH HAB EINEN FREUND.

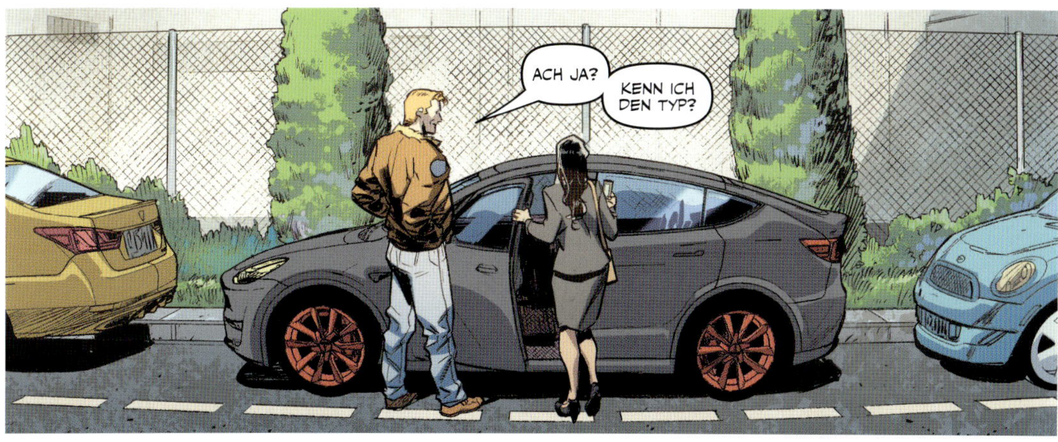
ACH JA?
KENN ICH DEN TYP?

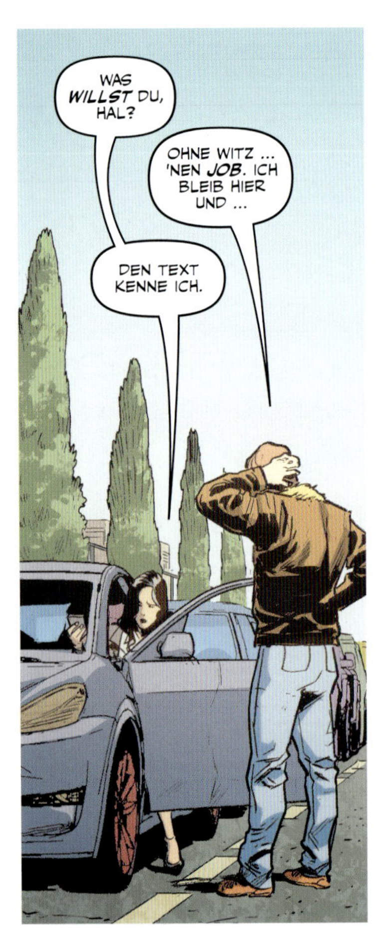
WAS *WILLST* DU, HAL?
OHNE WITZ … 'NEN *JOB*. ICH BLEIB HIER UND …
DEN TEXT KENNE ICH.

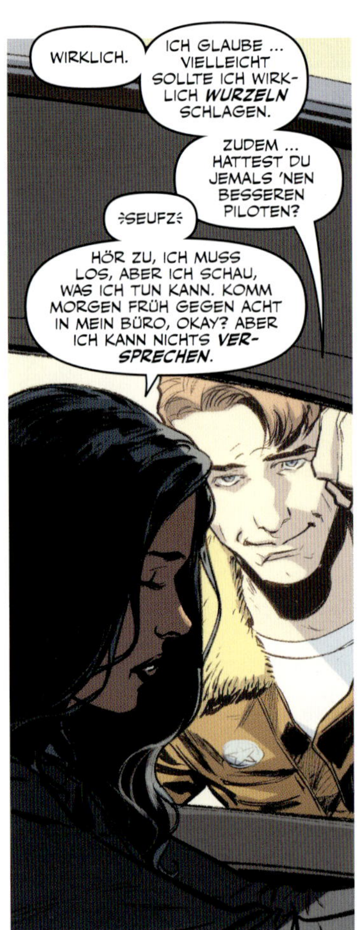
WIRKLICH.
ICH GLAUBE … VIELLEICHT SOLLTE ICH WIRKLICH *WURZELN* SCHLAGEN.
ZUDEM … HATTEST DU JEMALS 'NEN BESSEREN PILOTEN?
SEUFZ
HÖR ZU, ICH MUSS LOS, ABER ICH SCHAU, WAS ICH TUN KANN. KOMM MORGEN FRÜH GEGEN ACHT IN MEIN BÜRO, OKAY? ABER ICH KANN NICHTS *VERSPRECHEN*.

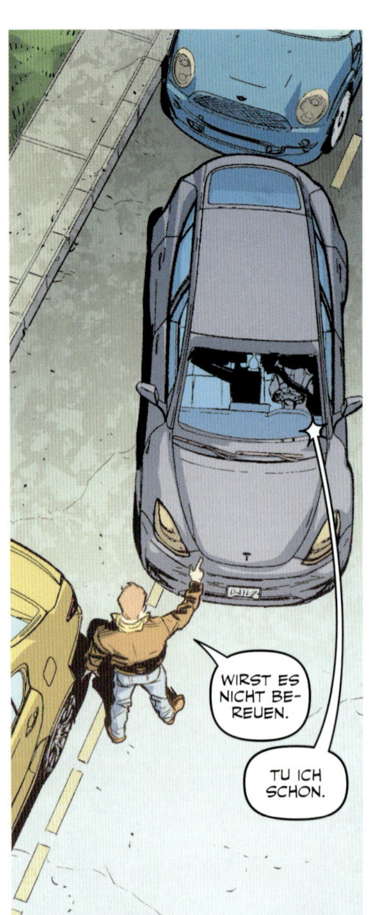
WIRST ES NICHT BEREUEN.
TU ICH SCHON.

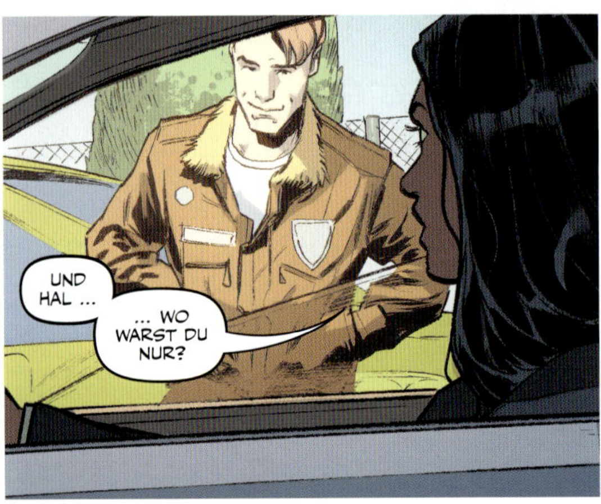
UND HAL …
… WO WARST DU NUR?

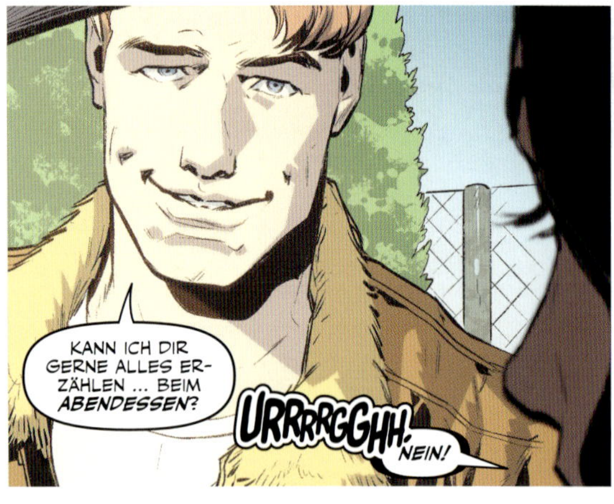
KANN ICH DIR GERNE ALLES ERZÄHLEN … BEIM *ABENDESSEN*?
URRRRGGHH.
NEIN!

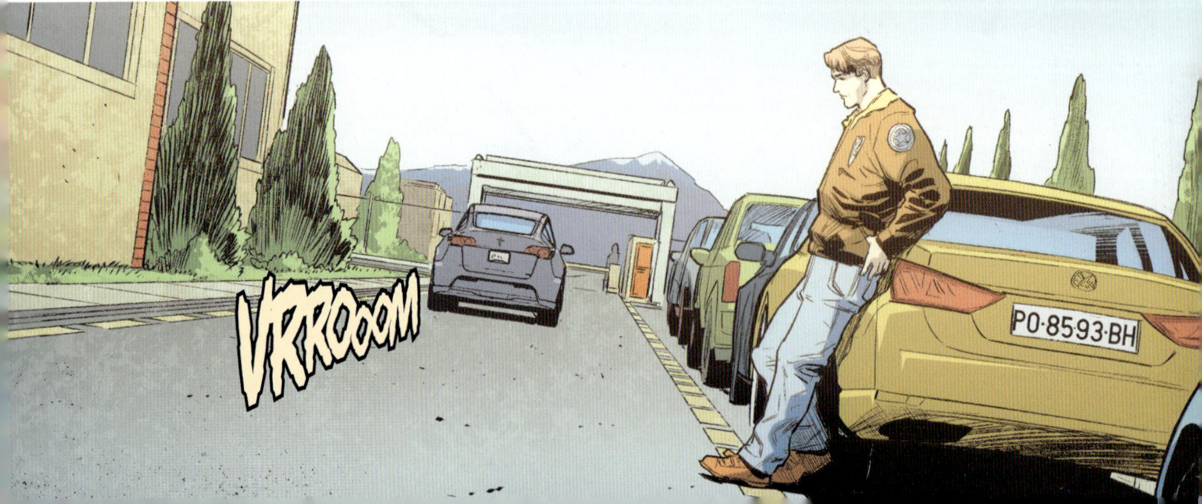
VRROOOM
PO·8593·BH

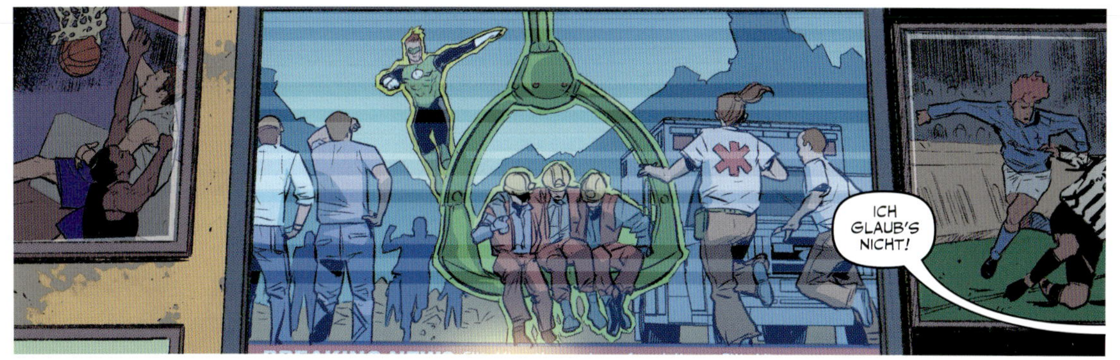
ICH GLAUB'S NICHT!

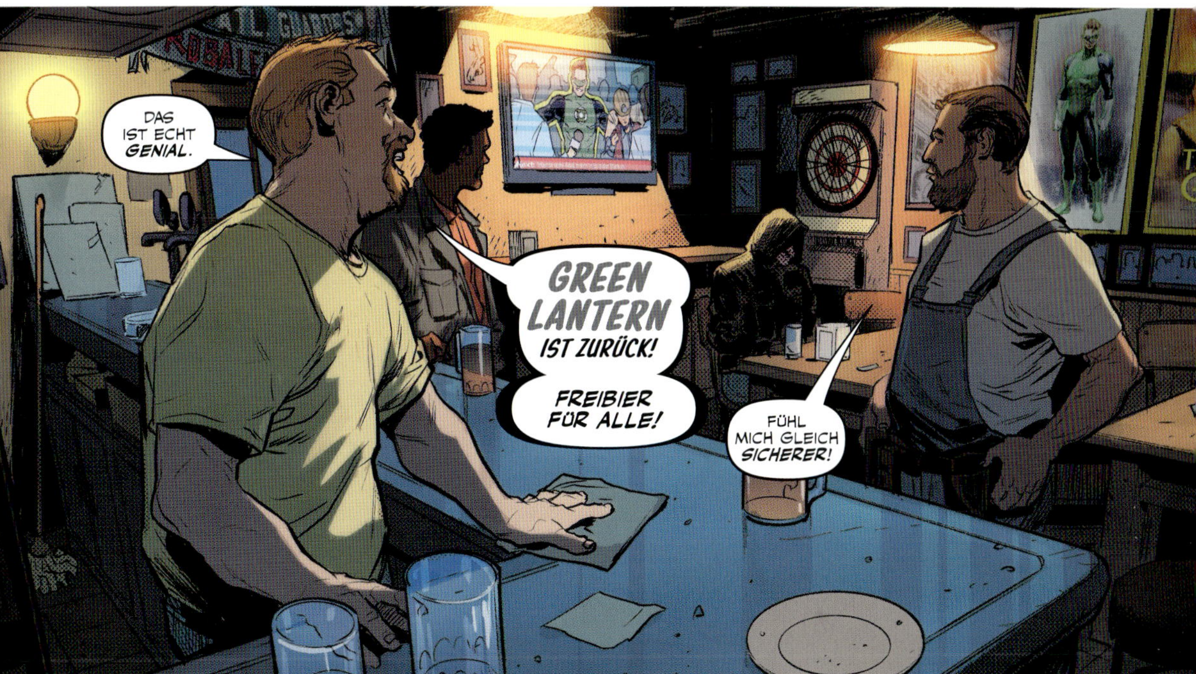
DAS IST ECHT GENIAL.
GREEN LANTERN IST ZURÜCK!
FREIBIER FÜR ALLE!
FÜHL MICH GLEICH SICHERER!

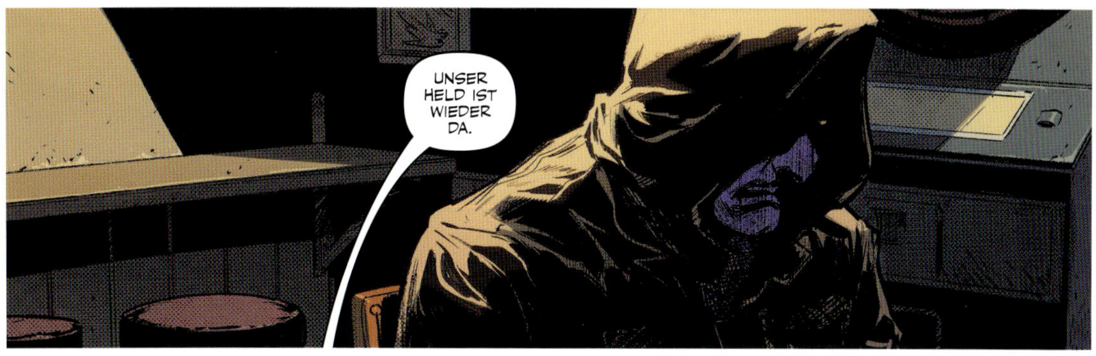
UNSER HELD IST WIEDER DA.

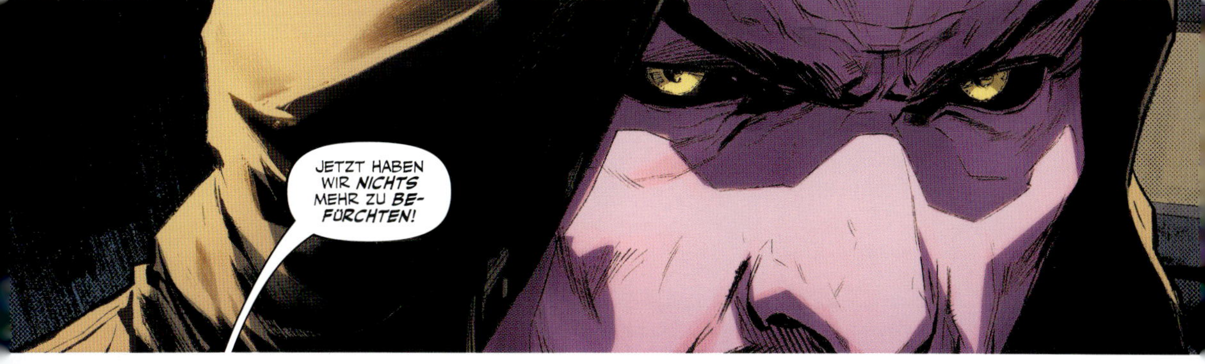
JETZT HABEN WIR NICHTS MEHR ZU BE-FÜRCHTEN!

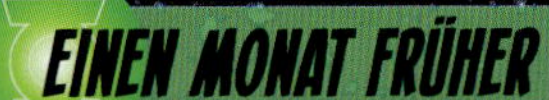

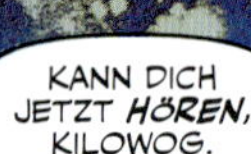

„DU WILLST ALSO NICHT MEHR ZWISCHEN DEN STERNEN FLIEGEN, SONDERN SIE VON EUREM ERDBALL AUS ANGLOTZEN?"

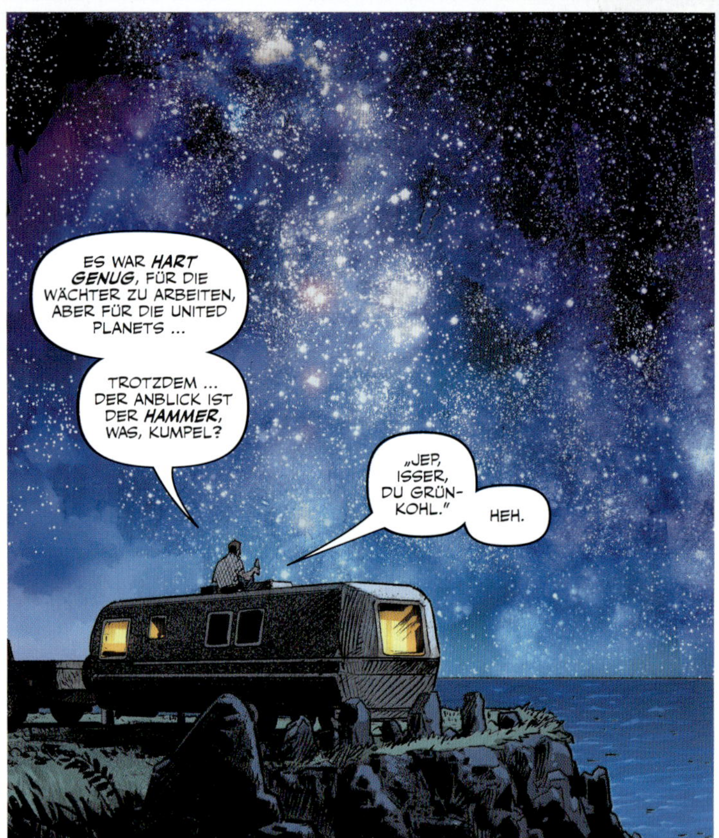

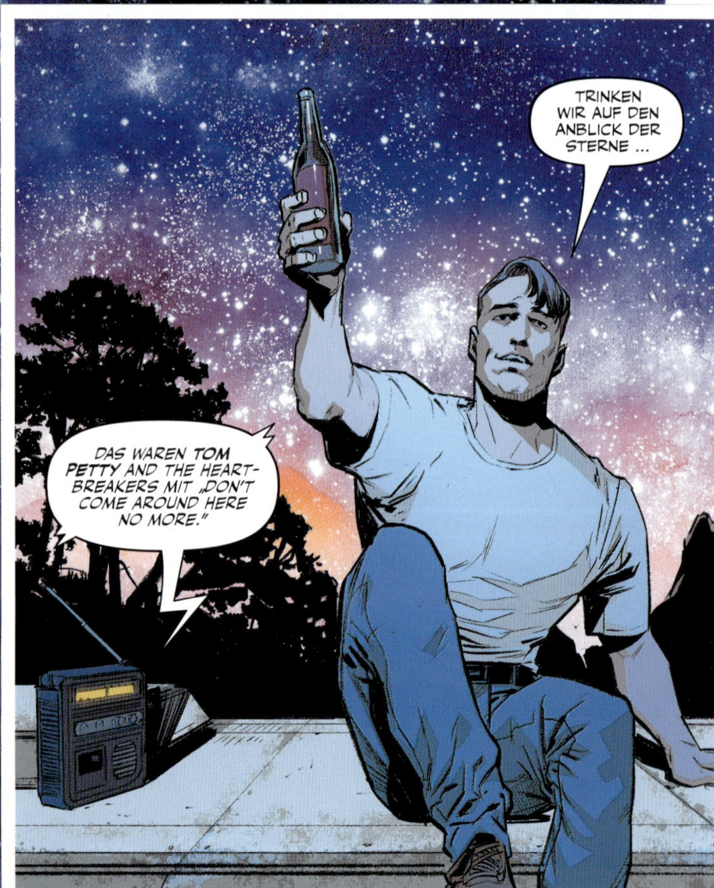

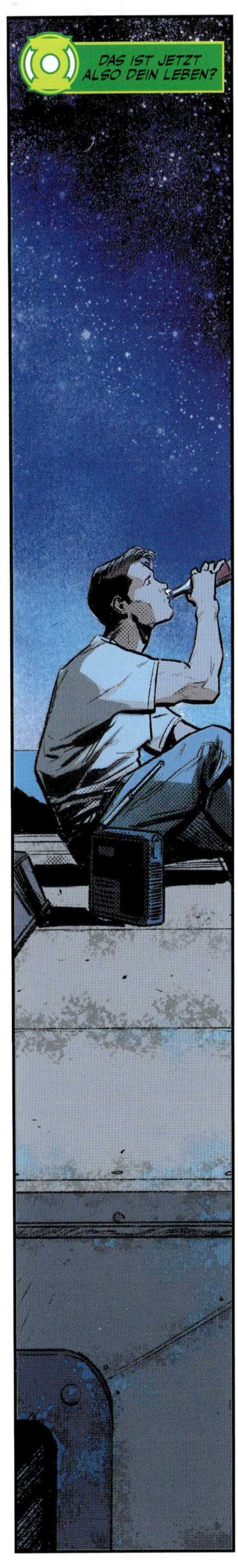
DAS IST JETZT ALSO DEIN LEBEN?

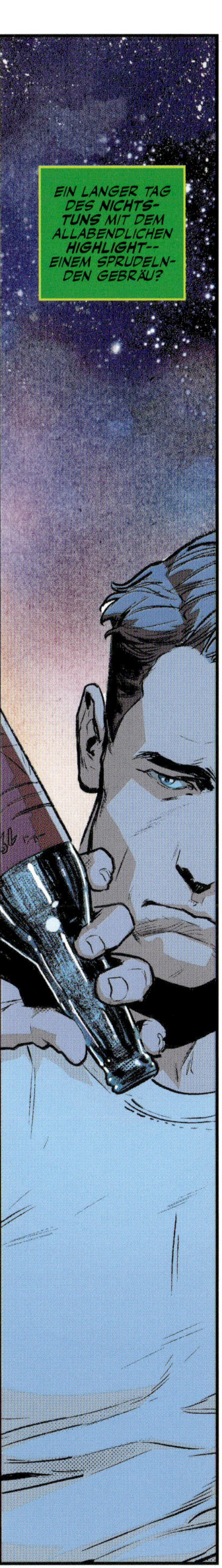
EIN LANGER TAG DES NICHTS-TUNS MIT DEM ALLABENDLICHEN HIGHLIGHT-- EINEM SPRUDELN-DEN GEBRÄU?

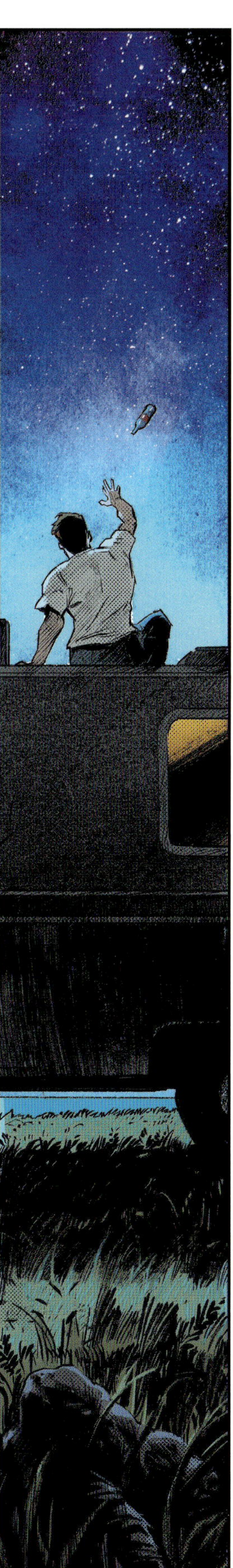

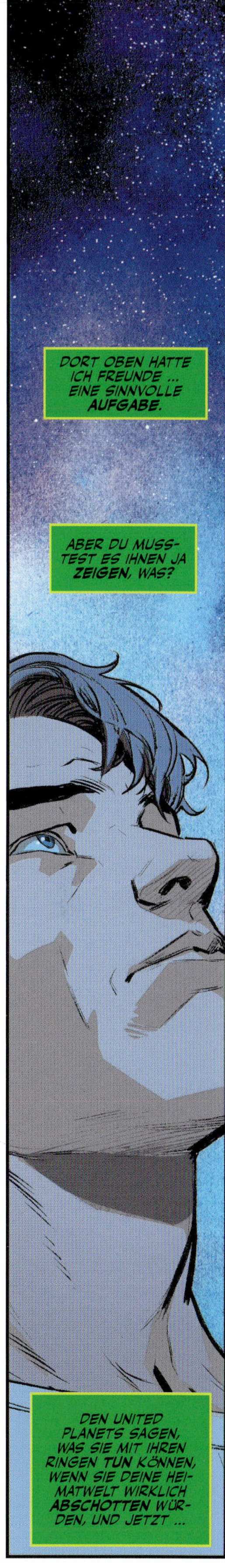
DORT OBEN HATTE ICH FREUNDE ... EINE SINNVOLLE AUFGABE.
ABER DU MUSS-TEST ES IHNEN JA ZEIGEN, WAS?
DEN UNITED PLANETS SAGEN, WAS SIE MIT IHREN RINGEN TUN KÖNNEN, WENN SIE DEINE HEI-MATWELT WIRKLICH ABSCHOTTEN WÜR-DEN, UND JETZT ...

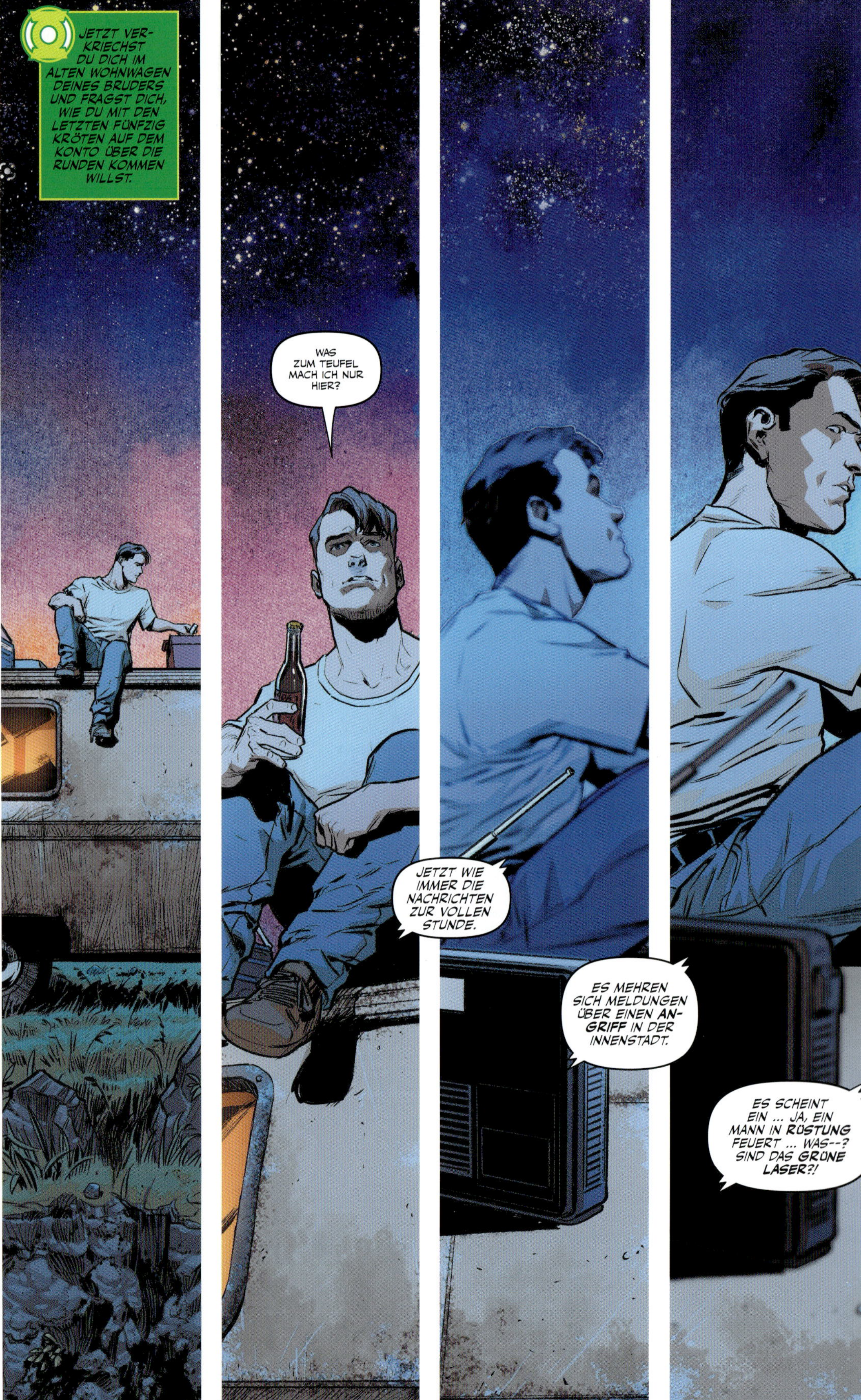
JETZT VERKRIECHST DU DICH IM ALTEN WOHNWAGEN DEINES BRUDERS UND FRAGST DICH, WIE DU MIT DEN LETZTEN FÜNFZIG KRÖTEN AUF DEM KONTO ÜBER DIE RUNDEN KOMMEN WILLST.
WAS ZUM TEUFEL MACH ICH NUR HIER?
JETZT WIE IMMER DIE NACHRICHTEN ZUR VOLLEN STUNDE.
ES MEHREN SICH MELDUNGEN ÜBER EINEN ANGRIFF IN DER INNENSTADT.
ES SCHEINT EIN ... JA, EIN MANN IN RÜSTUNG FEUERT ... WAS--? SIND DAS GRÜNE LASER?!

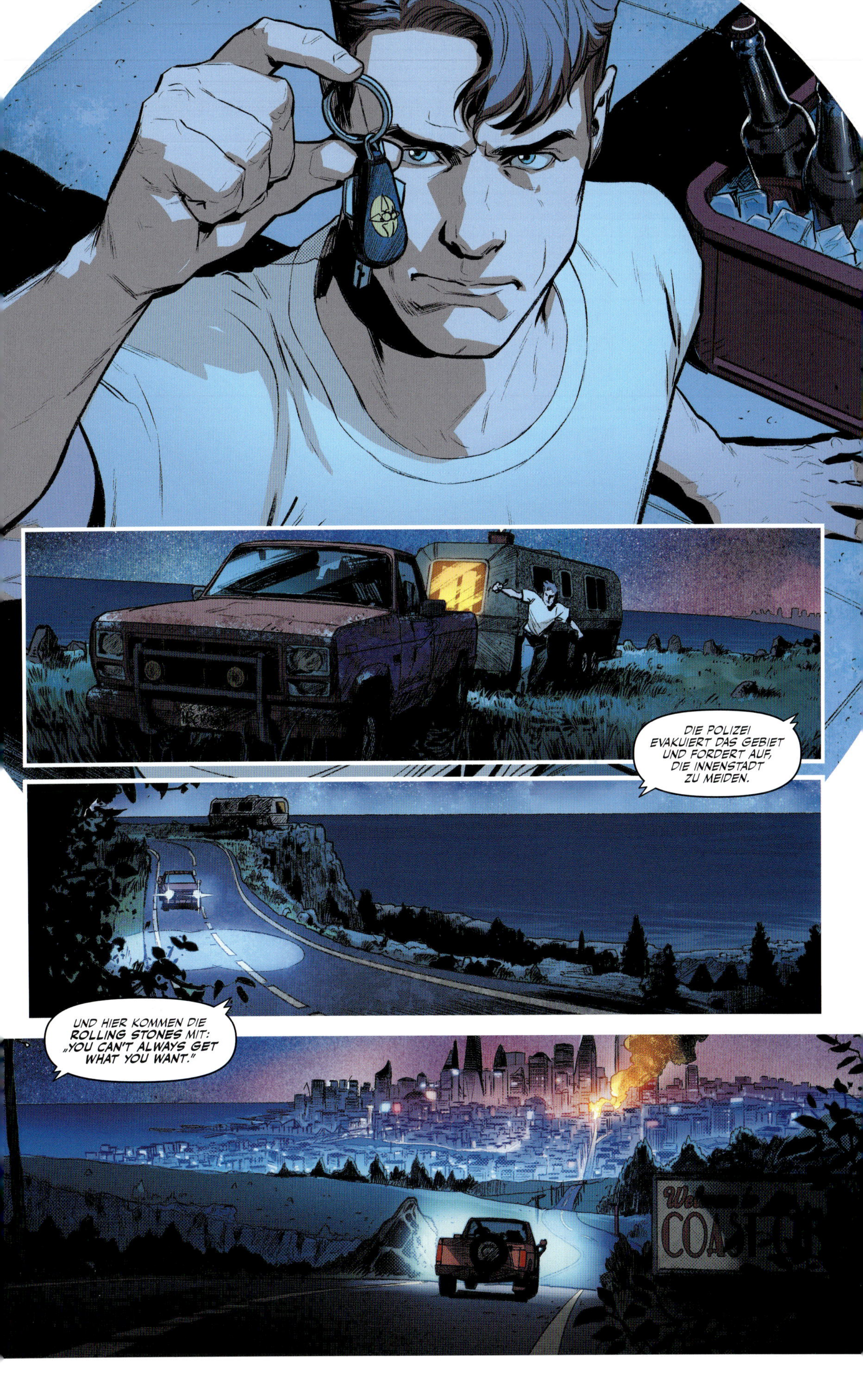
DIE POLIZEI EVAKUIERT DAS GEBIET UND FORDERT AUF, DIE INNENSTADT ZU MEIDEN.
UND HIER KOMMEN DIE ROLLING STONES MIT: „YOU CAN'T ALWAYS GET WHAT YOU WANT."

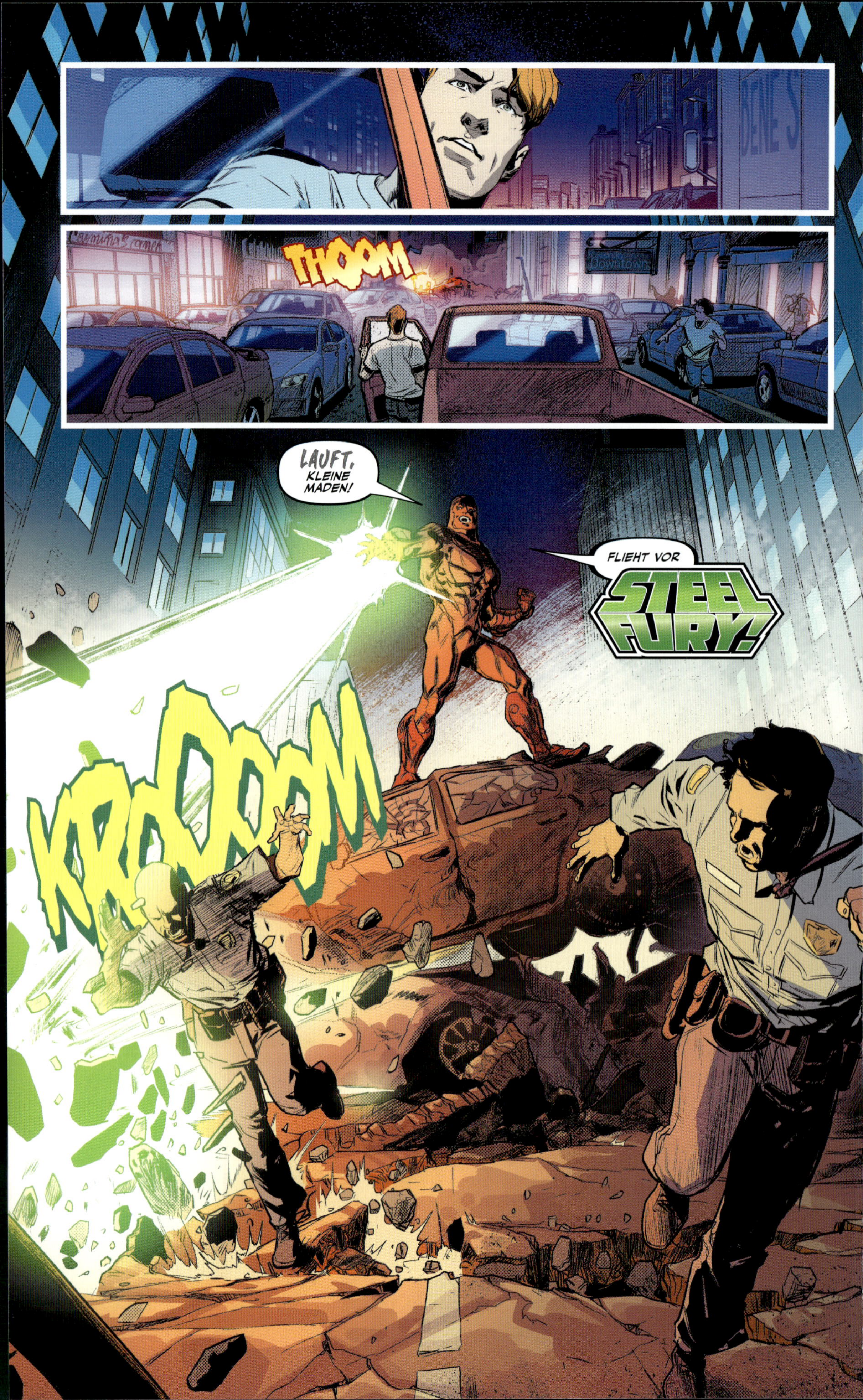
THOOM
LAUFT, KLEINE MADEN!
FLIEHT VOR STEEL FURY!
KROOOOM

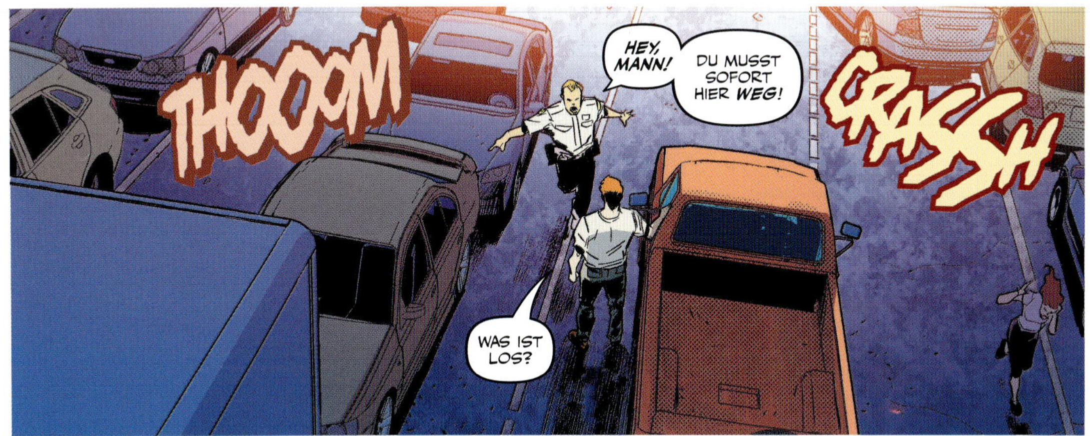
THOOOM
HEY, MANN!
DU MUSST SOFORT HIER WEG!
CRASSH
WAS IST LOS?

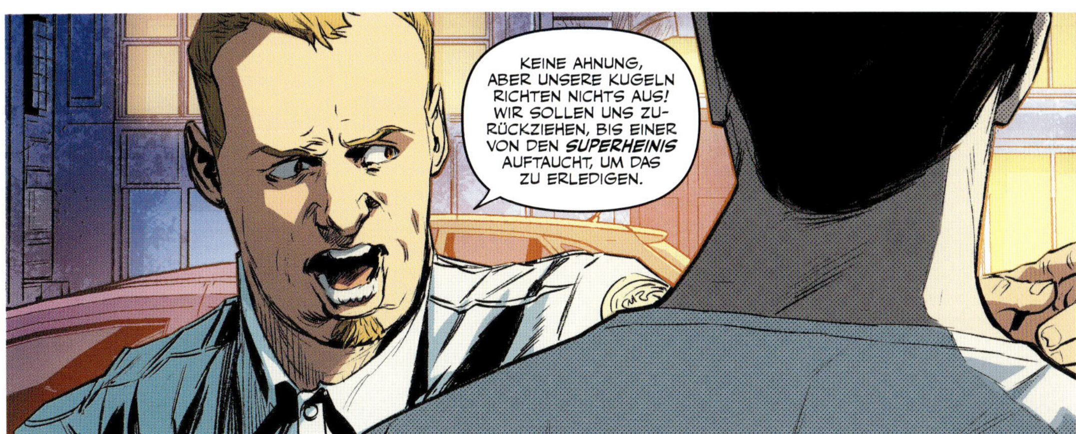
KEINE AHNUNG, ABER UNSERE KUGELN RICHTEN NICHTS AUS! WIR SOLLEN UNS ZURÜCKZIEHEN, BIS EINER VON DEN SUPERHEINIS AUFTAUCHT, UM DAS ZU ERLEDIGEN.

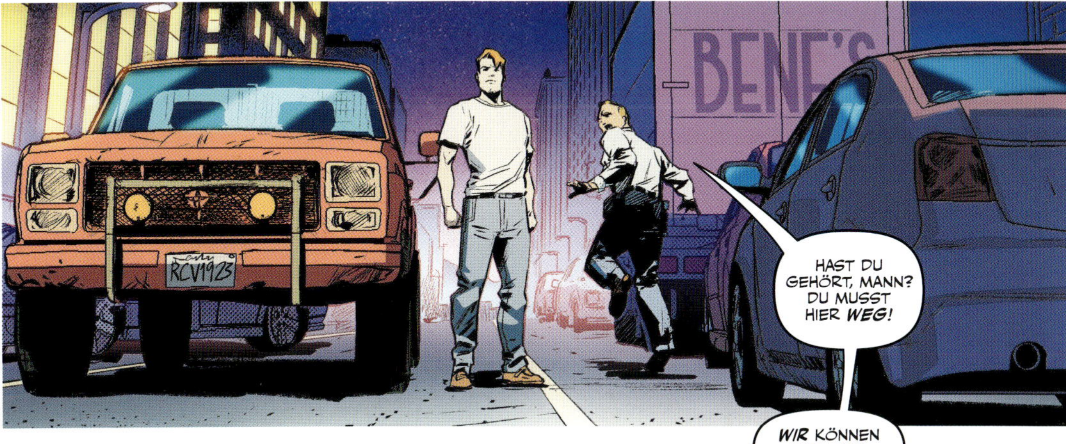
BENE'S
RCV1923
HAST DU GEHÖRT, MANN? DU MUSST HIER WEG!
WIR KÖNNEN HIER GAR NICHTS TUN!

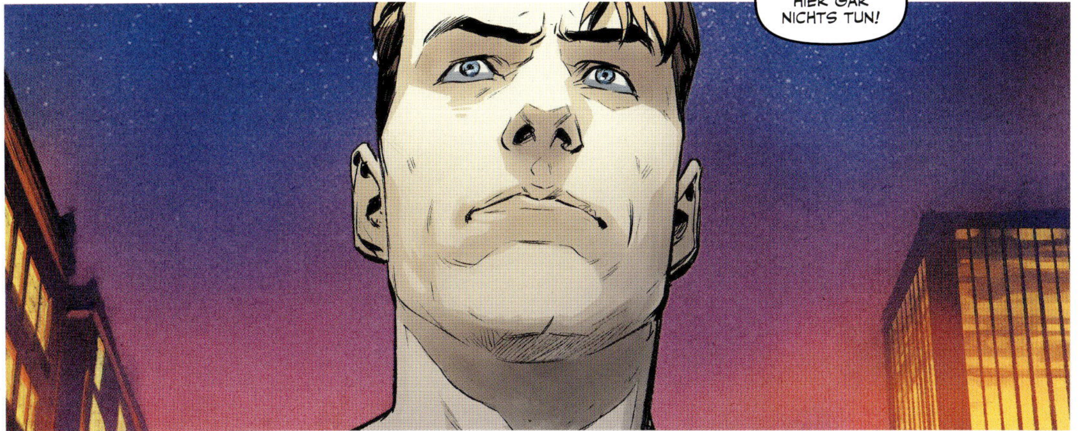

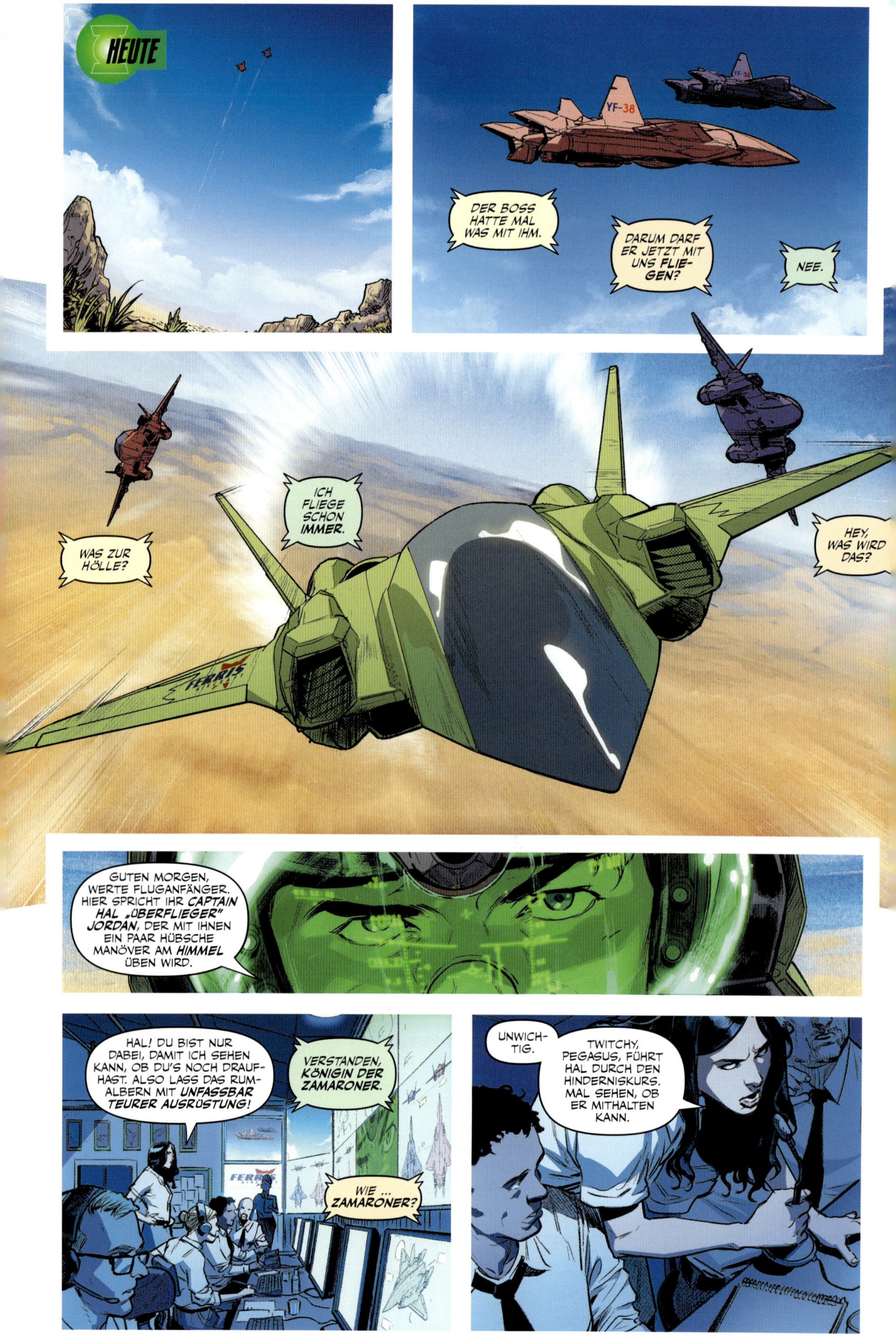

HEUTE

DER BOSS HATTE MAL WAS MIT IHM.
DARUM DARF ER JETZT MIT UNS FLIEGEN?
NEE.

WAS ZUR HÖLLE?
ICH FLIEGE SCHON IMMER.
HEY, WAS WIRD DAS?

GUTEN MORGEN, WERTE FLUGANFÄNGER. HIER SPRICHT IHR ***CAPTAIN HAL „ÜBERFLIEGER" JORDAN***, DER MIT IHNEN EIN PAAR HÜBSCHE MANÖVER AM ***HIMMEL*** ÜBEN WIRD.

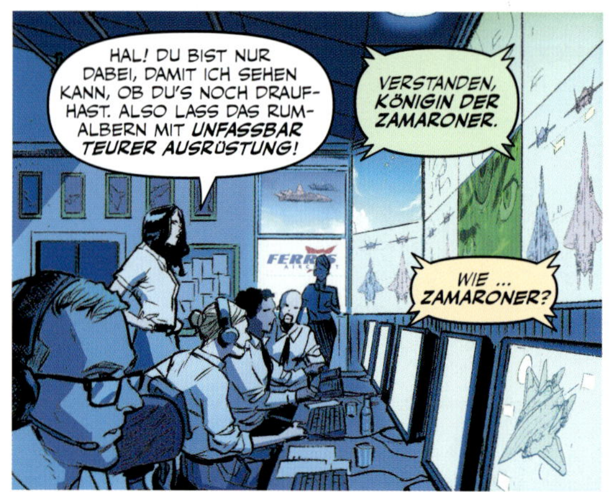

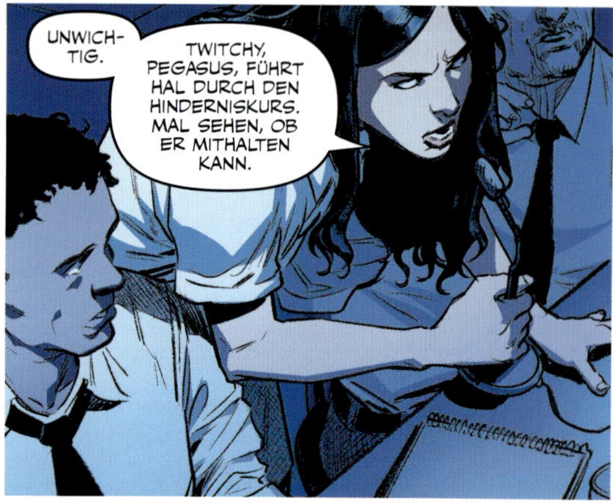

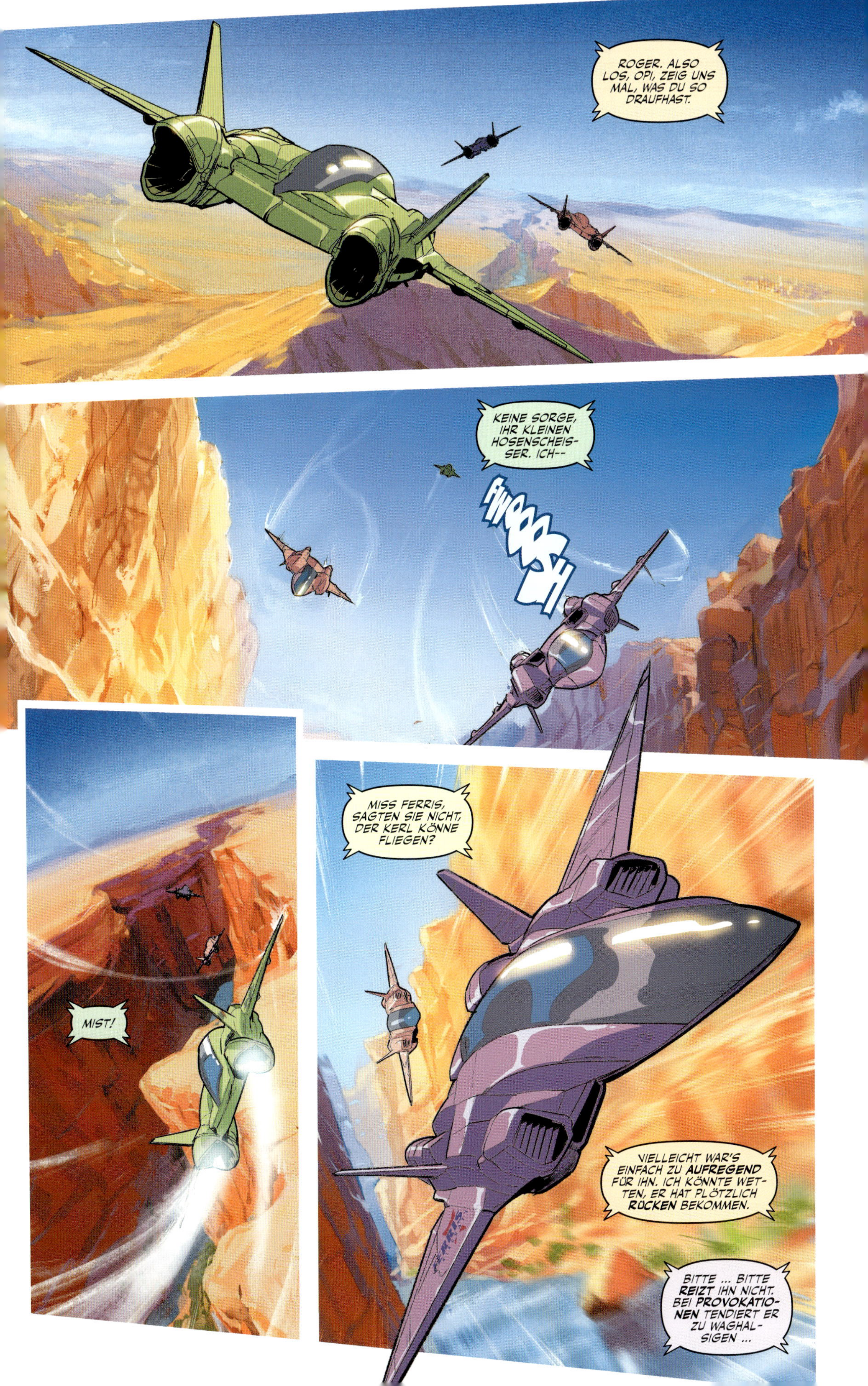

ROGER. ALSO LOS, OPI, ZEIG UNS MAL, WAS DU SO DRAUFHAST.

KEINE SORGE, IHR KLEINEN HOSENSCHEIS-SER. ICH--
FWOOOSH

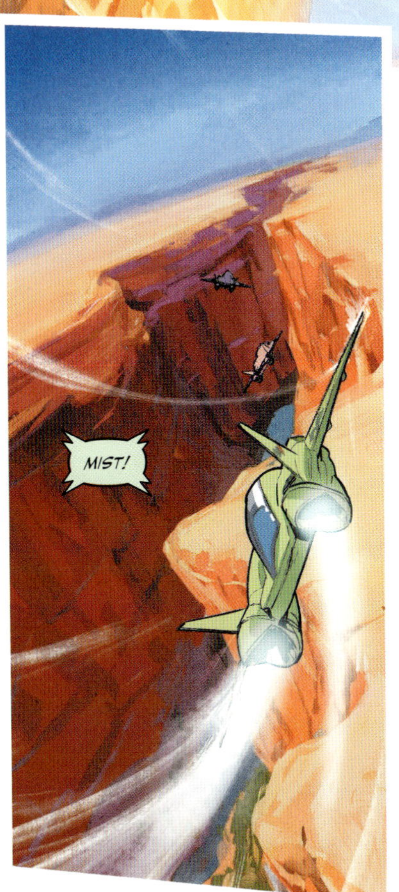

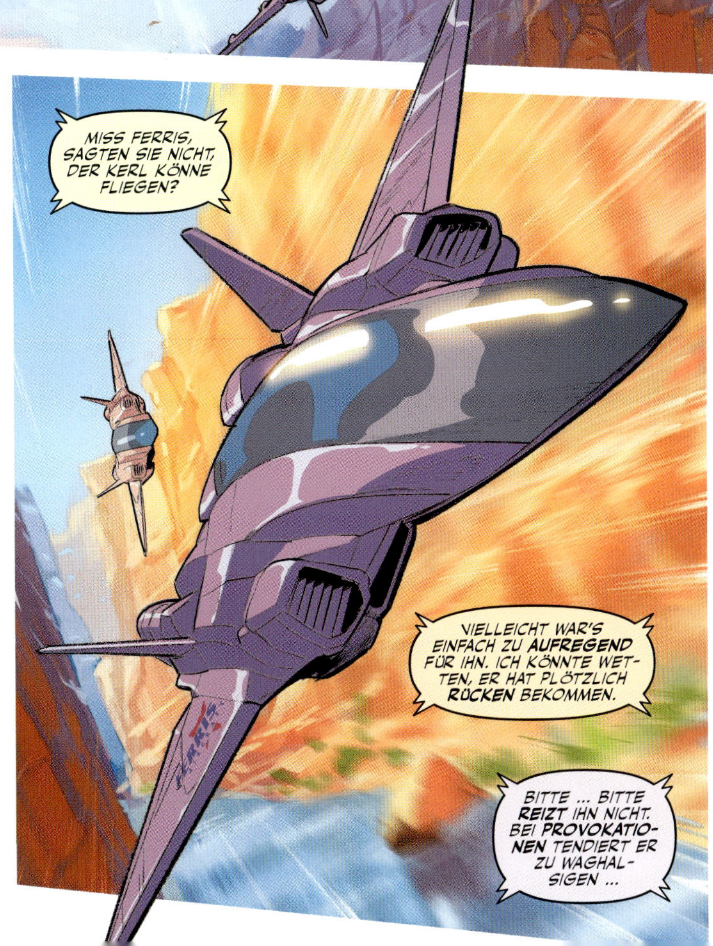

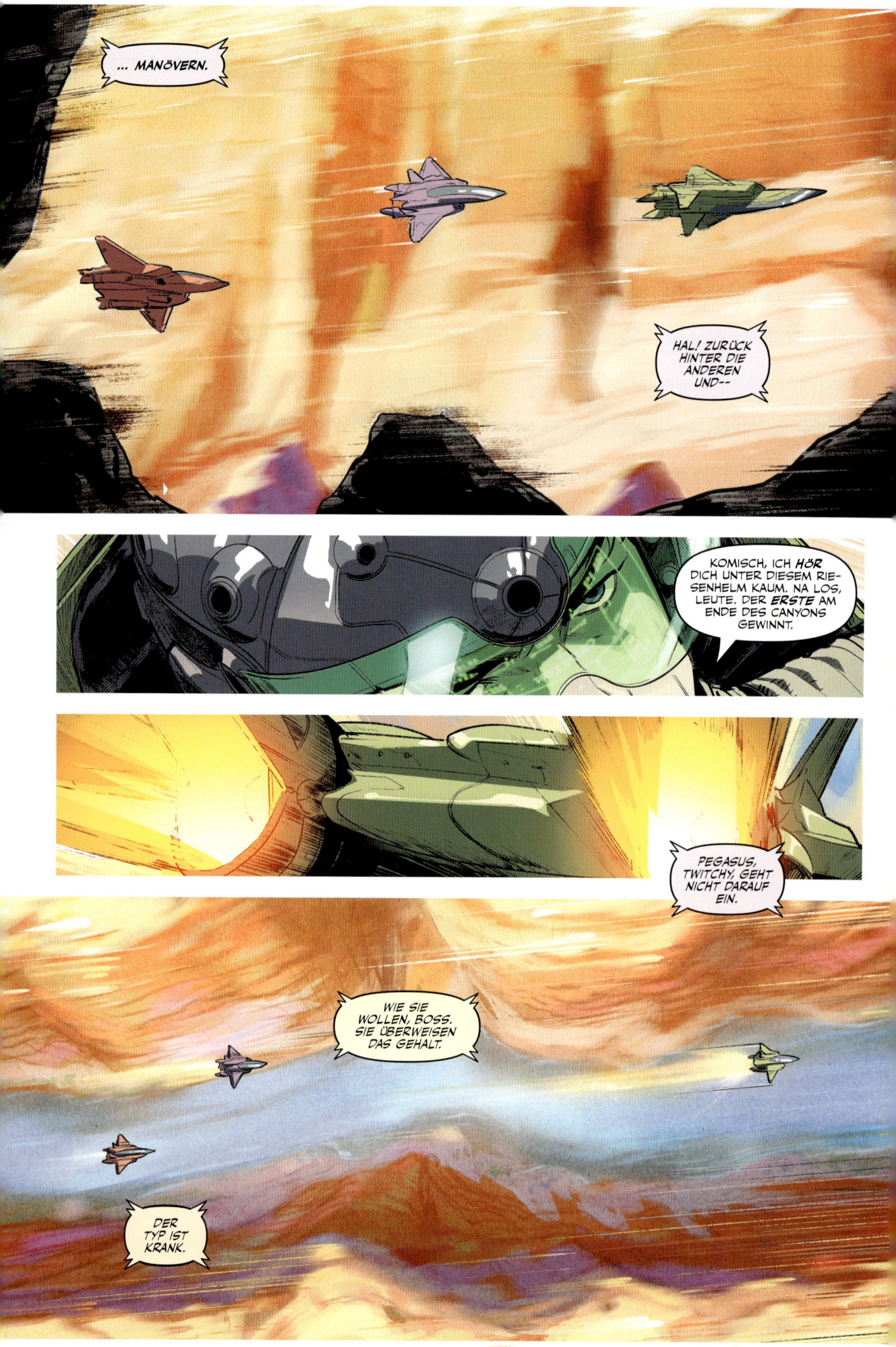

... MANÖVERN.

HAL! ZURÜCK HINTER DIE ANDEREN UND--

KOMISCH, ICH **HÖR** DICH UNTER DIESEM RIESENHELM KAUM. NA LOS, LEUTE. DER **ERSTE** AM ENDE DES CANYONS GEWINNT.

PEGASUS, TWITCHY, GEHT NICHT DARAUF EIN.

WIE SIE WOLLEN, BOSS. SIE ÜBERWEISEN DAS GEHALT.

DER TYP IST KRANK.

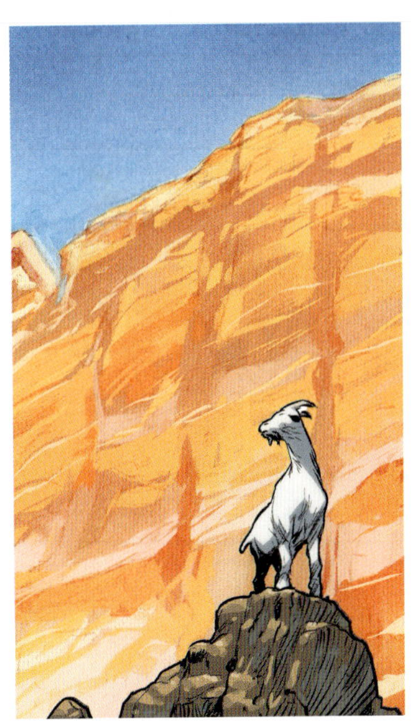
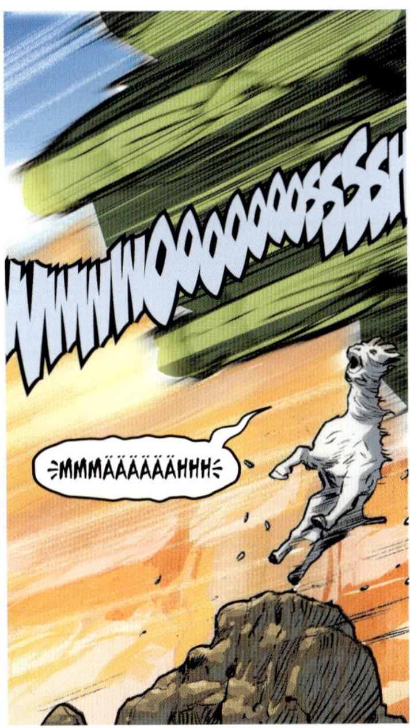
WWWWOOOOOOOSSSSH
MMMÄÄÄÄÄÄHHH
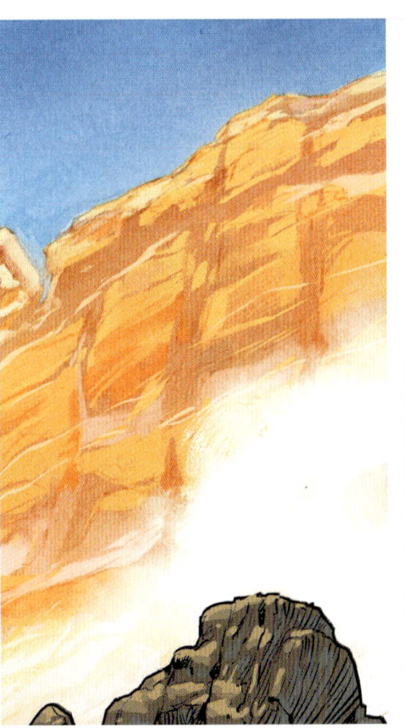
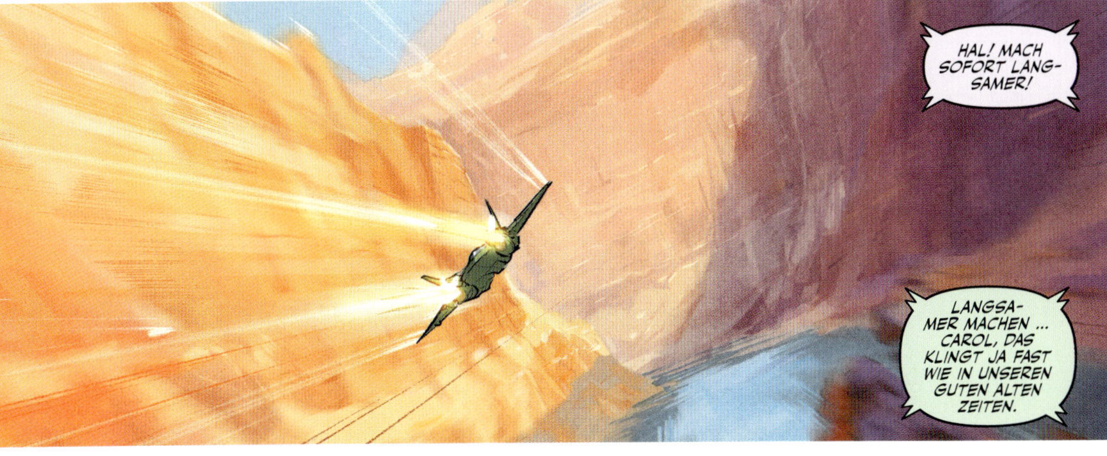
HAL! MACH SOFORT LANG-SAMER!
LANGSA-MER MACHEN ... CAROL, DAS KLINGT JA FAST WIE IN UNSEREN GUTEN ALTEN ZEITEN.
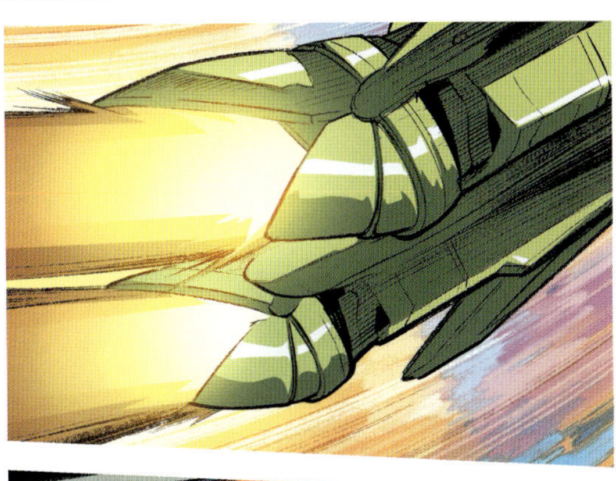
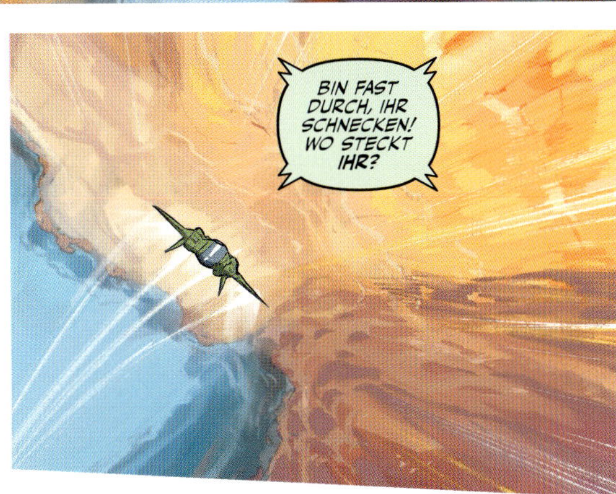
BIN FAST DURCH, IHR SCHNECKEN! WO STECKT IHR?
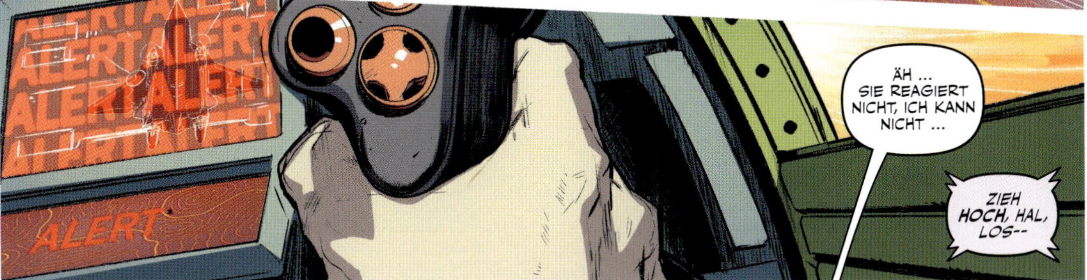
ALERT ALERT ALERT ALERT
ALERT
ÄH ... SIE REAGIERT NICHT, ICH KANN NICHT ...
ZIEH HOCH, HAL, LOS--

* ALARM

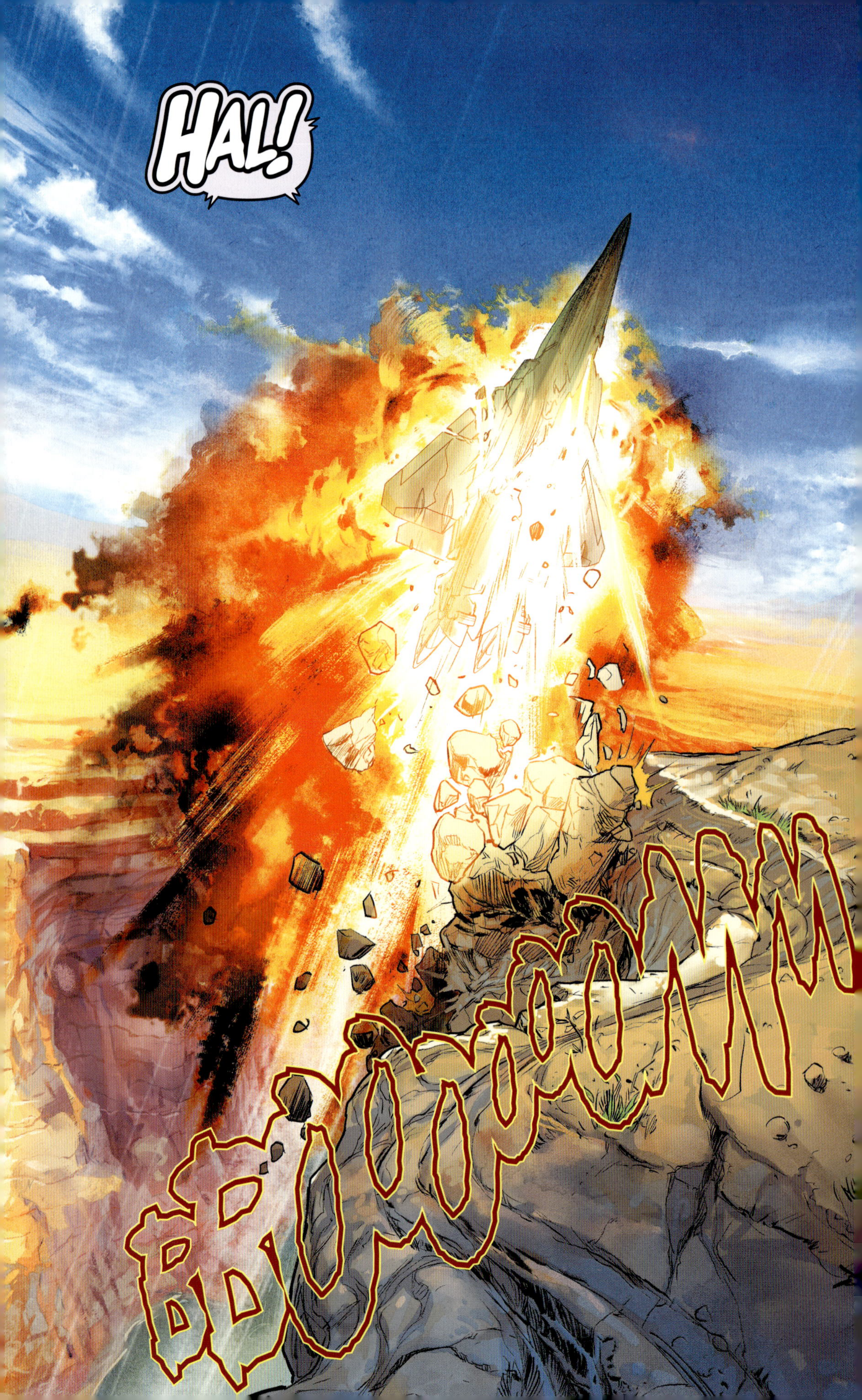
HAL!
BOOOOOOM

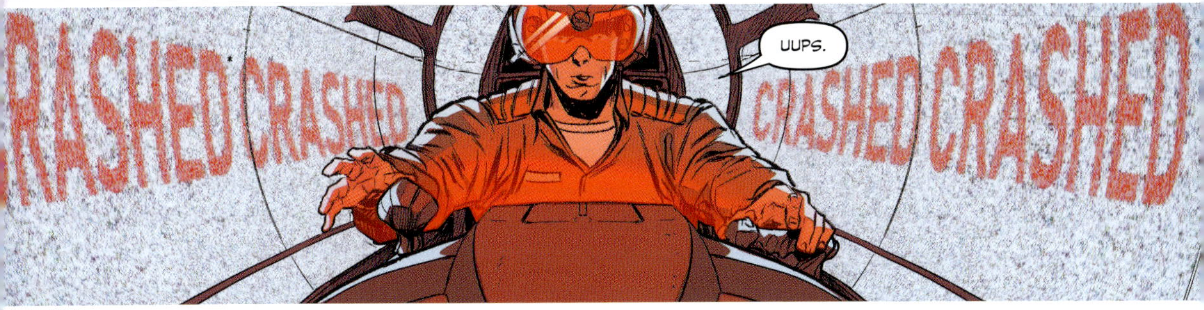

BGESTÜRZT

F-38 OCKPIT SIMULATOR

HEY, CAROL ... LEUTE ... DIESE DROHNEN SIND JA ECHT ... INTERESSANT ...

FERRIS AIRCRAFT

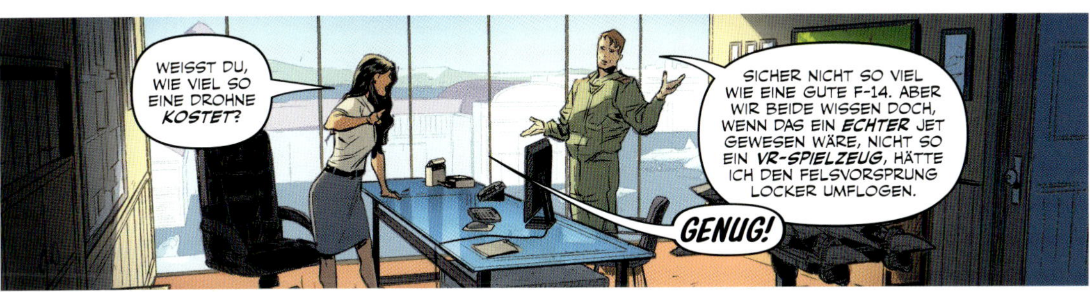

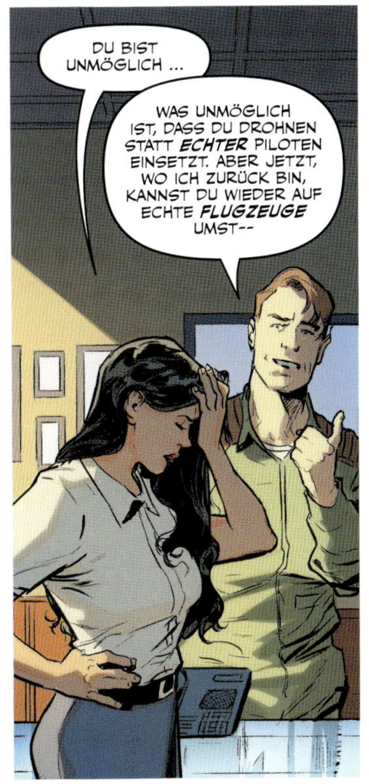

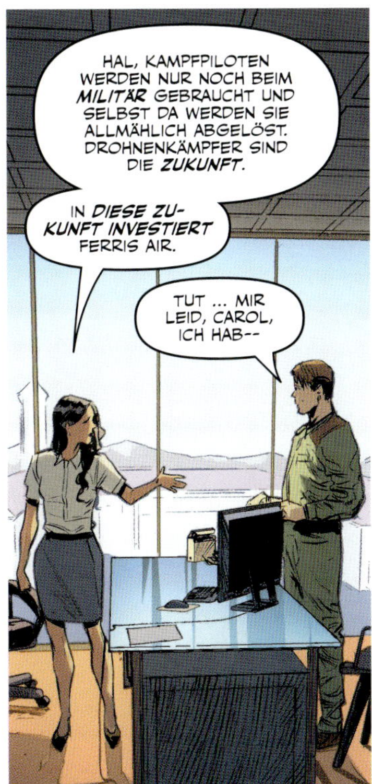

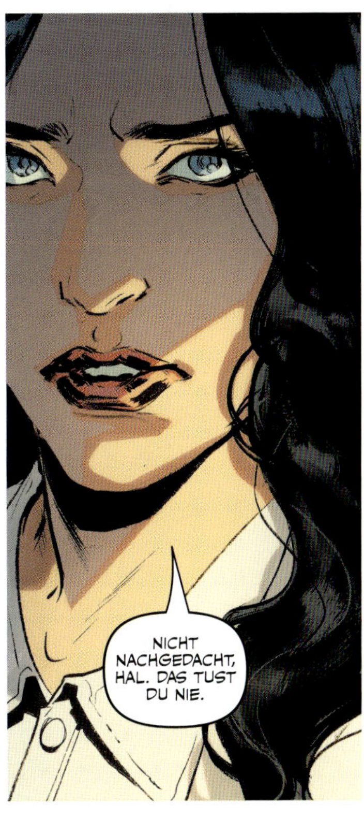

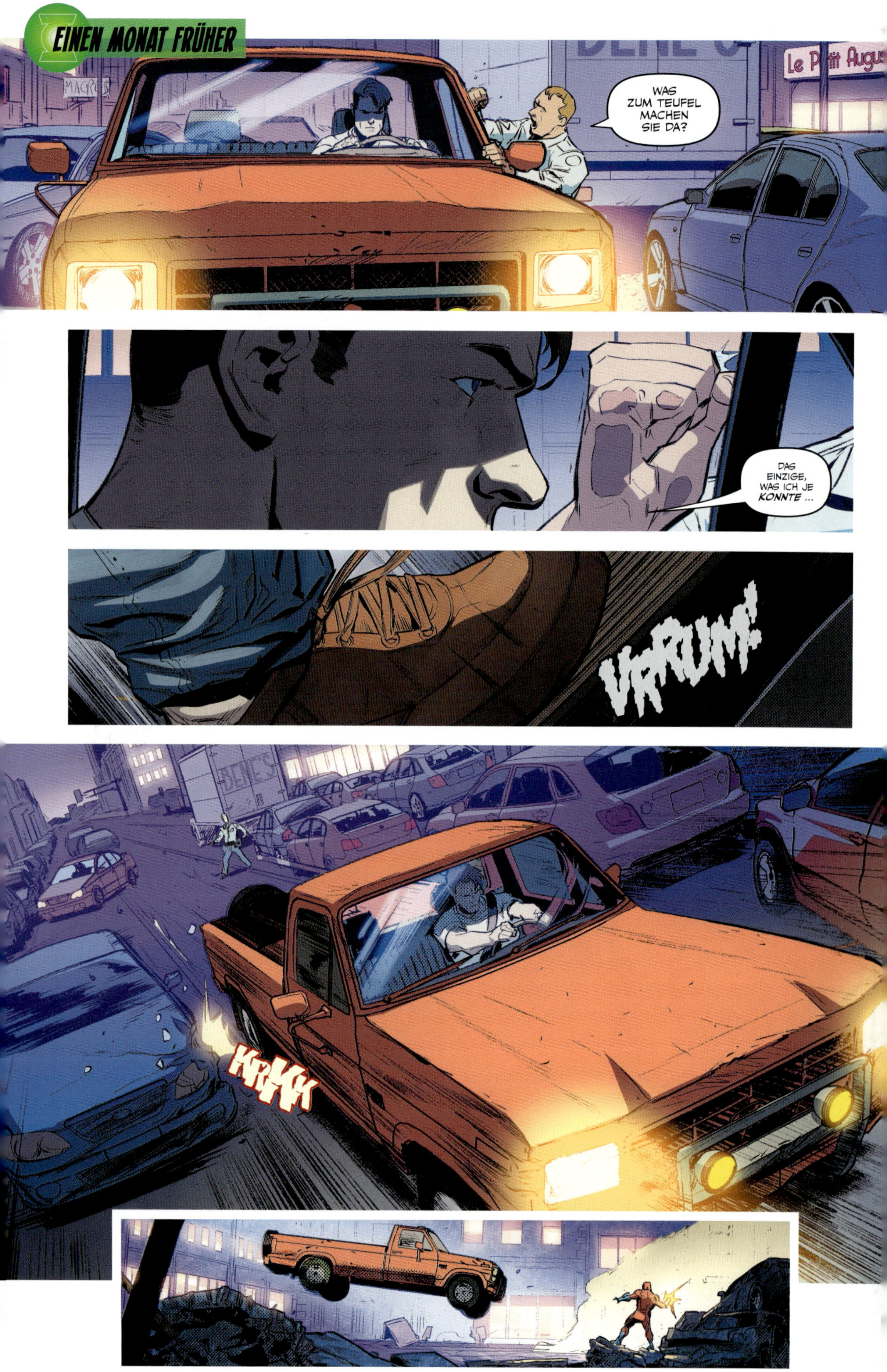

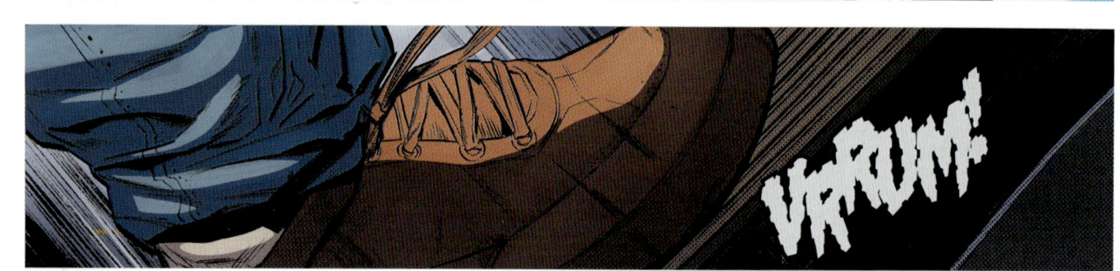

EINEN MONAT FRÜHER
WAS ZUM TEUFEL MACHEN SIE DA?
DAS EINZIGE, WAS ICH JE *KONNTE* ...
VRRUM!
KRAKK

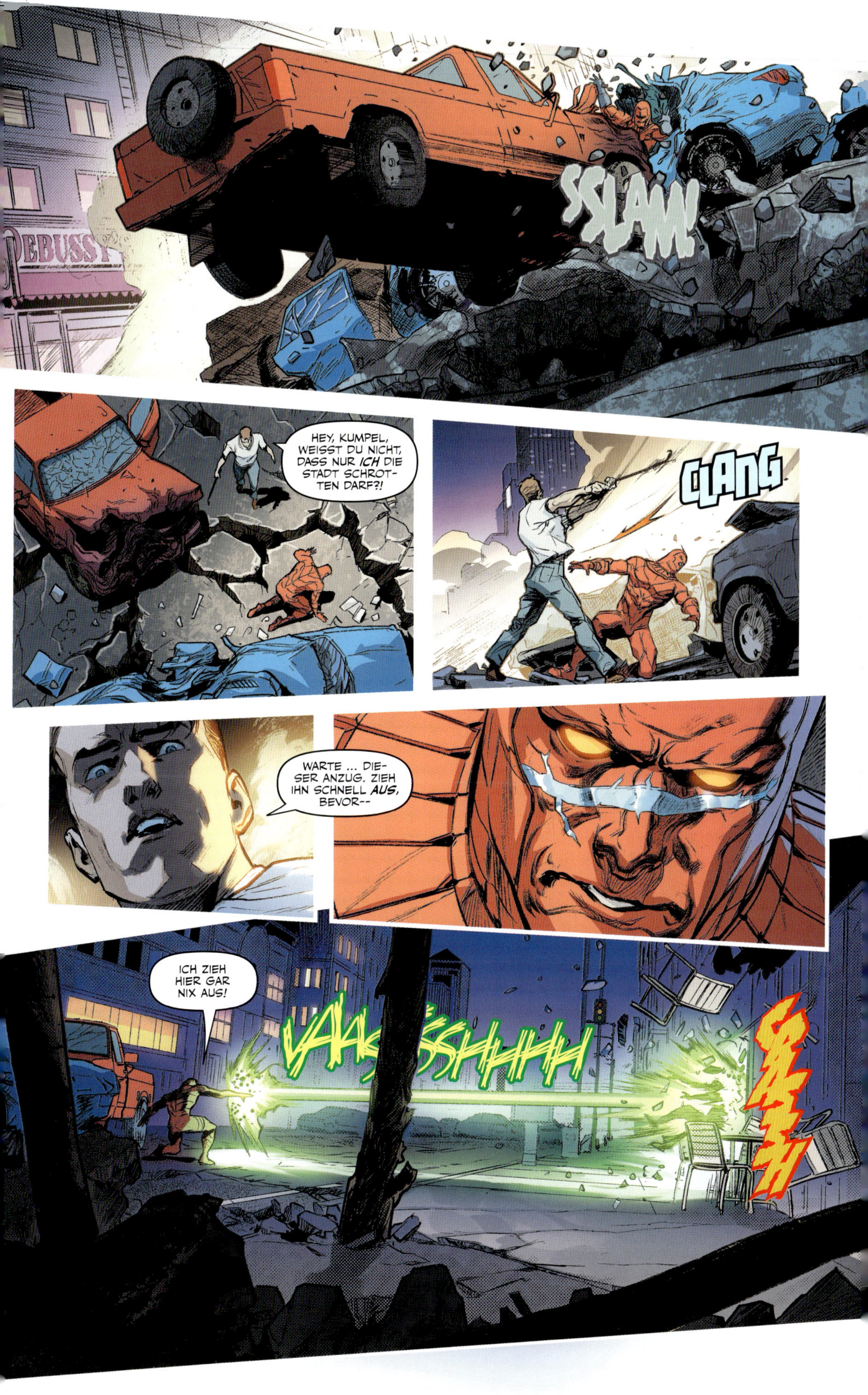
DEBUSSY
SSLAM!
HEY, KUMPEL, WEISST DU NICHT, DASS NUR *ICH* DIE STADT SCHROTTEN DARF?!
CLANG
WARTE ... DIESER ANZUG. ZIEH IHN SCHNELL *AUS*, BEVOR--
ICH ZIEH HIER GAR NIX AUS!
VAAASHHHH

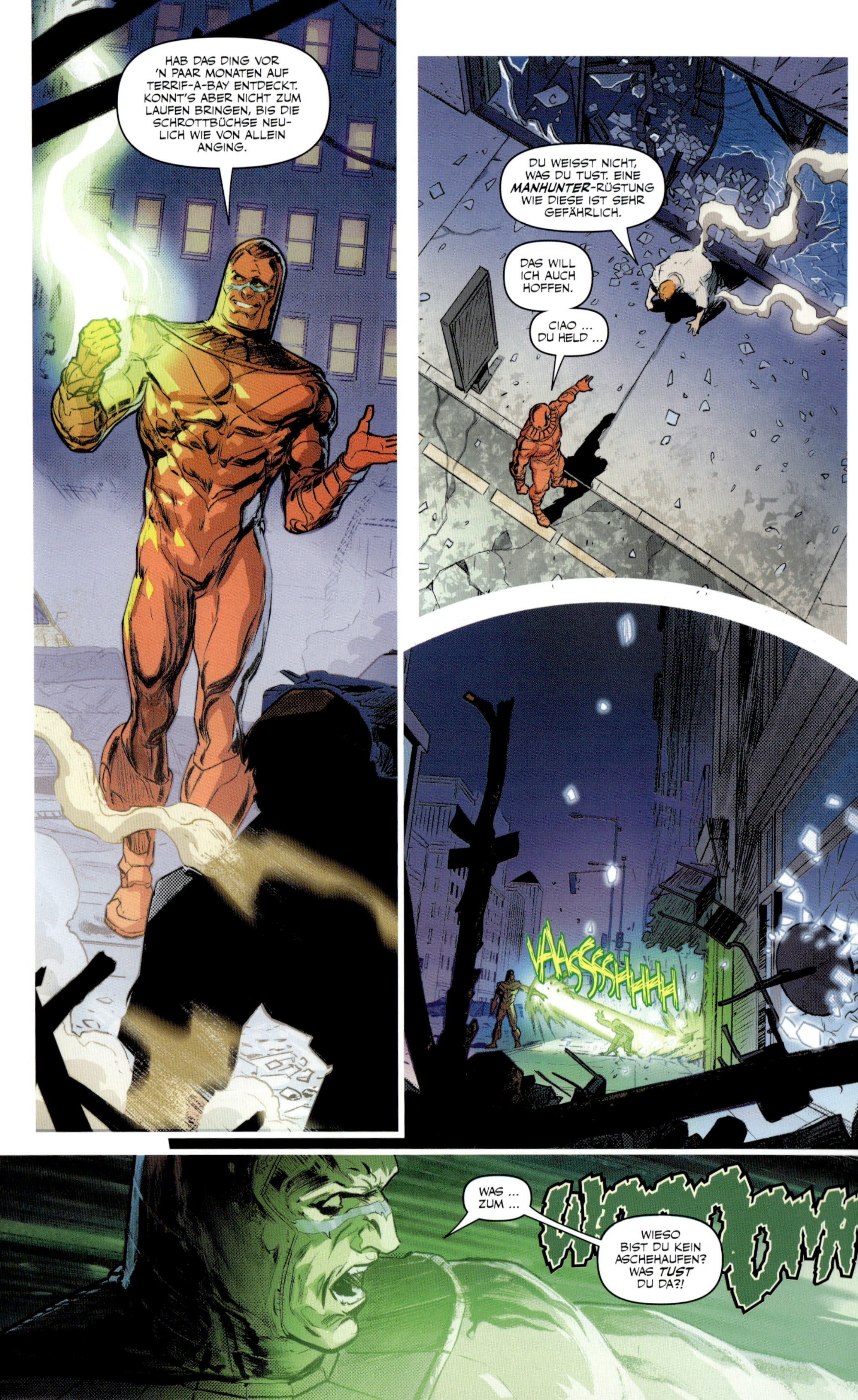
HAB DAS DING VOR 'N PAAR MONATEN AUF TERRIF-A-BAY ENTDECKT. KONNT'S ABER NICHT ZUM LAUFEN BRINGEN, BIS DIE SCHROTTBÜCHSE NEULICH WIE VON ALLEIN ANGING.
DU WEISST NICHT, WAS DU TUST. EINE MANHUNTER-RÜSTUNG WIE DIESE IST SEHR GEFÄHRLICH.
DAS WILL ICH AUCH HOFFEN.
CIAO ... DU HELD ...
VAASSSSHHHH
WAS ... ZUM ...
WIESO BIST DU KEIN ASCHEHAUFEN? WAS TUST DU DA?!

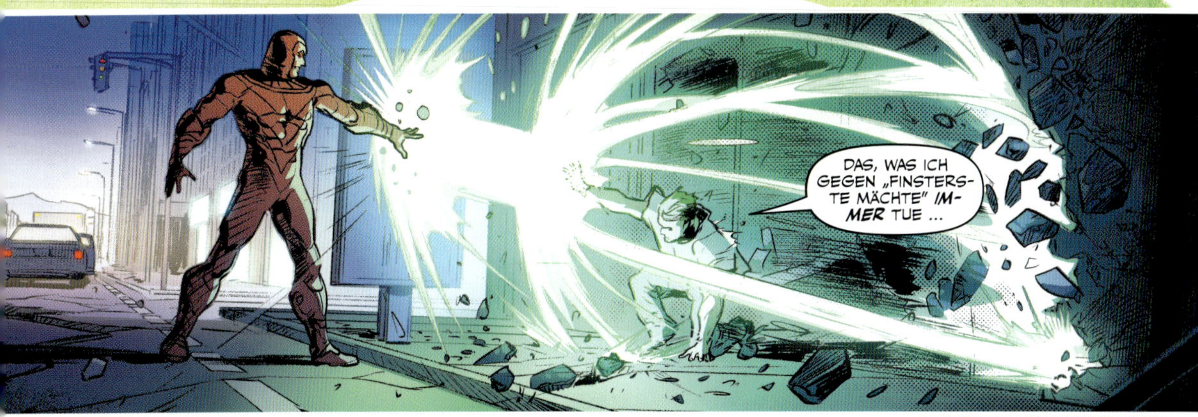
DAS, WAS ICH GEGEN „FINSTERSTE MÄCHTE" IMMER TUE ...

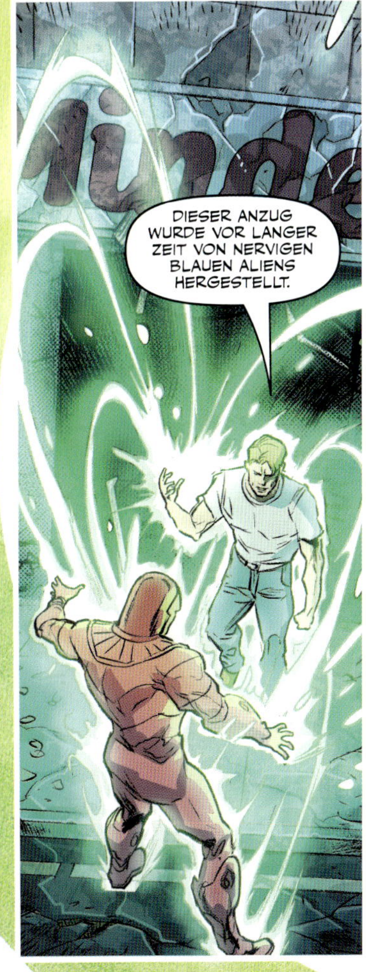
DIESER ANZUG WURDE VOR LANGER ZEIT VON NERVIGEN BLAUEN ALIENS HERGESTELLT.

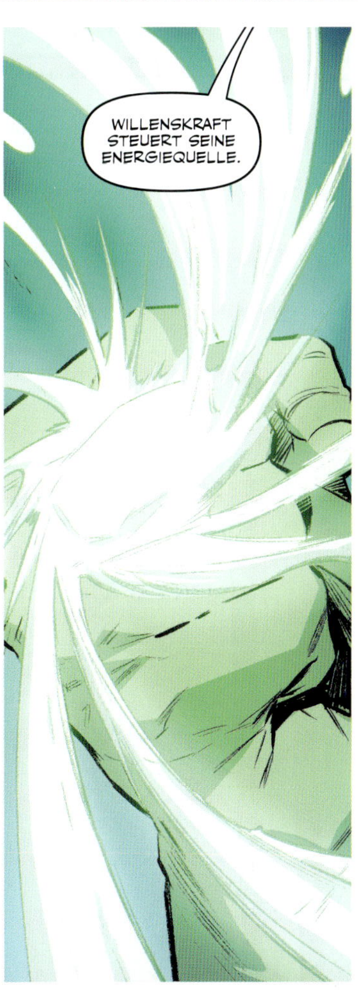
WILLENSKRAFT STEUERT SEINE ENERGIEQUELLE.

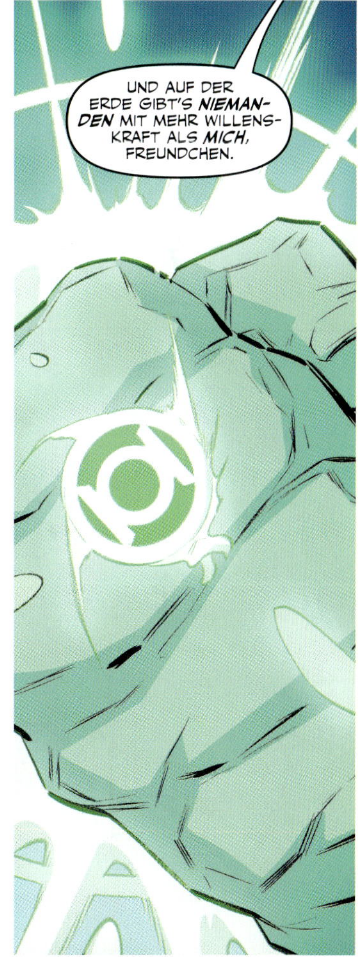
UND AUF DER ERDE GIBT'S NIEMANDEN MIT MEHR WILLENSKRAFT ALS MICH, FREUNDCHEN.

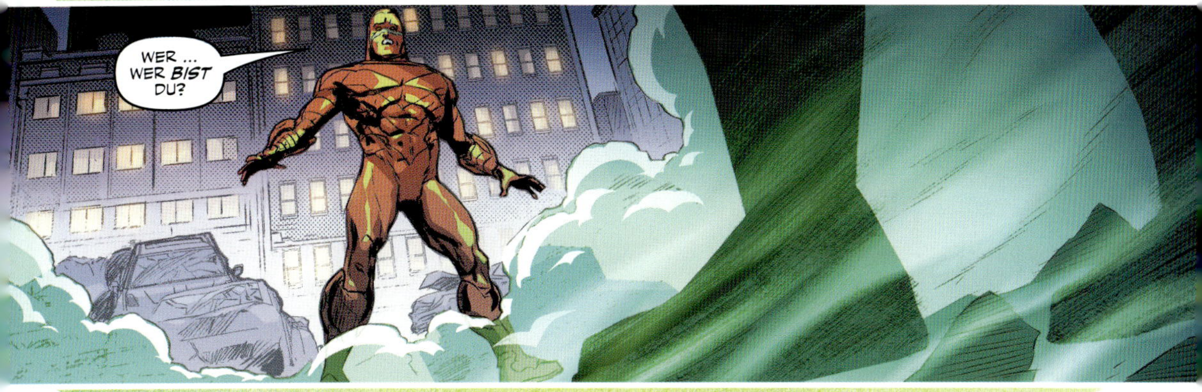
WER ... WER BIST DU?

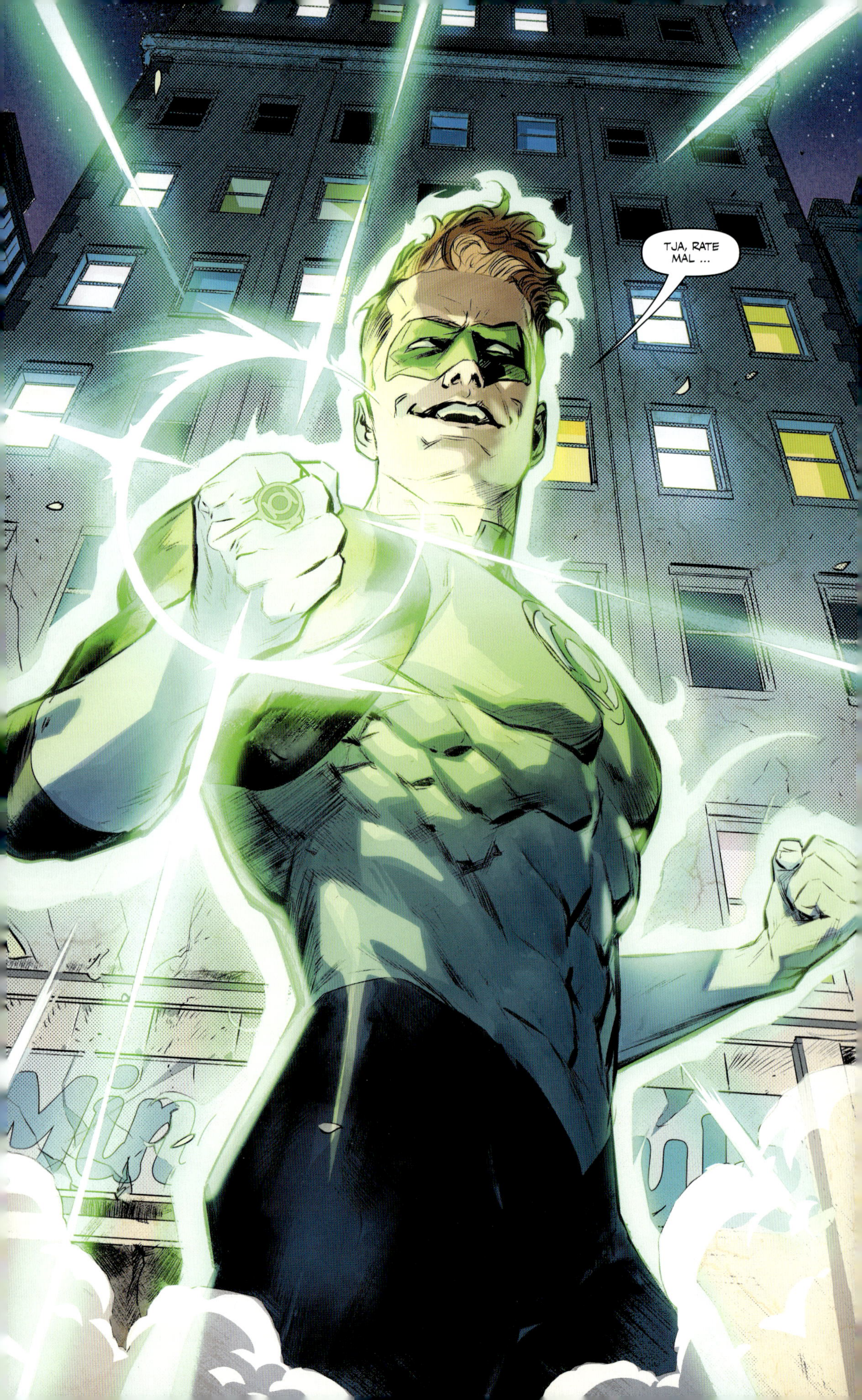
TJA, RATE MAL ...

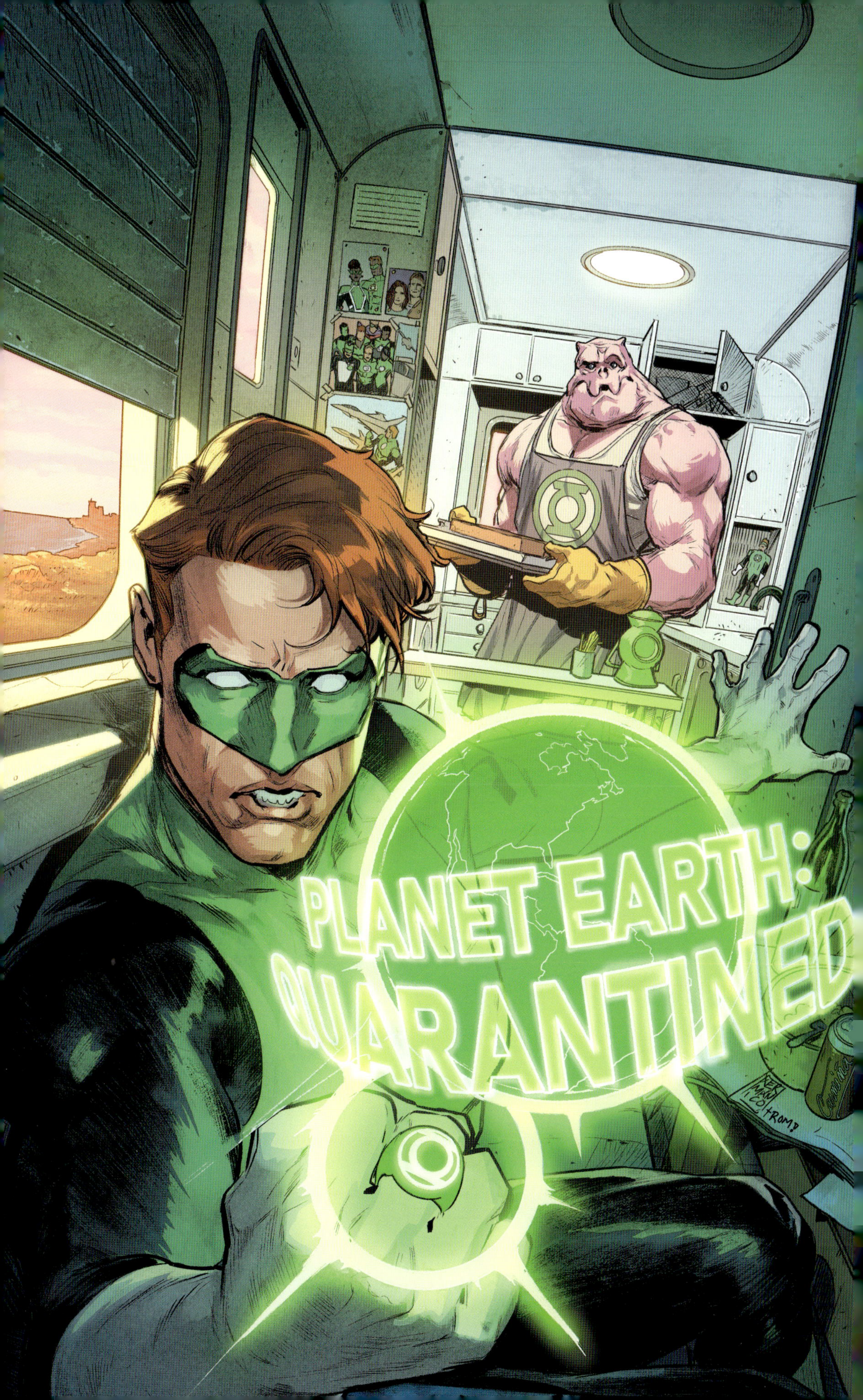
PLANET EARTH:
QUARANTINED

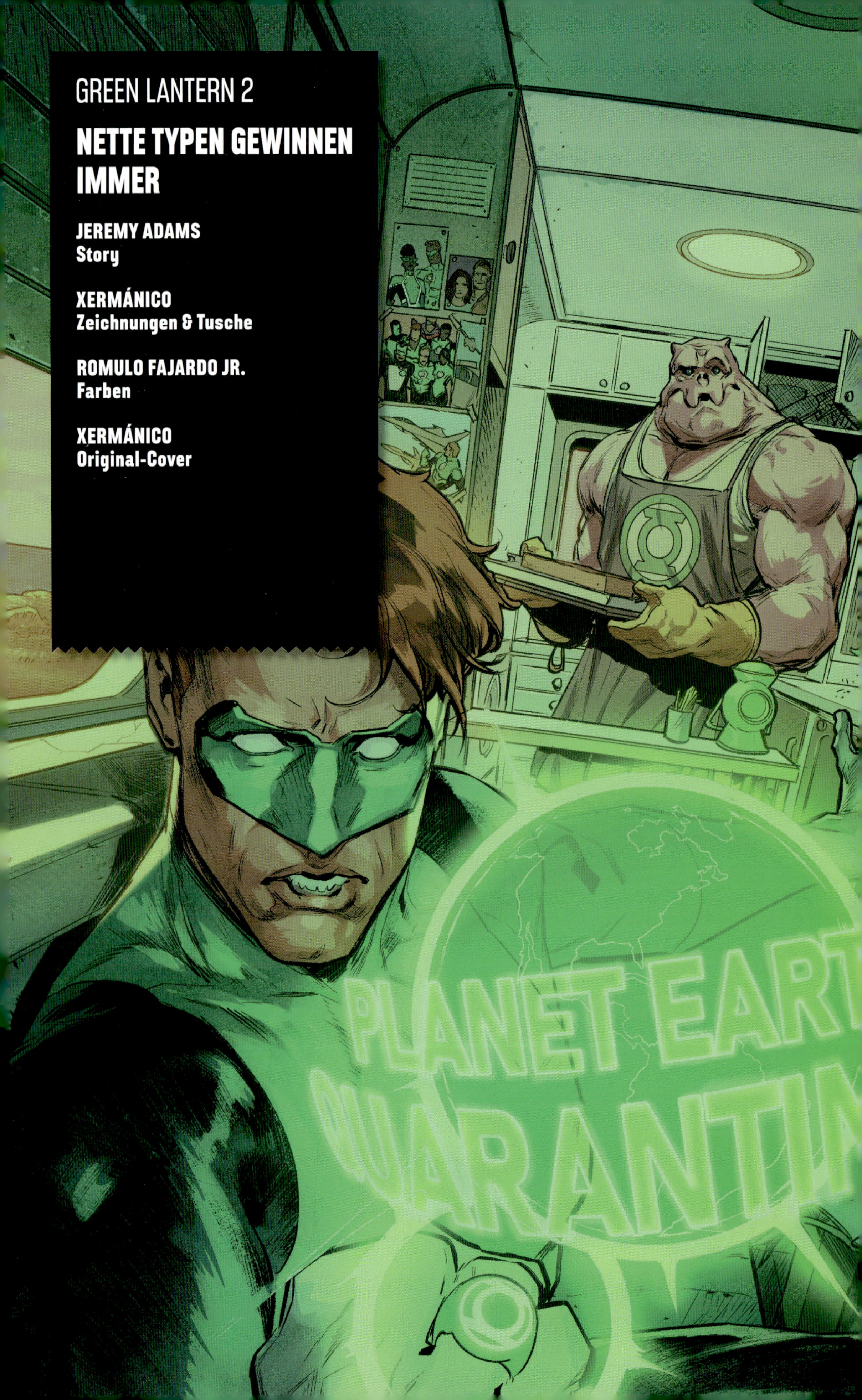

GREEN LANTERN 2

NETTE TYPEN GEWINNEN IMMER

JEREMY ADAMS
Story

XERMÁNICO
Zeichnungen & Tusche

ROMULO FAJARDO JR.
Farben

XERMÁNICO
Original-Cover

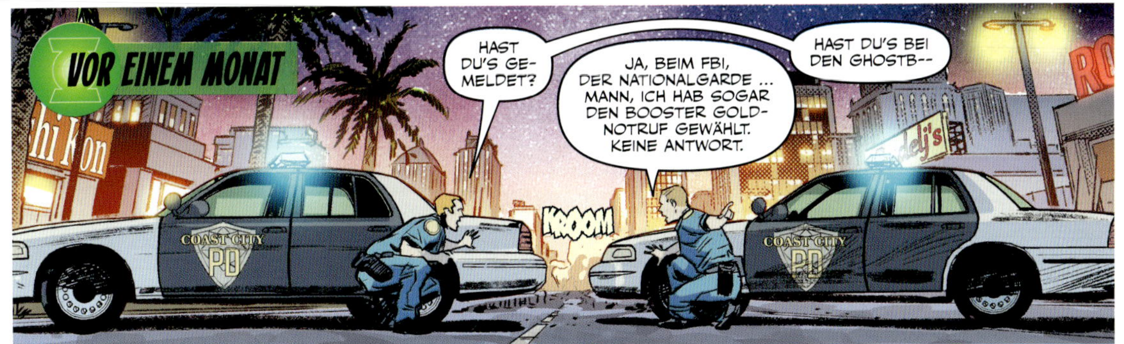
VOR EINEM MONAT
HAST DU'S GE-MELDET?
JA, BEIM FBI, DER NATIONALGARDE ... MANN, ICH HAB SOGAR DEN BOOSTER GOLD-NOTRUF GEWÄHLT. KEINE ANTWORT.
HAST DU'S BEI DEN GHOSTB--
KROOM

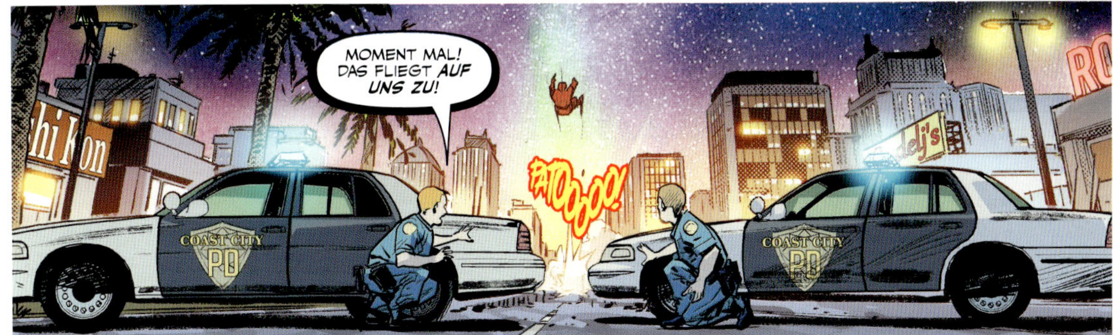
MOMENT MAL! DAS FLIEGT *AUF UNS ZU*!
PATOOOOO!

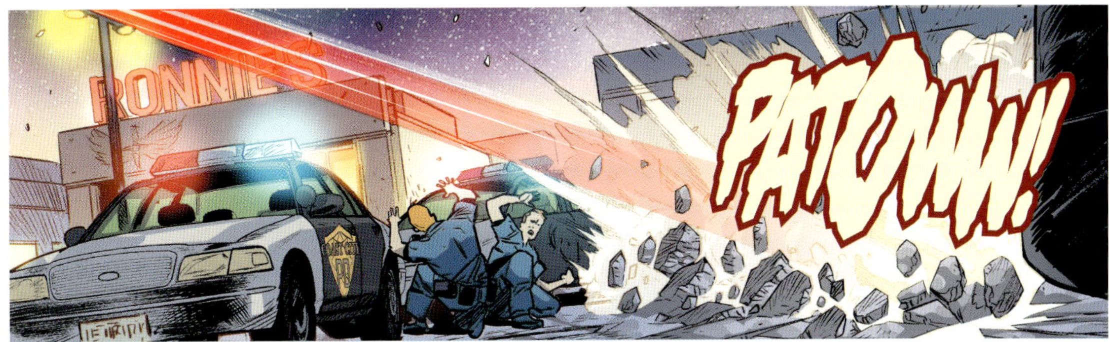
PATOMM!!

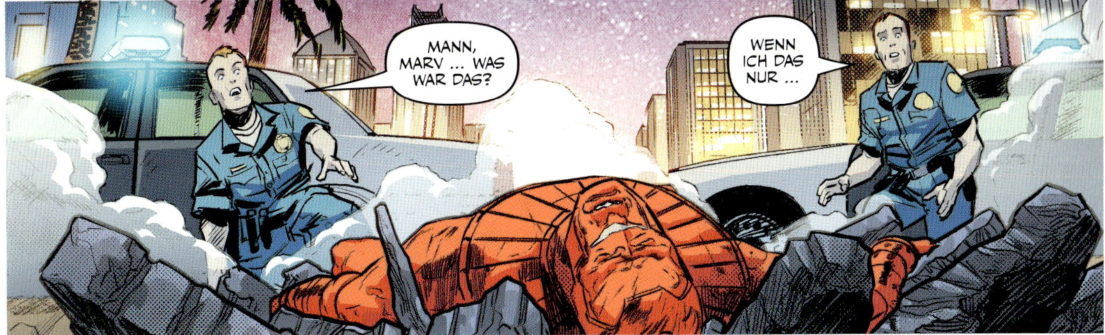
MANN, MARV ... WAS WAR DAS?
WENN ICH DAS NUR ...

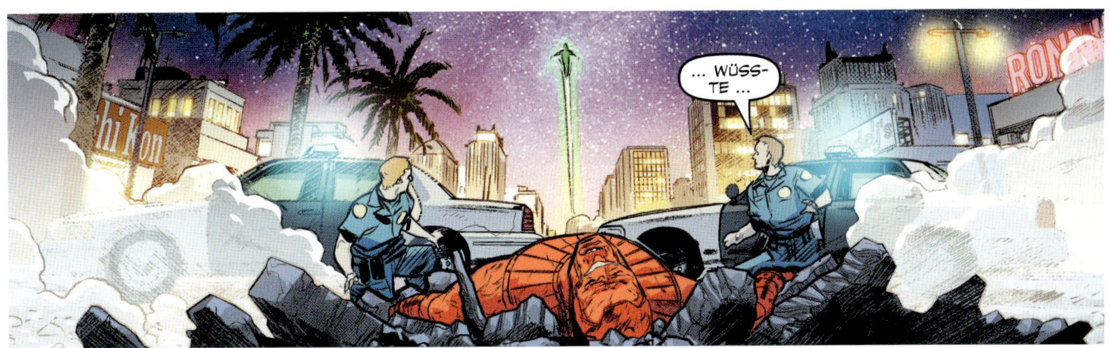
... WÜSS-TE ...

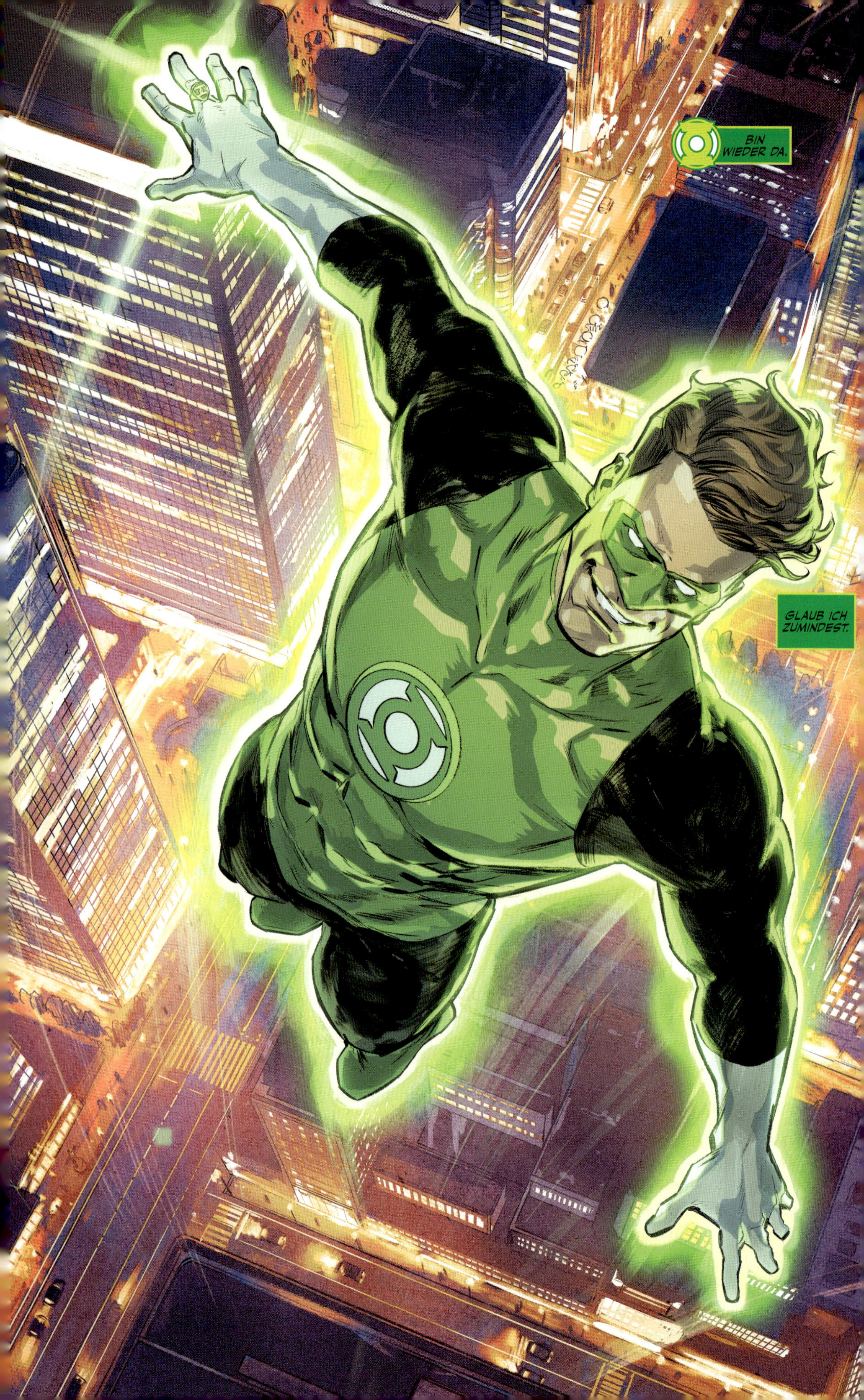
BIN WIEDER DA.
GLAUB ICH ZUMINDEST.

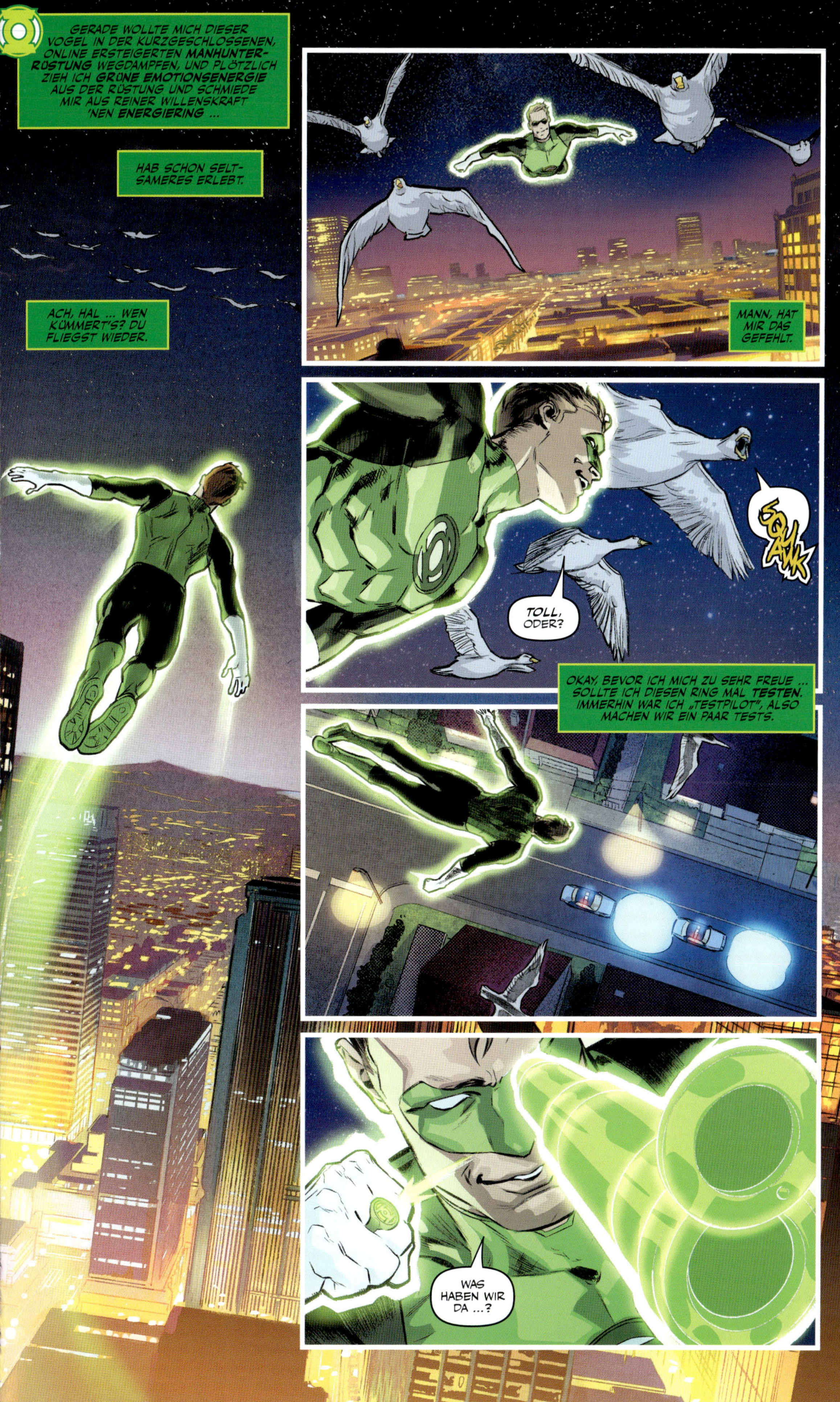
GERADE WOLLTE MICH DIESER VOGEL IN DER KURZGESCHLOSSENEN, ONLINE ERSTEIGERTEN MANHUNTER-RÜSTUNG WEGDAMPFEN, UND PLÖTZLICH ZIEH ICH GRÜNE EMOTIONSENERGIE AUS DER RÜSTUNG UND SCHMIEDE MIR AUS REINER WILLENSKRAFT 'NEN ENERGIERING ...
HAB SCHON SELTSAMERES ERLEBT.
ACH, HAL ... WEN KÜMMERT'S? DU FLIEGST WIEDER.
MANN, HAT MIR DAS GEFEHLT.
SQUAWK
TOLL, ODER?
OKAY, BEVOR ICH MICH ZU SEHR FREUE ... SOLLTE ICH DIESEN RING MAL TESTEN. IMMERHIN WAR ICH „TESTPILOT", ALSO MACHEN WIR EIN PAAR TESTS.
WAS HABEN WIR DA ...?

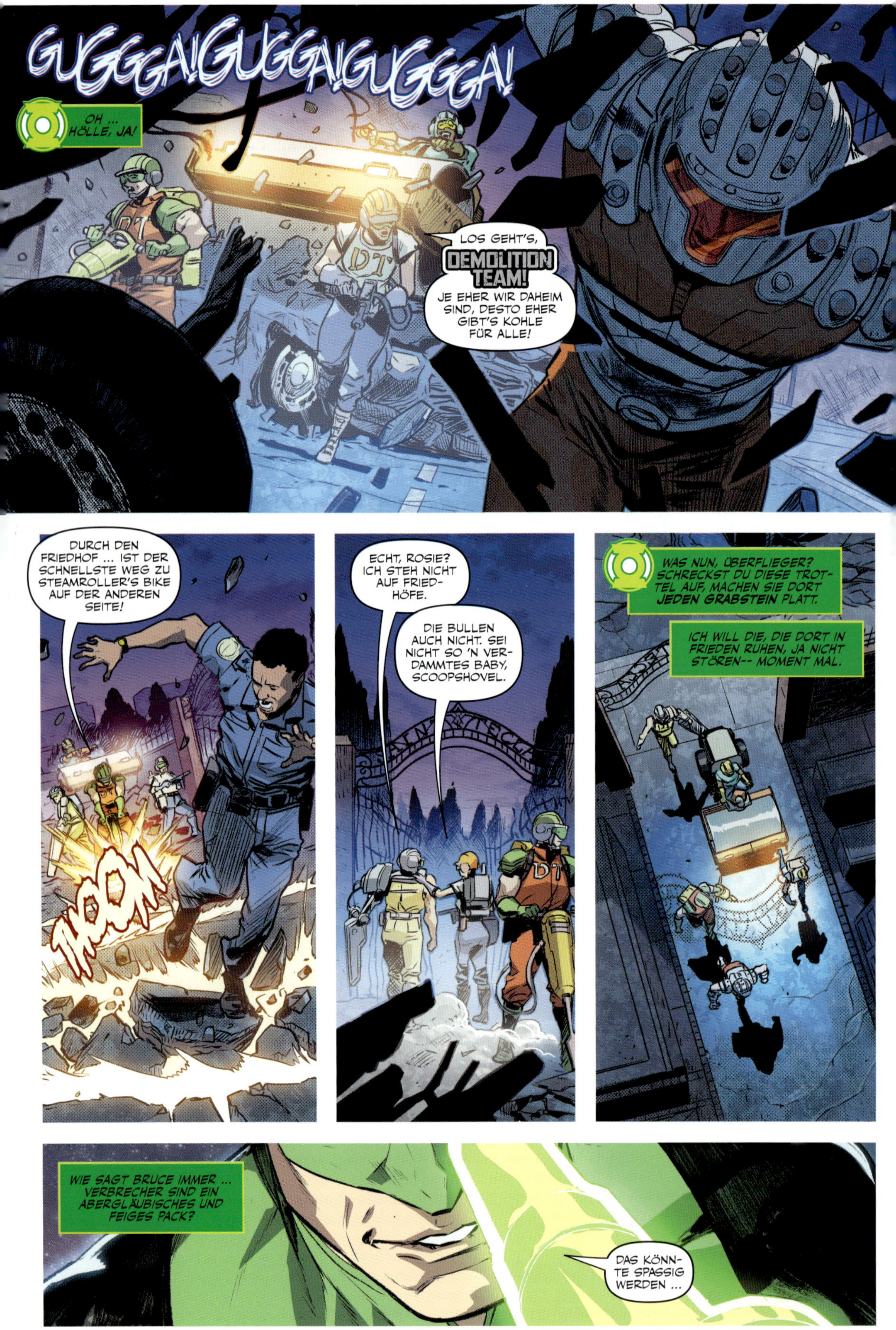

GUGGGA!GUGGA!GUGGGA!

OH ... HÖLLE, JA!

LOS GEHT'S, DEMOLITION TEAM! JE EHER WIR DAHEIM SIND, DESTO EHER GIBT'S KOHLE FÜR ALLE!

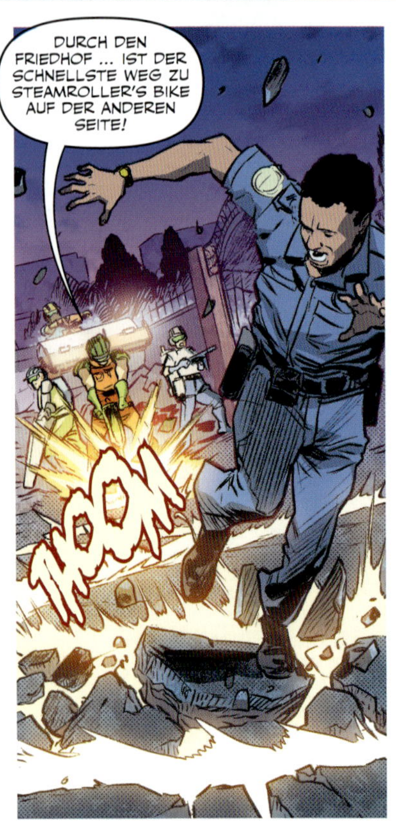

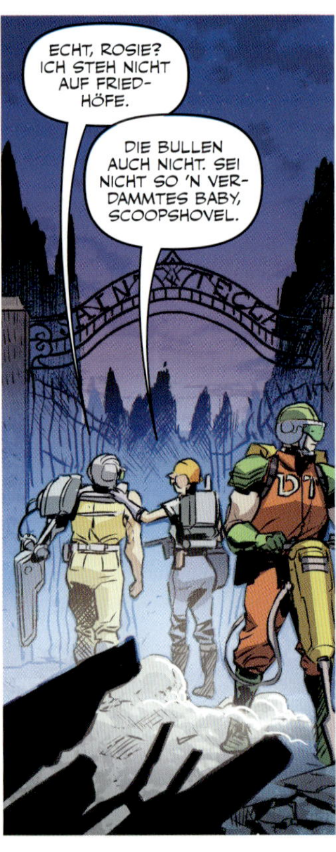

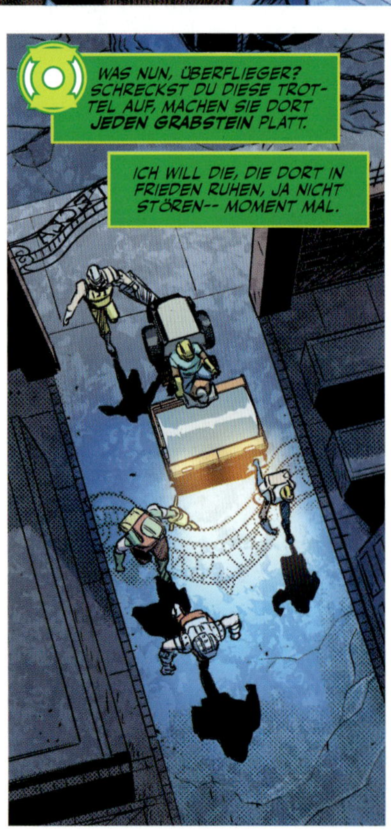

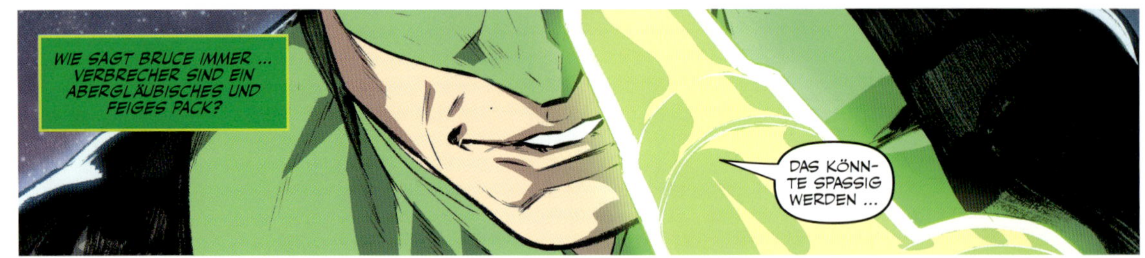

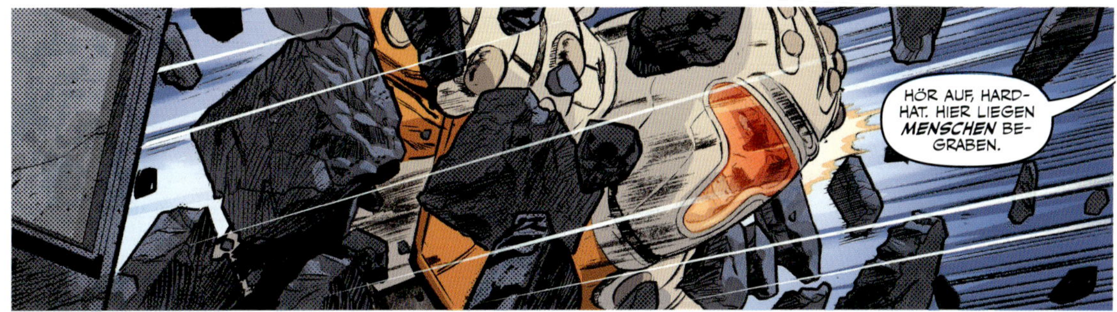

HÖR AUF, HARD-HAT. HIER LIEGEN MENSCHEN BE-GRABEN.

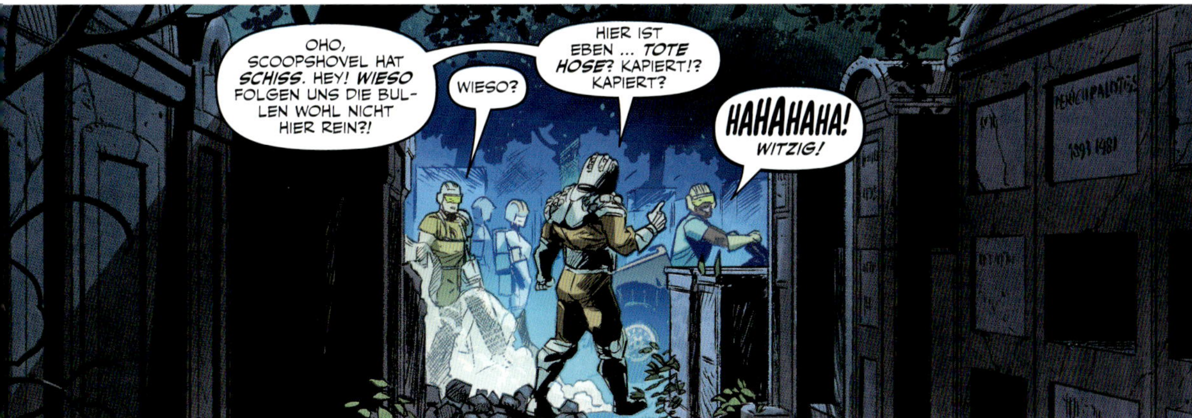

OHO, SCOOPSHOVEL HAT SCHISS. HEY! WIESO FOLGEN UNS DIE BUL-LEN WOHL NICHT HIER REIN?!
WIESO?
HIER IST EBEN ... TOTE HOSE? KAPIERT!? KAPIERT?
HAHAHAHA! WITZIG!

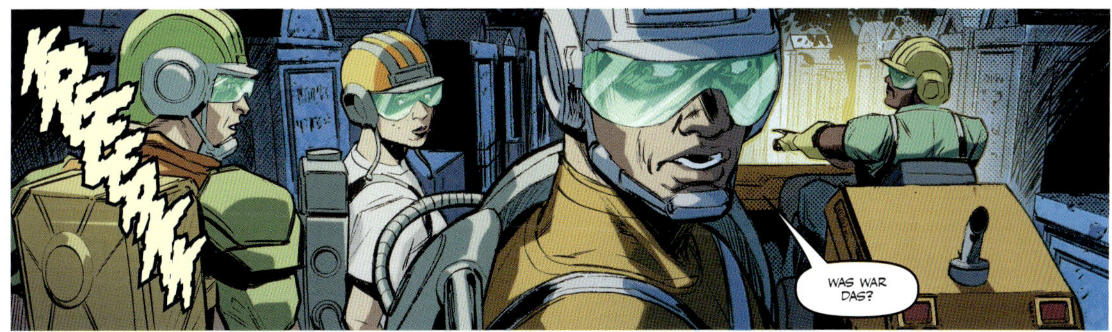

KREEEANK
WAS WAR DAS?

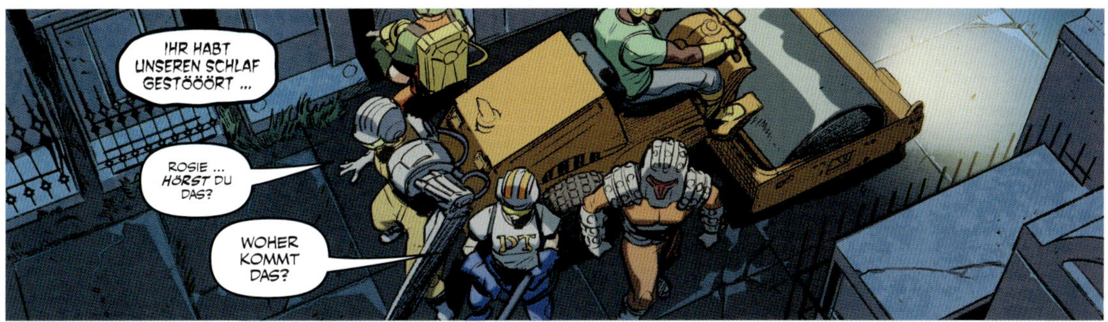

IHR HABT UNSEREN SCHLAF GESTÖÖÖRT ...
ROSIE ... HÖRST DU DAS?
WOHER KOMMT DAS?

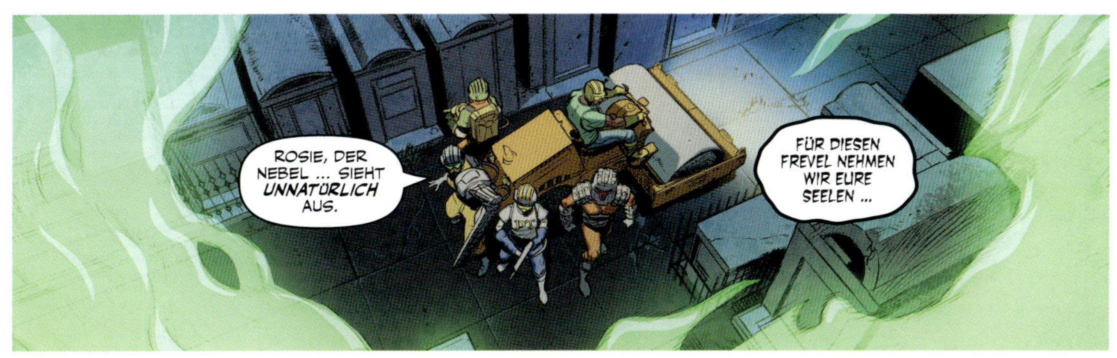

ROSIE, DER NEBEL ... SIEHT UNNATÜRLICH AUS.
FÜR DIESEN FREVEL NEHMEN WIR EURE SEELEN ...

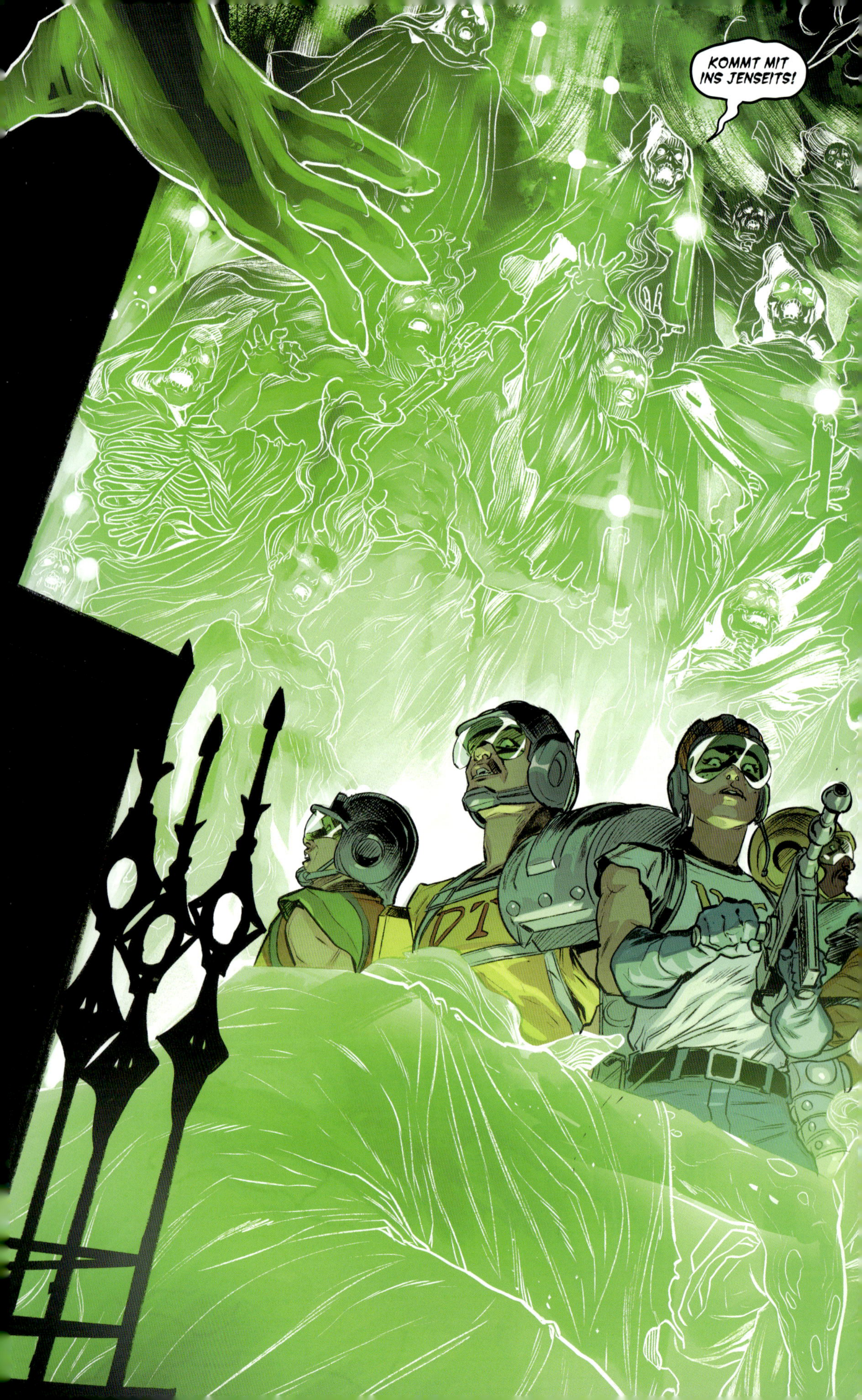
KOMMT MIT
INS JENSEITS!

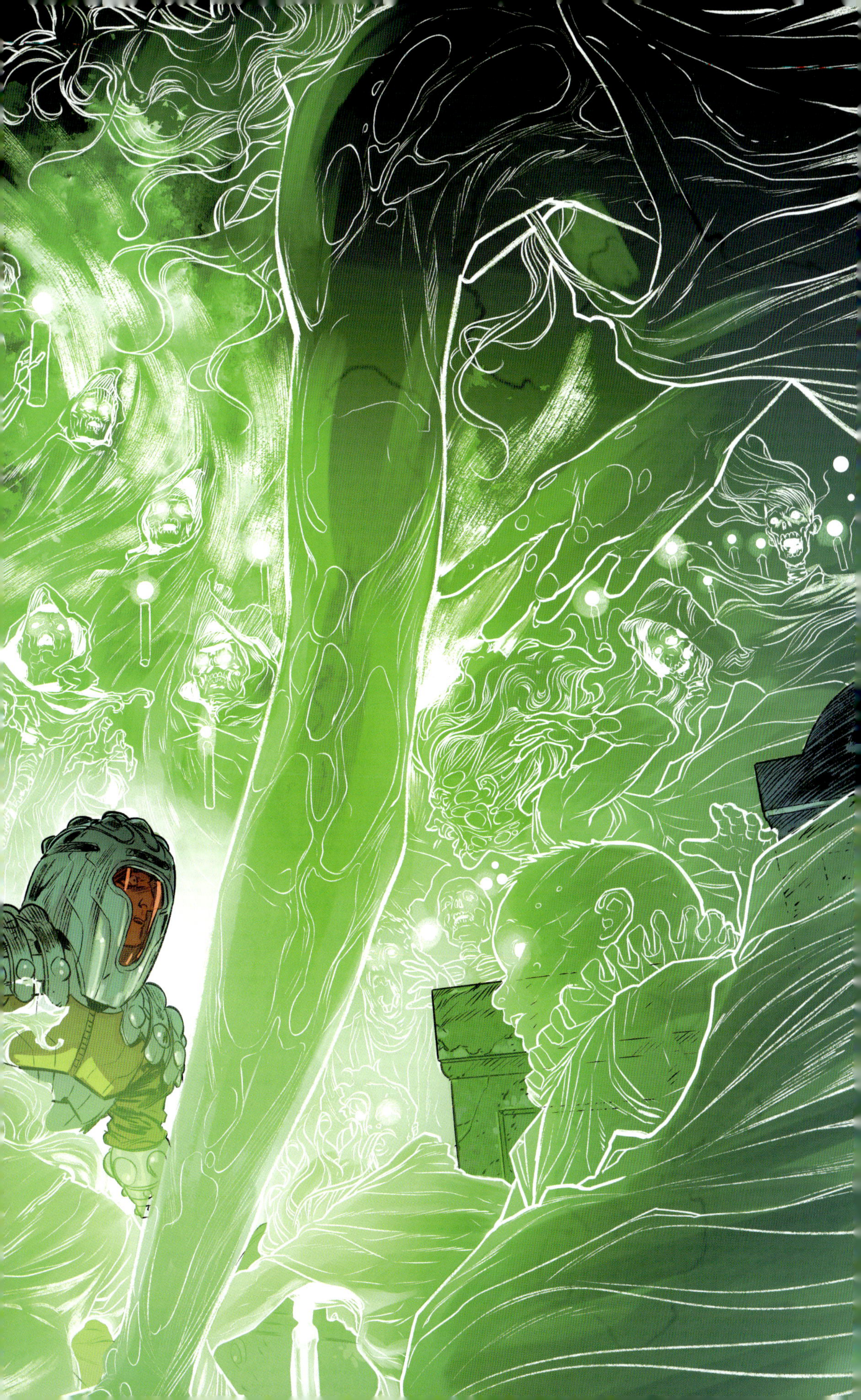

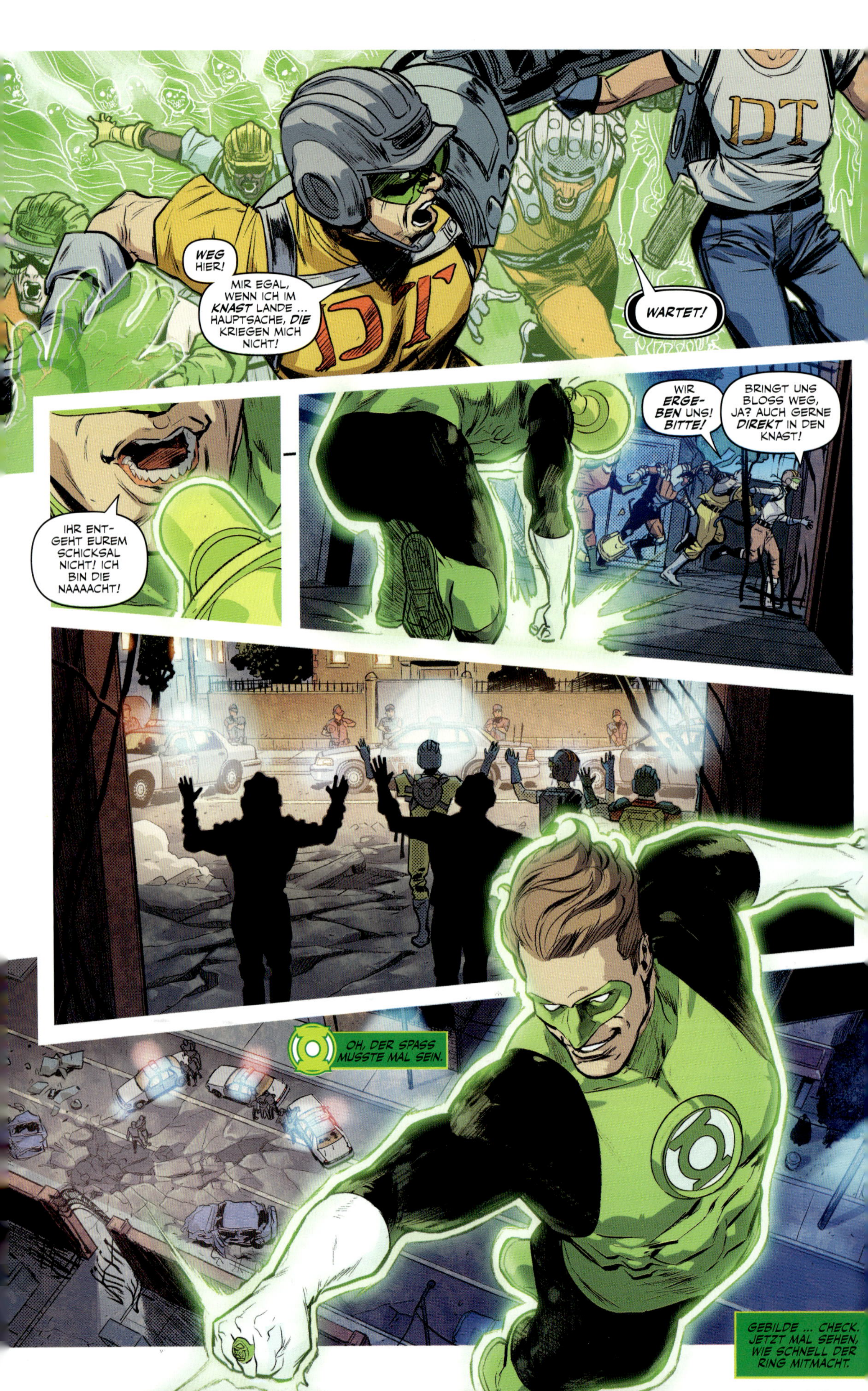
WEG HIER!
MIR EGAL, WENN ICH IM KNAST LANDE ... HAUPTSACHE, DIE KRIEGEN MICH NICHT!
WARTET!
IHR ENT-GEHT EUREM SCHICKSAL NICHT! ICH BIN DIE NAAAACHT!
WIR ERGE-BEN UNS! BITTE!
BRINGT UNS BLOSS WEG, JA? AUCH GERNE DIREKT IN DEN KNAST!
OH, DER SPASS MUSSTE MAL SEIN.
GEBILDE ... CHECK. JETZT MAL SEHEN, WIE SCHNELL DER RING MITMACHT.

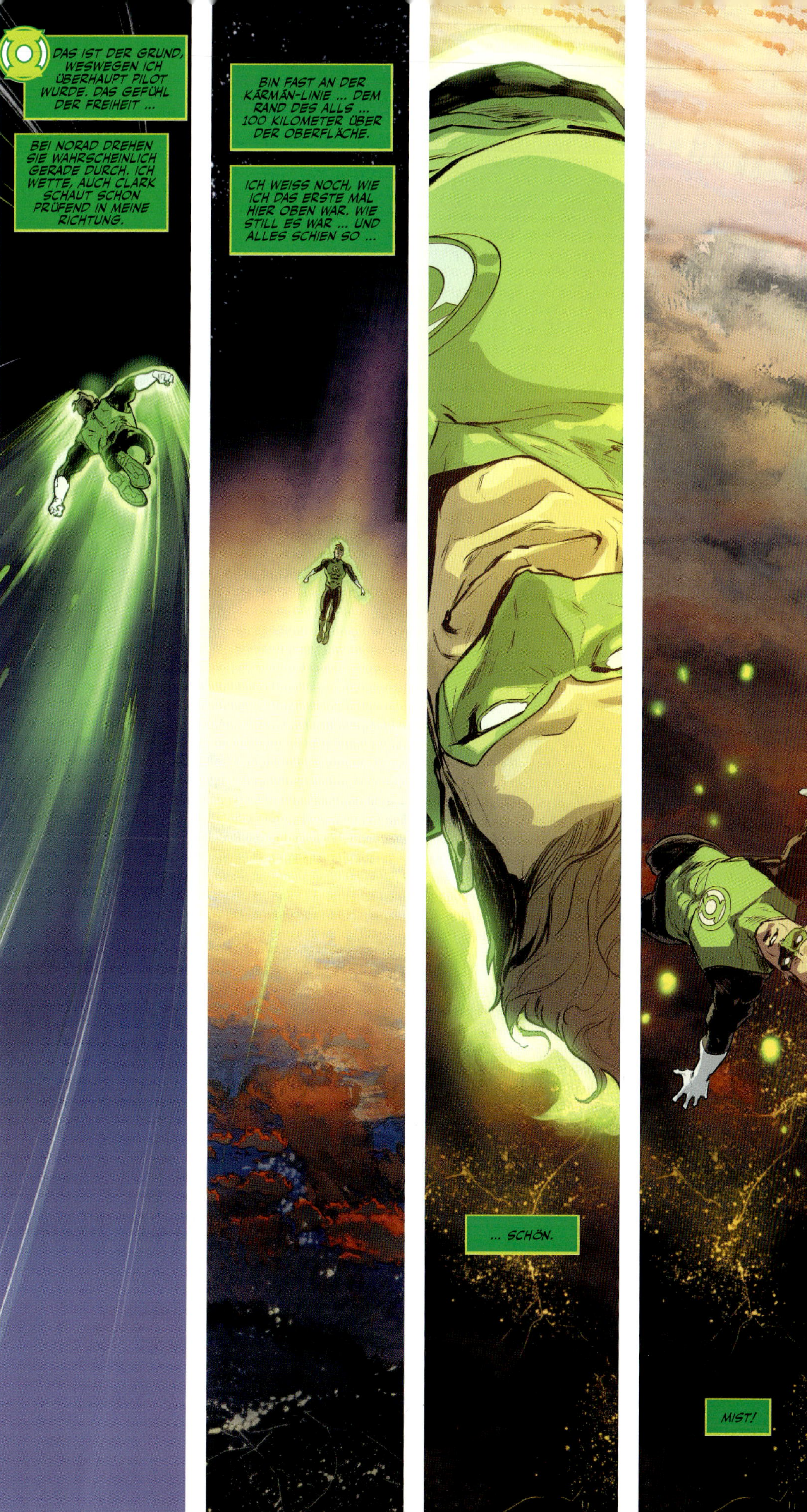
DAS IST DER GRUND, WESWEGEN ICH ÜBERHAUPT PILOT WURDE. DAS GEFÜHL DER FREIHEIT ...
BEI NORAD DREHEN SIE WAHRSCHEINLICH GERADE DURCH. ICH WETTE, AUCH CLARK SCHAUT SCHON PRÜFEND IN MEINE RICHTUNG.
BIN FAST AN DER KÁRMÁN-LINIE ... DEM RAND DES ALLS ... 100 KILOMETER ÜBER DER OBERFLÄCHE.
ICH WEISS NOCH, WIE ICH DAS ERSTE MAL HIER OBEN WAR. WIE STILL ES WAR ... UND ALLES SCHIEN SO ...
... SCHÖN.
MIST!

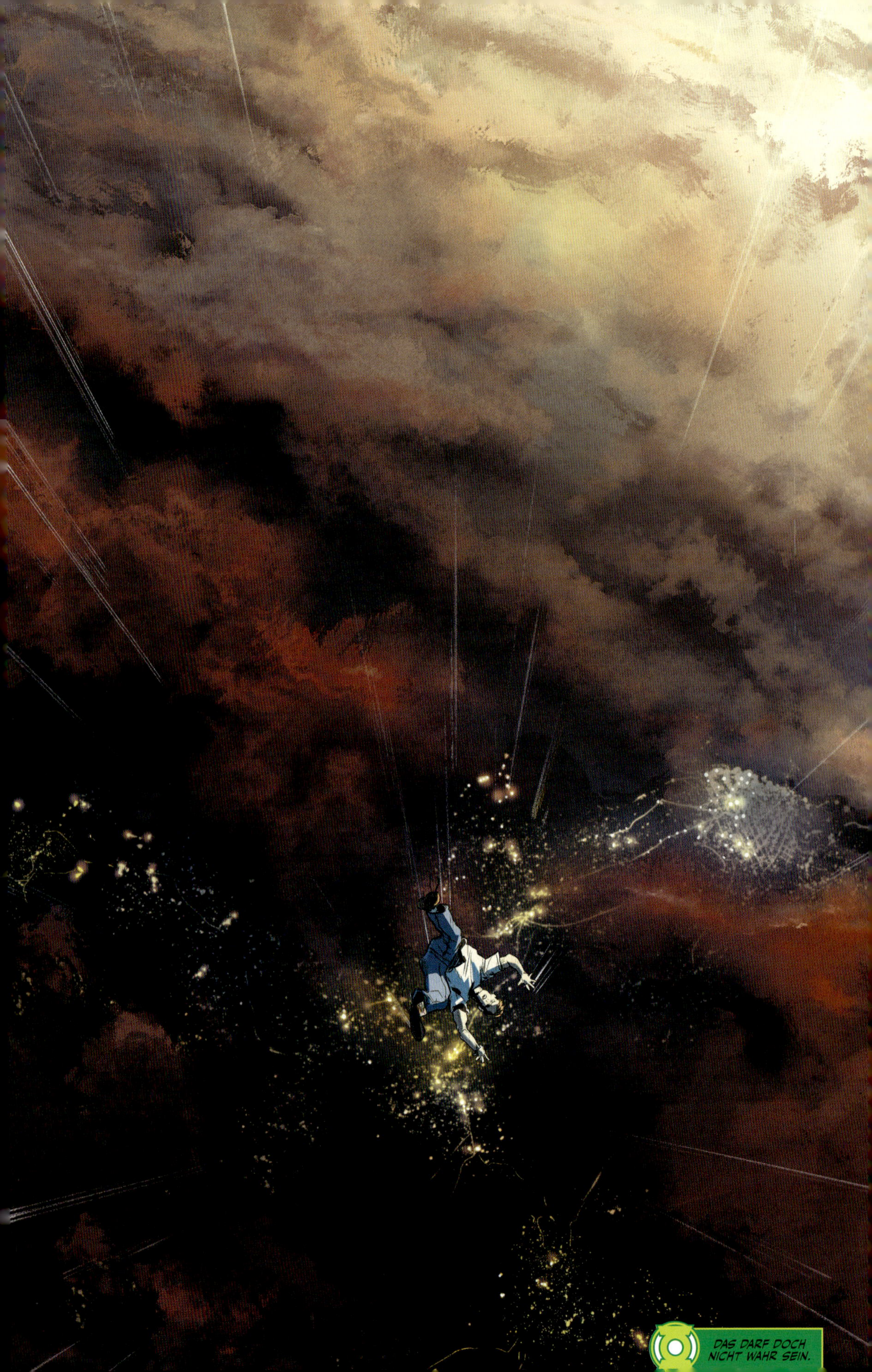
DAS DARF DOCH NICHT WAHR SEIN.

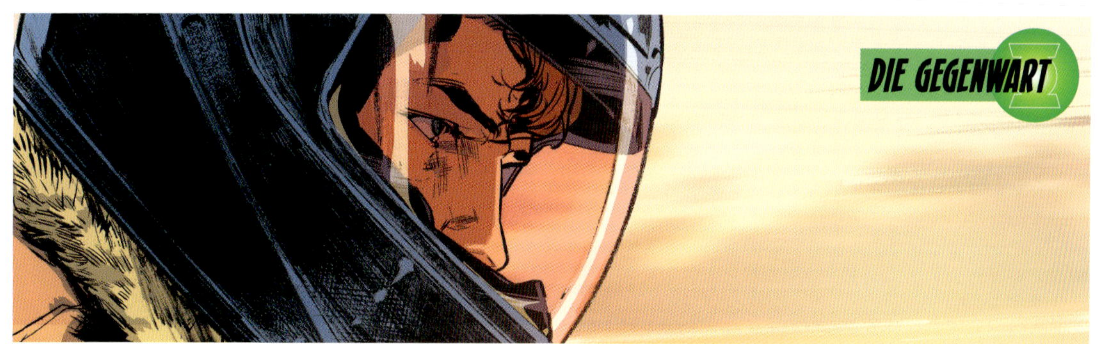
DIE GEGENWART

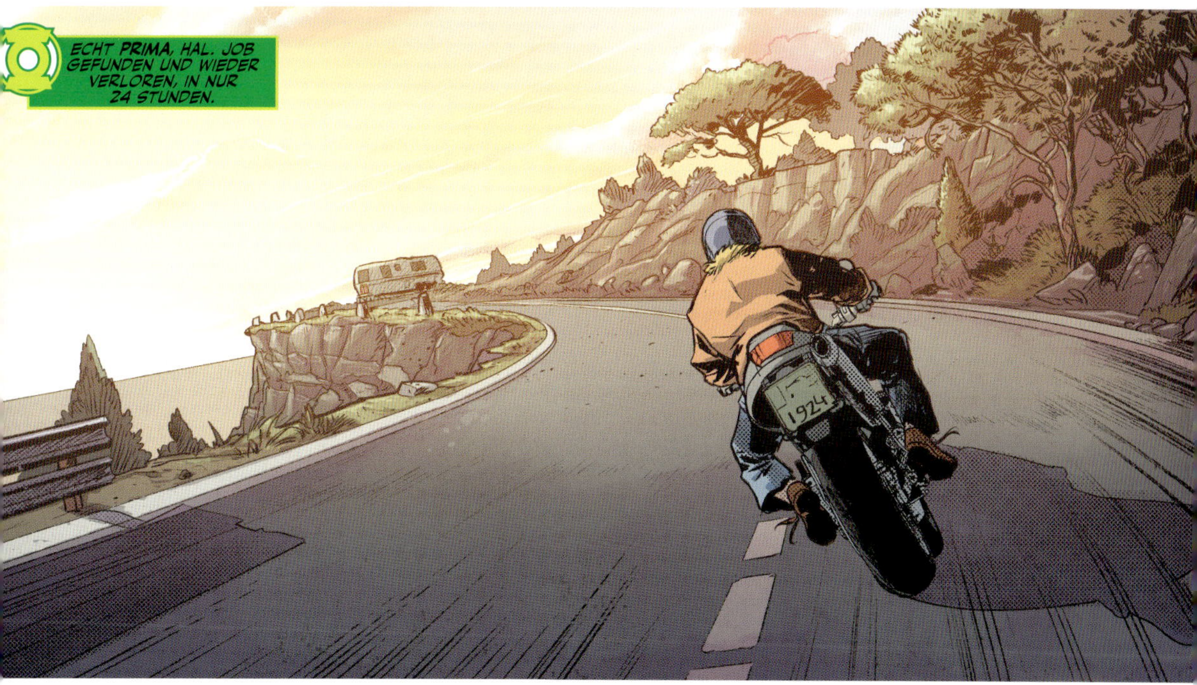
ECHT PRIMA, HAL. JOB GEFUNDEN UND WIEDER VERLOREN, IN NUR 24 STUNDEN.
1924

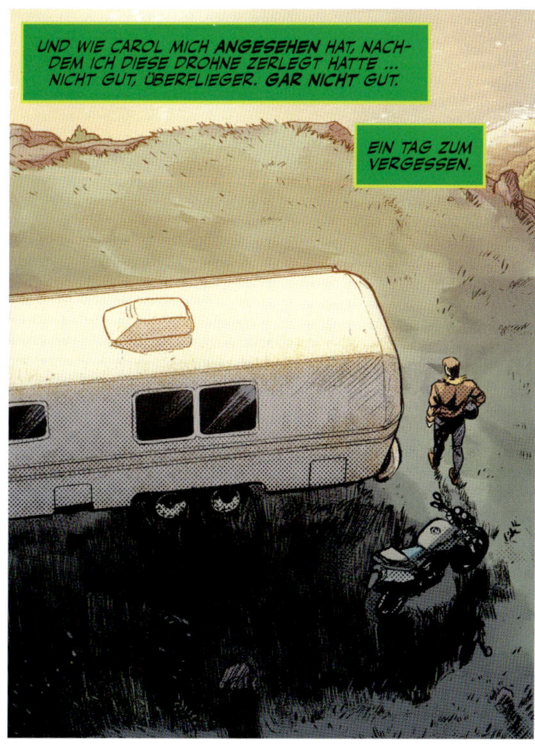
UND WIE CAROL MICH ANGESEHEN HAT, NACHDEM ICH DIESE DROHNE ZERLEGT HATTE ... NICHT GUT, ÜBERFLIEGER. GAR NICHT GUT.
EIN TAG ZUM VERGESSEN.

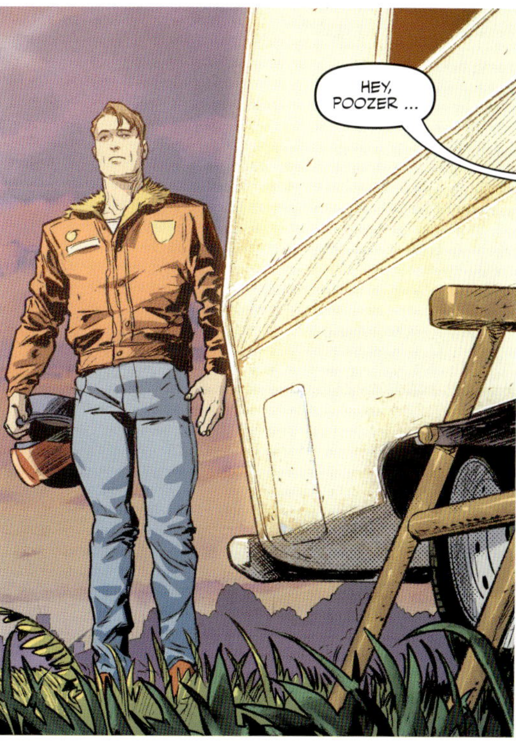
HEY, POOZER ...

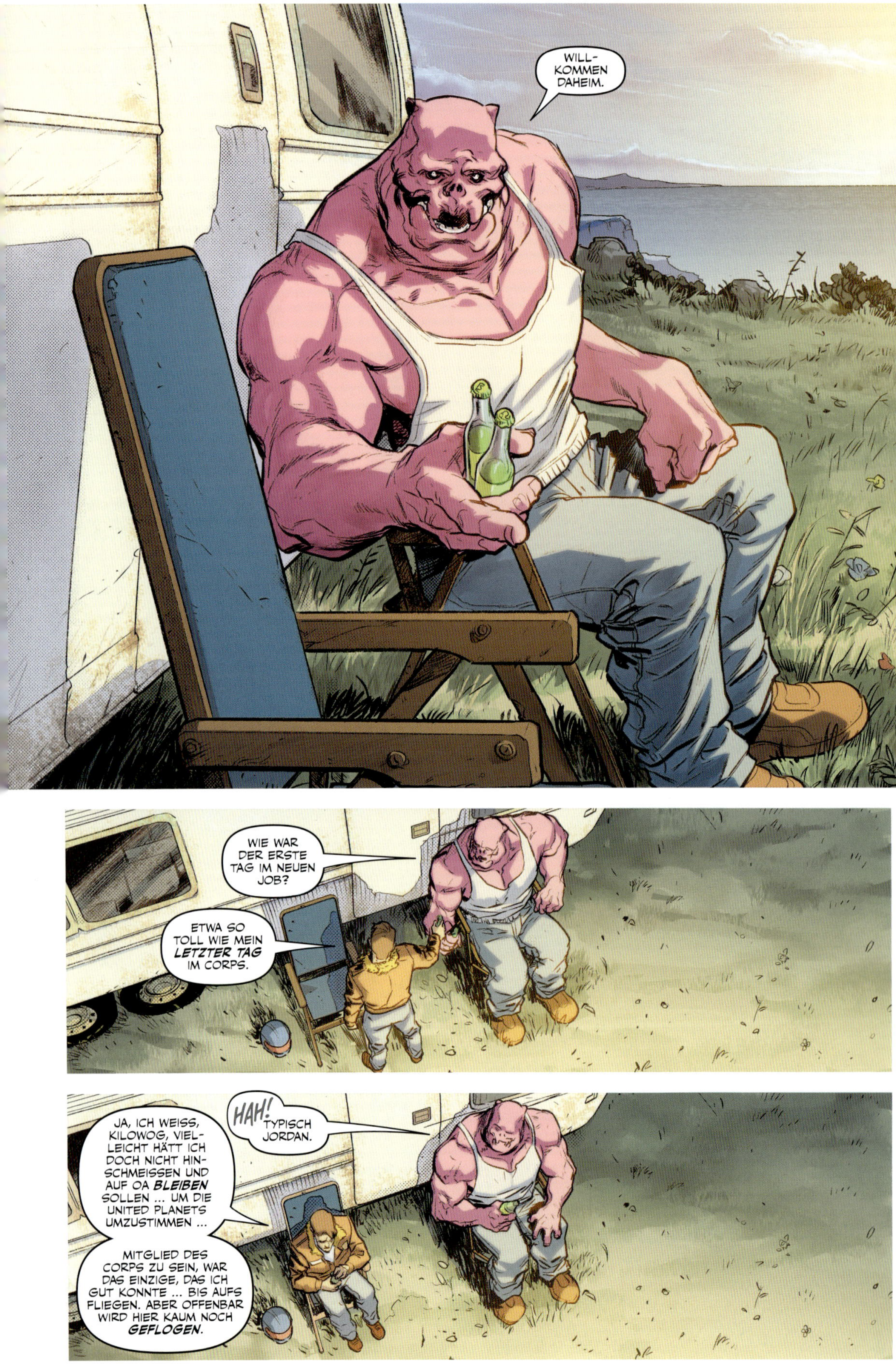

WILL-KOMMEN DAHEIM.

WIE WAR DER ERSTE TAG IM NEUEN JOB?

ETWA SO TOLL WIE MEIN ***LETZTER TAG*** IM CORPS.

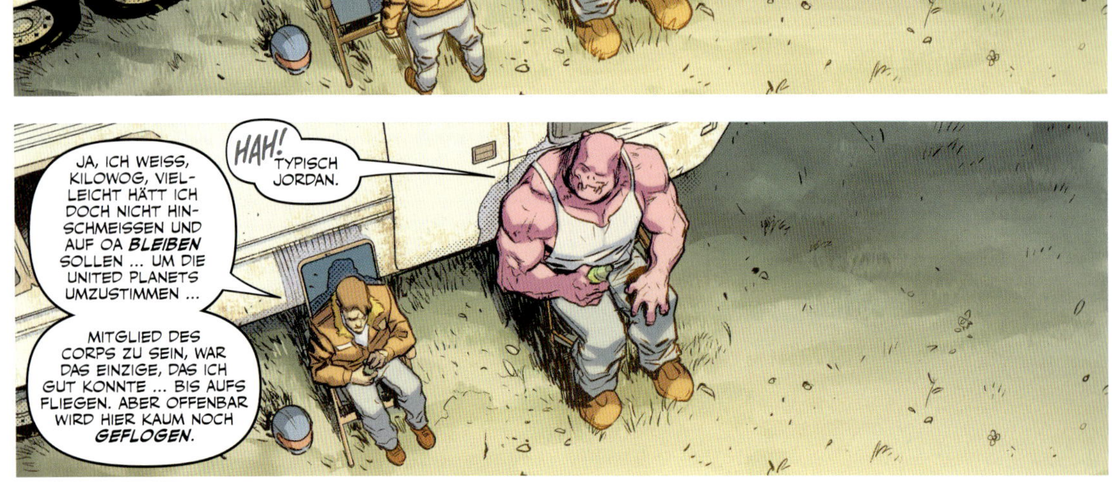

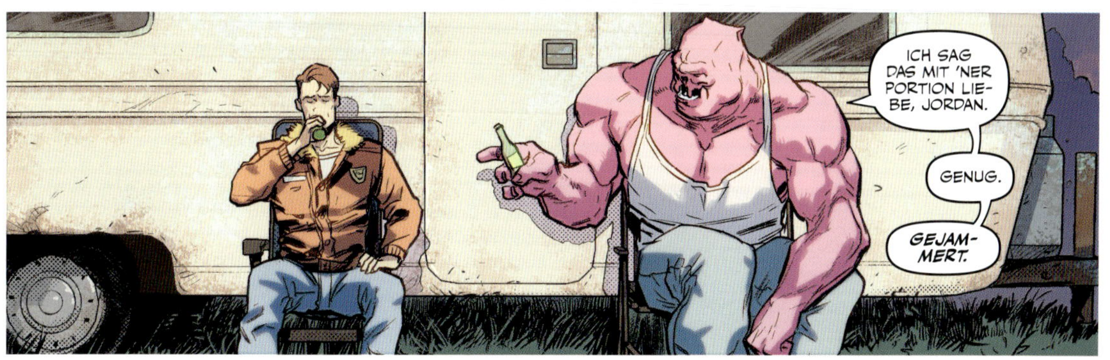
ICH SAG DAS MIT 'NER PORTION LIEBE, JORDAN.
GENUG.
GEJAMMERT.

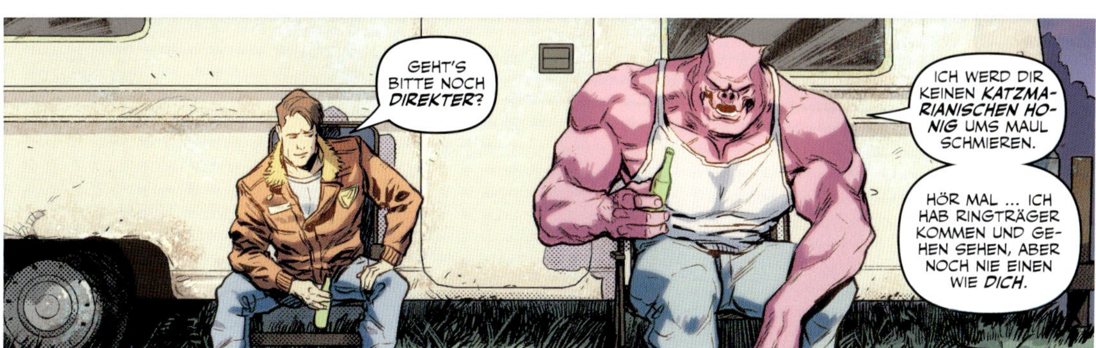
GEHT'S BITTE NOCH DIREKTER?
ICH WERD DIR KEINEN KATZMARIANISCHEN HONIG UMS MAUL SCHMIEREN.
HÖR MAL ... ICH HAB RINGTRÄGER KOMMEN UND GEHEN SEHEN, ABER NOCH NIE EINEN WIE DICH.

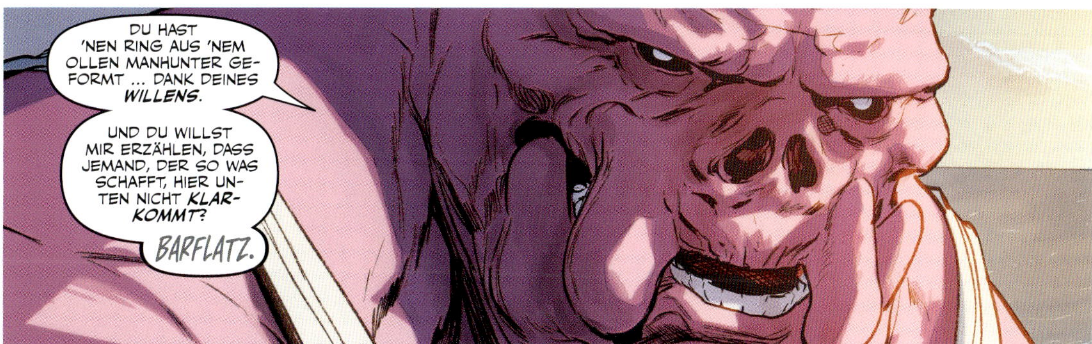
DU HAST 'NEN RING AUS 'NEM OLLEN MANHUNTER GEFORMT ... DANK DEINES WILLENS.
UND DU WILLST MIR ERZÄHLEN, DASS JEMAND, DER SO WAS SCHAFFT, HIER UNTEN NICHT KLARKOMMT?
BARFLATZ.

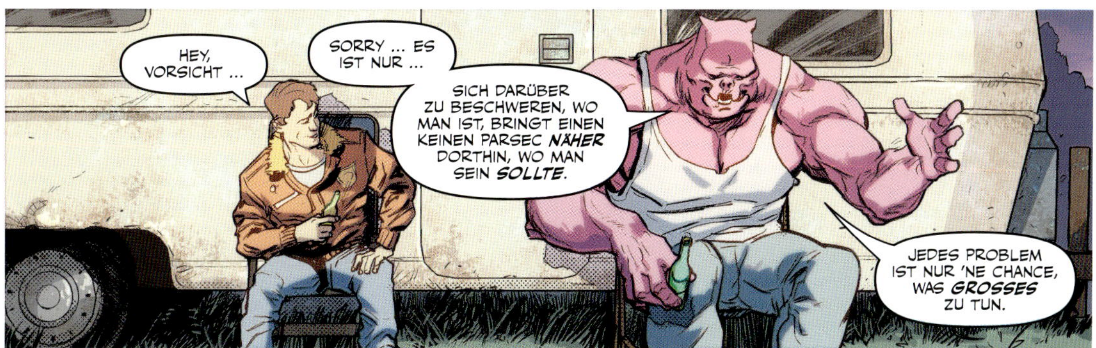
HEY, VORSICHT ...
SORRY ... ES IST NUR ...
SICH DARÜBER ZU BESCHWEREN, WO MAN IST, BRINGT EINEN KEINEN PARSEC NÄHER DORTHIN, WO MAN SEIN SOLLTE.
JEDES PROBLEM IST NUR 'NE CHANCE, WAS GROSSES ZU TUN.

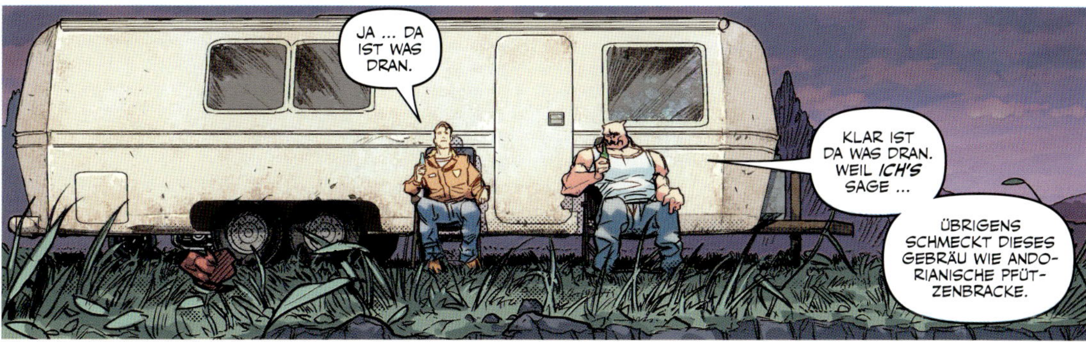
JA ... DA IST WAS DRAN.
KLAR IST DA WAS DRAN. WEIL ICH'S SAGE ...
ÜBRIGENS SCHMECKT DIESES GEBRÄU WIE ANDORIANISCHE PFÜTZENBRACKE.

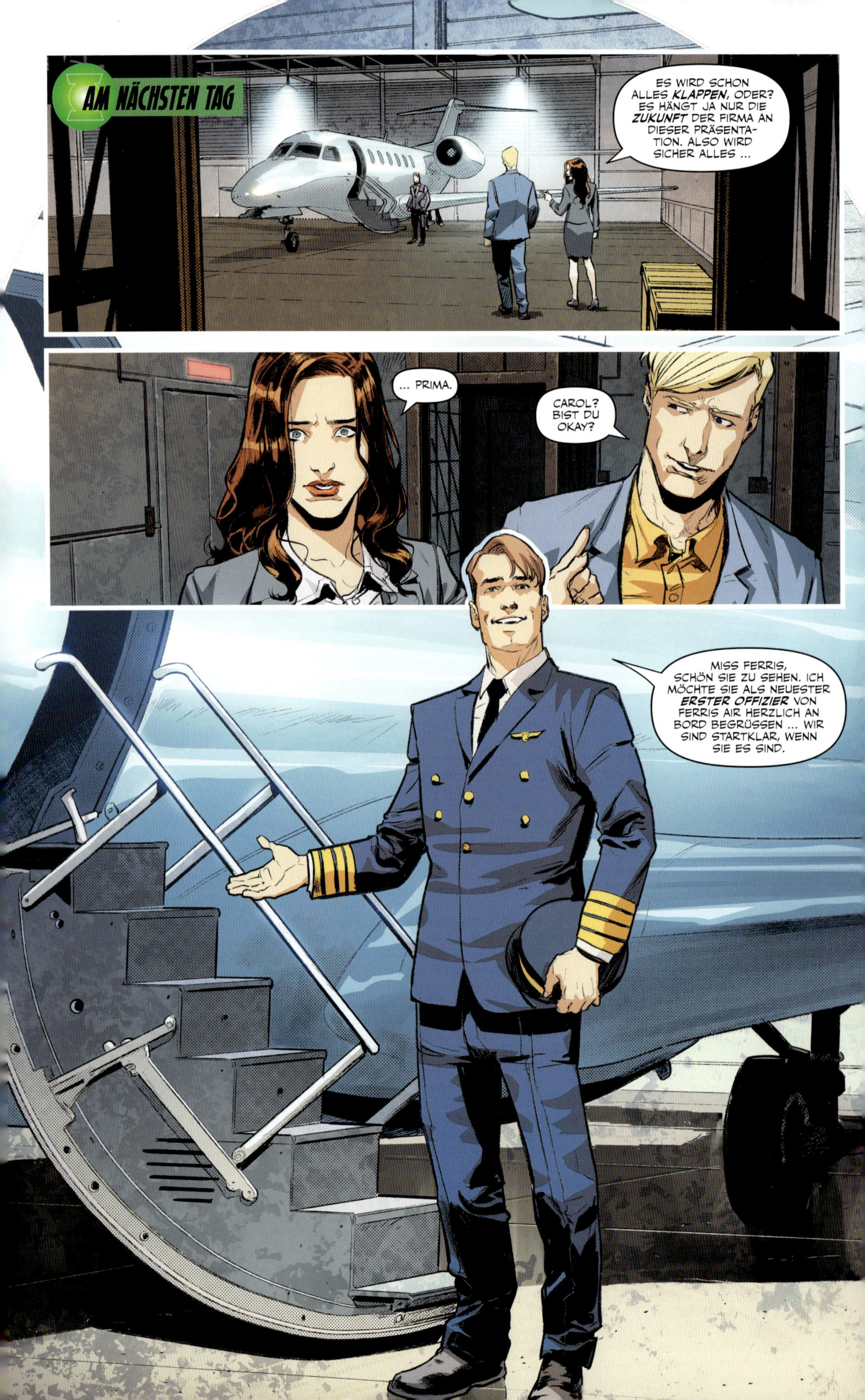
AM NÄCHSTEN TAG
ES WIRD SCHON ALLES KLAPPEN, ODER? ES HÄNGT JA NUR DIE ZUKUNFT DER FIRMA AN DIESER PRÄSENTATION. ALSO WIRD SICHER ALLES ...
... PRIMA.
CAROL? BIST DU OKAY?
MISS FERRIS, SCHÖN SIE ZU SEHEN. ICH MÖCHTE SIE ALS NEUESTER ERSTER OFFIZIER VON FERRIS AIR HERZLICH AN BORD BEGRÜSSEN ... WIR SIND STARTKLAR, WENN SIE ES SIND.

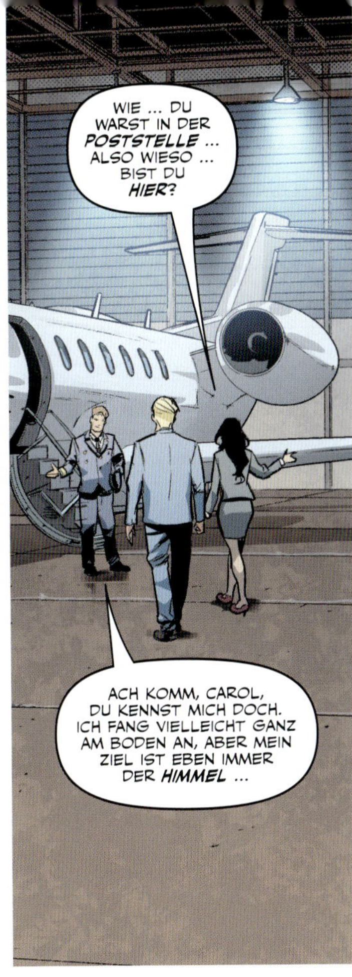
WIE ... DU WARST IN DER POSTSTELLE ... ALSO WIESO ... BIST DU HIER?
ACH KOMM, CAROL, DU KENNST MICH DOCH. ICH FANG VIELLEICHT GANZ AM BODEN AN, ABER MEIN ZIEL IST EBEN IMMER DER HIMMEL ...

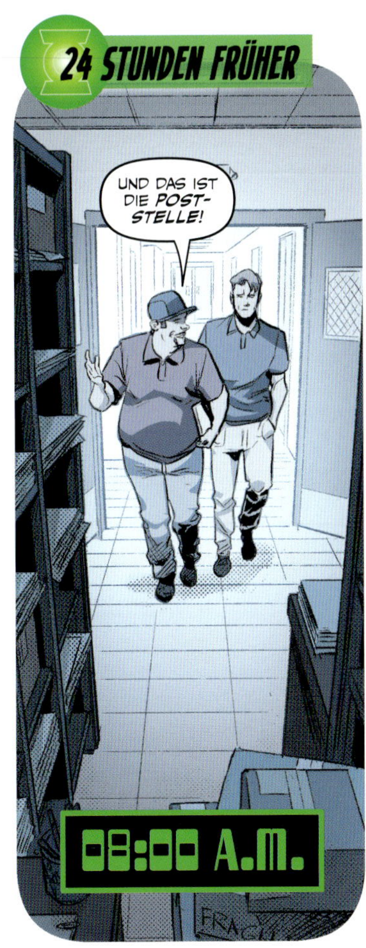
24 STUNDEN FRÜHER
UND DAS IST DIE POST-STELLE!
08:00 A.M.

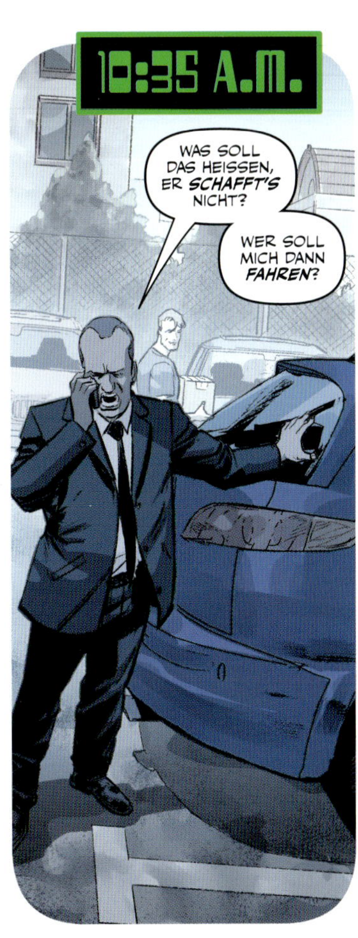
10:35 A.M.
WAS SOLL DAS HEISSEN, ER SCHAFFT'S NICHT?
WER SOLL MICH DANN FAHREN?

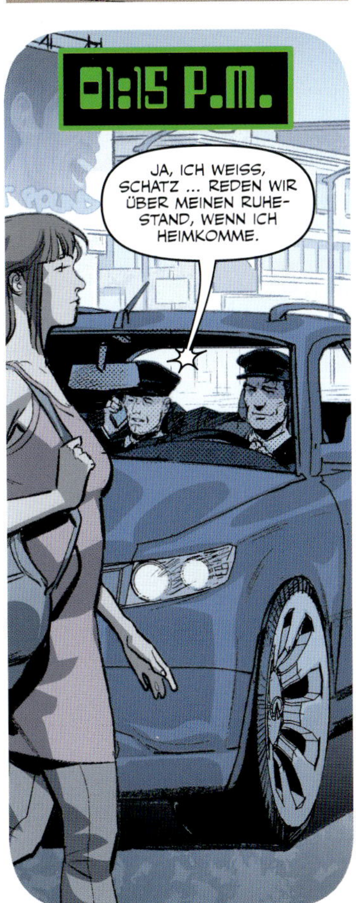
01:15 P.M.
JA, ICH WEISS, SCHATZ ... REDEN WIR ÜBER MEINEN RUHE-STAND, WENN ICH HEIMKOMME.

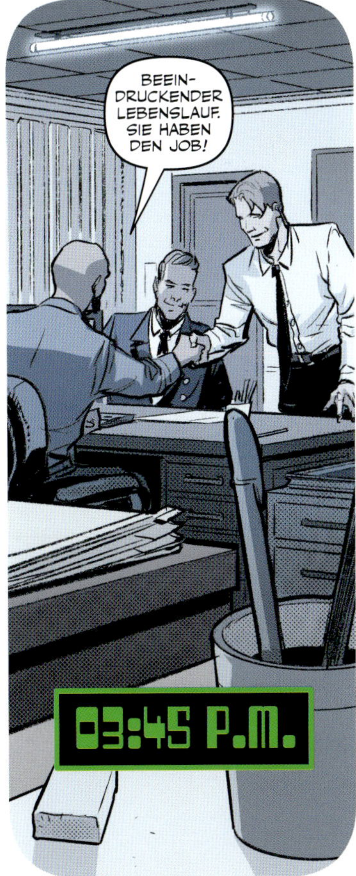
BEEIN-DRUCKENDER LEBENSLAUF. SIE HABEN DEN JOB!
03:45 P.M.

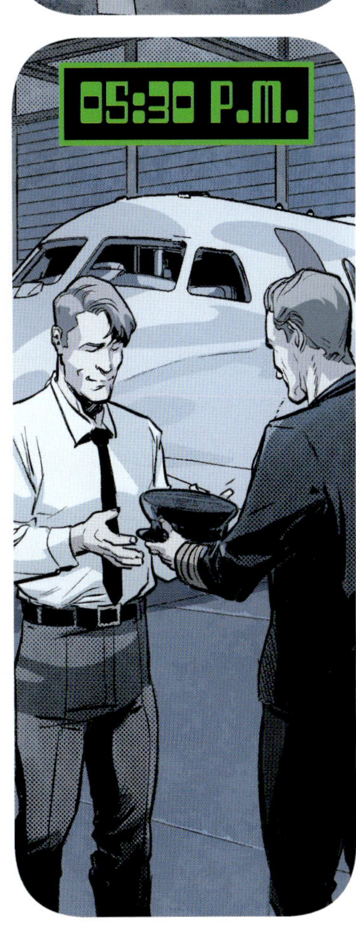
05:30 P.M.

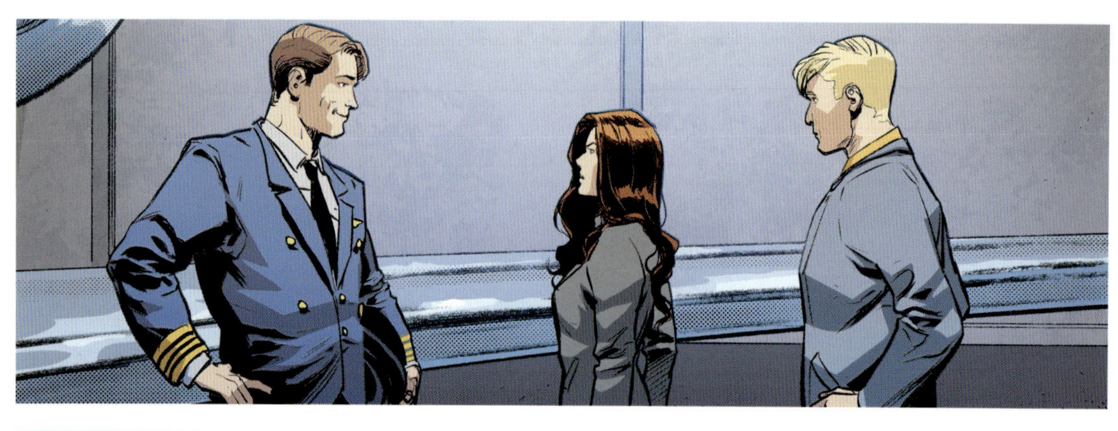

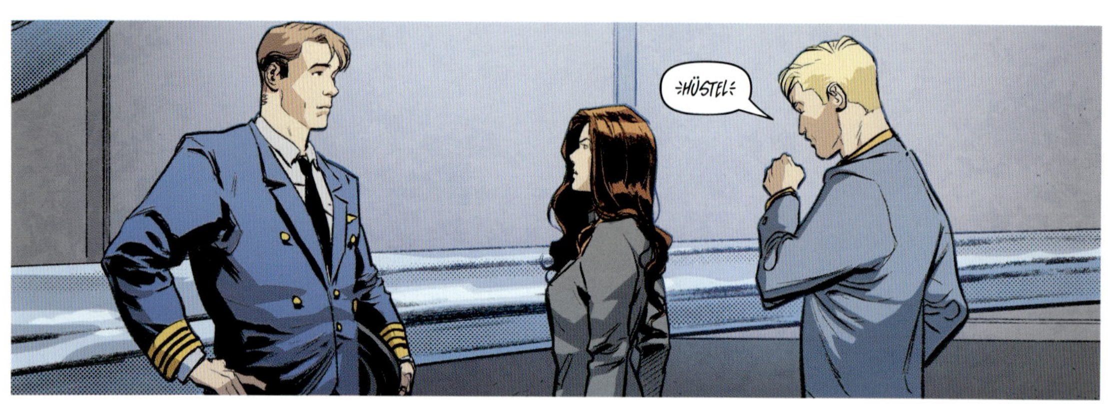
HÜSTEL

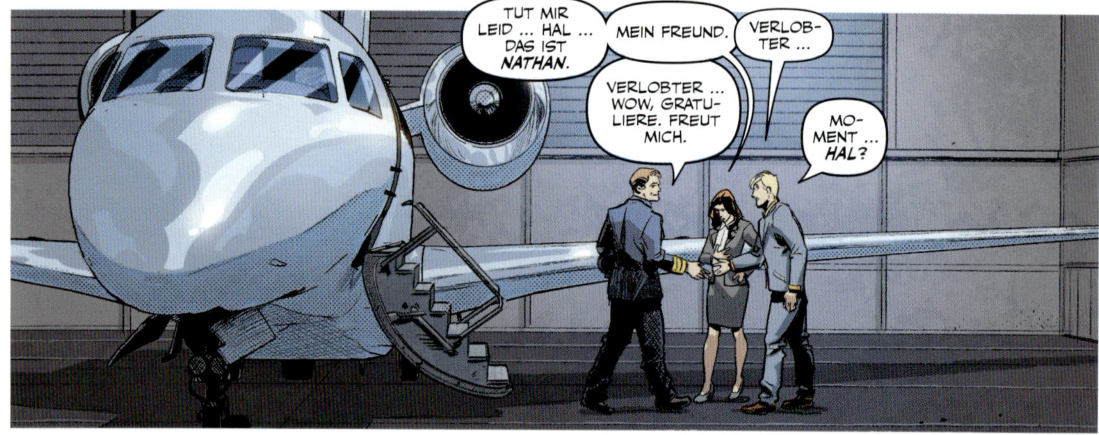
TUT MIR LEID ... HAL ... DAS IST NATHAN.
MEIN FREUND.
VERLOBTER ...
VERLOBTER ... WOW, GRATULIERE. FREUT MICH.
MOMENT ... HAL?

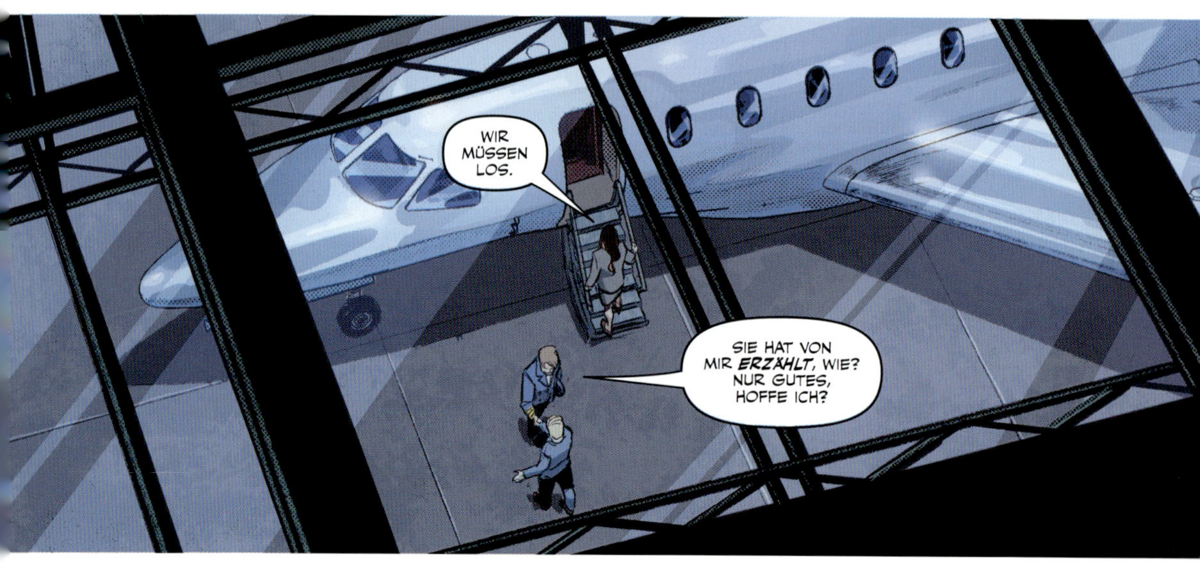
WIR MÜSSEN LOS.
SIE HAT VON MIR ERZÄHLT, WIE? NUR GUTES, HOFFE ICH?

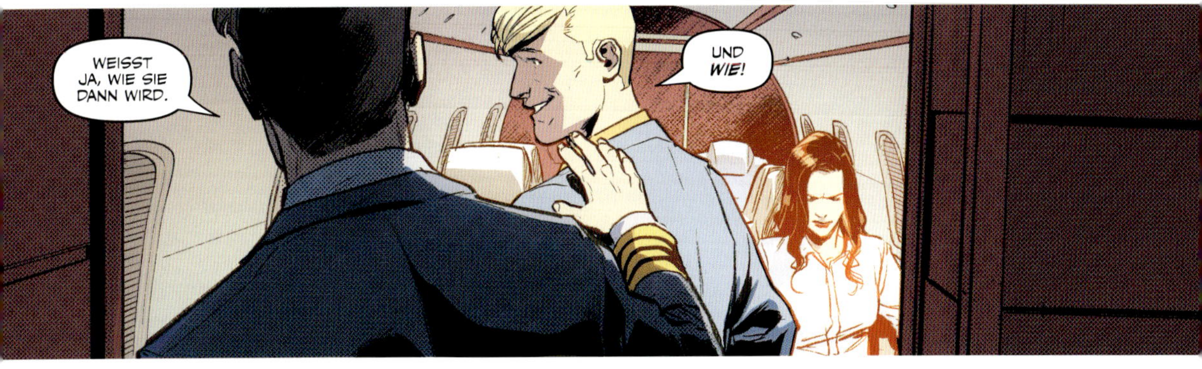
WEISST JA, WIE SIE DANN WIRD.
UND WIE!

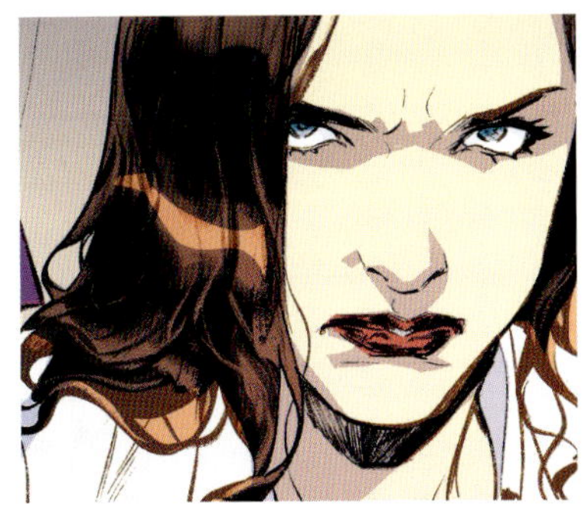

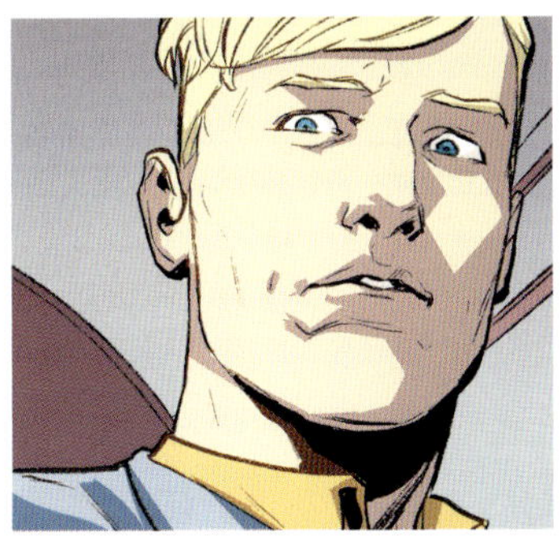

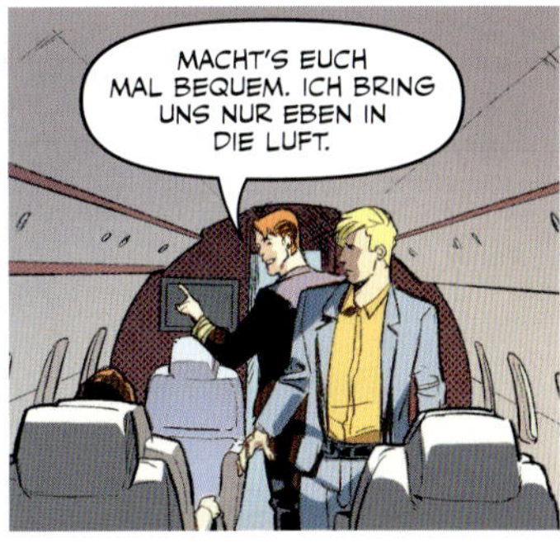
MACHT'S EUCH MAL BEQUEM. ICH BRING UNS NUR EBEN IN DIE LUFT.

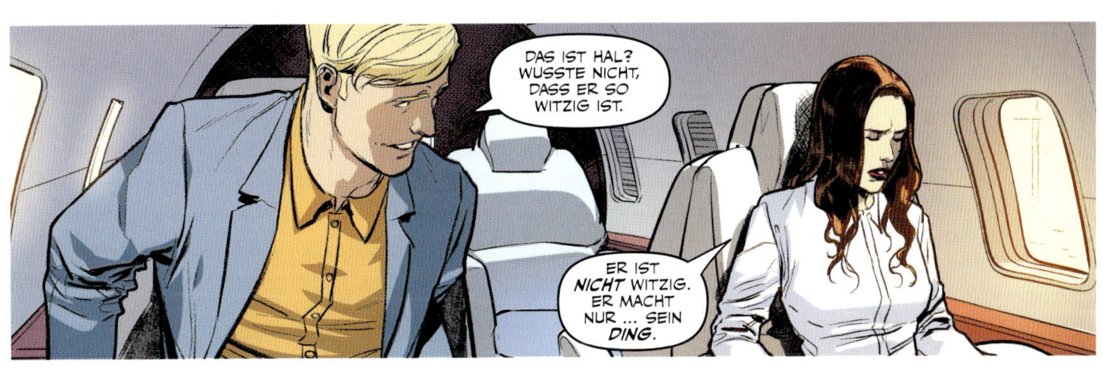
DAS IST HAL? WUSSTE NICHT, DASS ER SO WITZIG IST.
ER IST NICHT WITZIG. ER MACHT NUR ... SEIN DING.

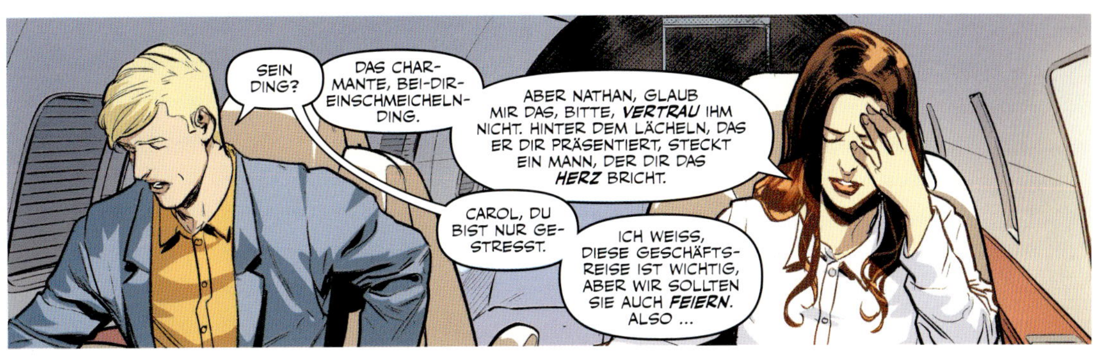
SEIN DING?
DAS CHAR-MANTE, BEI-DIR-EINSCHMEICHELN-DING.
ABER NATHAN, GLAUB MIR DAS, BITTE, VERTRAU IHM NICHT. HINTER DEM LÄCHELN, DAS ER DIR PRÄSENTIERT, STECKT EIN MANN, DER DIR DAS HERZ BRICHT.
CAROL, DU BIST NUR GE-STRESST.
ICH WEISS, DIESE GESCHÄFTS-REISE IST WICHTIG, ABER WIR SOLLTEN SIE AUCH FEIERN. ALSO ...

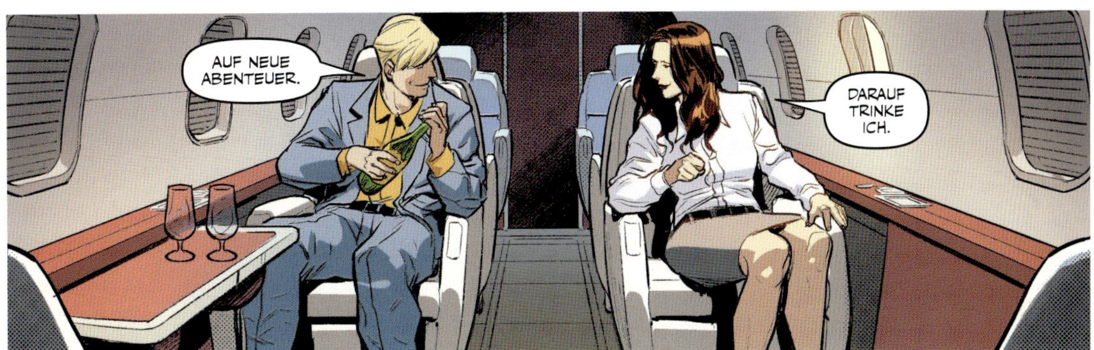
AUF NEUE ABENTEUER.
DARAUF TRINKE ICH.

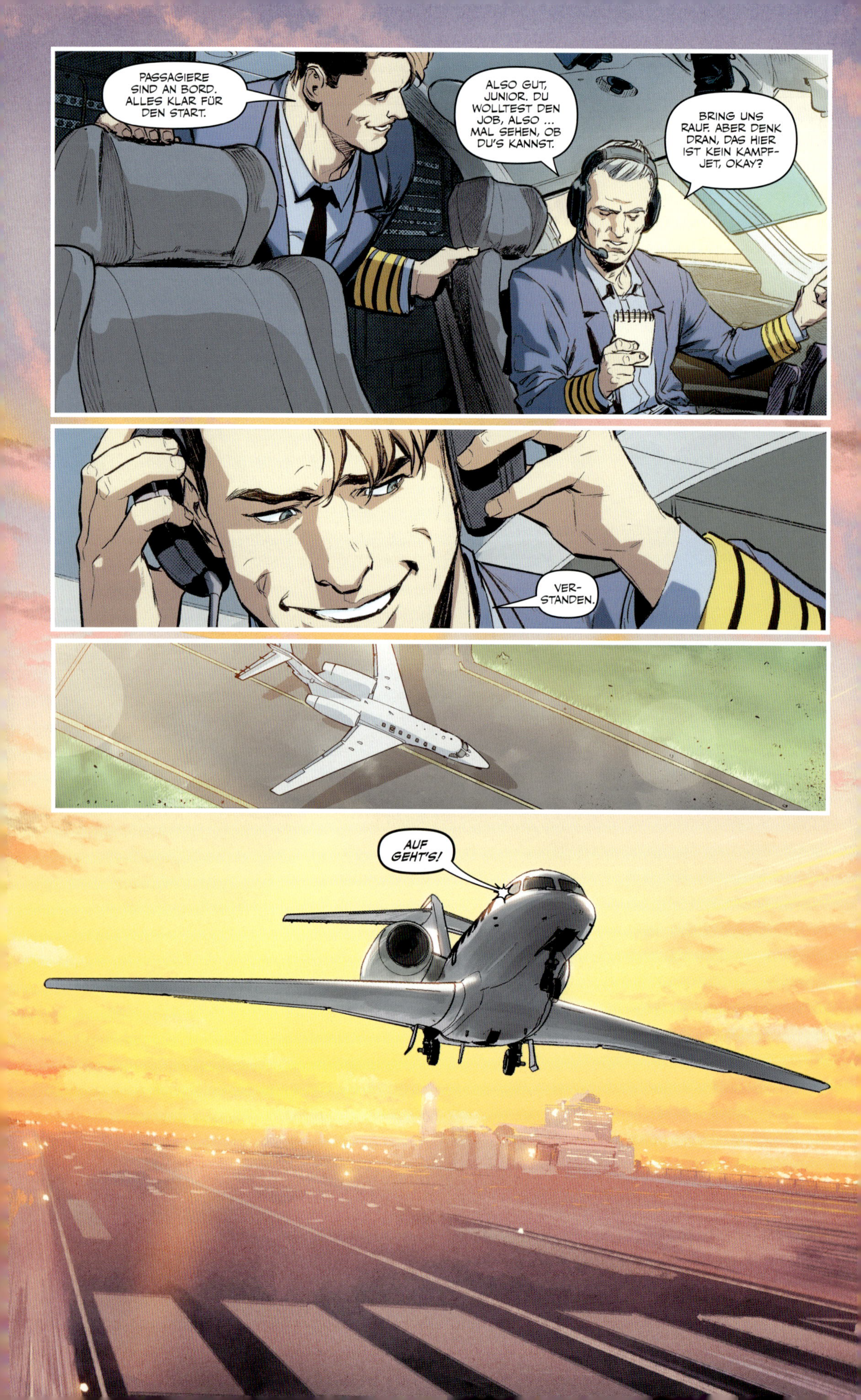

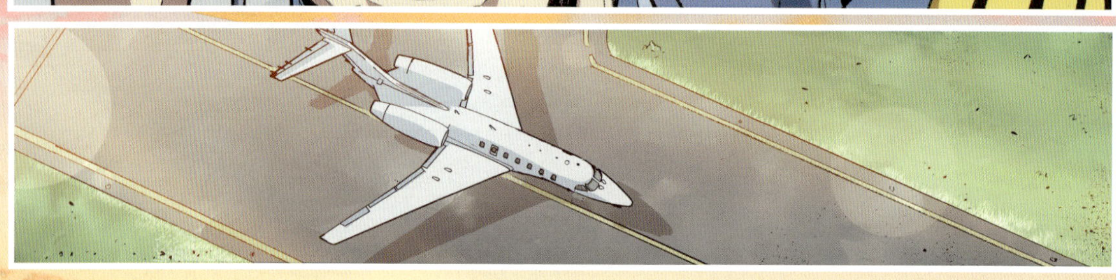
PASSAGIERE SIND AN BORD. ALLES KLAR FÜR DEN START.
ALSO GUT, JUNIOR. DU WOLLTEST DEN JOB, ALSO ... MAL SEHEN, OB DU'S KANNST.
BRING UNS RAUF. ABER DENK DRAN, DAS HIER IST KEIN KAMPF-JET, OKAY?
VER-STANDEN.
AUF GEHT'S!

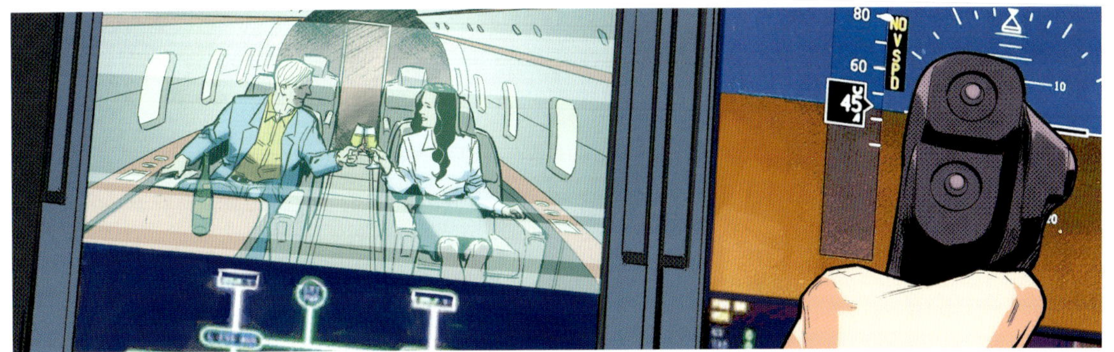

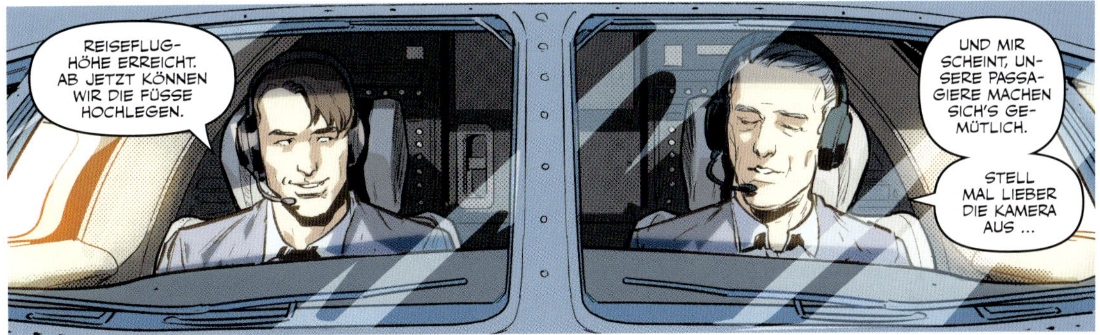
REISEFLUG-HÖHE ERREICHT. AB JETZT KÖNNEN WIR DIE FÜSSE HOCHLEGEN.
UND MIR SCHEINT, UNSERE PASSAGIERE MACHEN SICH'S GEMÜTLICH.
STELL MAL LIEBER DIE KAMERA AUS ...

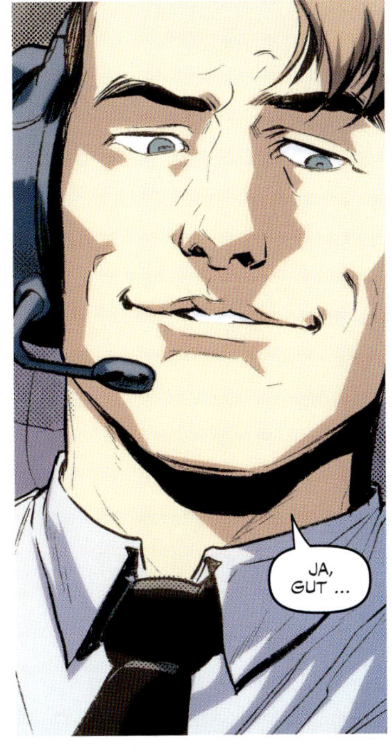
JA, GUT ...

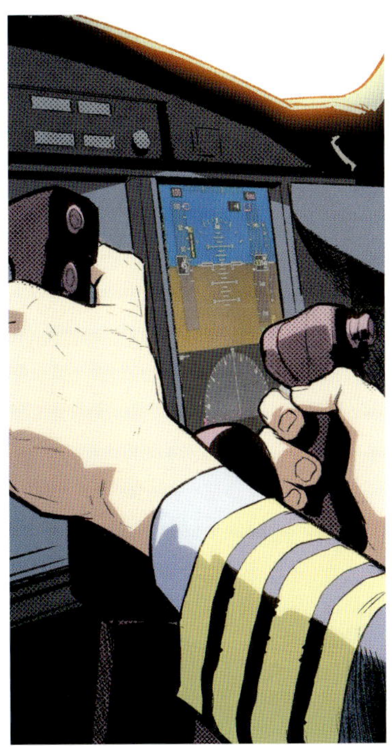

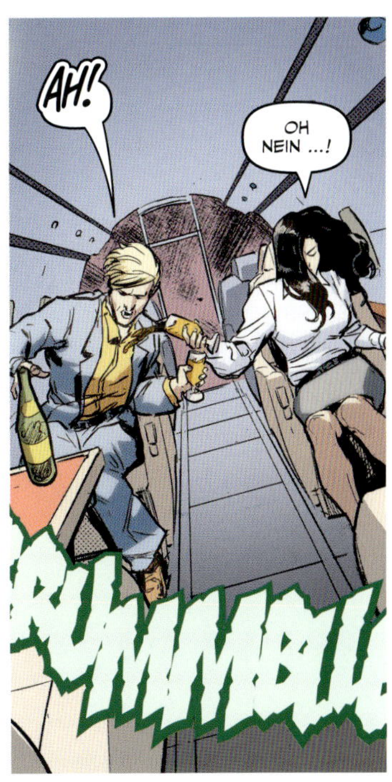
AH!
OH NEIN ...!
RUMMBLE

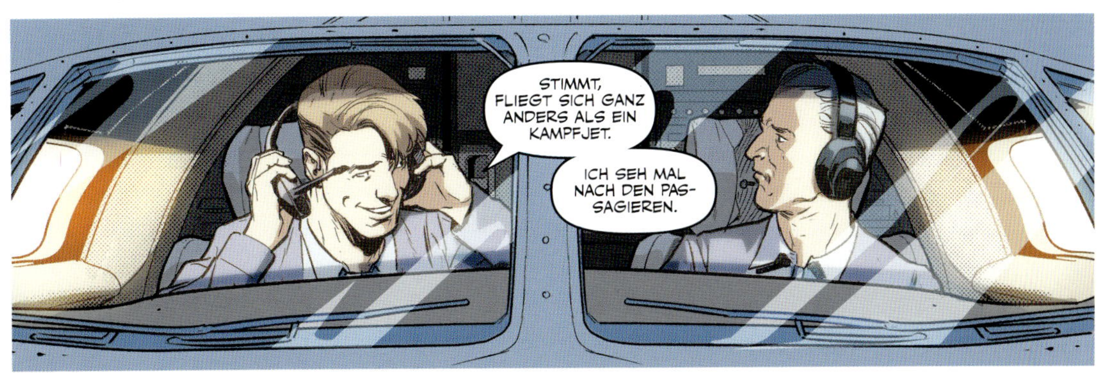
STIMMT, FLIEGT SICH GANZ ANDERS ALS EIN KAMPFJET.
ICH SEH MAL NACH DEN PASSAGIEREN.

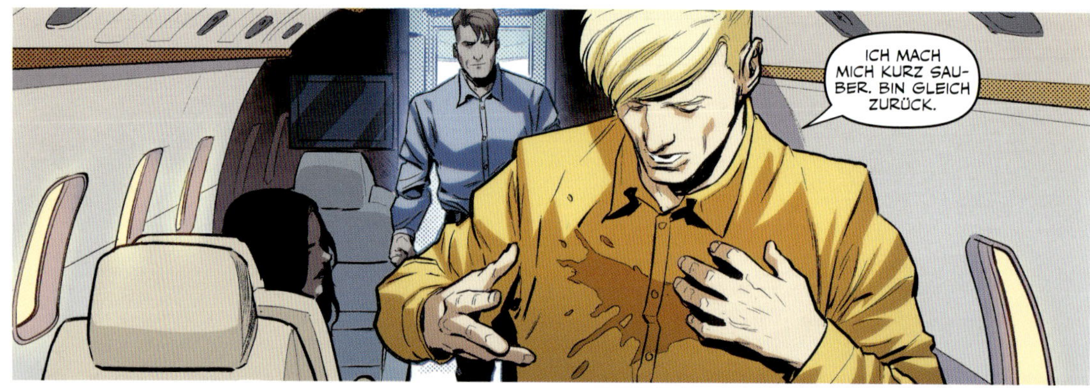
ICH MACH MICH KURZ SAUBER. BIN GLEICH ZURÜCK.

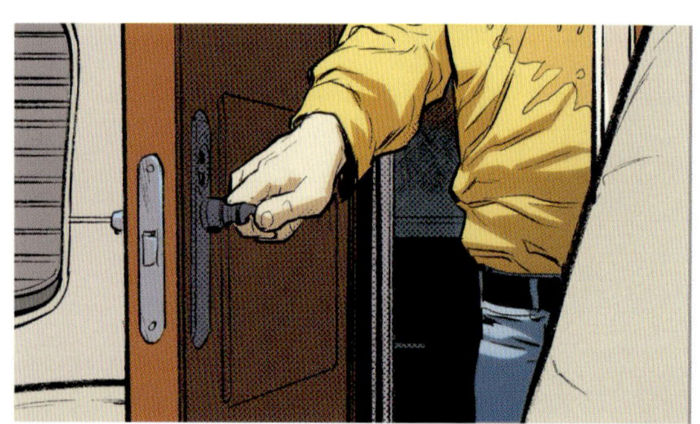

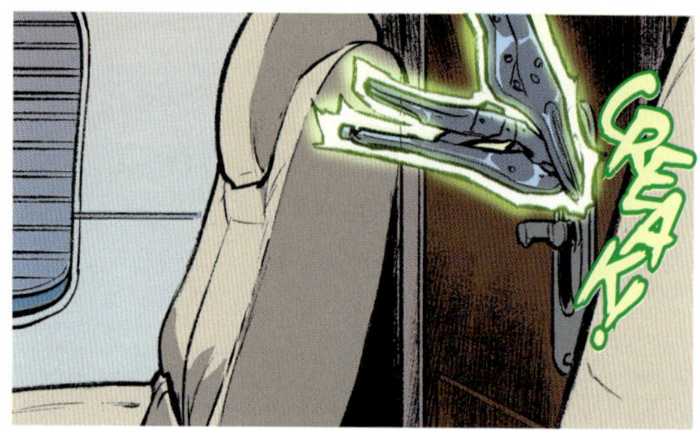
CREAK!

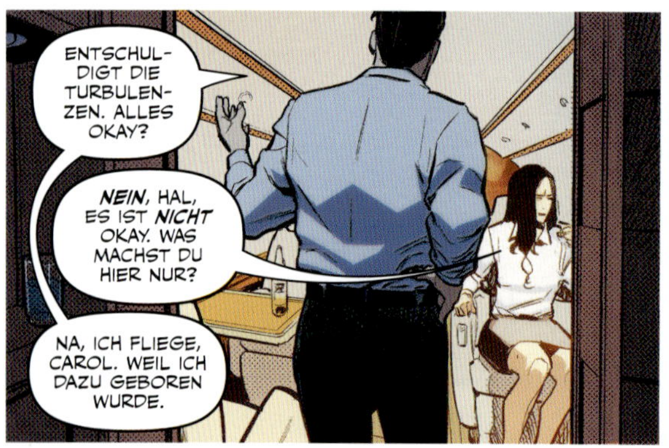
ENTSCHULDIGT DIE TURBULENZEN. ALLES OKAY?
NEIN, HAL, ES IST NICHT OKAY. WAS MACHST DU HIER NUR?
NA, ICH FLIEGE, CAROL. WEIL ICH DAZU GEBOREN WURDE.

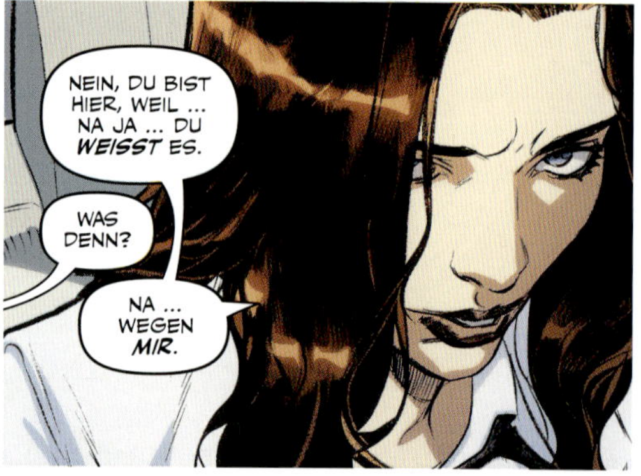
NEIN, DU BIST HIER, WEIL ... NA JA ... DU WEISST ES.
WAS DENN?
NA ... WEGEN MIR.

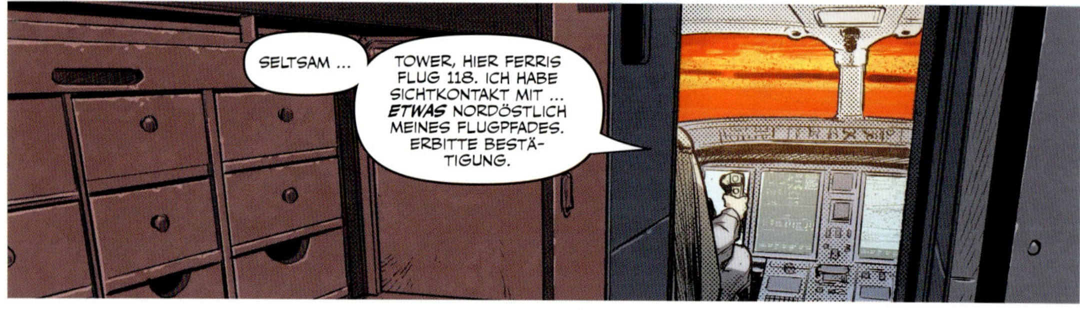
SELTSAM ...
TOWER, HIER FERRIS FLUG 118. ICH HABE SICHTKONTAKT MIT ... ETWAS NORDÖSTLICH MEINES FLUGPFADES. ERBITTE BESTÄTIGUNG.

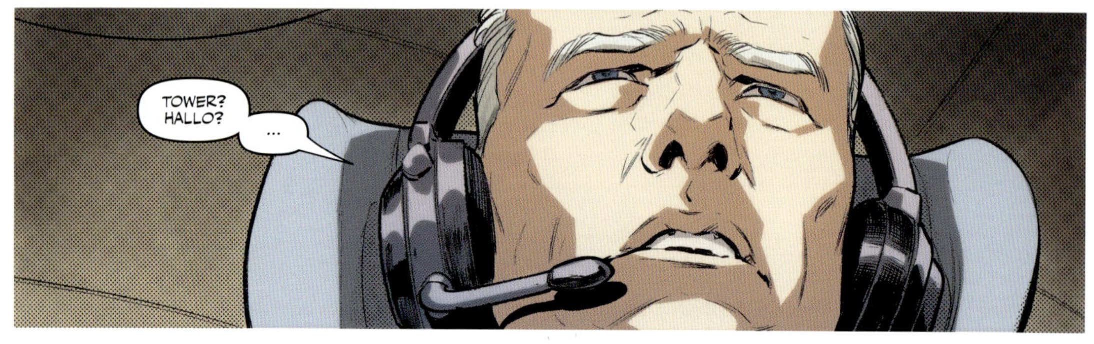
TOWER? HALLO?
...

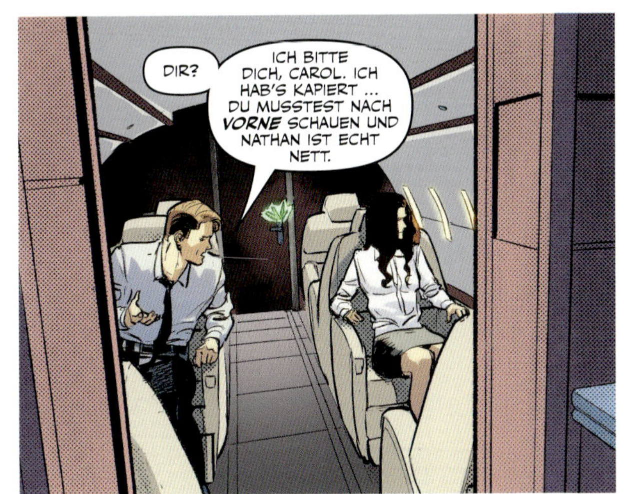
DIR?
ICH BITTE DICH, CAROL. ICH HAB'S KAPIERT ... DU MUSSTEST NACH VORNE SCHAUEN UND NATHAN IST ECHT NETT.

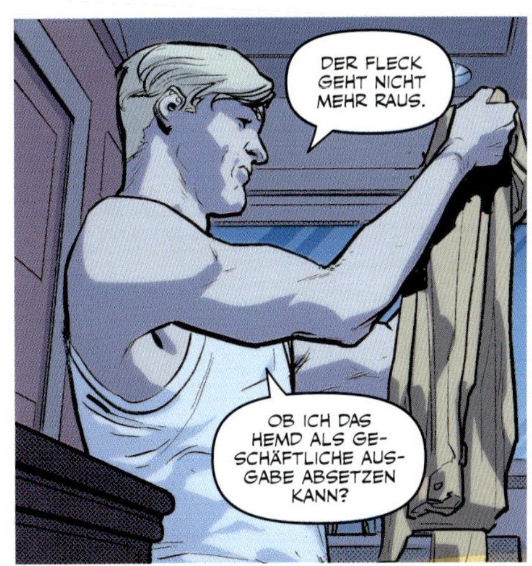
DER FLECK GEHT NICHT MEHR RAUS.
OB ICH DAS HEMD ALS GESCHÄFTLICHE AUSGABE ABSETZEN KANN?

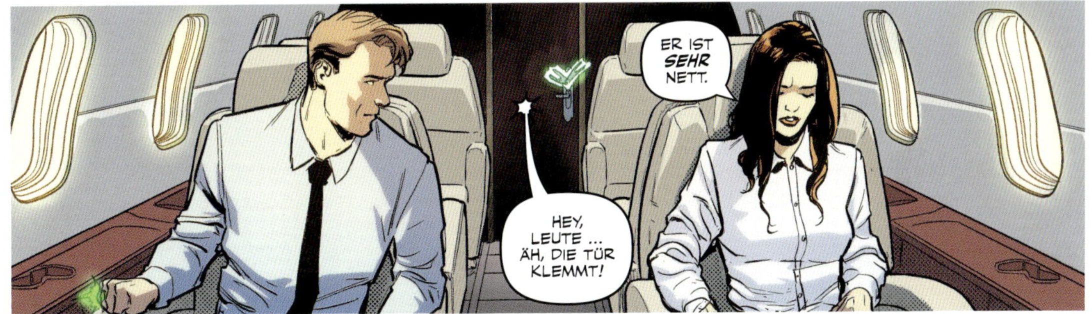
ER IST SEHR NETT.
HEY, LEUTE ... ÄH, DIE TÜR KLEMMT!

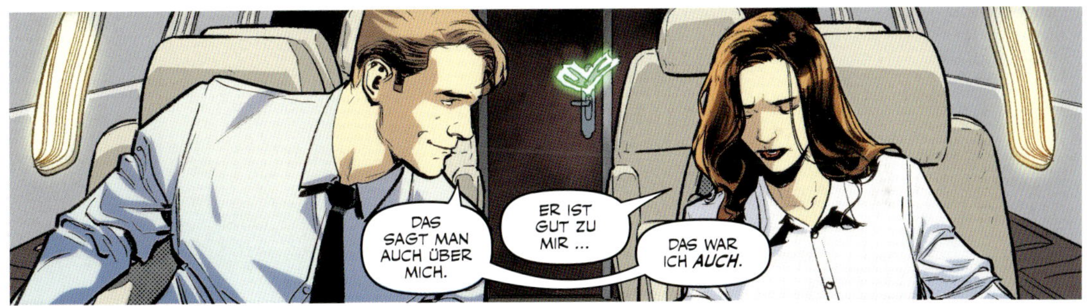
DAS SAGT MAN AUCH ÜBER MICH.
ER IST GUT ZU MIR ...
DAS WAR ICH AUCH.

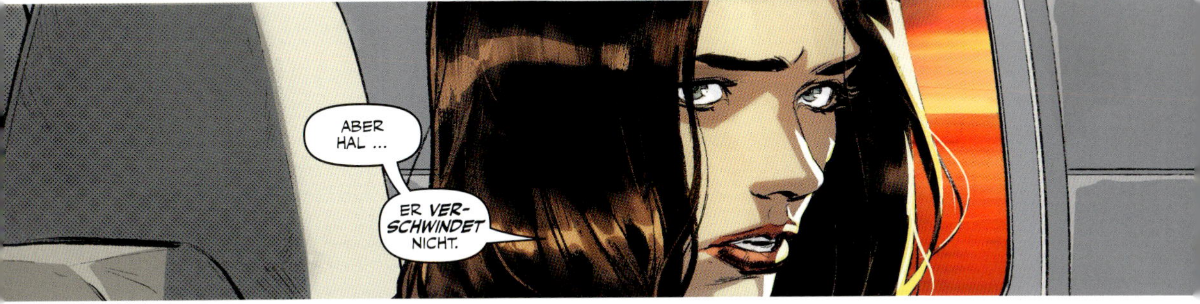
ABER HAL ...
ER VERSCHWINDET NICHT.

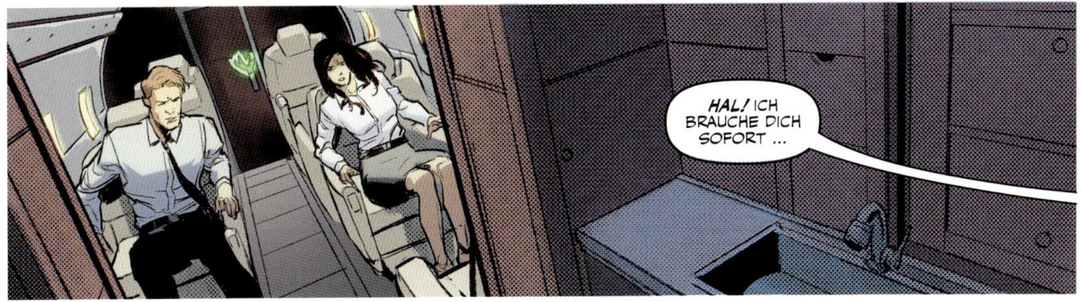
HAL! ICH BRAUCHE DICH SOFORT ...

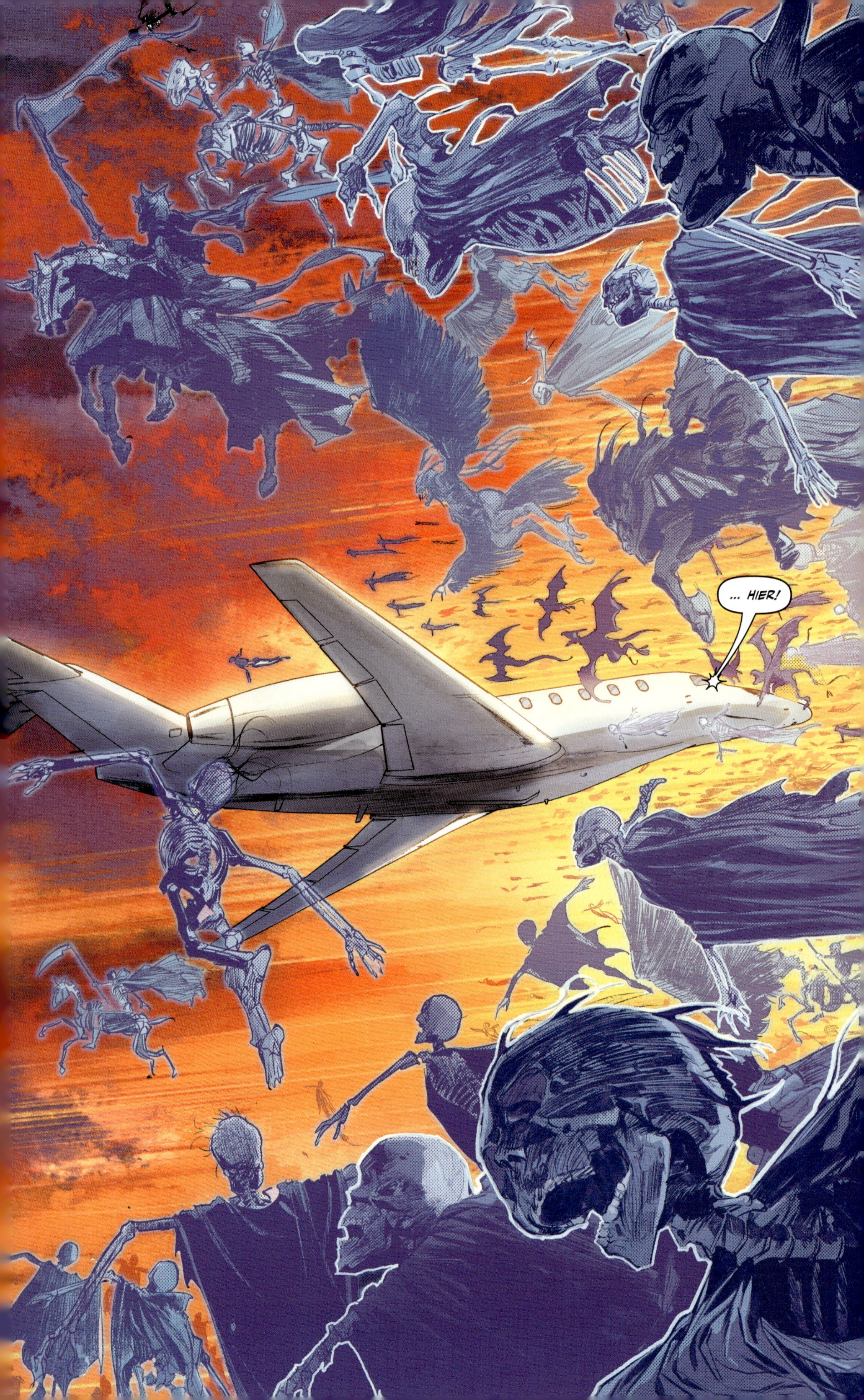
... HIER!

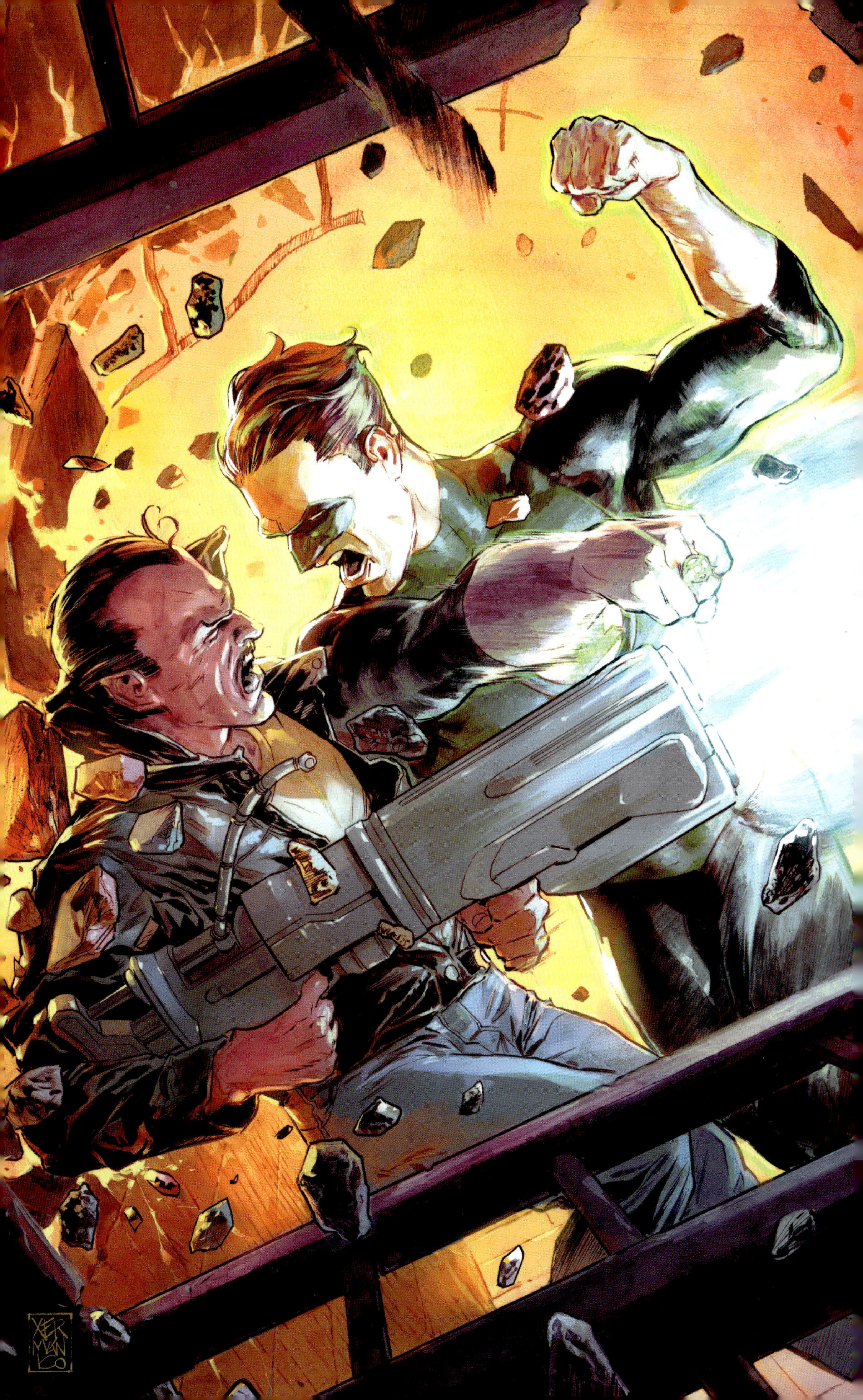

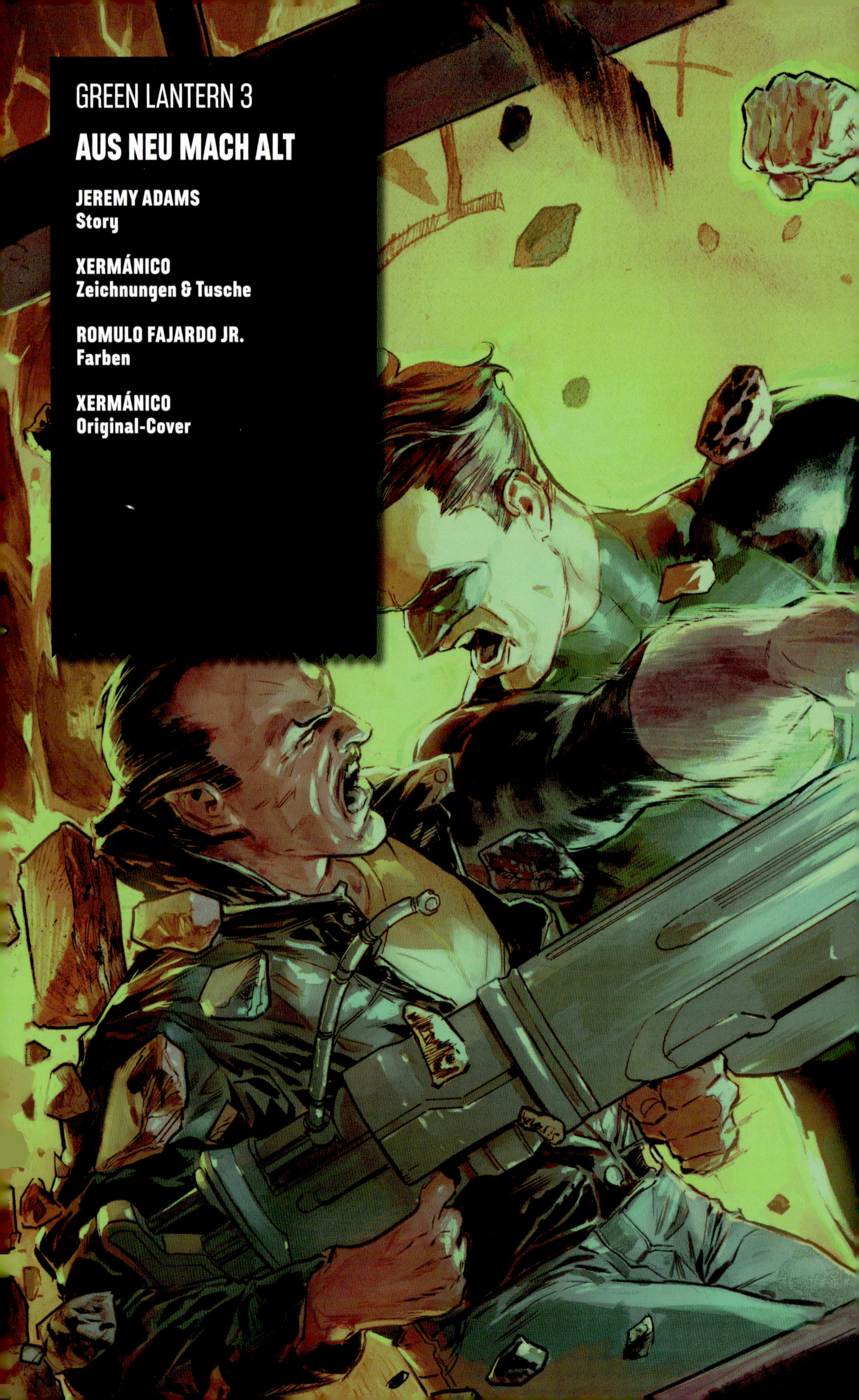

GREEN LANTERN 3

AUS NEU MACH ALT

JEREMY ADAMS
Story

XERMÁNICO
Zeichnungen & Tusche

ROMULO FAJARDO JR.
Farben

XERMÁNICO
Original-Cover

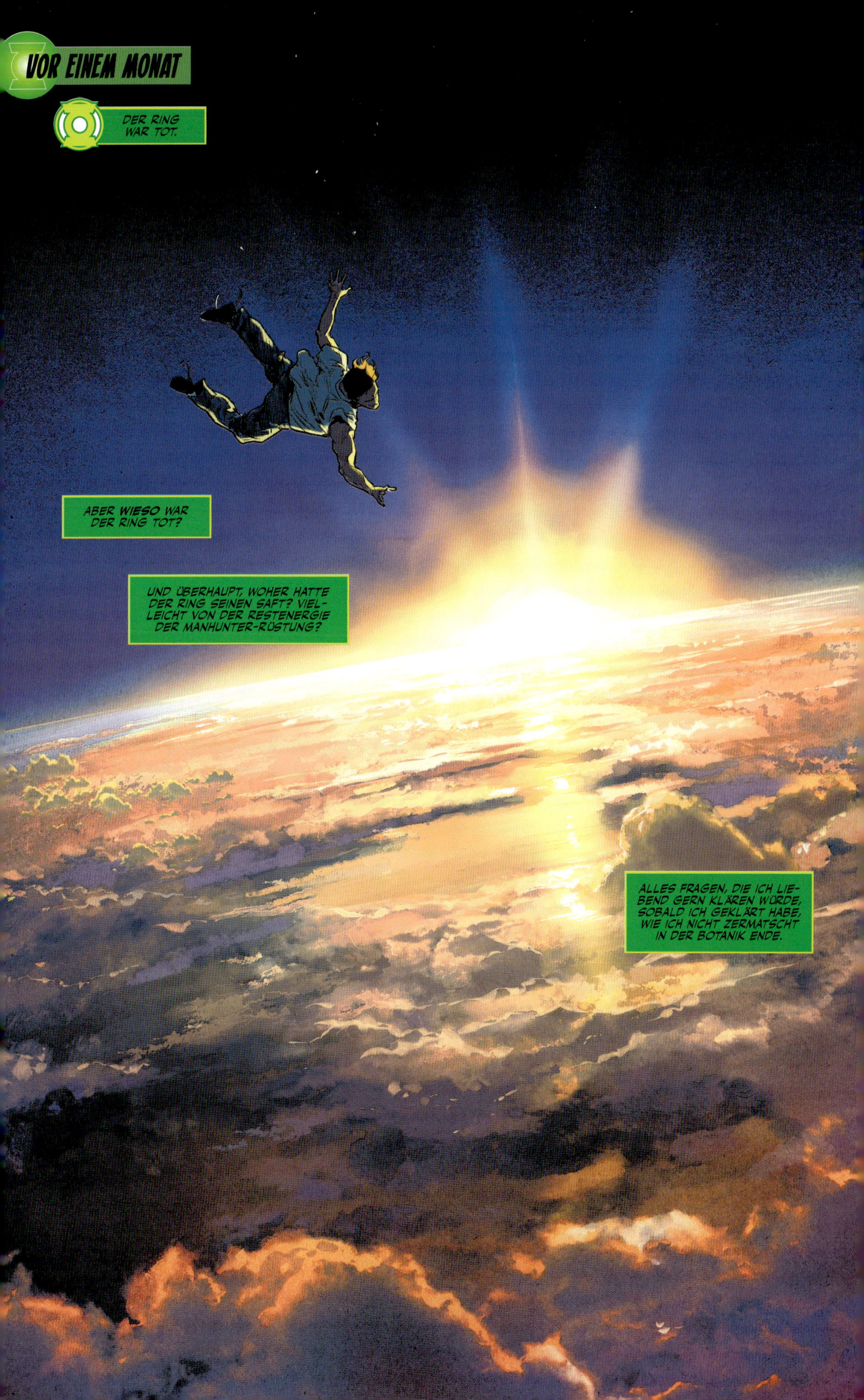
VOR EINEM MONAT
DER RING WAR TOT.
ABER WIESO WAR DER RING TOT?
UND ÜBERHAUPT, WOHER HATTE DER RING SEINEN SAFT? VIELLEICHT VON DER RESTENERGIE DER MANHUNTER-RÜSTUNG?
ALLES FRAGEN, DIE ICH LIEBEND GERN KLÄREN WÜRDE, SOBALD ICH GEKLÄRT HABE, WIE ICH NICHT ZERMATSCHT IN DER BOTANIK ENDE.

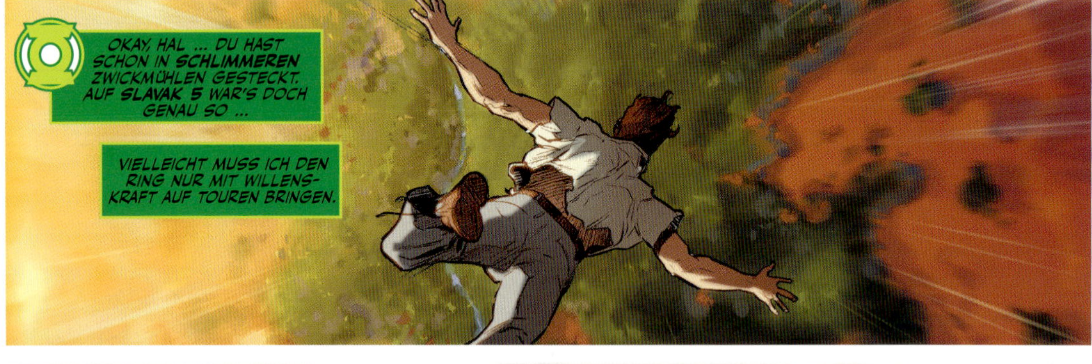
OKAY, HAL ... DU HAST SCHON IN SCHLIMMEREN ZWICKMÜHLEN GESTECKT. AUF SLAVAK 5 WAR'S DOCH GENAU SO ...
VIELLEICHT MUSS ICH DEN RING NUR MIT WILLENSKRAFT AUF TOUREN BRINGEN.

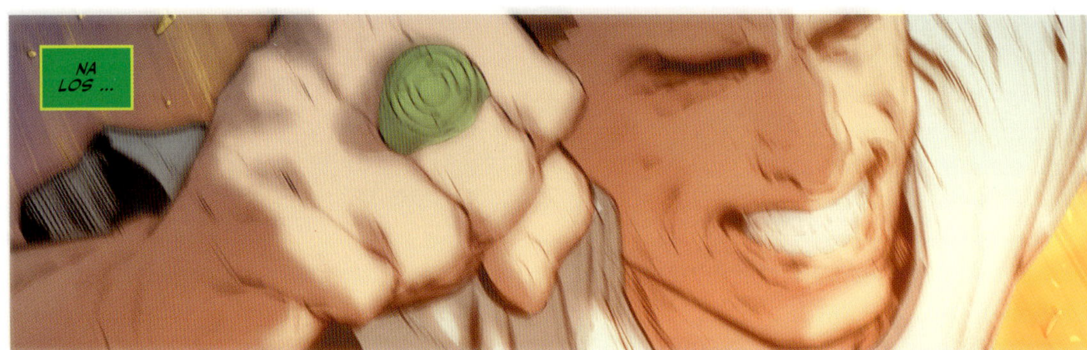
NA LOS ...

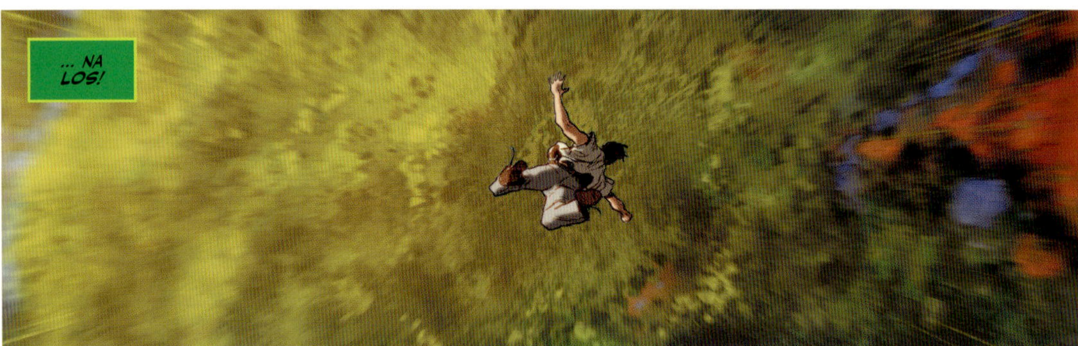
... NA LOS!

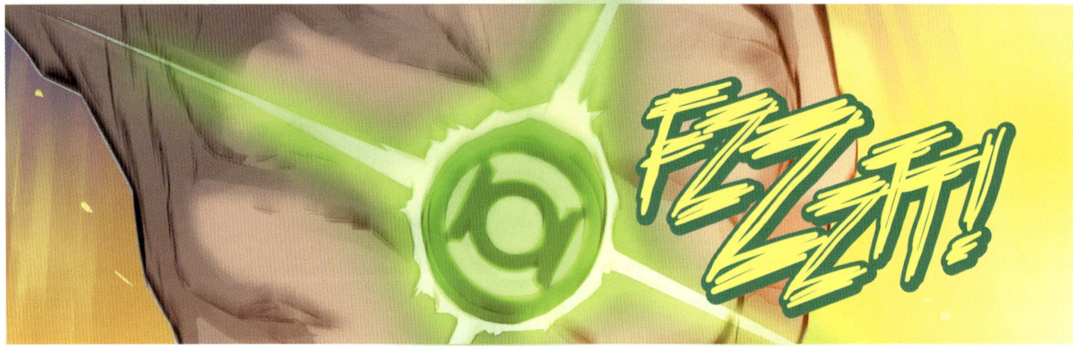
FZZZFT!

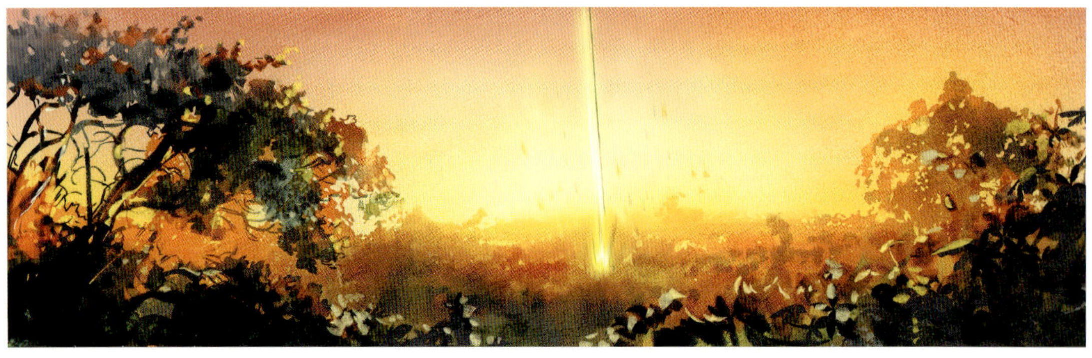

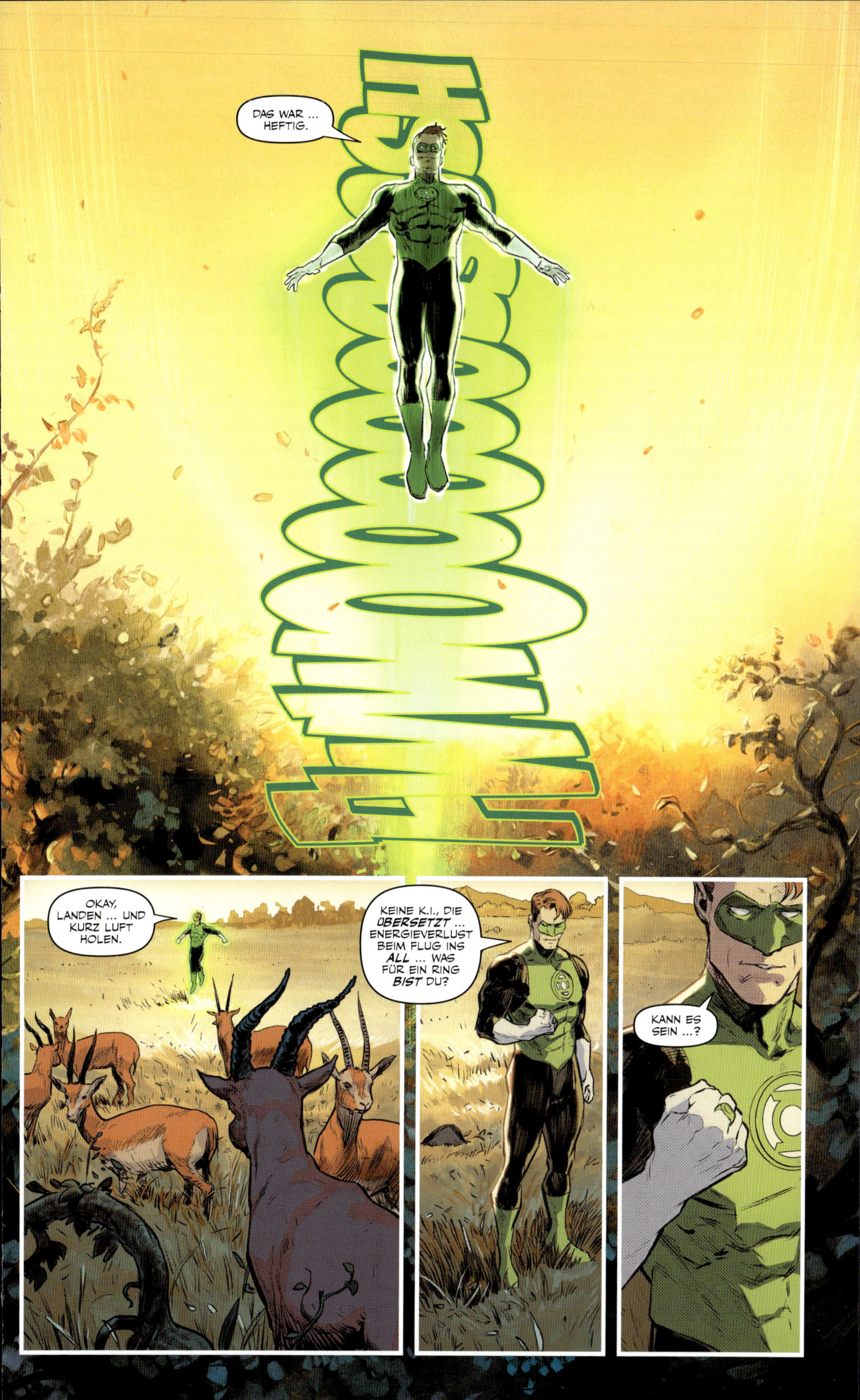

DAS WAR ... HEFTIG.
OKAY, LANDEN ... UND KURZ LUFT HOLEN.
KEINE K.I., DIE *ÜBERSETZT* ... ENERGIEVERLUST BEIM FLUG INS *ALL* ... WAS FÜR EIN RING *BIST* DU?
KANN ES SEIN ...?

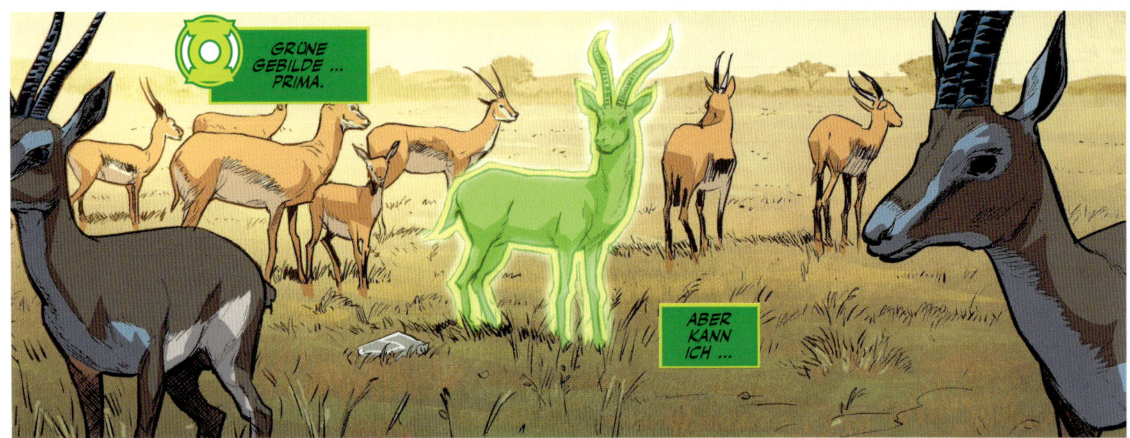
GRÜNE GEBILDE ... PRIMA.
ABER KANN ICH ...

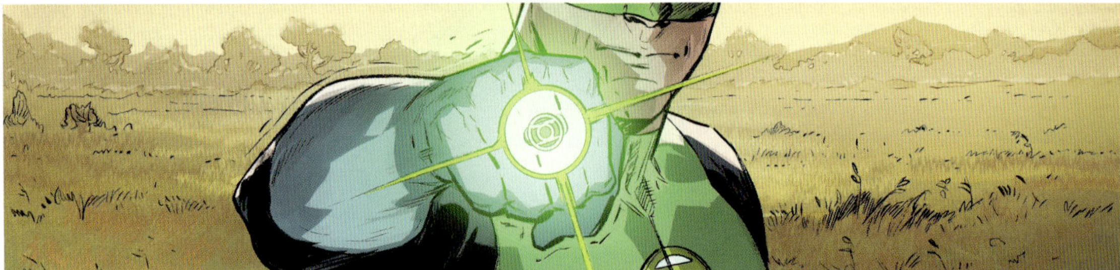

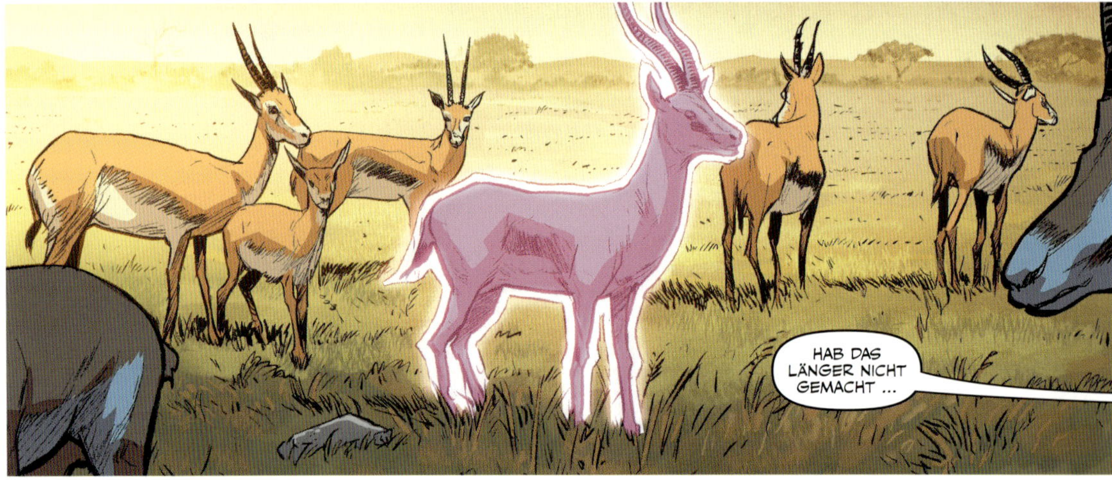
HAB DAS LÄNGER NICHT GEMACHT ...

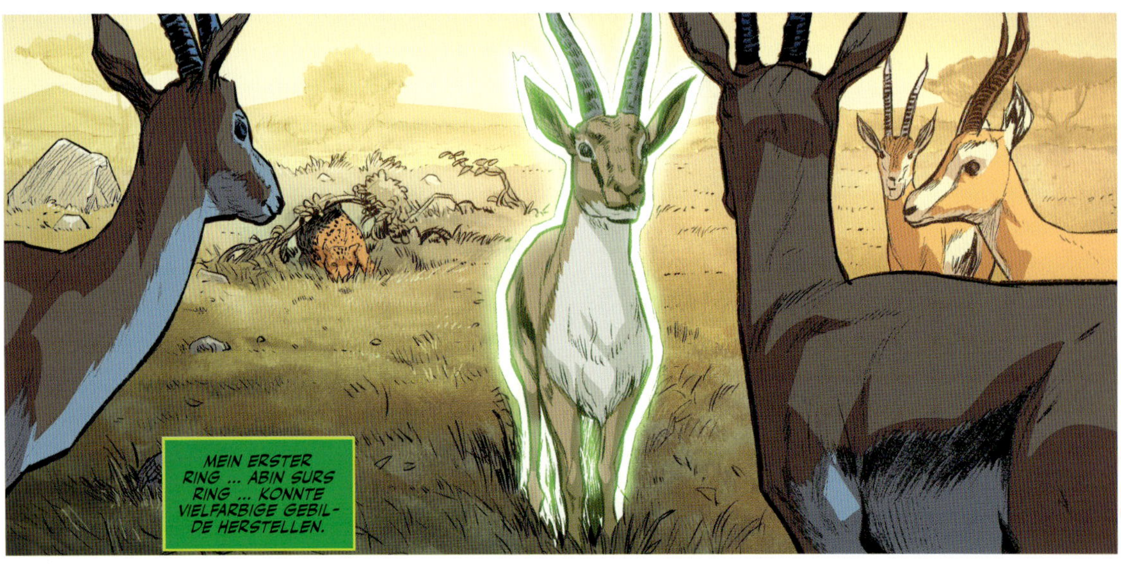
MEIN ERSTER RING ... ABIN SURS RING ... KONNTE VIELFARBIGE GEBIL-DE HERSTELLEN.

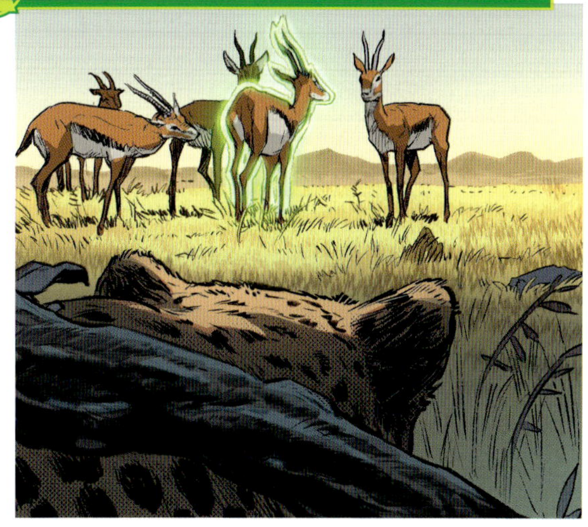
WENN ICH BANDBREITE UND TRANSPARENZ DES GEBILDES VERÄNDERE, KANN ICH DIE LICHTBRECHUNG MODIFIZIEREN.

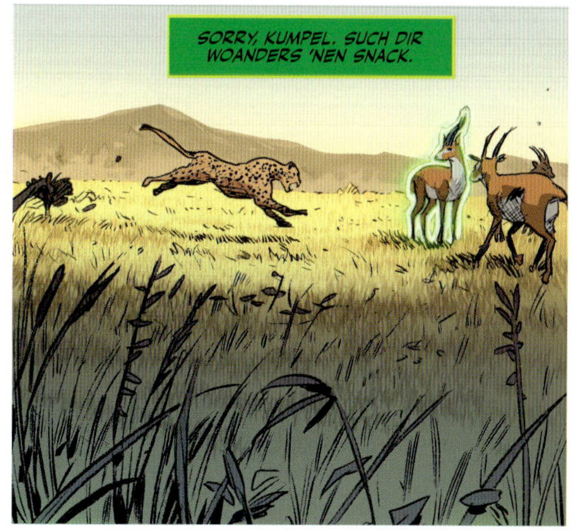
SORRY, KUMPEL. SUCH DIR WOANDERS 'NEN SNACK.

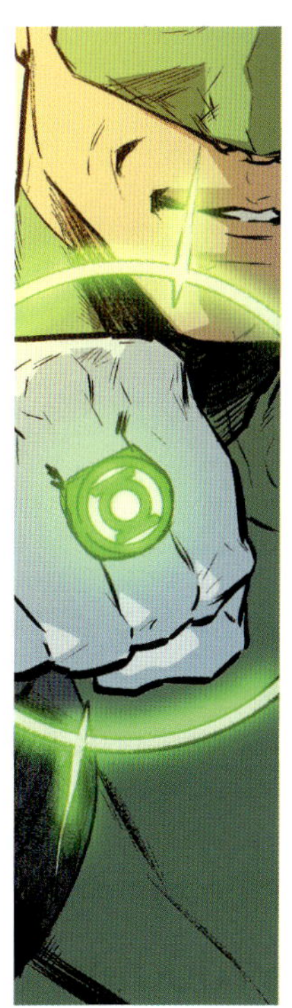

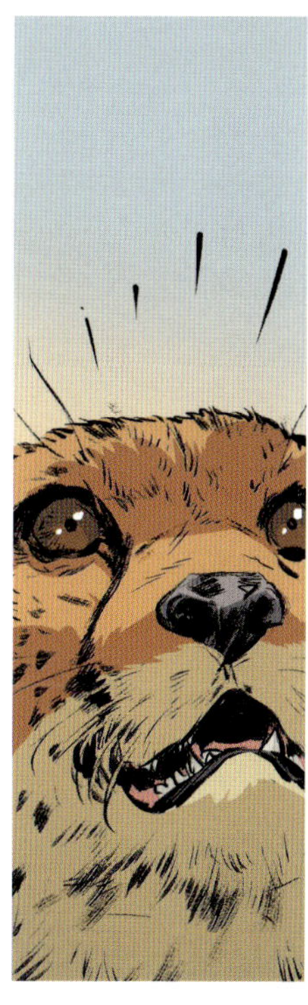

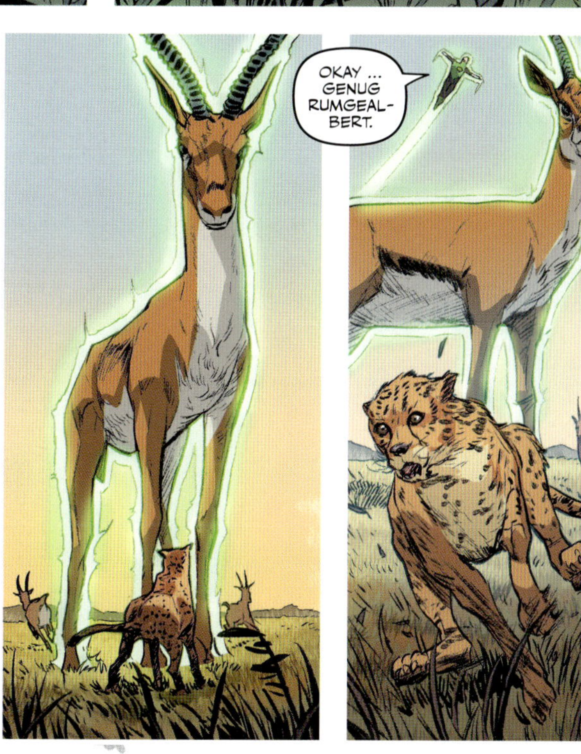
OKAY ... GENUG RUMGEAL-BERT.

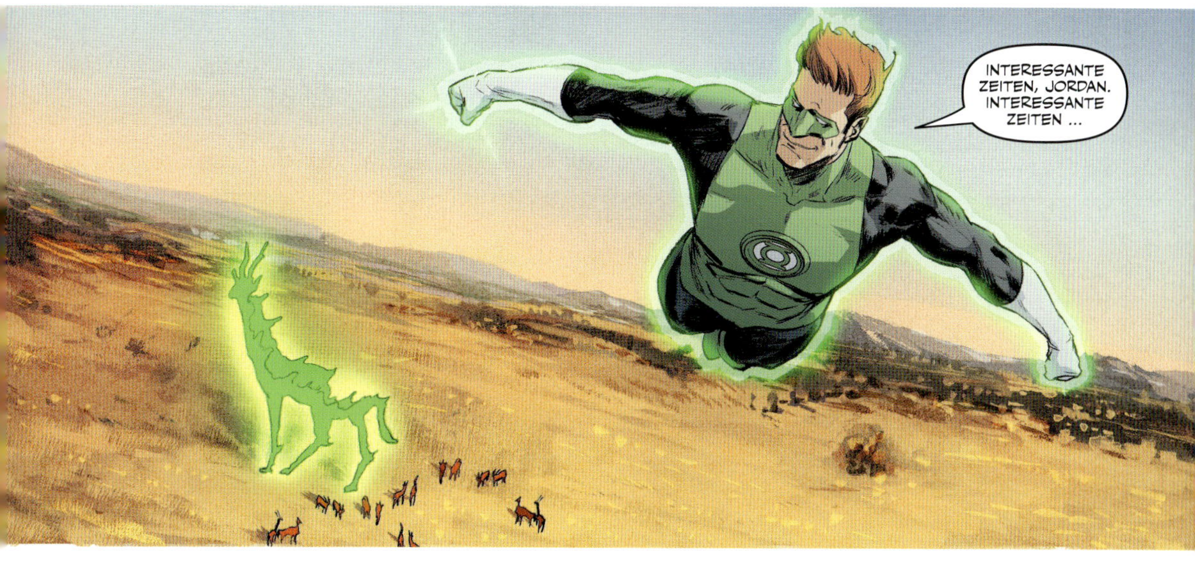
INTERESSANTE ZEITEN, JORDAN. INTERESSANTE ZEITEN ...

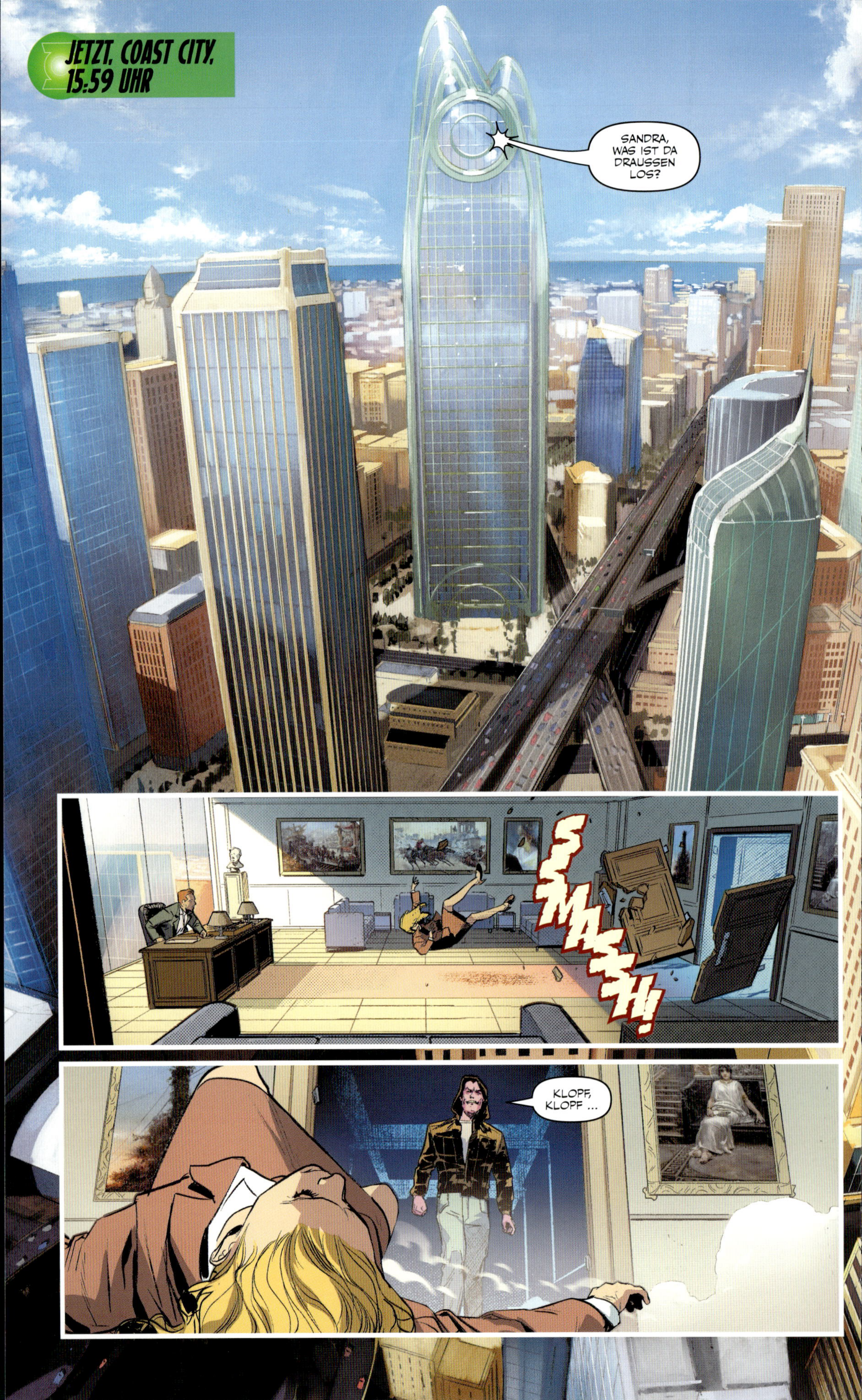
JETZT, COAST CITY, 15:59 UHR
SANDRA, WAS IST DA DRAUSSEN LOS?
SMASH!
KLOPF, KLOPF ...

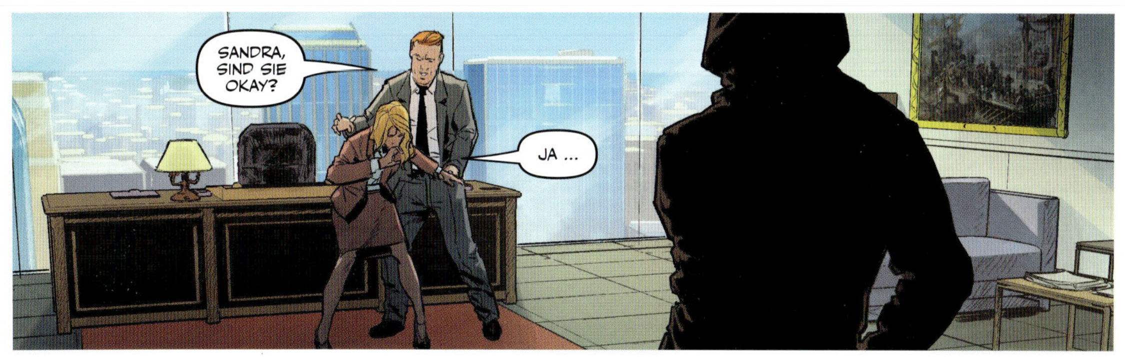
SANDRA, SIND SIE OKAY?
JA ...

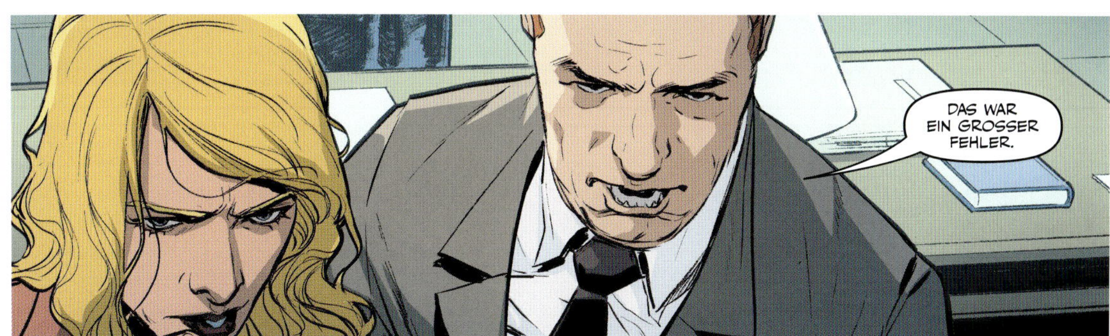
DAS WAR EIN GROSSER FEHLER.

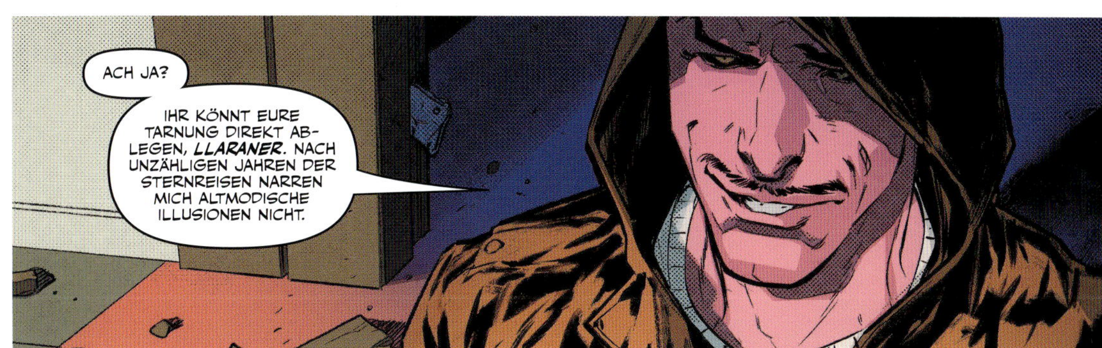
ACH JA?
IHR KÖNNT EURE TARNUNG DIREKT ABLEGEN, LLARANER. NACH UNZÄHLIGEN JAHREN DER STERNREISEN NARREN MICH ALTMODISCHE ILLUSIONEN NICHT.

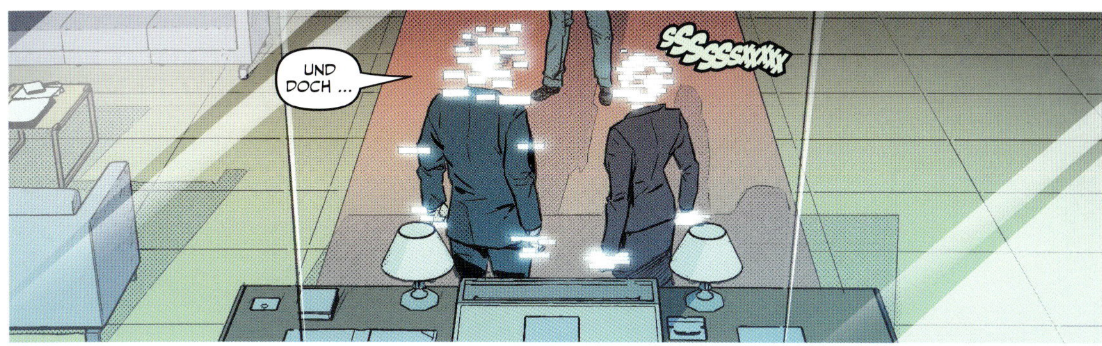
UND DOCH ...
SSSSSSSXXXX

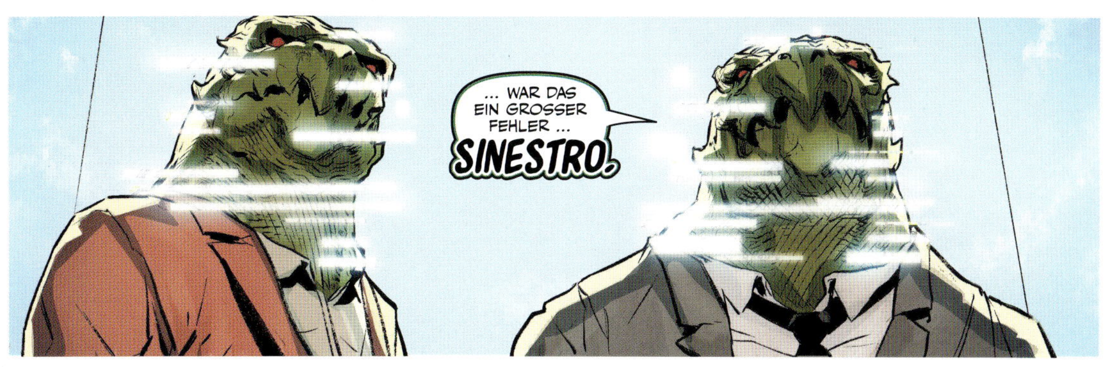
... WAR DAS EIN GROSSER FEHLER ... SINESTRO.

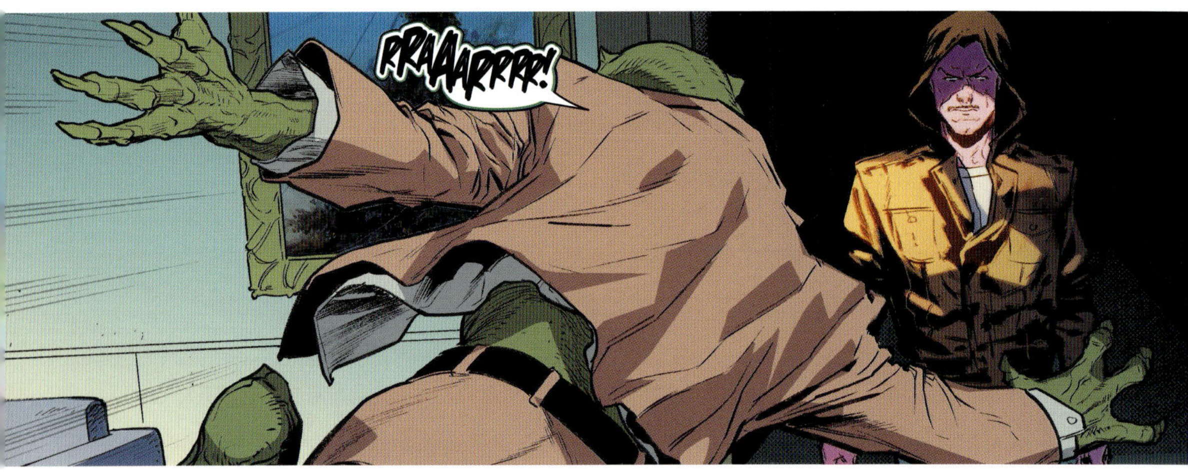
RRAAAARRRR!

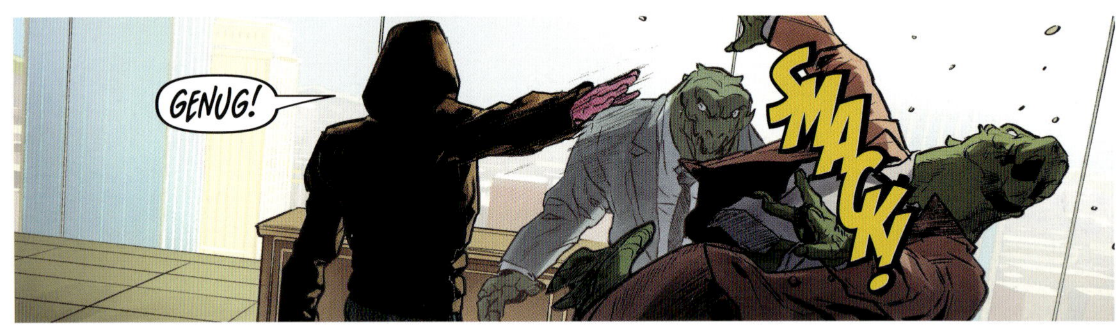
GENUG!
SMACK!

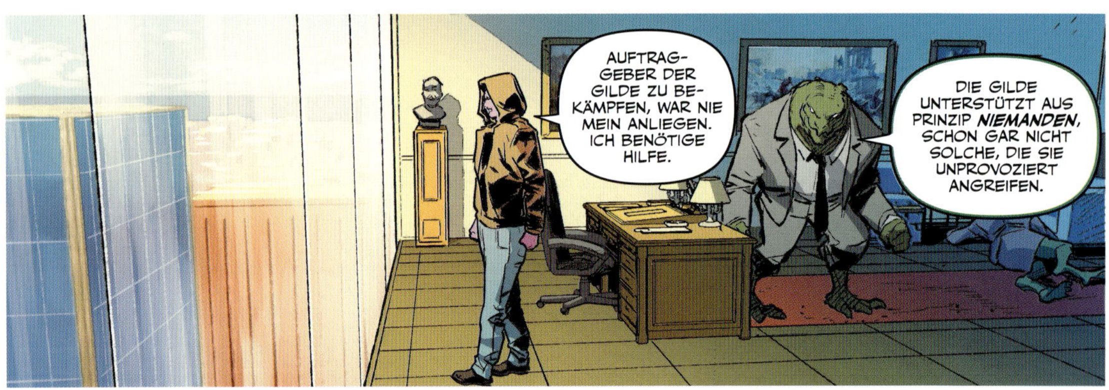
AUFTRAG-GEBER DER GILDE ZU BE-KÄMPFEN, WAR NIE MEIN ANLIEGEN. ICH BENÖTIGE HILFE.
DIE GILDE UNTERSTÜTZT AUS PRINZIP *NIEMANDEN*, SCHON GAR NICHT SOLCHE, DIE SIE UNPROVOZIERT ANGREIFEN.

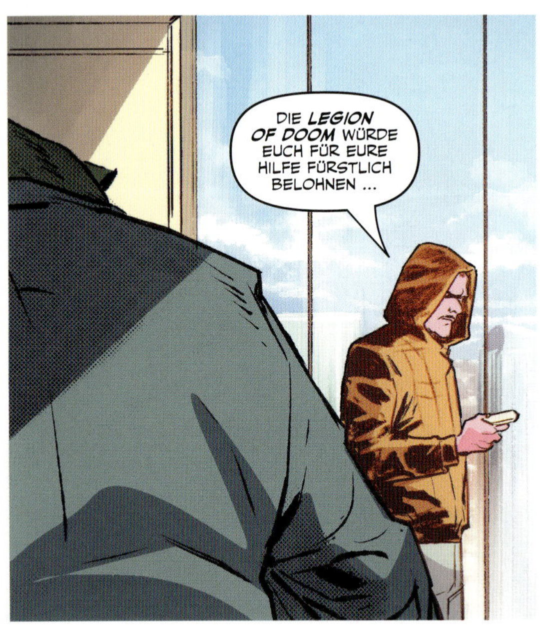
DIE *LEGION OF DOOM* WÜRDE EUCH FÜR EURE HILFE FÜRSTLICH BELOHNEN ...

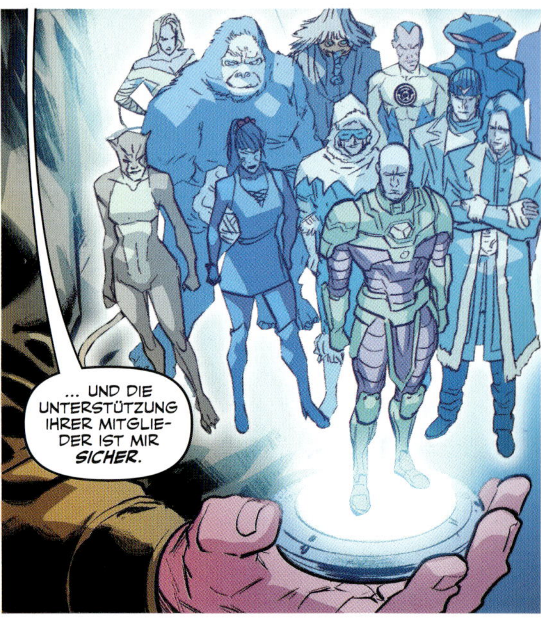
... UND DIE UNTERSTÜTZUNG IHRER MITGLIE-DER IST MIR *SICHER*.

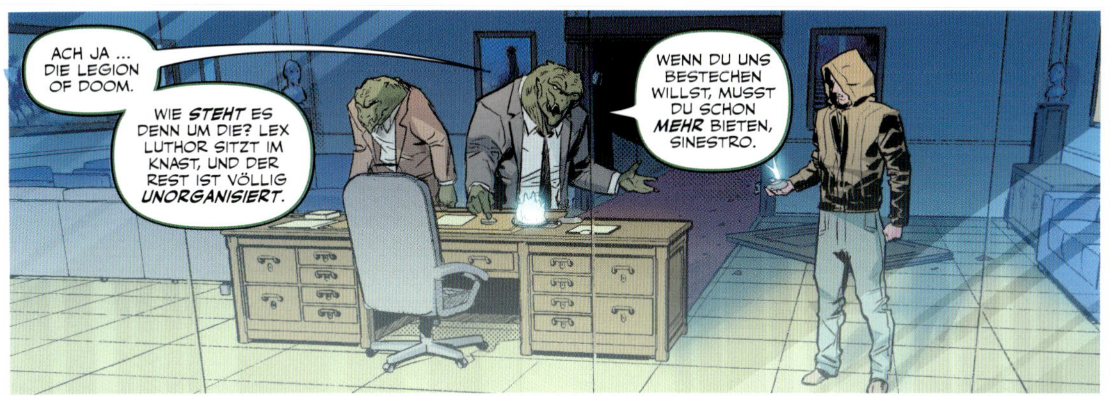
ACH JA ... DIE LEGION OF DOOM.
WIE STEHT ES DENN UM DIE? LEX LUTHOR SITZT IM KNAST, UND DER REST IST VÖLLIG UNORGANISIERT.
WENN DU UNS BESTECHEN WILLST, MUSST DU SCHON MEHR BIETEN, SINESTRO.

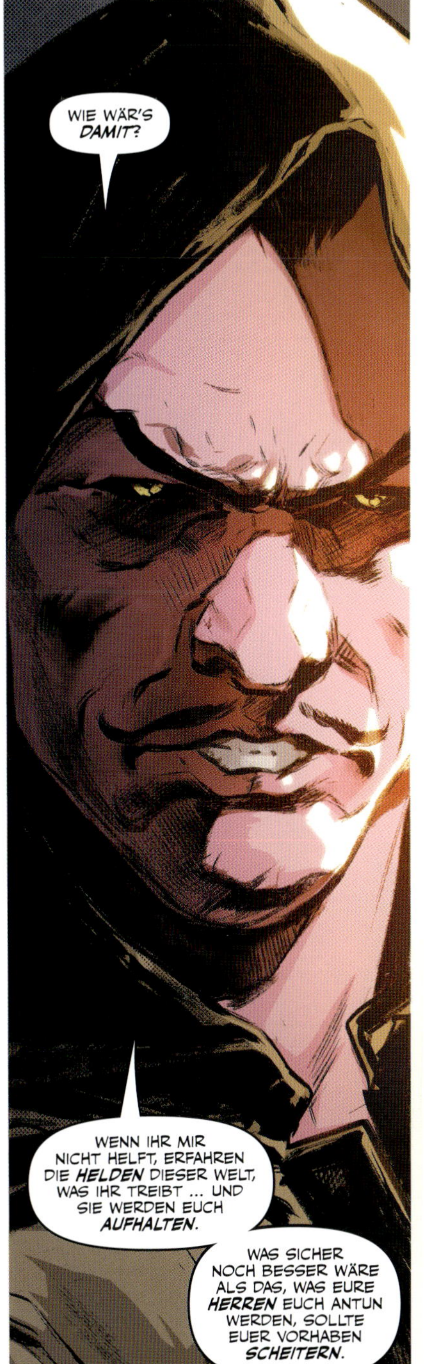
WIE WÄR'S DAMIT?

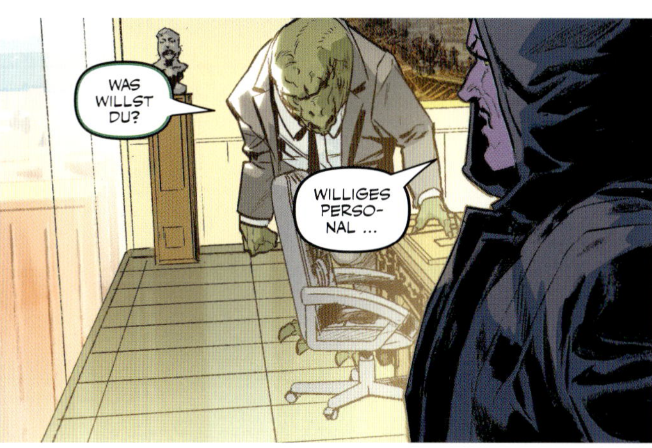
WAS WILLST DU?
WILLIGES PERSONAL ...

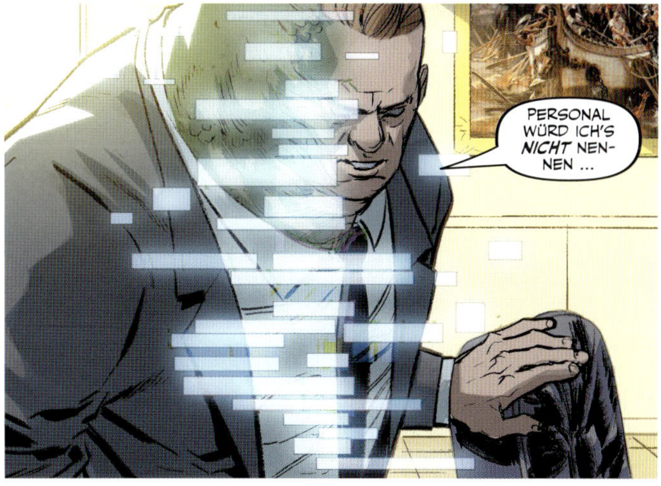
PERSONAL WÜRD ICH'S NICHT NENNEN ...

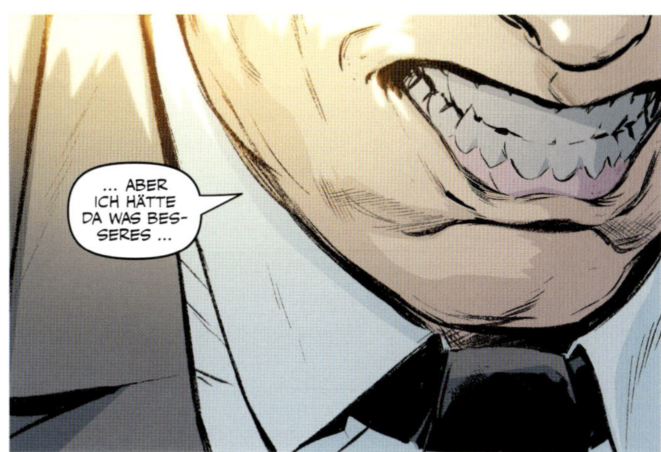
... ABER ICH HÄTTE DA WAS BESSERES ...

WENN IHR MIR NICHT HELFT, ERFAHREN DIE HELDEN DIESER WELT, WAS IHR TREIBT ... UND SIE WERDEN EUCH AUFHALTEN.
WAS SICHER NOCH BESSER WÄRE ALS DAS, WAS EURE HERREN EUCH ANTUN WERDEN, SOLLTE EUER VORHABEN SCHEITERN.

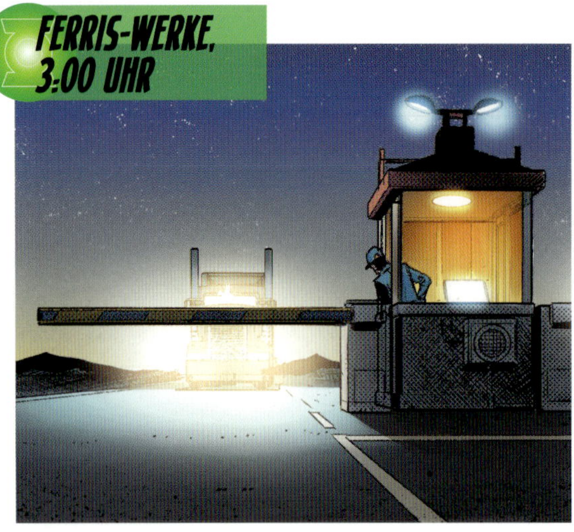
FERRIS-WERKE, 3:00 UHR

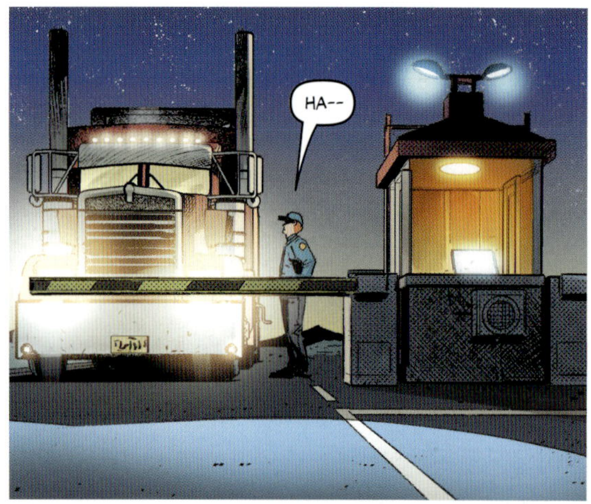
HA--

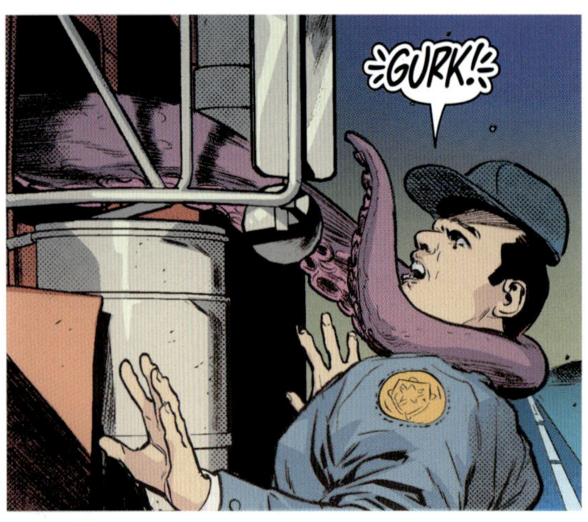
GURK!

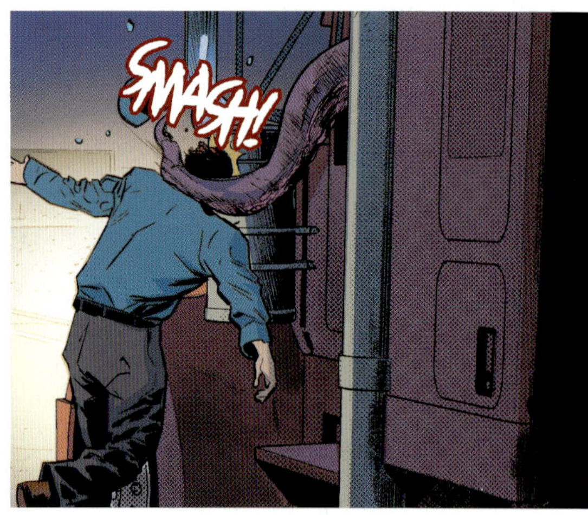
SMASH!

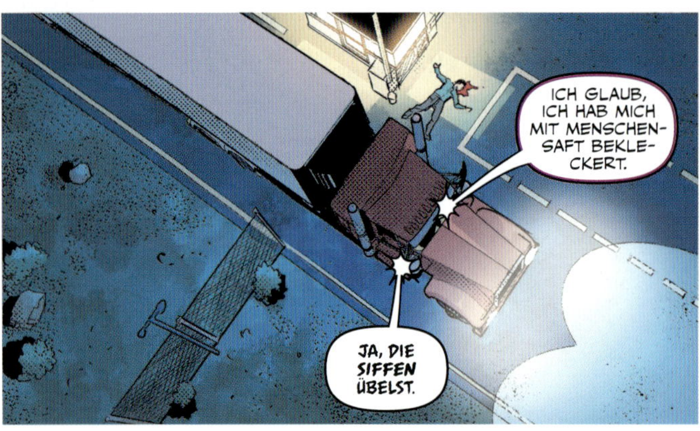
ICH GLAUB, ICH HAB MICH MIT MENSCHEN-SAFT BEKLE-CKERT.
JA, DIE SIFFEN ÜBELST.

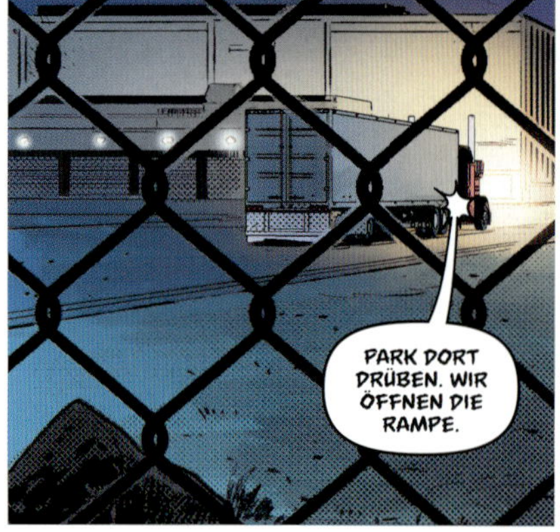
PARK DORT DRÜBEN. WIR ÖFFNEN DIE RAMPE.

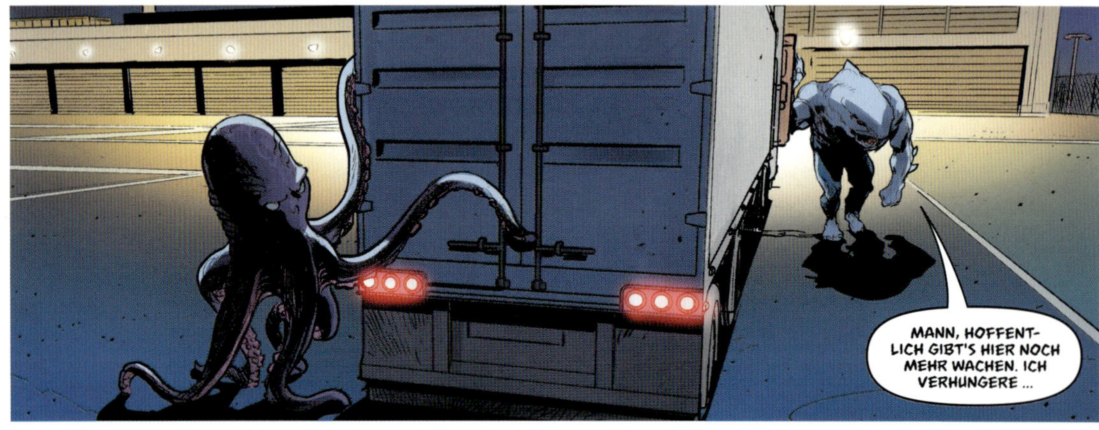
MANN, HOFFENT-LICH GIBT'S HIER NOCH MEHR WACHEN. ICH VERHUNGERE ...

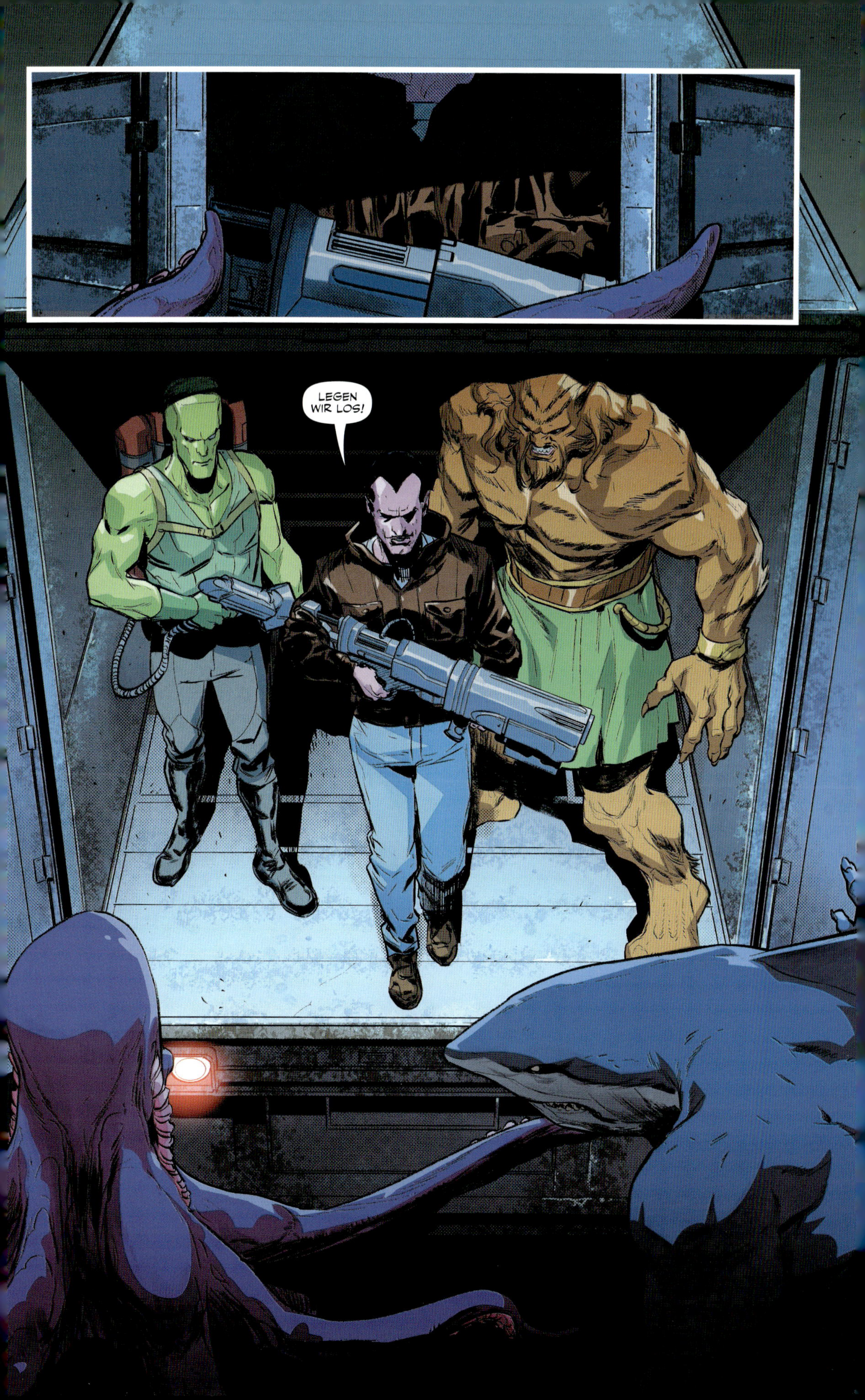
LEGEN WIR LOS!

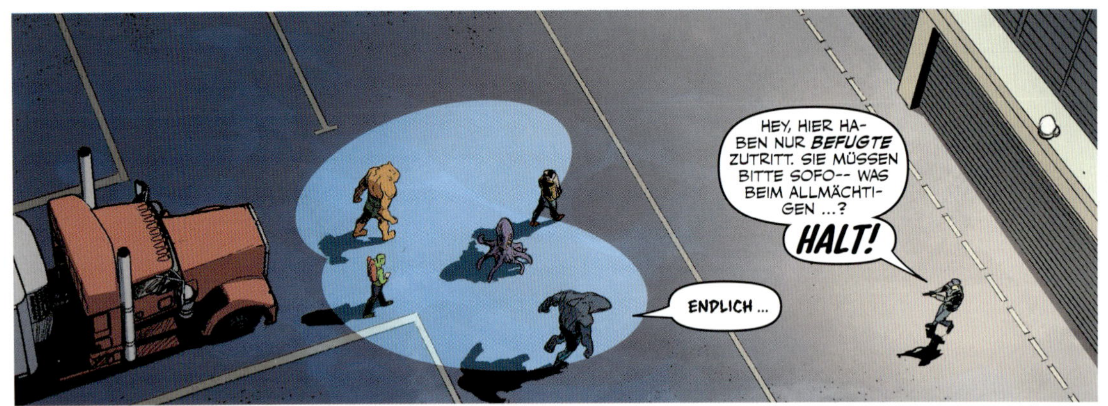
HEY, HIER HABEN NUR BEFUGTE ZUTRITT. SIE MÜSSEN BITTE SOFO-- WAS BEIM ALLMÄCHTIGEN ...?
HALT!
ENDLICH ...

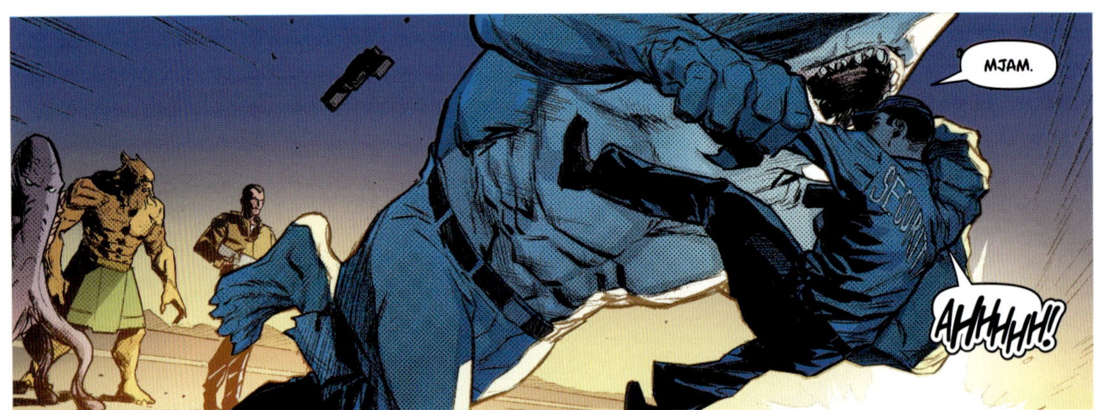
MJAM.
AHHHHH!

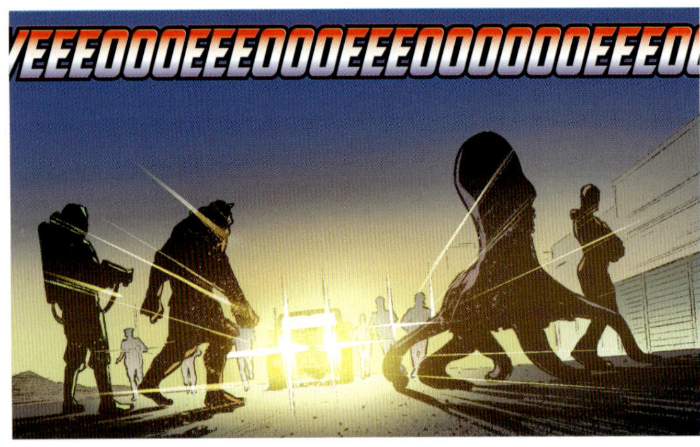
YEEEOOOEEEOOOEEEOOOOOOOEEEOO

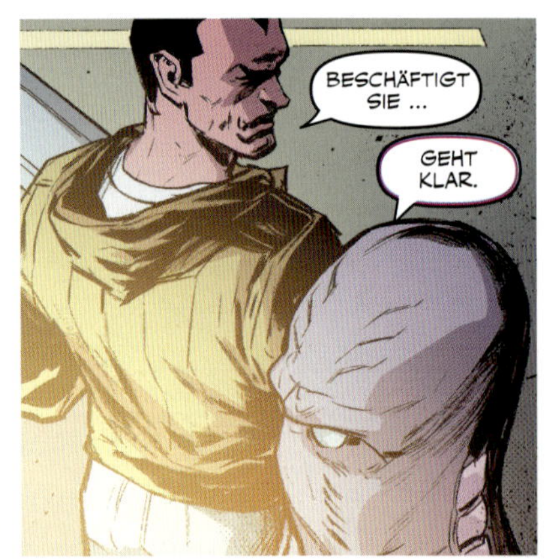
BESCHÄFTIGT SIE ...
GEHT KLAR.

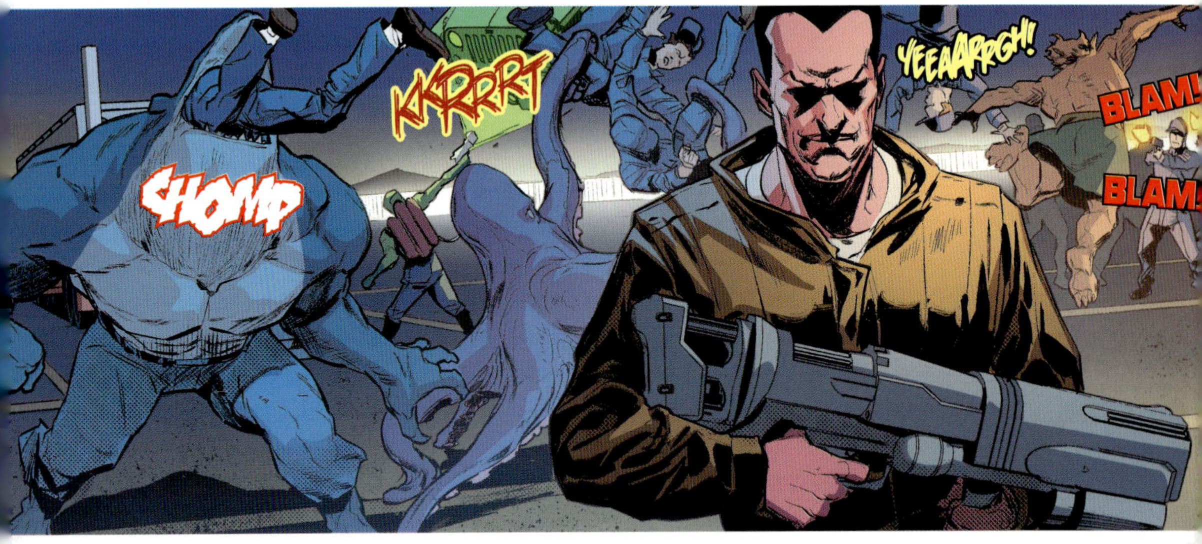
CHOMP
KKRRRT
YEEAARRGH!
BLAM!
BLAM!

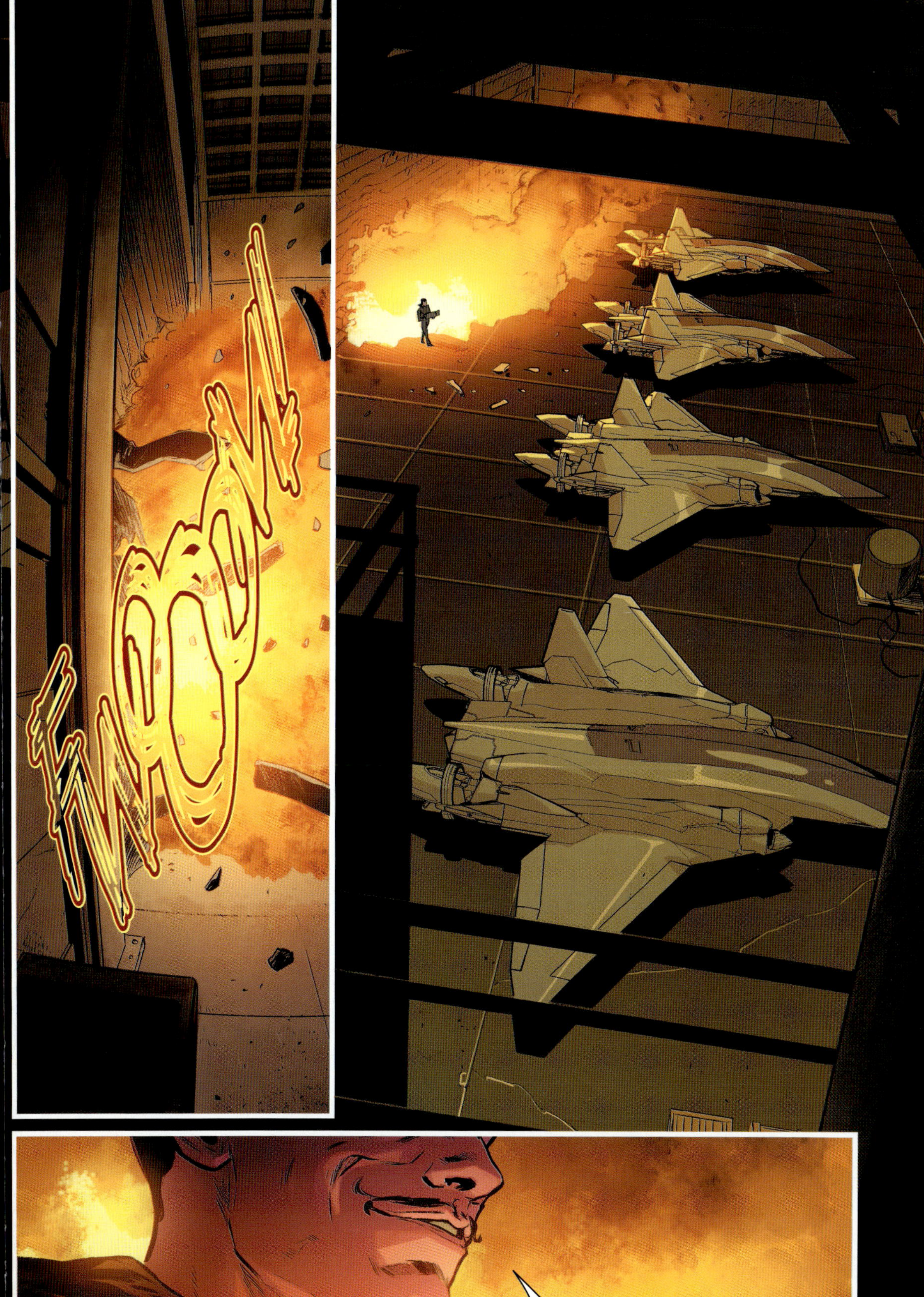
FWOOM!
PERFEKT ...

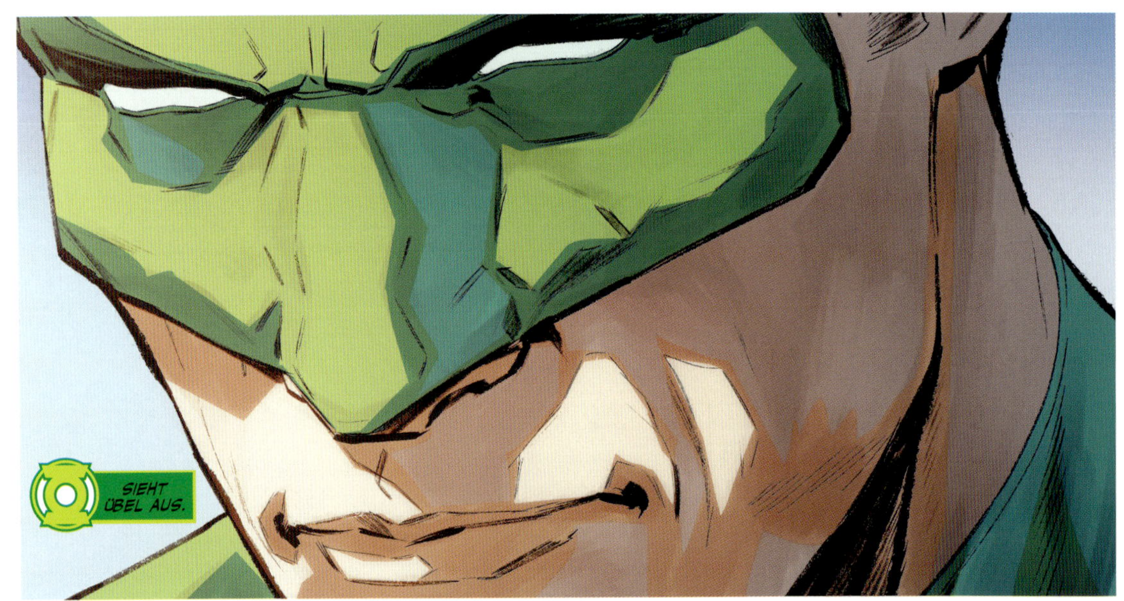
SIEHT ÜBEL AUS.

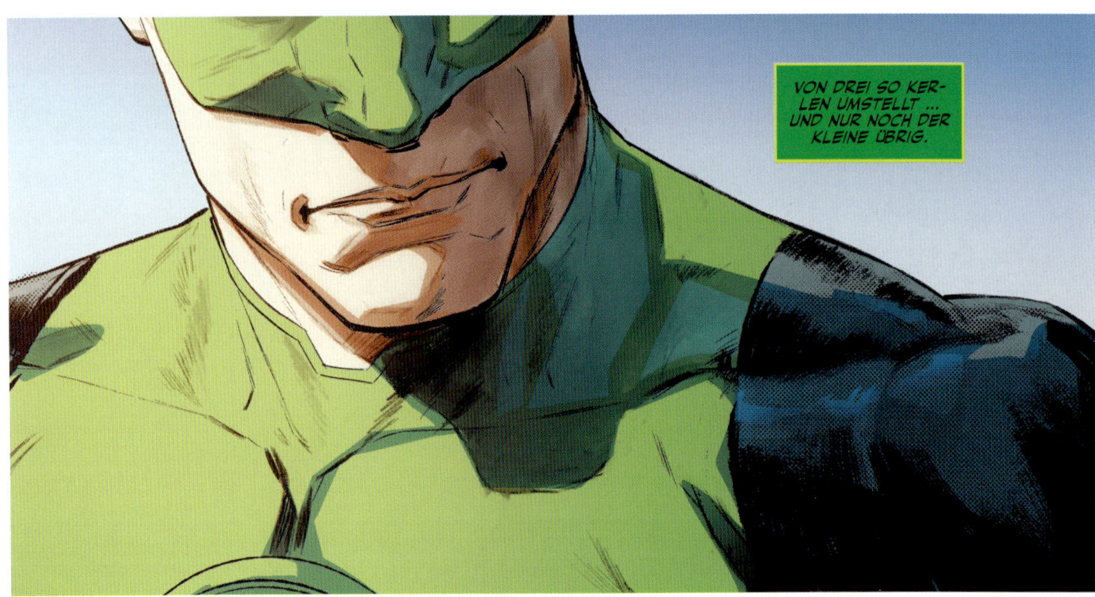
VON DREI SO KERLEN UMSTELLT ... UND NUR NOCH DER KLEINE ÜBRIG.

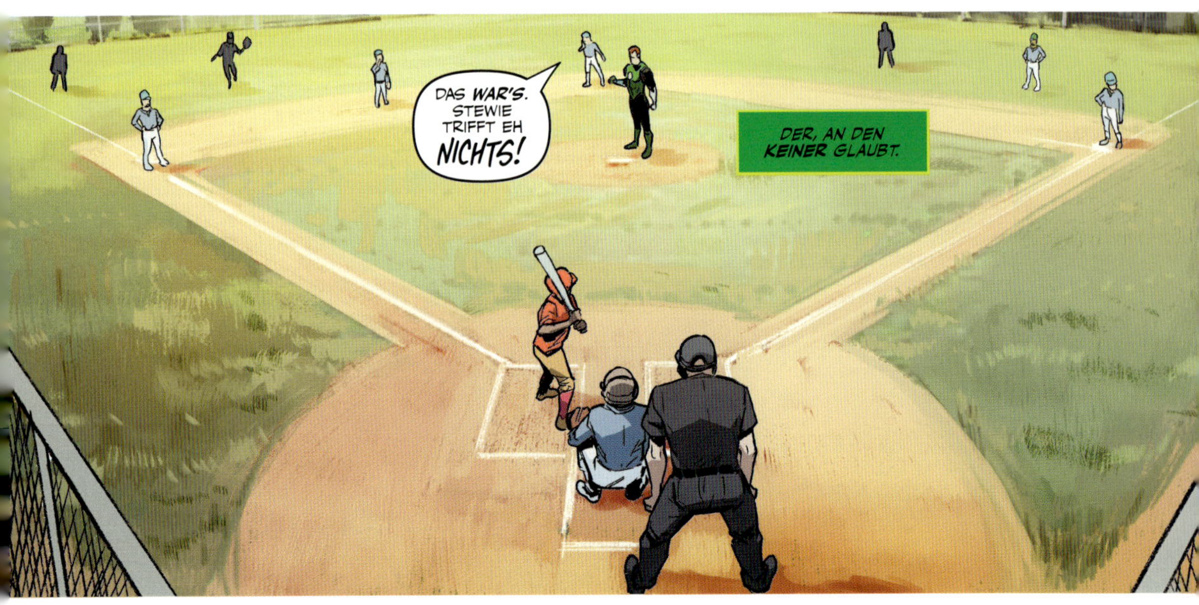
DAS WAR'S. STEWIE TRIFFT EH NICHTS!
DER, AN DEN KEINER GLAUBT.

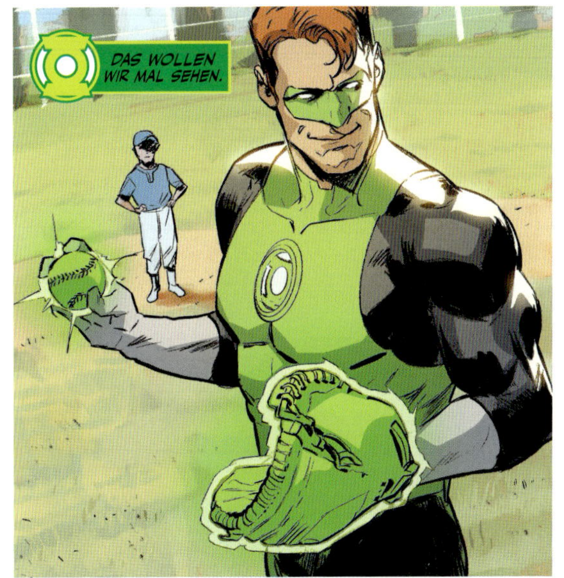
DAS WOLLEN WIR MAL SEHEN.

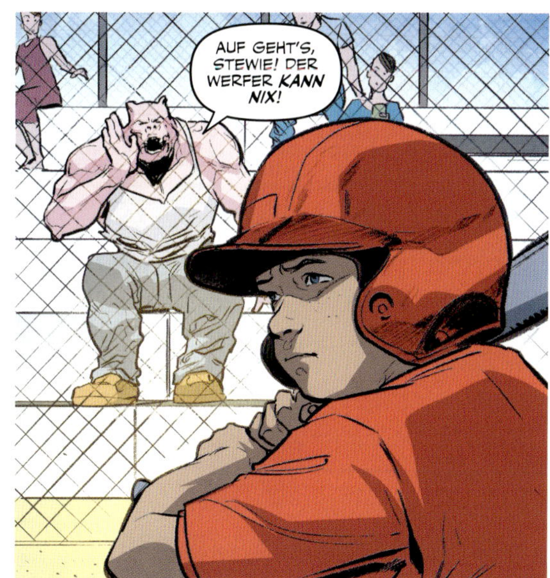
AUF GEHT'S, STEWIE! DER WERFER KANN NIX!

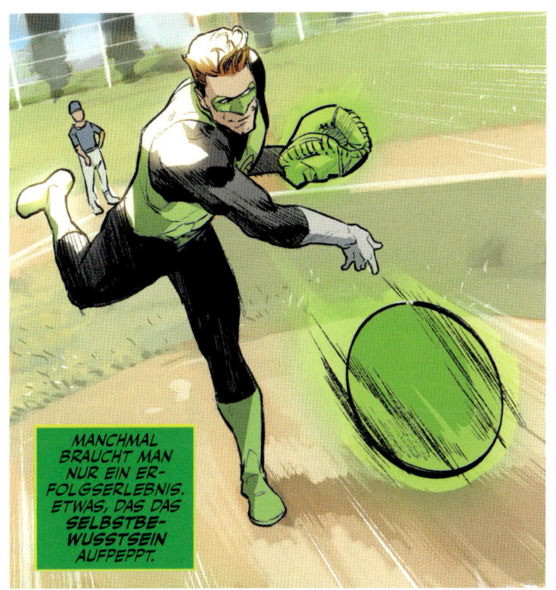
MANCHMAL BRAUCHT MAN NUR EIN ERFOLGSERLEBNIS. ETWAS, DAS DAS SELBSTBEWUSSTSEIN AUFPEPPT.

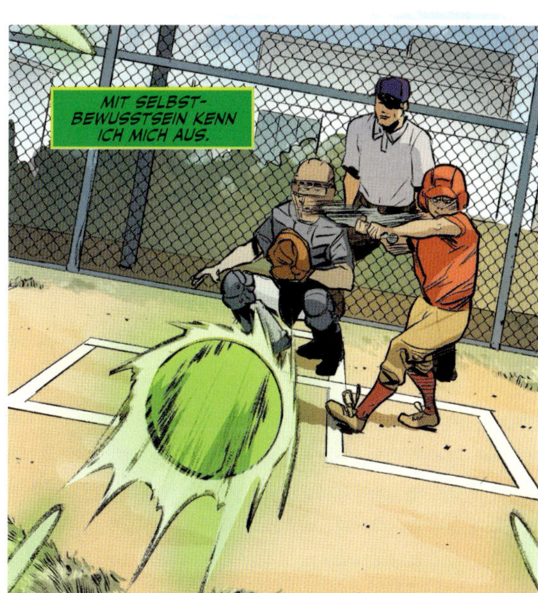
MIT SELBSTBEWUSSTSEIN KENN ICH MICH AUS.

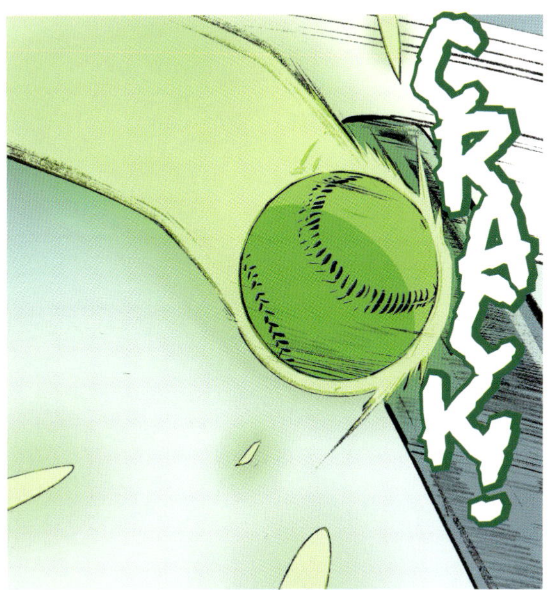
CRACK!

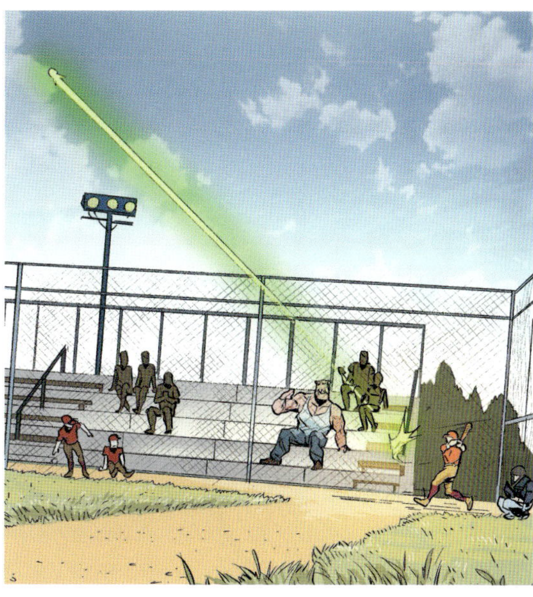

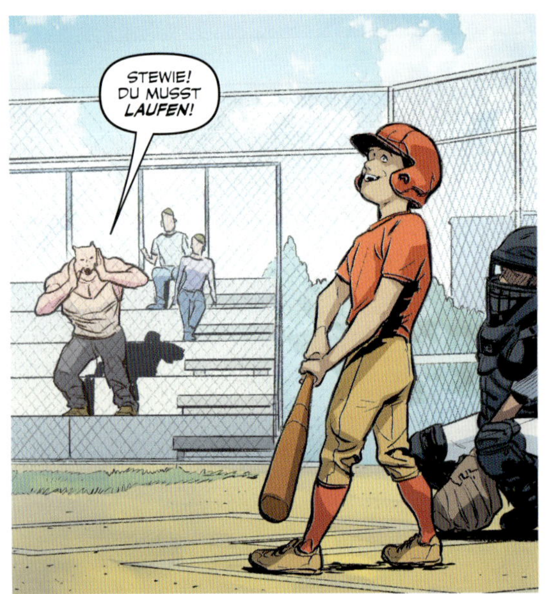
STEWIE!
DU MUSST
LAUFEN!

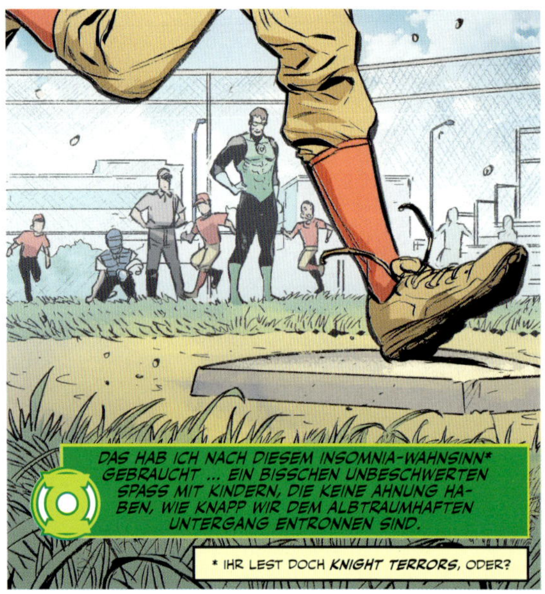
DAS HAB ICH NACH DIESEM INSOMNIA-WAHNSINN* GEBRAUCHT ... EIN BISSCHEN UNBESCHWERTEN SPASS MIT KINDERN, DIE KEINE AHNUNG HABEN, WIE KNAPP WIR DEM ALBTRAUMHAFTEN UNTERGANG ENTRONNEN SIND.
* IHR LEST DOCH KNIGHT TERRORS, ODER?

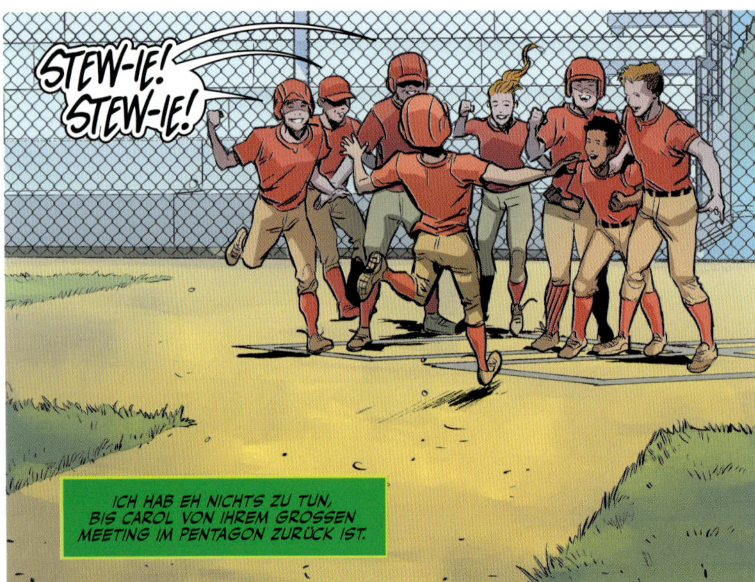
STEW-IE! STEW-IE!
ICH HAB EH NICHTS ZU TUN, BIS CAROL VON IHREM GROSSEN MEETING IM PENTAGON ZURÜCK IST.

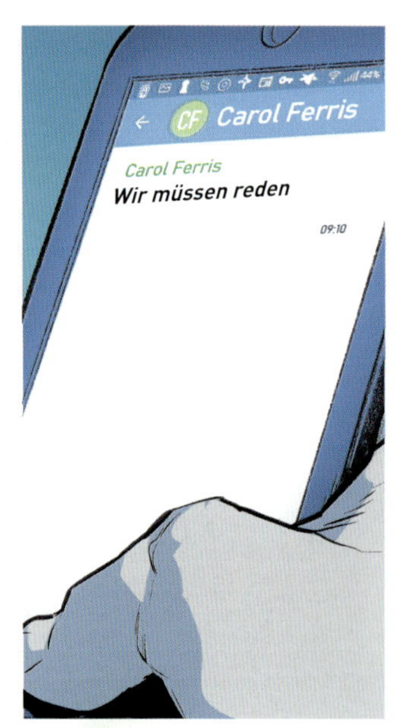
CF Carol Ferris
Carol Ferris
Wir müssen reden
09:10

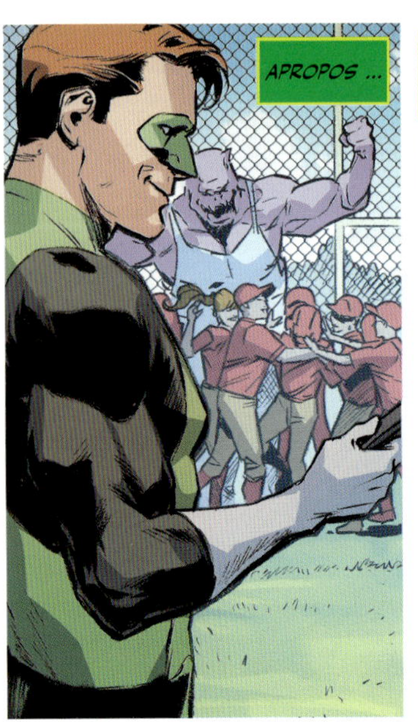
APROPOS ...

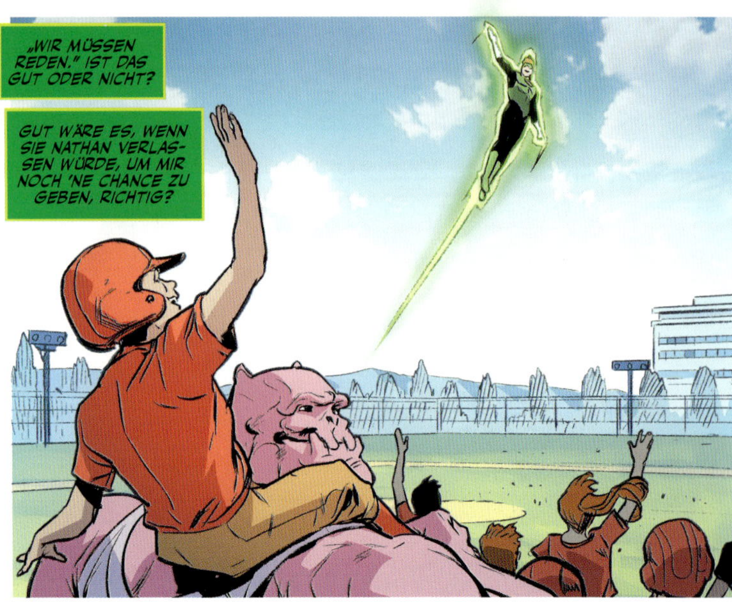
„WIR MÜSSEN REDEN." IST DAS GUT ODER NICHT?
GUT WÄRE ES, WENN SIE NATHAN VERLASSEN WÜRDE, UM MIR NOCH 'NE CHANCE ZU GEBEN, RICHTIG?

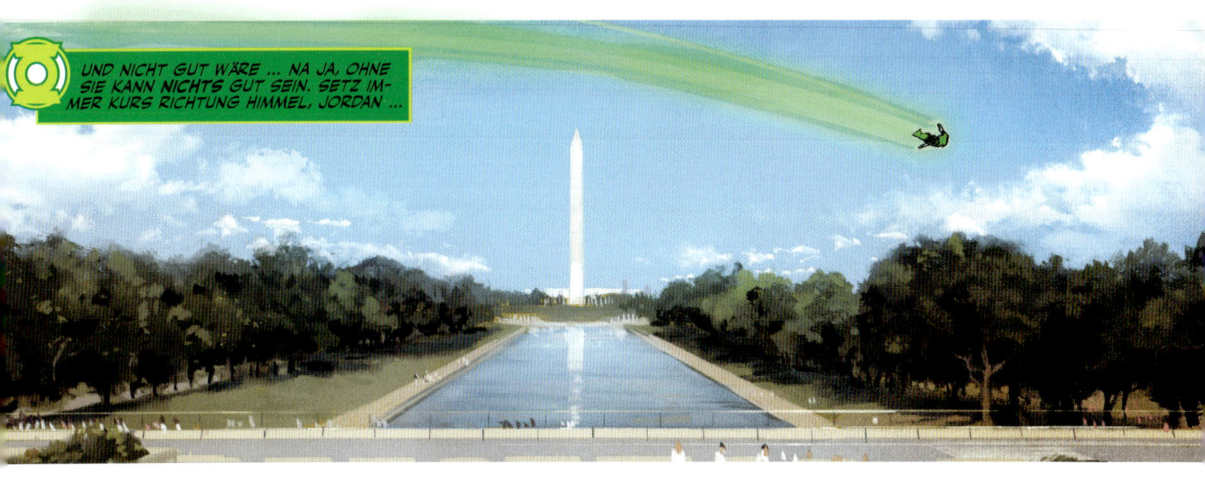
UND NICHT GUT WÄRE ... NA JA, OHNE SIE KANN NICHTS GUT SEIN. SETZ IMMER KURS RICHTUNG HIMMEL, JORDAN ...

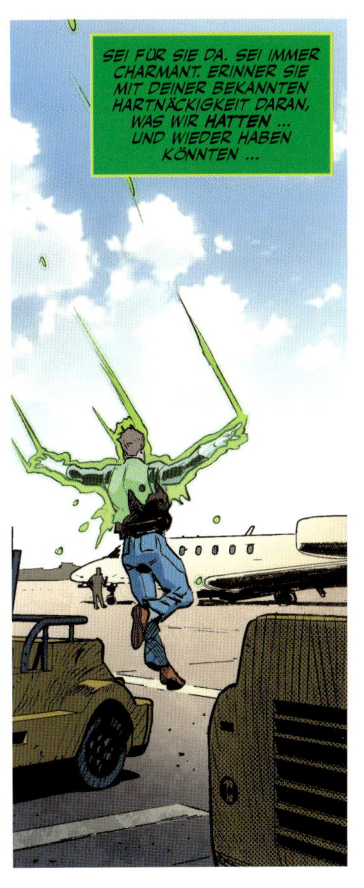
SEI FÜR SIE DA. SEI IMMER CHARMANT. ERINNER SIE MIT DEINER BEKANNTEN HARTNÄCKIGKEIT DARAN, WAS WIR HATTEN ... UND WIEDER HABEN KÖNNTEN ...

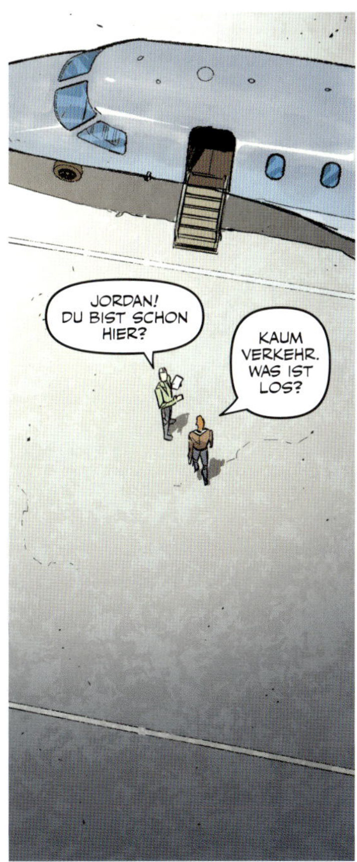
JORDAN! DU BIST SCHON HIER?
KAUM VERKEHR. WAS IST LOS?

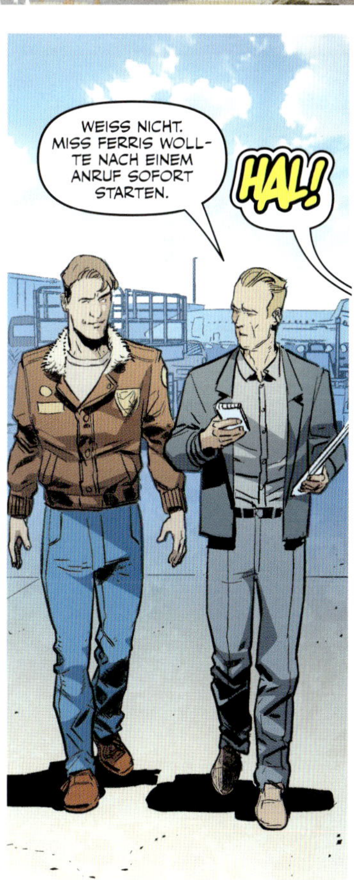
WEISS NICHT. MISS FERRIS WOLLTE NACH EINEM ANRUF SOFORT STARTEN.
HAL!

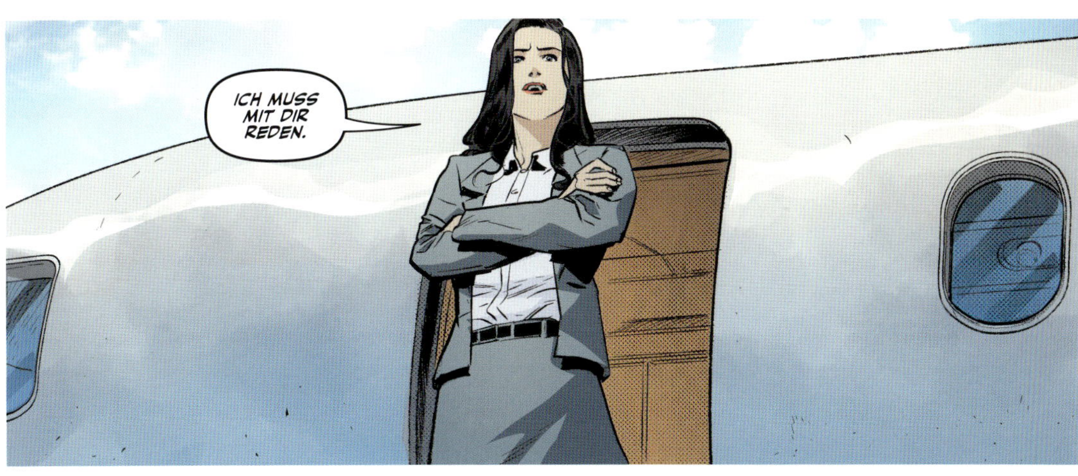
ICH MUSS MIT DIR REDEN.

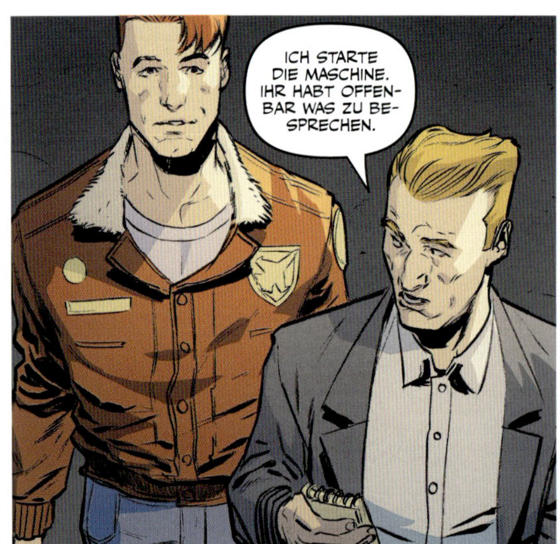
ICH STARTE DIE MASCHINE. IHR HABT OFFENBAR WAS ZU BESPRECHEN.

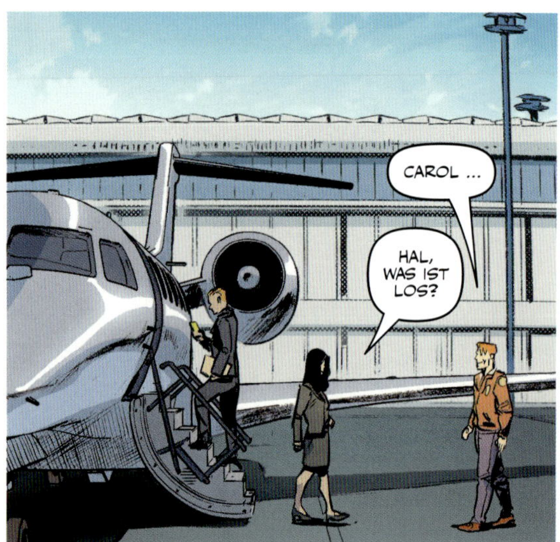
CAROL ...
HAL, WAS IST LOS?

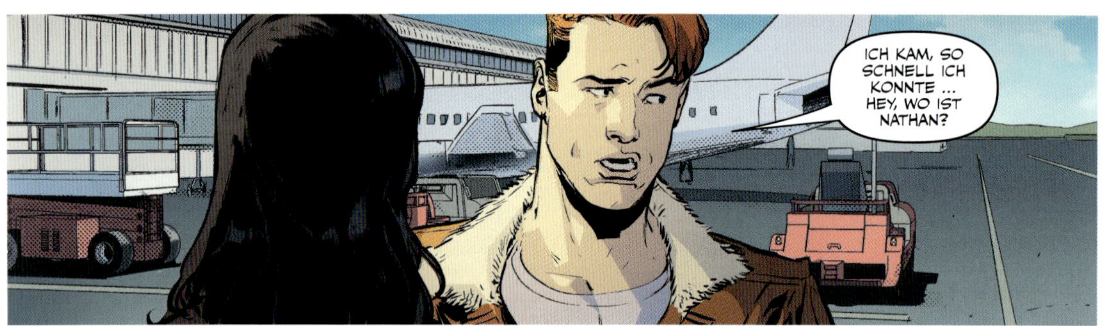
ICH KAM, SO SCHNELL ICH KONNTE ... HEY, WO IST NATHAN?

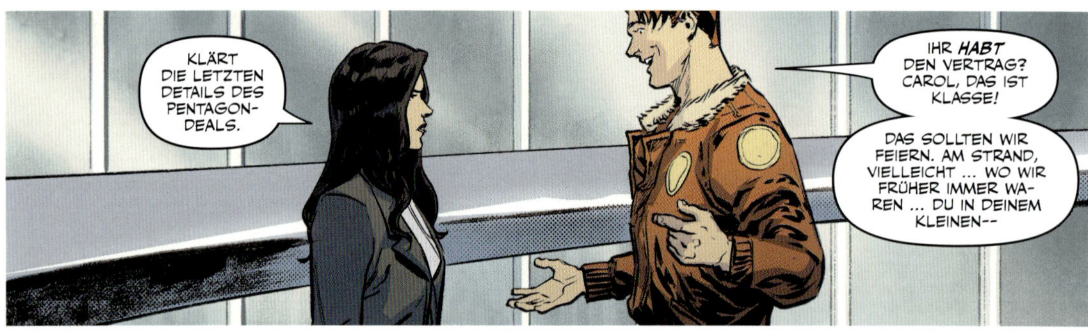
KLÄRT DIE LETZTEN DETAILS DES PENTAGON-DEALS.
IHR *HABT* DEN VERTRAG? CAROL, DAS IST KLASSE!
DAS SOLLTEN WIR FEIERN. AM STRAND, VIELLEICHT ... WO WIR FRÜHER IMMER WAREN ... DU IN DEINEM KLEINEN--

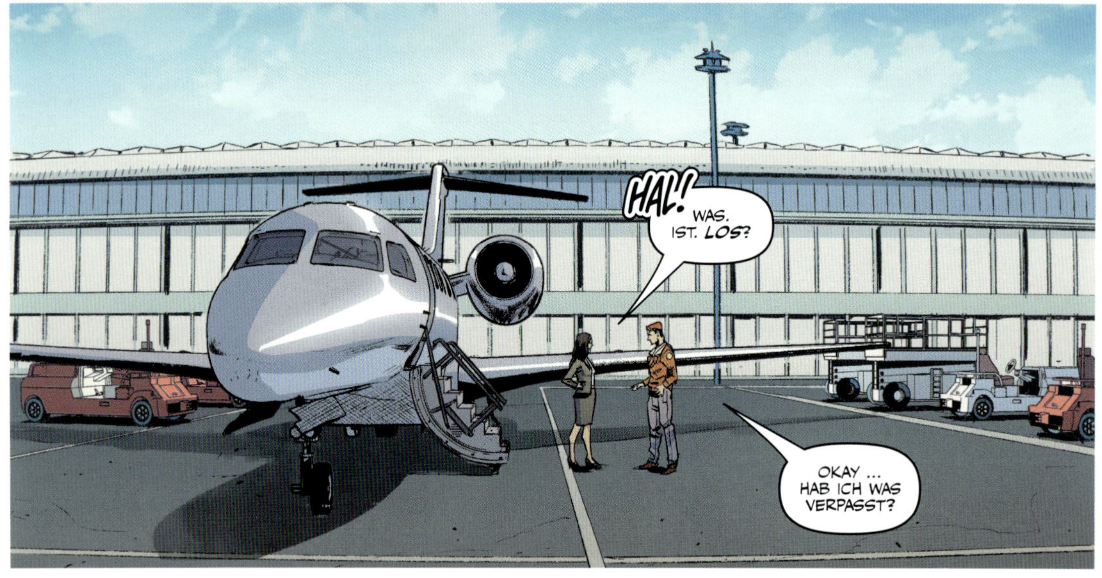
HAL!
WAS. IST. *LOS*?
OKAY ... HAB ICH WAS VERPASST?

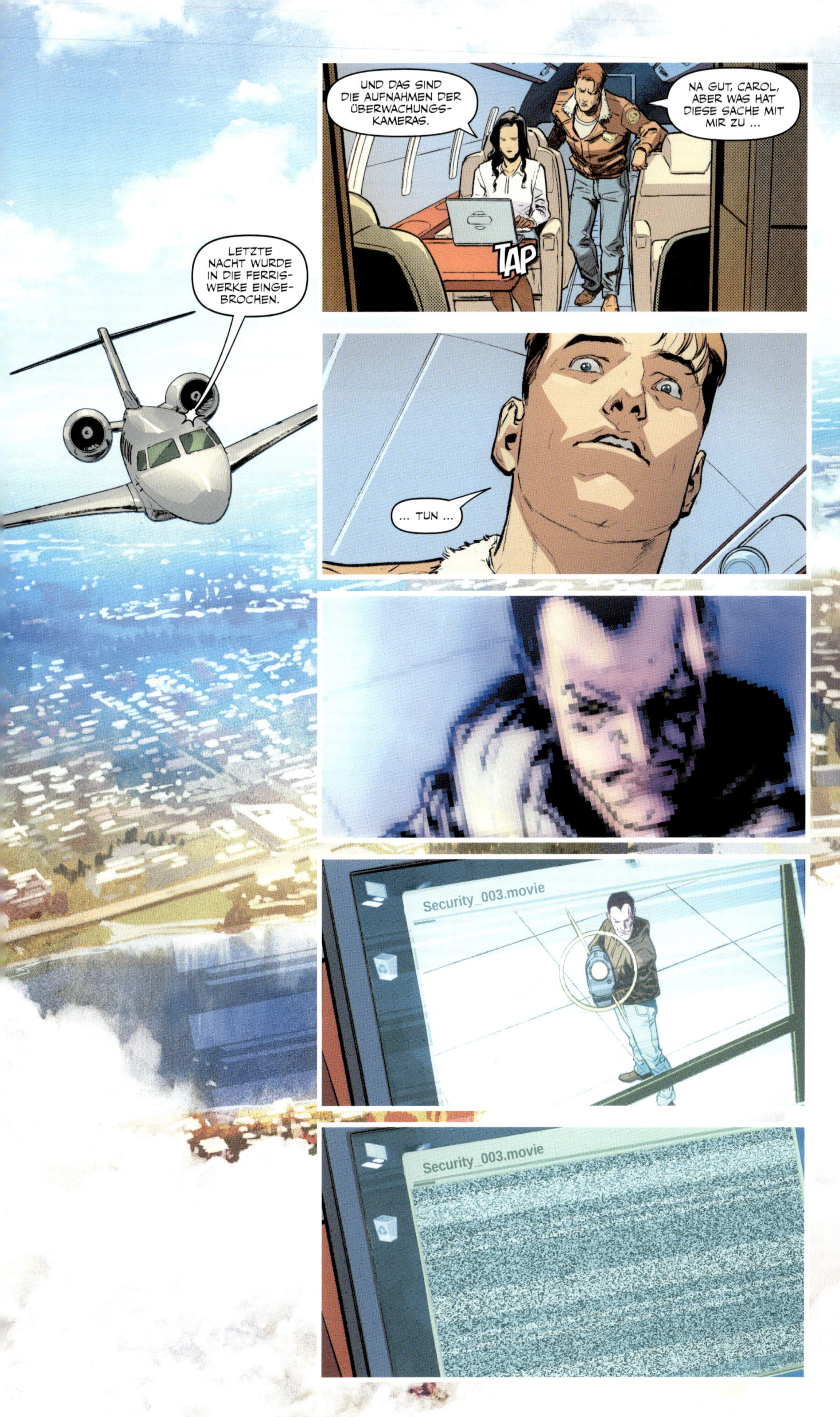
LETZTE NACHT WURDE IN DIE FERRIS-WERKE EINGEBROCHEN.
UND DAS SIND DIE AUFNAHMEN DER ÜBERWACHUNGS-KAMERAS.
NA GUT, CAROL, ABER WAS HAT DIESE SACHE MIT MIR ZU ...
TAP
... TUN ...
Security_003.movie
Security_003.movie

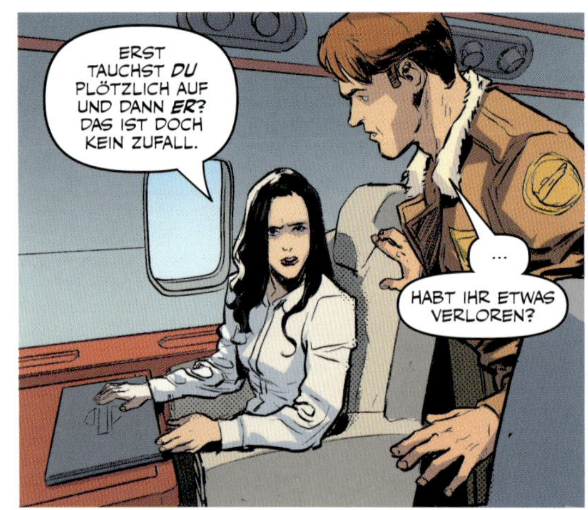
ERST TAUCHST *DU* PLÖTZLICH AUF UND DANN *ER*? DAS IST DOCH KEIN ZUFALL.
...
HABT IHR ETWAS VERLOREN?

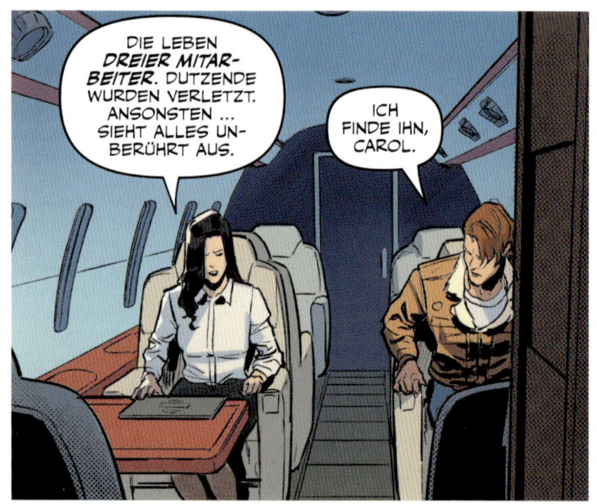
DIE LEBEN *DREIER MITARBEITER*. DUTZENDE WURDEN VERLETZT. ANSONSTEN ... SIEHT ALLES UNBERÜHRT AUS.
ICH FINDE IHN, CAROL.

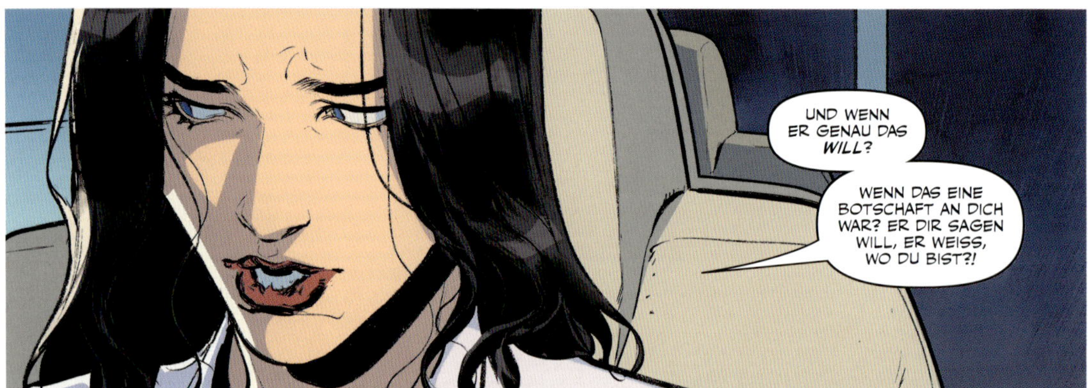
UND WENN ER GENAU DAS *WILL*?
WENN DAS EINE BOTSCHAFT AN DICH WAR? ER DIR SAGEN WILL, ER WEISS, WO DU BIST?!

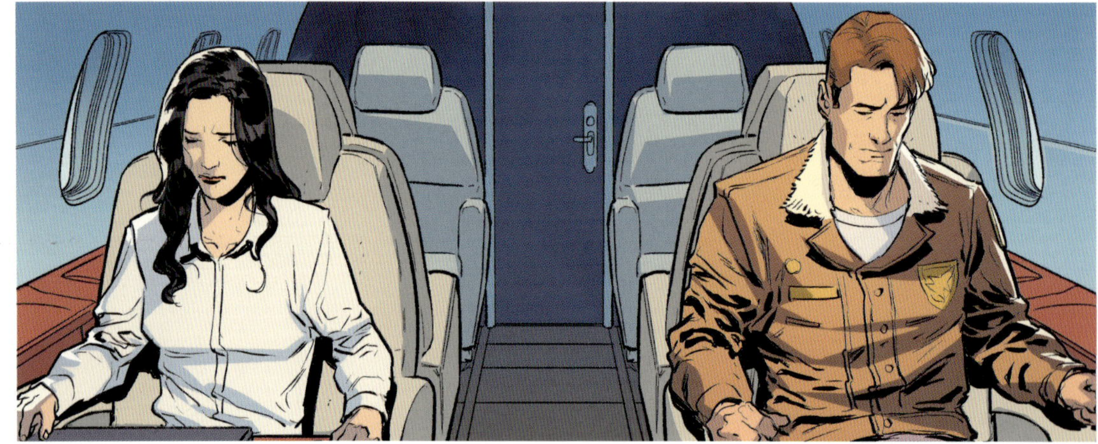

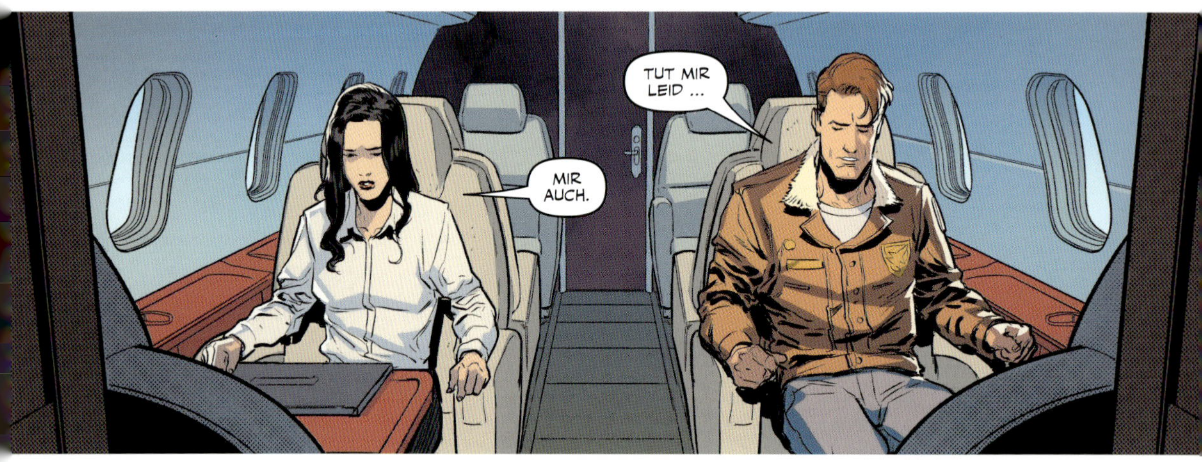
TUT MIR LEID ...
MIR AUCH.

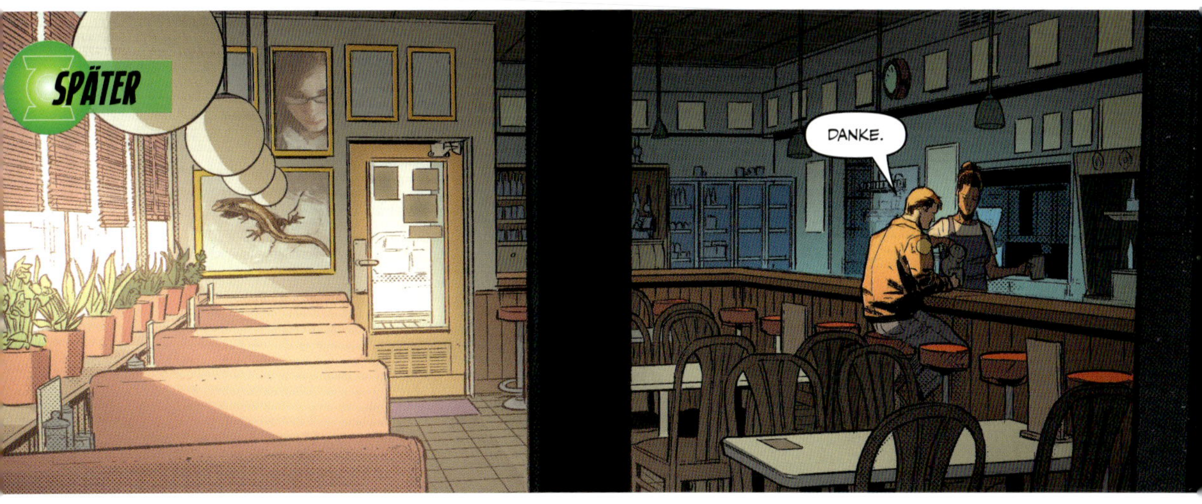
SPÄTER
DANKE.

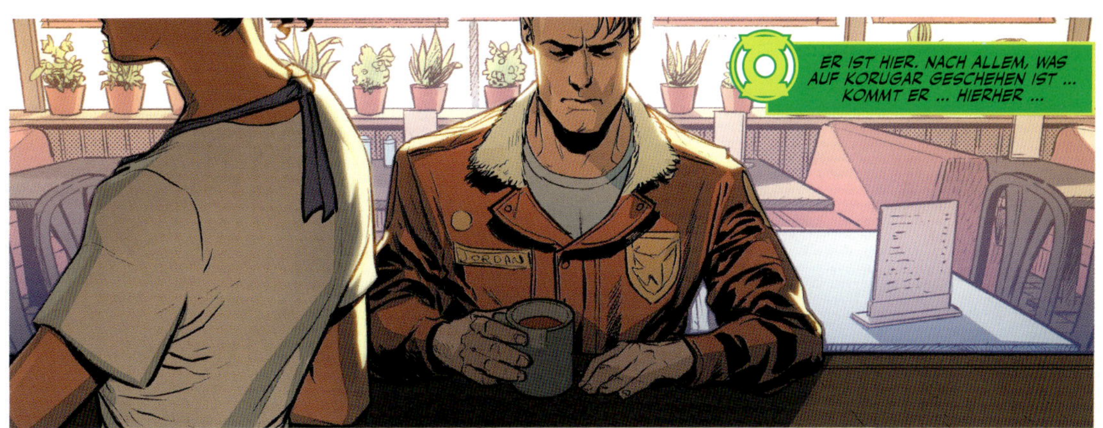
ER IST HIER. NACH ALLEM, WAS AUF KORUGAR GESCHEHEN IST ... KOMMT ER ... HIERHER ...
JORDAN

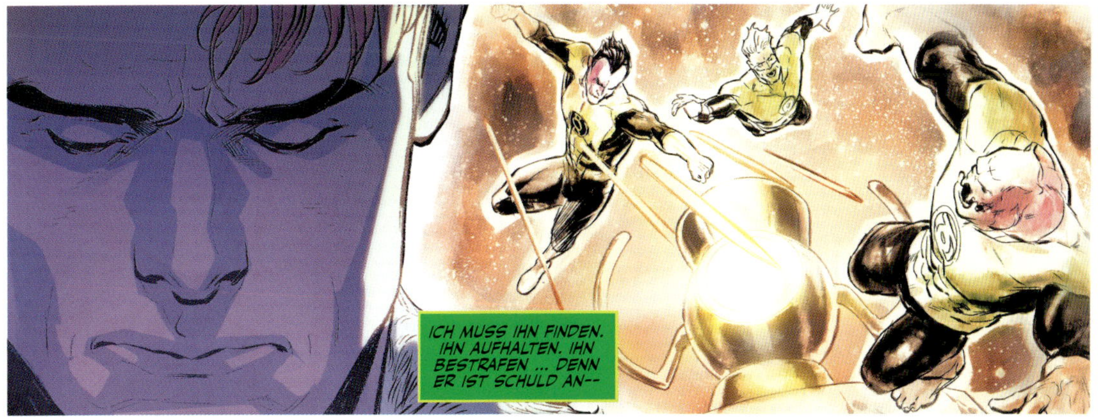
ICH MUSS IHN FINDEN. IHN AUFHALTEN. IHN BESTRAFEN ... DENN ER IST SCHULD AN--

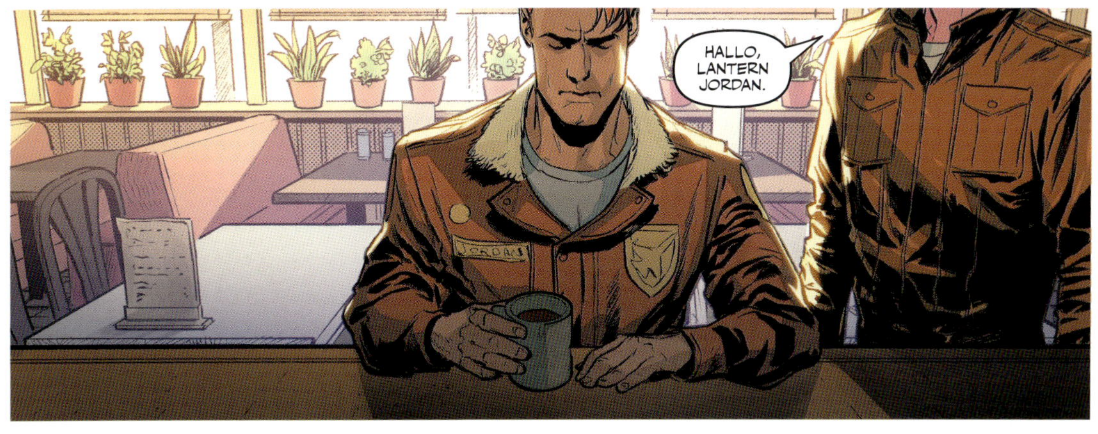
HALLO, LANTERN JORDAN.

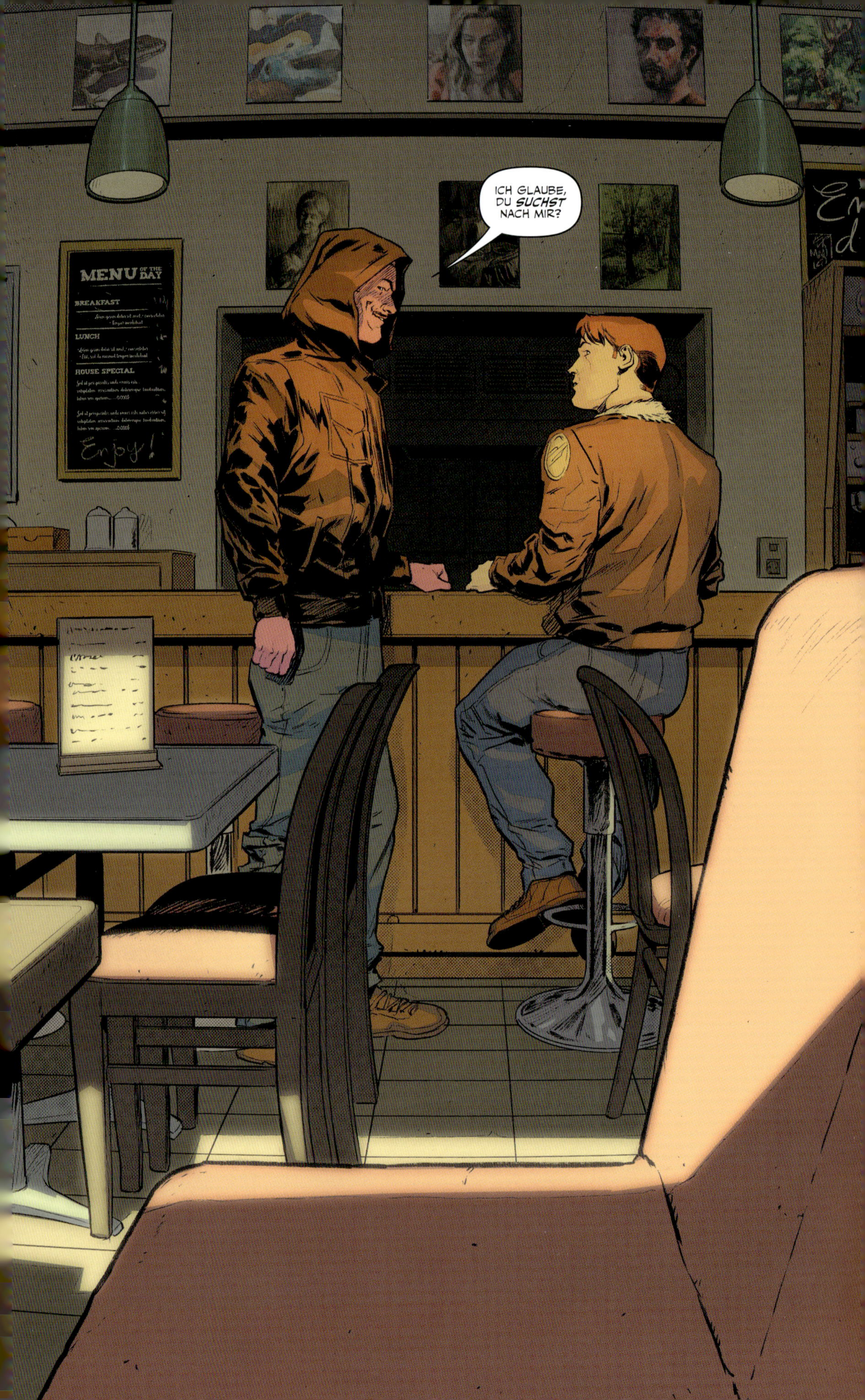
ICH GLAUBE, DU *SUCHST* NACH MIR?
MENU OF THE DAY
BREAKFAST
LUNCH
HOUSE SPECIAL
Enjoy!

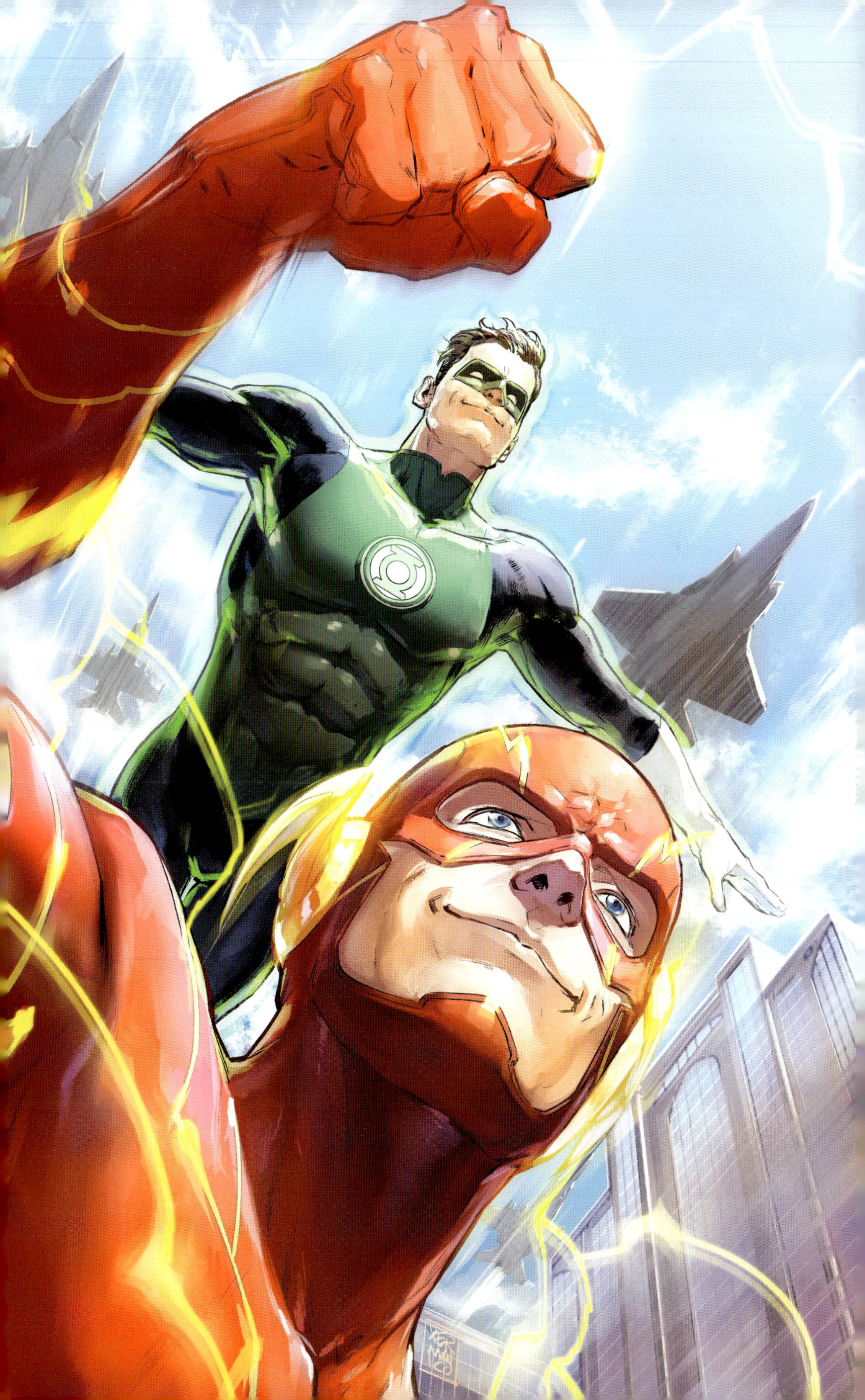

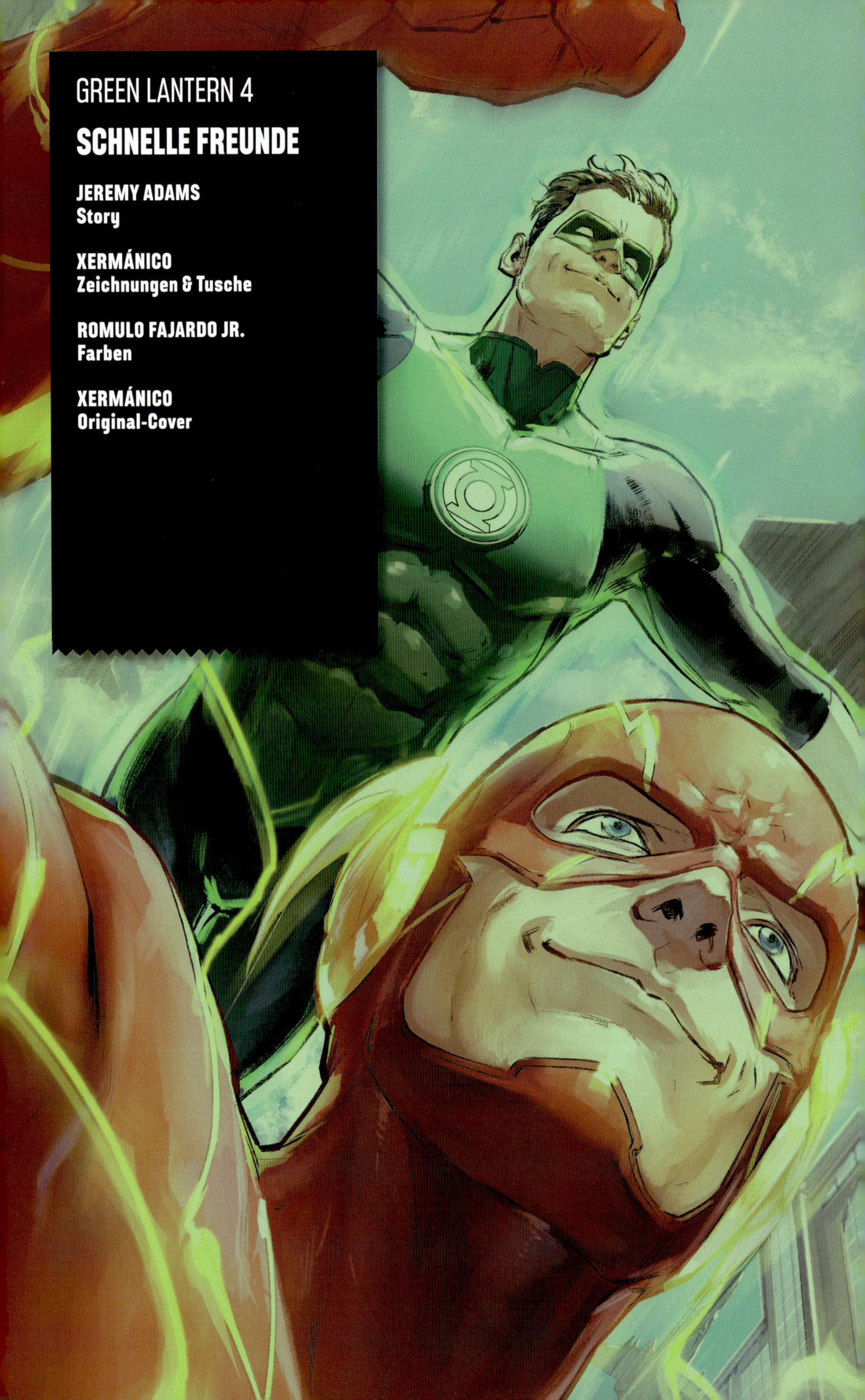
GREEN LANTERN 4
SCHNELLE FREUNDE
JEREMY ADAMS
Story
XERMÁNICO
Zeichnungen & Tusche
ROMULO FAJARDO JR.
Farben
XERMÁNICO
Original-Cover

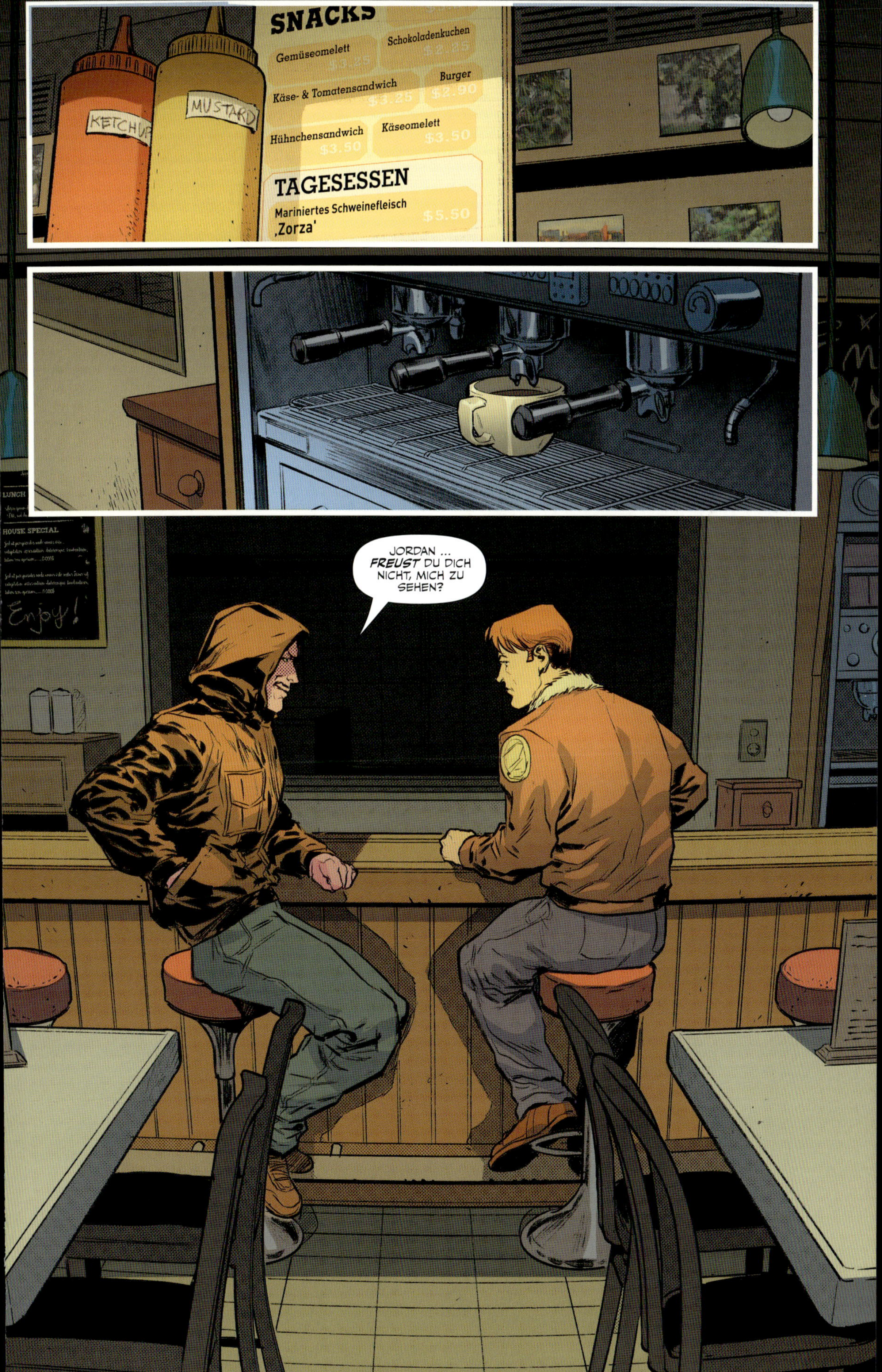
SNACKS
Gemüseomelett
$3.25
Schokoladenkuchen
$2.25
Käse- & Tomatensandwich
$3.25
Burger
$2.90
Hühnchensandwich
$3.50
Käseomelett
$3.50
TAGESESSEN
Mariniertes Schweinefleisch 'Zorza'
$5.50
KETCHUP
MUSTARD
JORDAN ... *FREUST* DU DICH NICHT, MICH ZU SEHEN?
Enjoy!

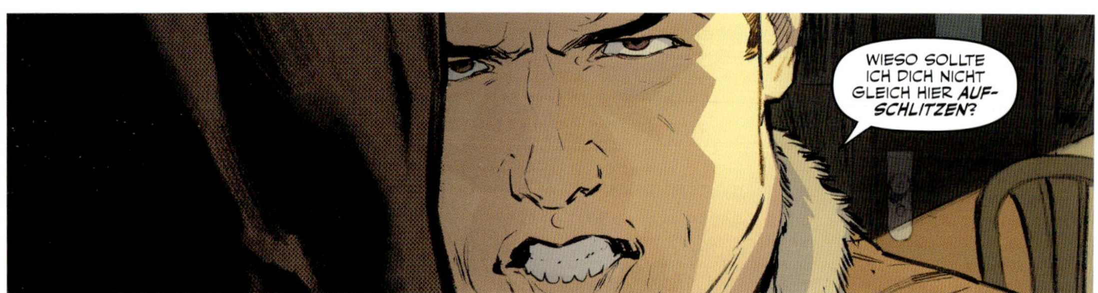
WIESO SOLLTE ICH DICH NICHT GLEICH HIER AUF-SCHLITZEN?

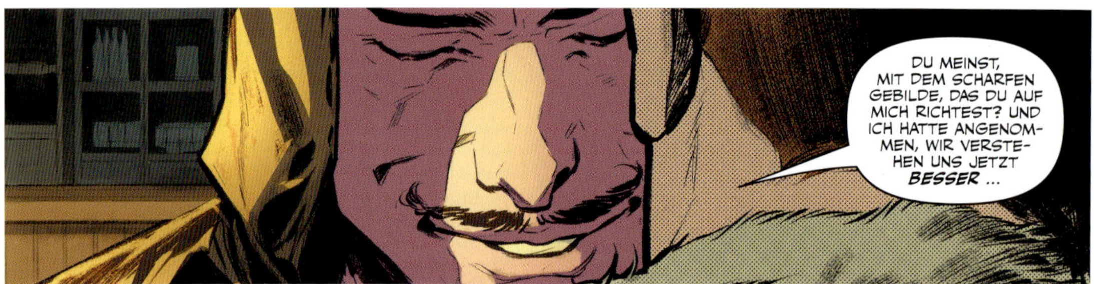
DU MEINST, MIT DEM SCHARFEN GEBILDE, DAS DU AUF MICH RICHTEST? UND ICH HATTE ANGENOM-MEN, WIR VERSTE-HEN UNS JETZT BESSER ...

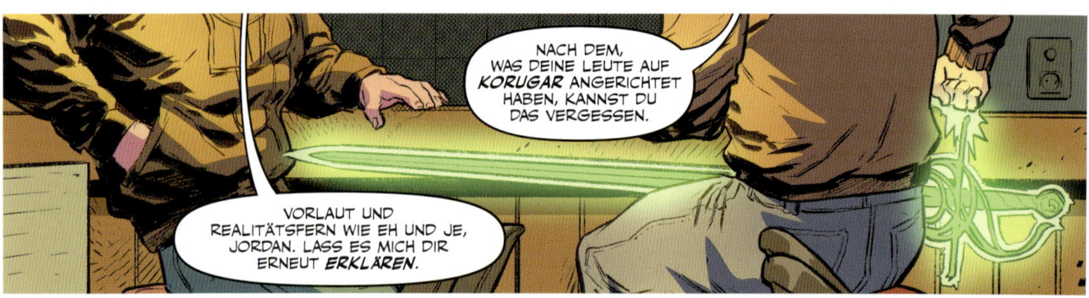
NACH DEM, WAS DEINE LEUTE AUF KORUGAR ANGERICHTET HABEN, KANNST DU DAS VERGESSEN.
VORLAUT UND REALITÄTSFERN WIE EH UND JE, JORDAN. LASS ES MICH DIR ERNEUT ERKLÄREN.

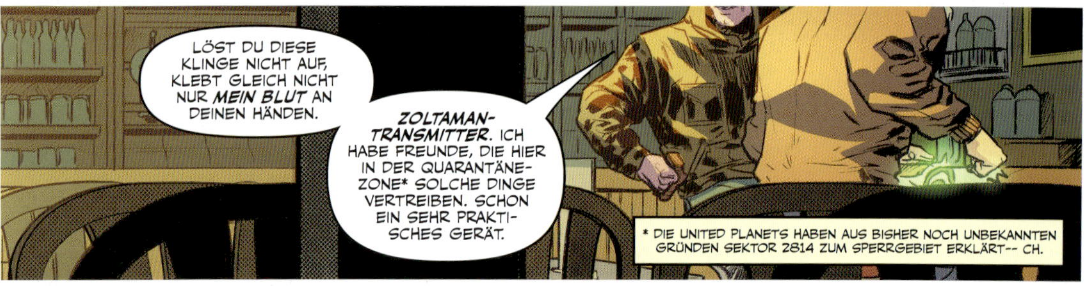
LÖST DU DIESE KLINGE NICHT AUF, KLEBT GLEICH NICHT NUR MEIN BLUT AN DEINEN HÄNDEN.
ZOLTAMAN-TRANSMITTER. ICH HABE FREUNDE, DIE HIER IN DER QUARANTÄNE-ZONE* SOLCHE DINGE VERTREIBEN. SCHON EIN SEHR PRAKTI-SCHES GERÄT.
* DIE UNITED PLANETS HABEN AUS BISHER NOCH UNBEKANNTEN GRÜNDEN SEKTOR 2814 ZUM SPERRGEBIET ERKLÄRT-- CH.

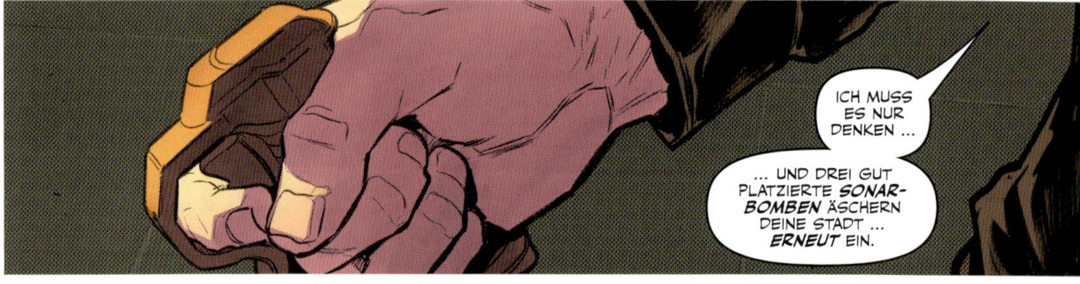
ICH MUSS ES NUR DENKEN ...
... UND DREI GUT PLATZIERTE SONAR-BOMBEN ÄSCHERN DEINE STADT ... ERNEUT EIN.

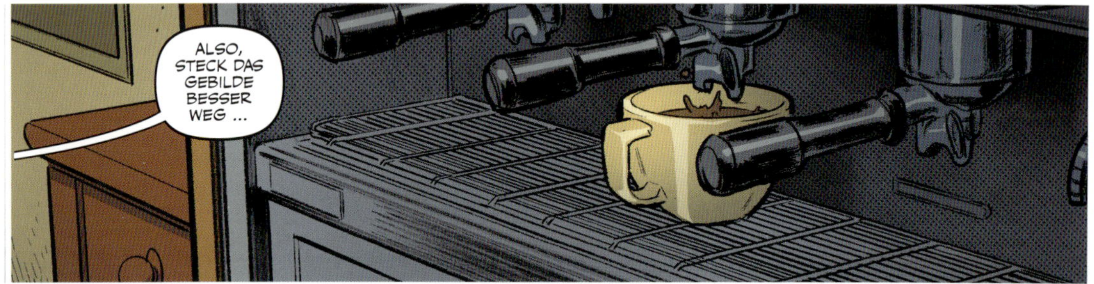
ALSO, STECK DAS GEBILDE BESSER WEG ...

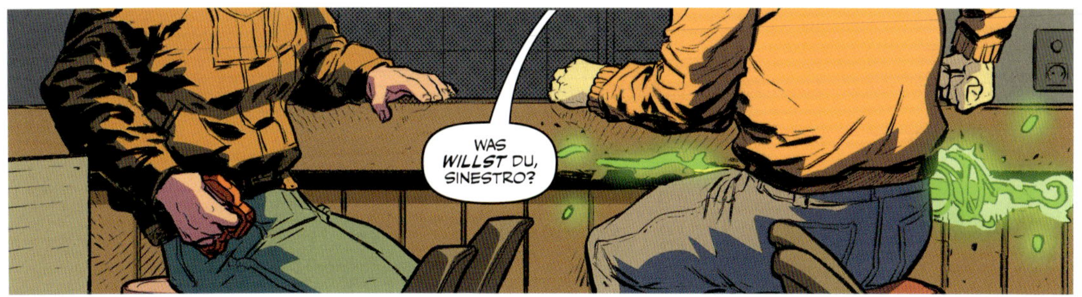
WAS *WILLST* DU, SINESTRO?

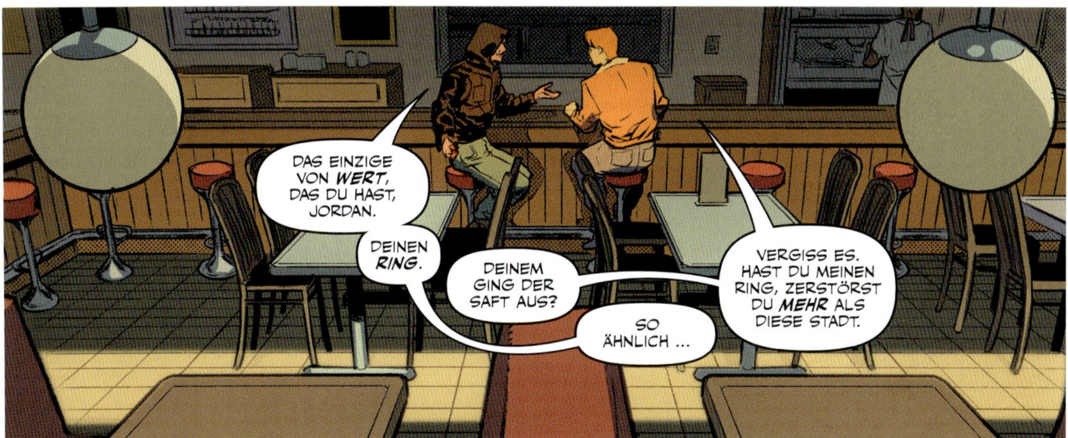
DAS EINZIGE VON *WERT*, DAS DU HAST, JORDAN.
DEINEN *RING*.
DEINEM GING DER SAFT AUS?
SO ÄHNLICH ...
VERGISS ES. HAST DU MEINEN RING, ZERSTÖRST DU *MEHR* ALS DIESE STADT.

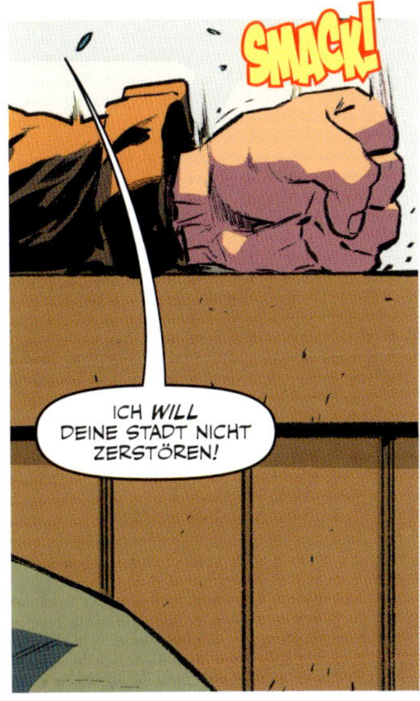
SMACK!
ICH *WILL* DEINE STADT NICHT ZERSTÖREN!

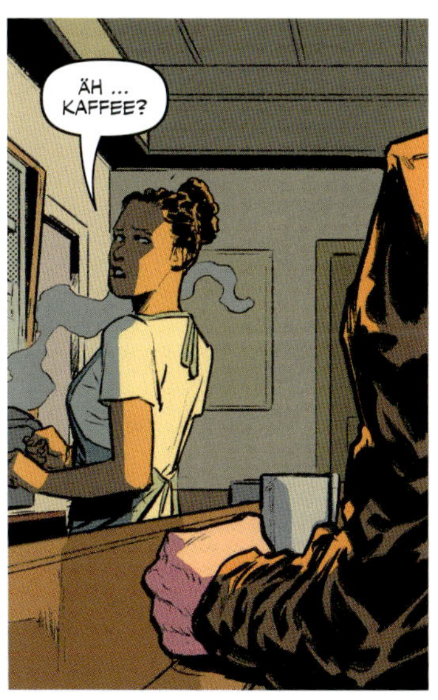
ÄH ... KAFFEE?

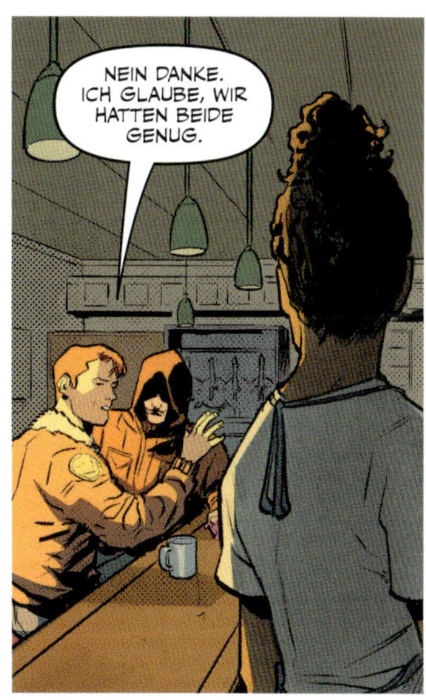
NEIN DANKE. ICH GLAUBE, WIR HATTEN BEIDE GENUG.

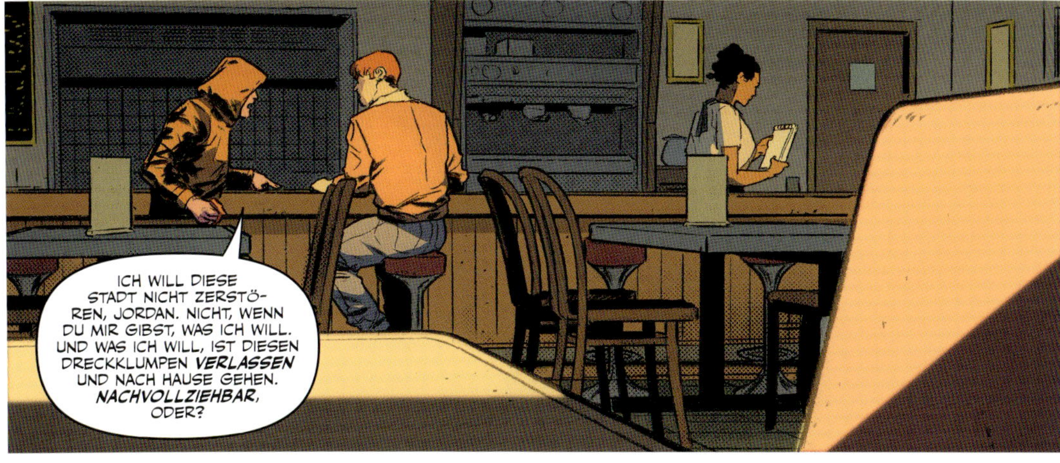
ICH WILL DIESE STADT NICHT ZERSTÖREN, JORDAN. NICHT, WENN DU MIR GIBST, WAS ICH WILL. UND WAS ICH WILL, IST DIESEN DRECKKLUMPEN *VERLASSEN* UND NACH HAUSE GEHEN. *NACHVOLLZIEHBAR*, ODER?

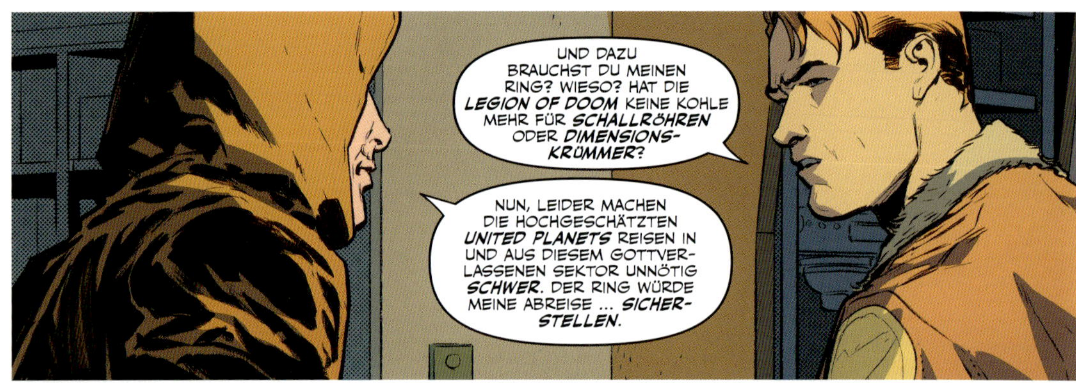
UND DAZU BRAUCHST DU MEINEN RING? WIESO? HAT DIE *LEGION OF DOOM* KEINE KOHLE MEHR FÜR *SCHALLRÖHREN* ODER *DIMENSIONS-KRÜMMER*?
NUN, LEIDER MACHEN DIE HOCHGESCHÄTZTEN *UNITED PLANETS* REISEN IN UND AUS DIESEM GOTTVER-LASSENEN SEKTOR UNNÖTIG *SCHWER*. DER RING WÜRDE MEINE ABREISE ... *SICHER-STELLEN*.

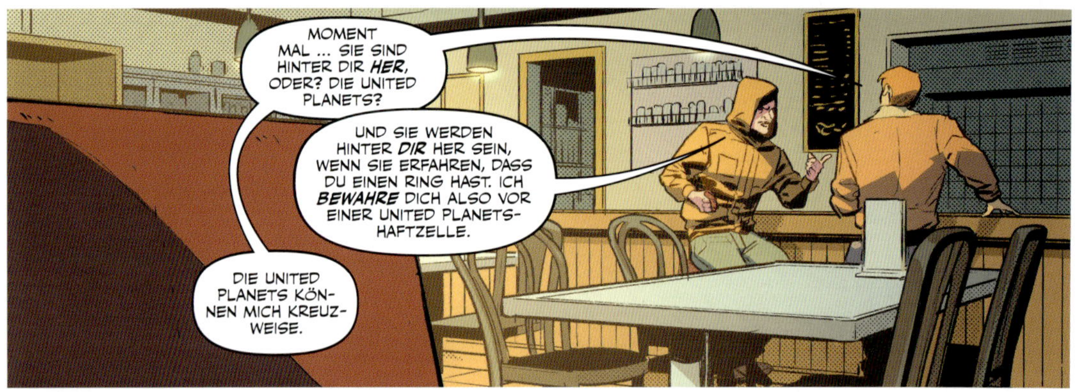
MOMENT MAL ... SIE SIND HINTER DIR *HER*, ODER? DIE UNITED PLANETS?
UND SIE WERDEN HINTER *DIR* HER SEIN, WENN SIE ERFAHREN, DASS DU EINEN RING HAST. ICH *BEWAHRE* DICH ALSO VOR EINER UNITED PLANETS-HAFTZELLE.
DIE UNITED PLANETS KÖN-NEN MICH KREUZ-WEISE.

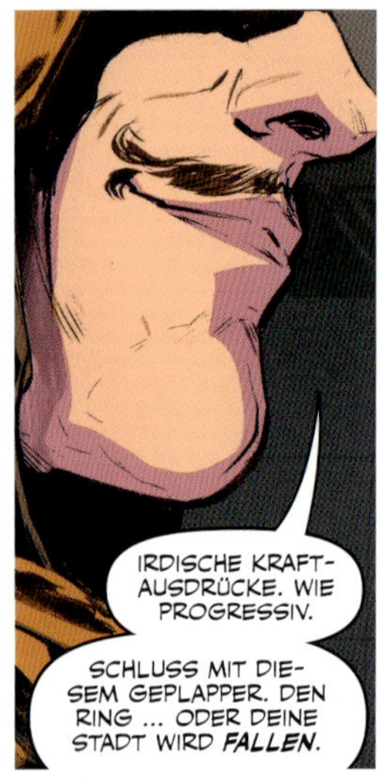
IRDISCHE KRAFT-AUSDRÜCKE. WIE PROGRESSIV.
SCHLUSS MIT DIE-SEM GEPLAPPER. DEN RING ... ODER DEINE STADT WIRD *FALLEN*.

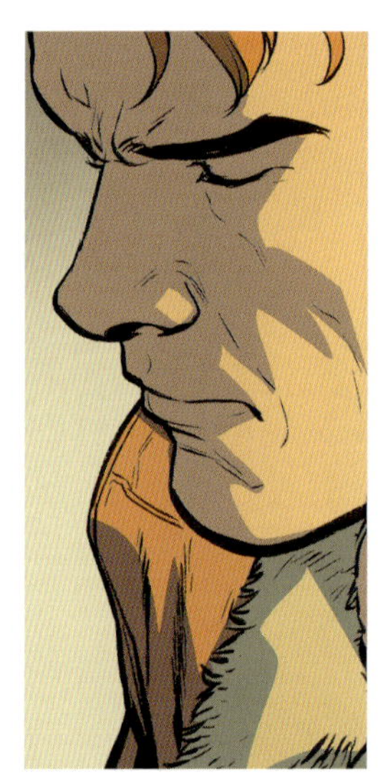

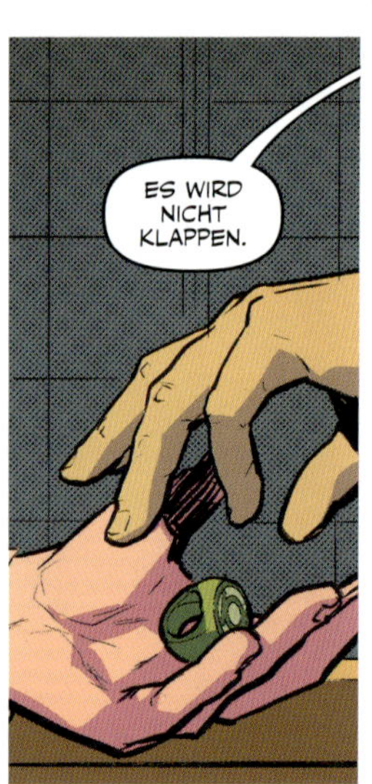
ES WIRD NICHT KLAPPEN.

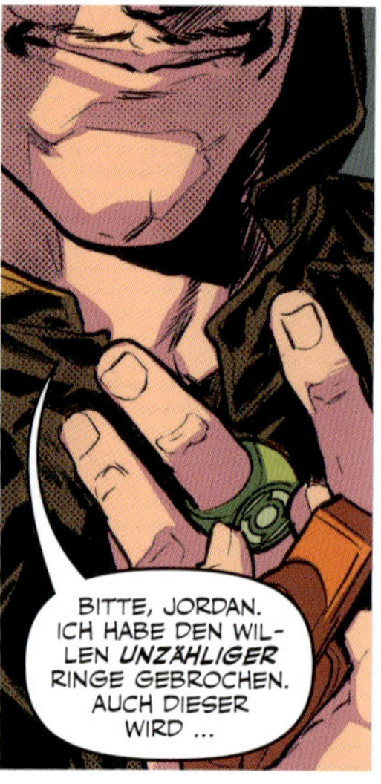
BITTE, JORDAN. ICH HABE DEN WIL-LEN *UNZÄHLIGER* RINGE GEBROCHEN. AUCH DIESER WIRD ...

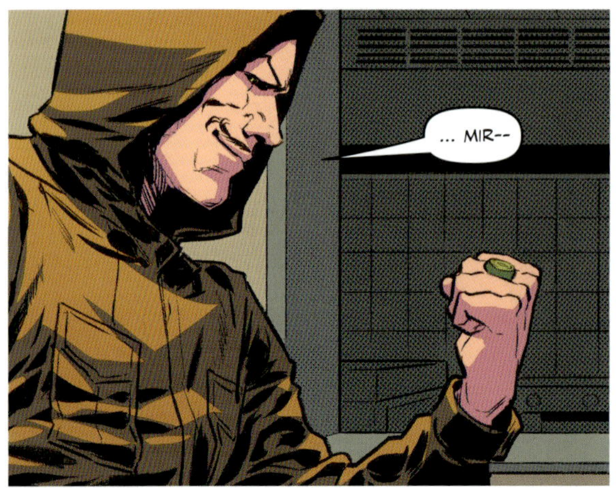
... MIR--

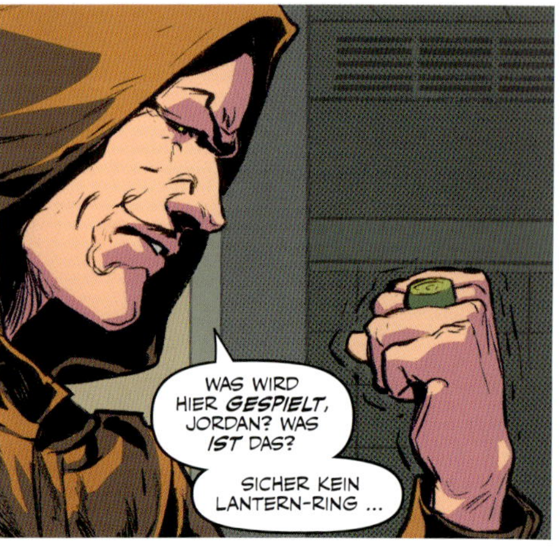
WAS WIRD HIER *GESPIELT*, JORDAN? WAS *IST* DAS?
SICHER KEIN LANTERN-RING ...

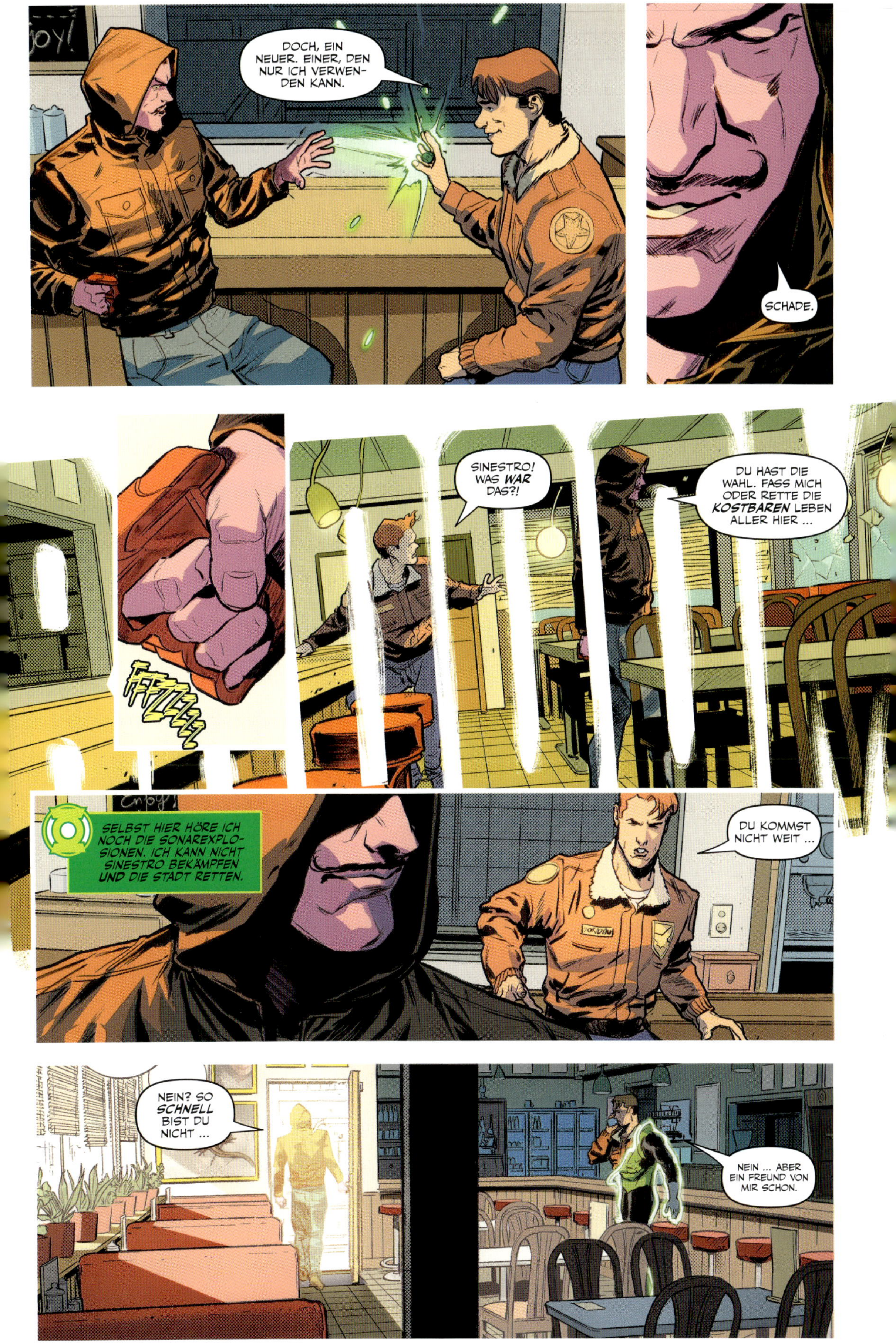

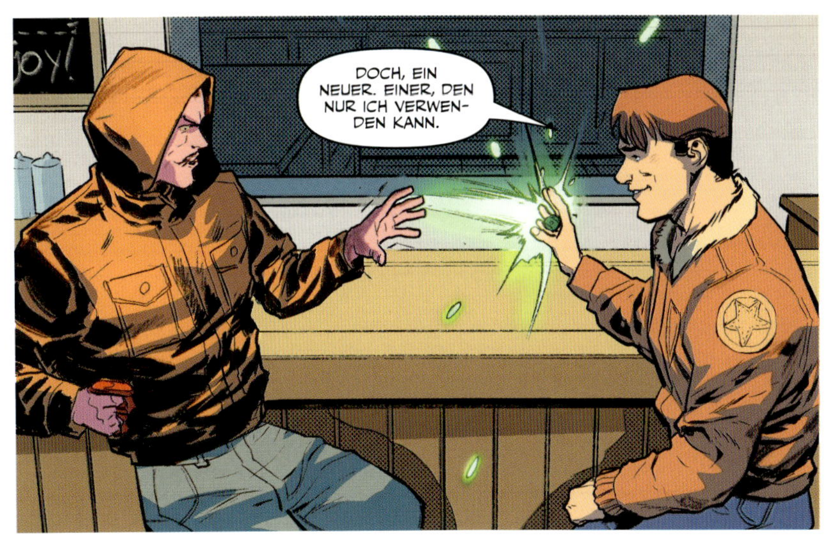

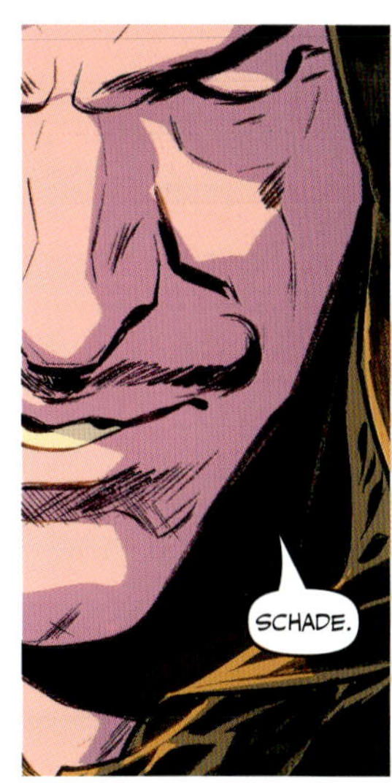

SINESTRO! WAS *WAR* DAS?!

DU HAST DIE WAHL. FASS MICH ODER RETTE DIE *KOSTBAREN* LEBEN ALLER HIER ...

SELBST HIER HÖRE ICH NOCH DIE SONAREXPLOSIONEN. ICH KANN NICHT SINESTRO BEKÄMPFEN *UND* DIE STADT RETTEN.

DU KOMMST NICHT WEIT ...

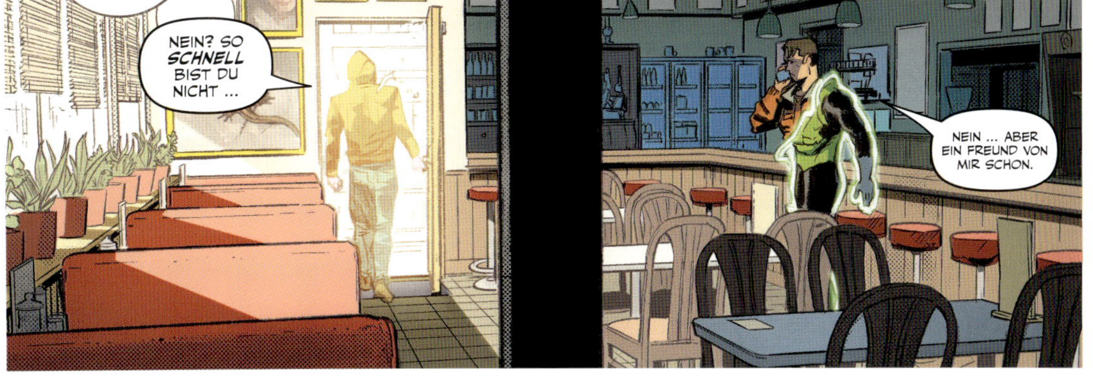

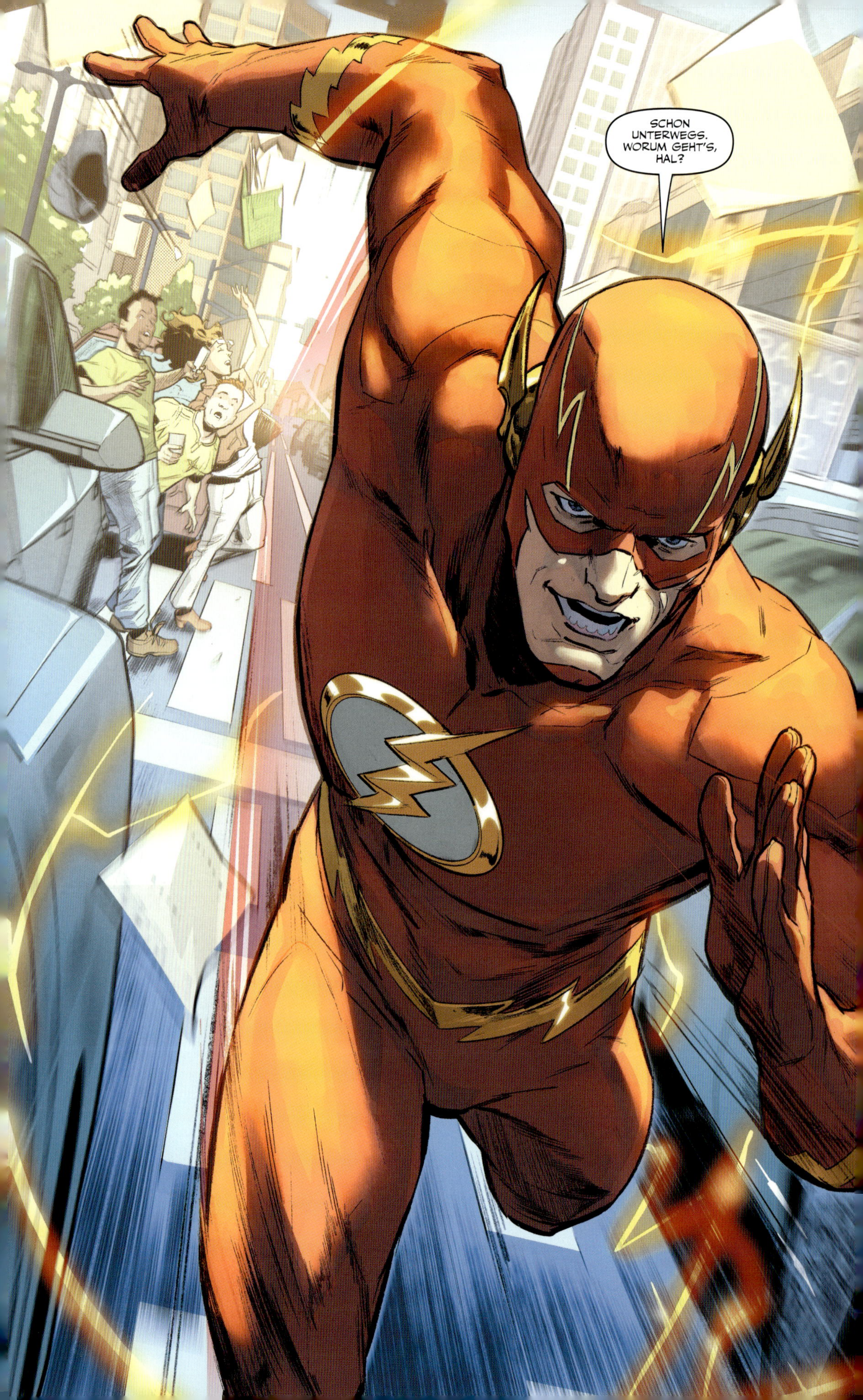
SCHON UNTERWEGS. WORUM GEHT'S, HAL?

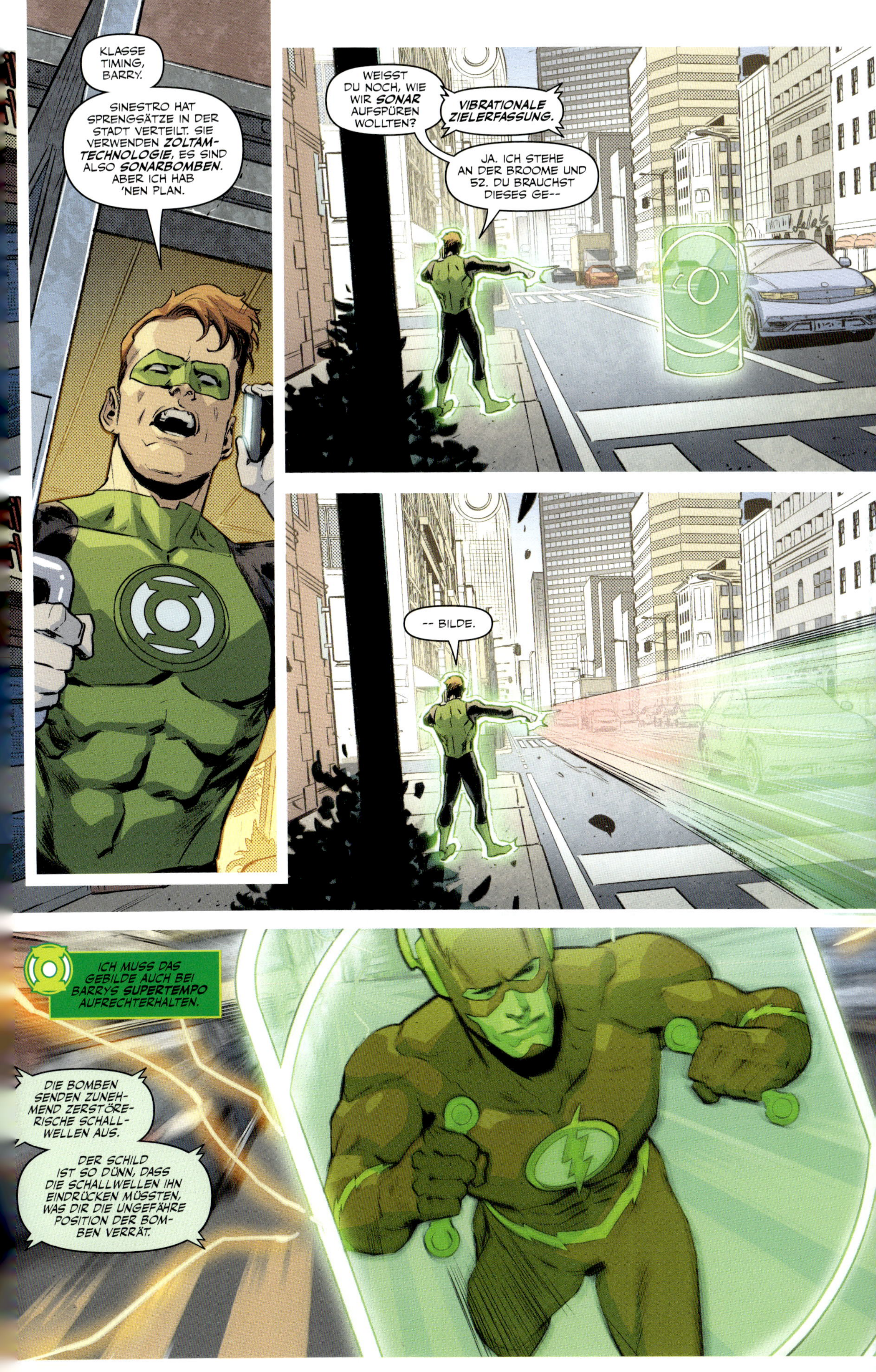
KLASSE TIMING, BARRY.
SINESTRO HAT SPRENGSÄTZE IN DER STADT VERTEILT. SIE VERWENDEN ZOLTAM-TECHNOLOGIE, ES SIND ALSO SONARBOMBEN. ABER ICH HAB 'NEN PLAN.
WEISST DU NOCH, WIE WIR SONAR AUFSPÜREN WOLLTEN?
VIBRATIONALE ZIELERFASSUNG.
JA. ICH STEHE AN DER BROOME UND 52. DU BRAUCHST DIESES GE--
-- BILDE.
ICH MUSS DAS GEBILDE AUCH BEI BARRYS SUPERTEMPO AUFRECHTERHALTEN.
DIE BOMBEN SENDEN ZUNEHMEND ZERSTÖRERISCHE SCHALLWELLEN AUS.
DER SCHILD IST SO DÜNN, DASS DIE SCHALLWELLEN IHN EINDRÜCKEN MÜSSTEN, WAS DIR DIE UNGEFÄHRE POSITION DER BOMBEN VERRÄT.

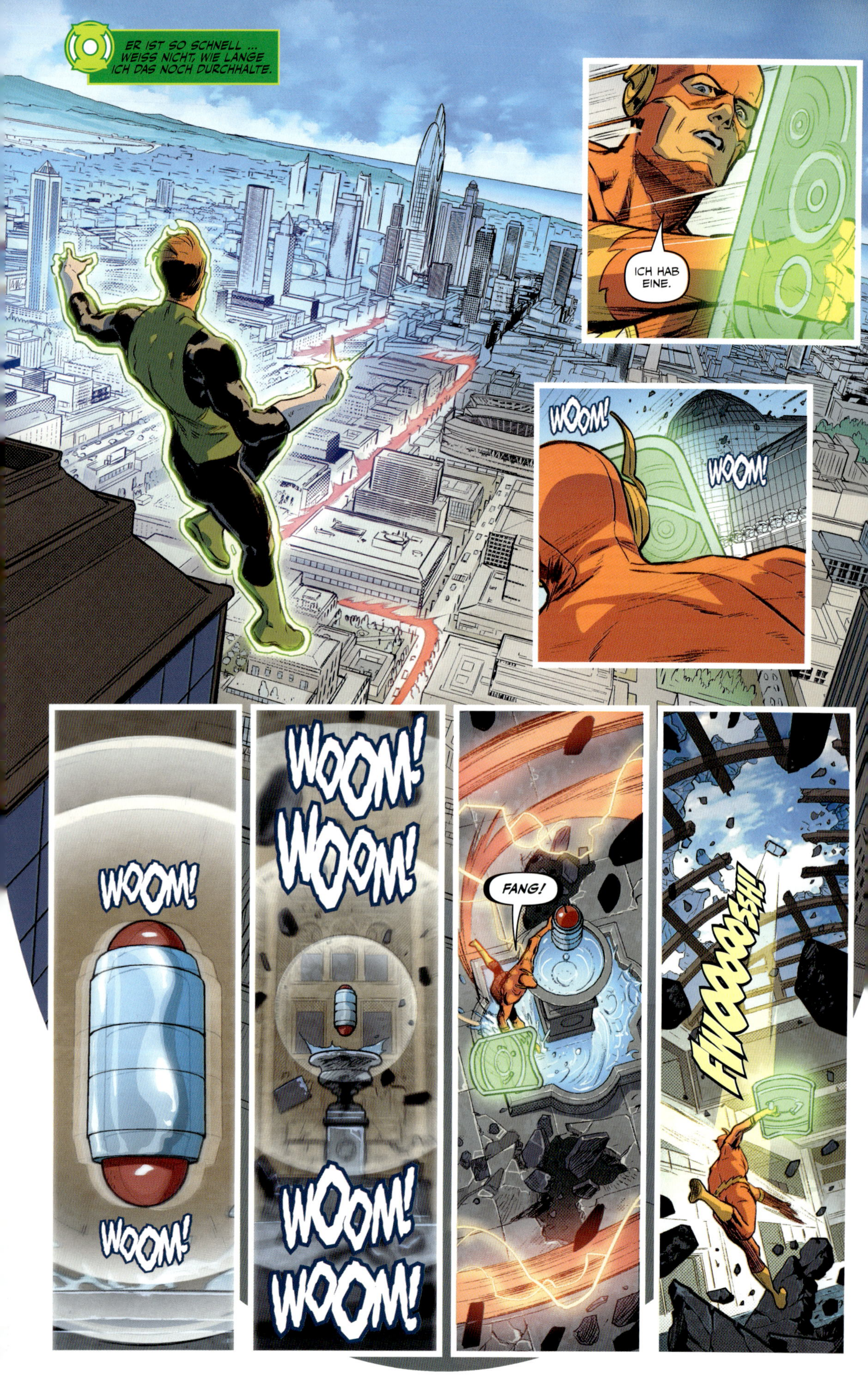
ER IST SO SCHNELL ... WEISS NICHT, WIE LANGE ICH DAS NOCH DURCHHALTE.
ICH HAB EINE.
WOOM!
WOOM!
WOOM!
WOOM!
WOOM!
WOOM!
WOOM!
WOOM!
FANG!
FWOOOOSSH!

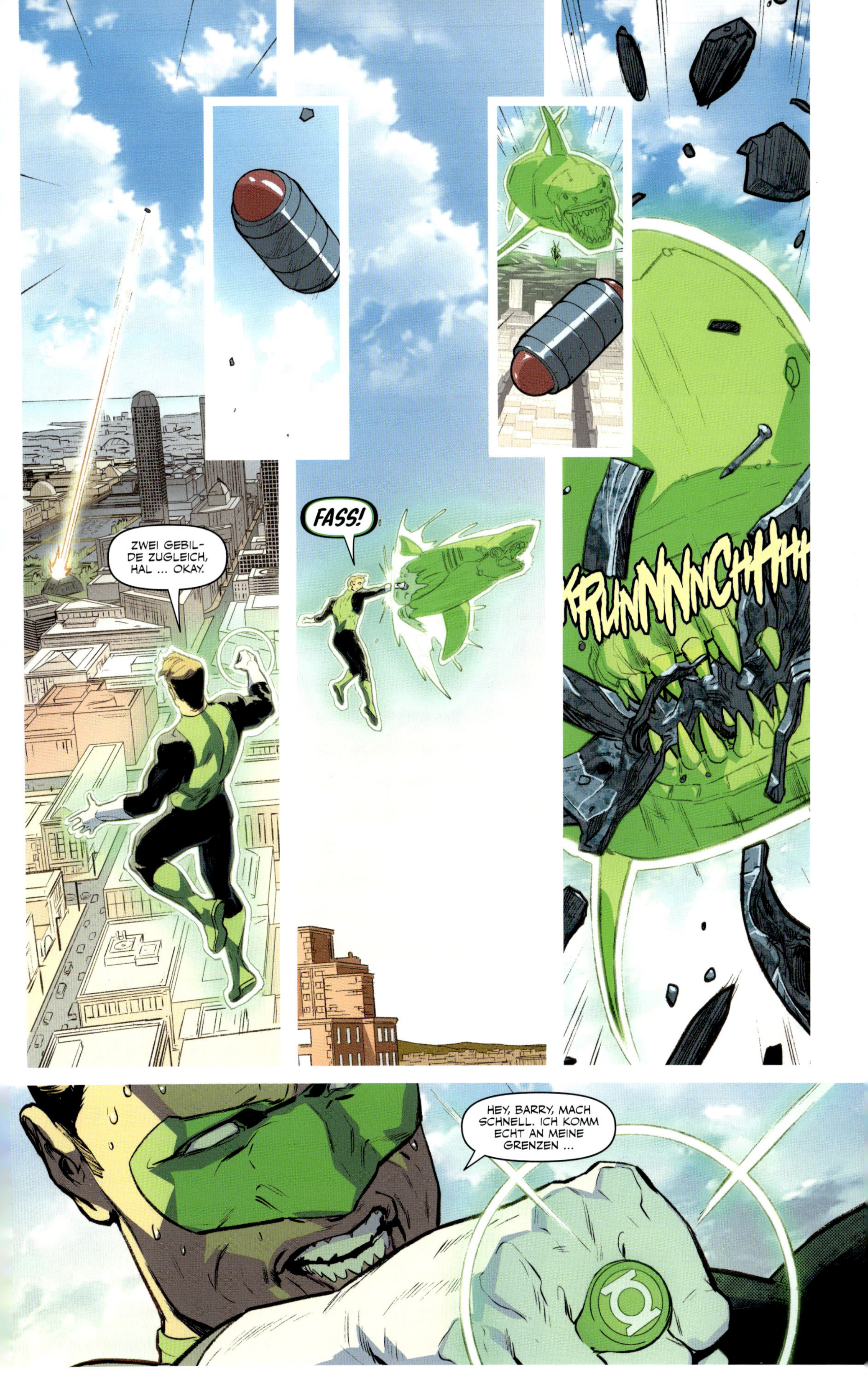
ZWEI GEBILDE ZUGLEICH, HAL ... OKAY.
FASS!
KRUNNNNCHHHH
HEY, BARRY, MACH SCHNELL. ICH KOMM ECHT AN MEINE GRENZEN ...

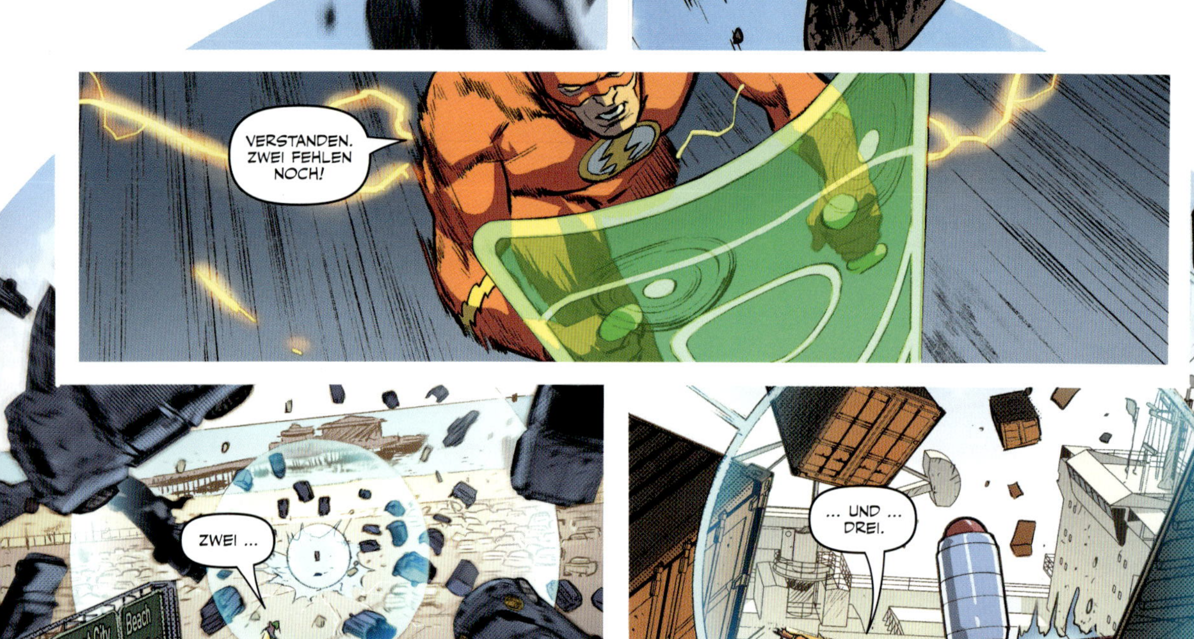

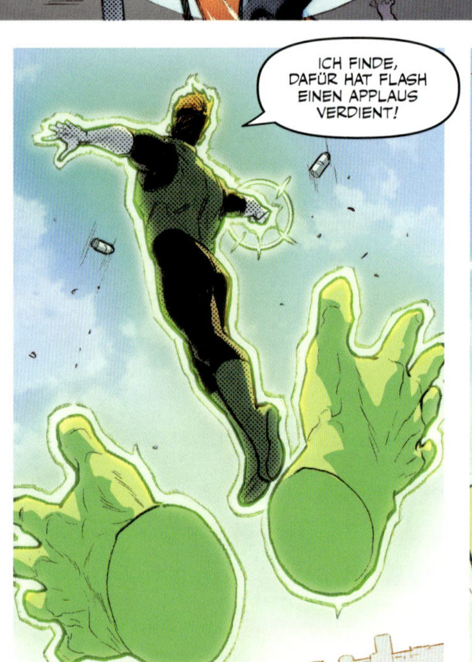

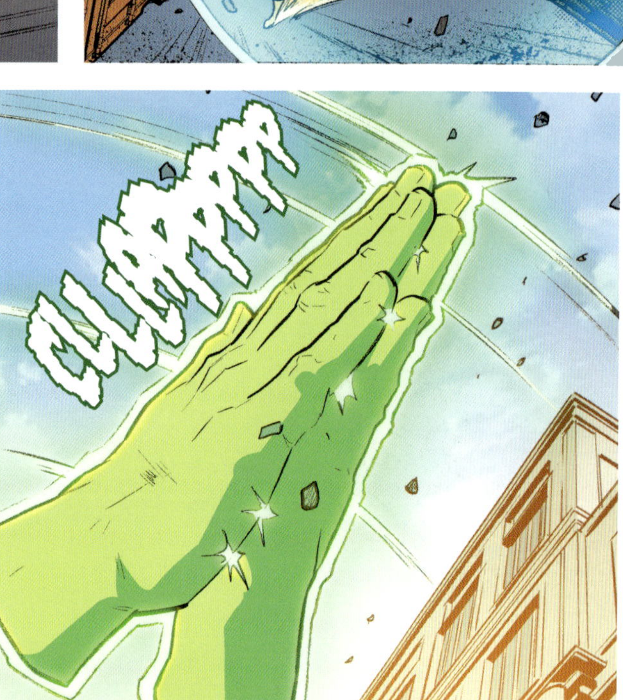

ICH FINDE, DAFÜR HAT FLASH EINEN APPLAUS VERDIENT!

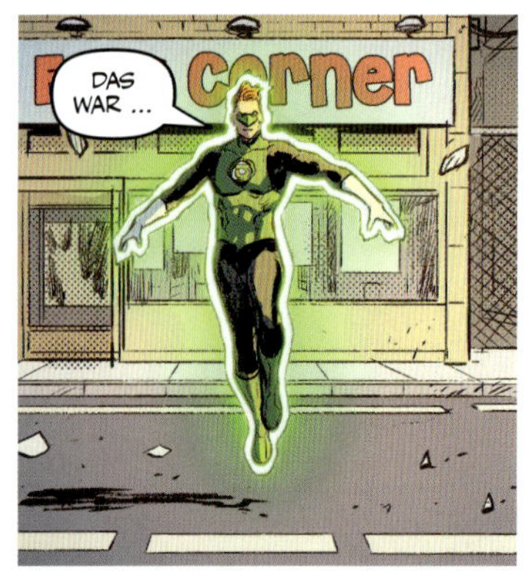

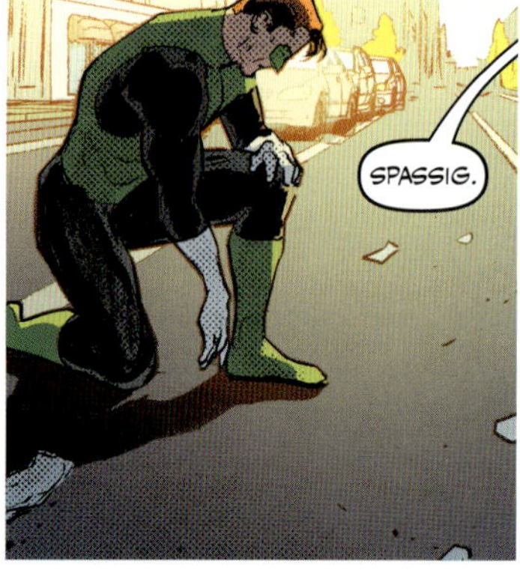

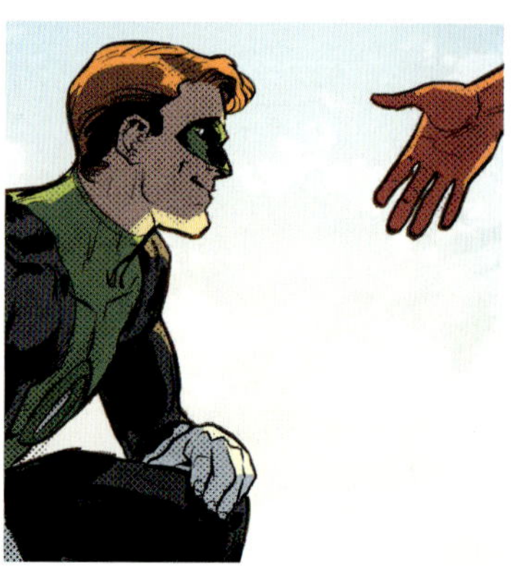

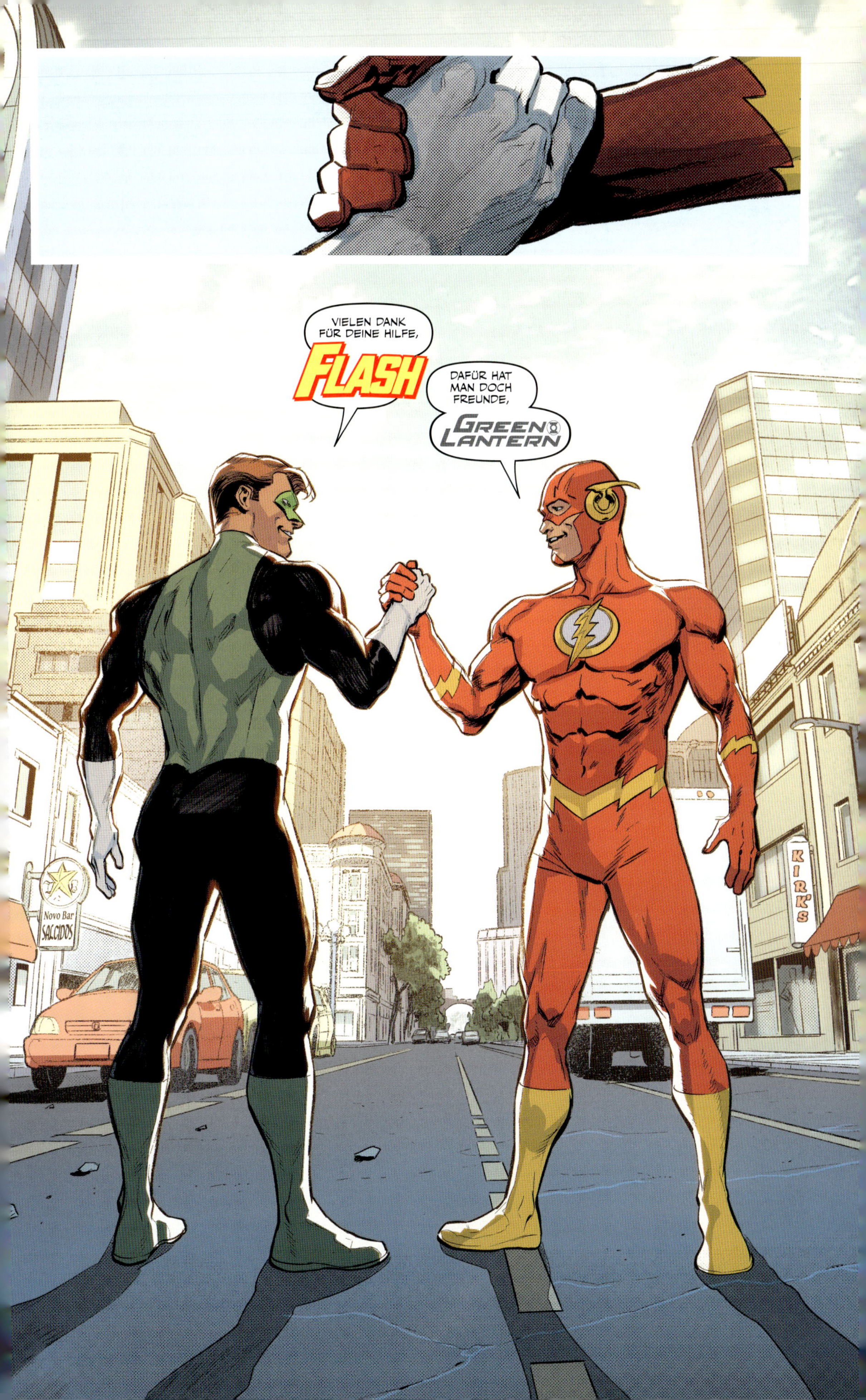

VIELEN DANK FÜR DEINE HILFE, FLASH
DAFÜR HAT MAN DOCH FREUNDE, GREEN LANTERN
Novo Bar
SALGIDOS
KIRK'S

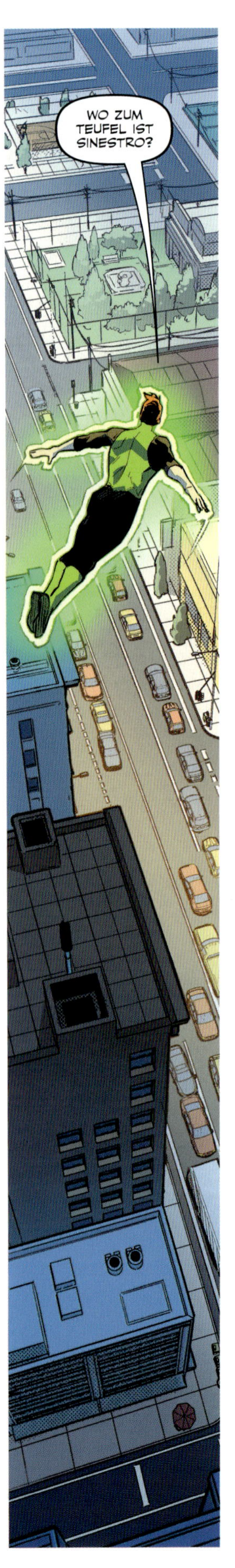
WO ZUM TEUFEL IST SINESTRO?

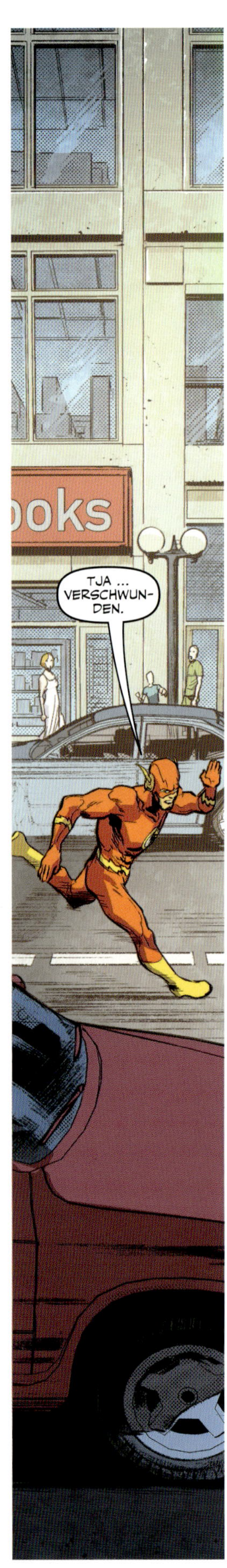
ooks
TJA ... VERSCHWUNDEN.

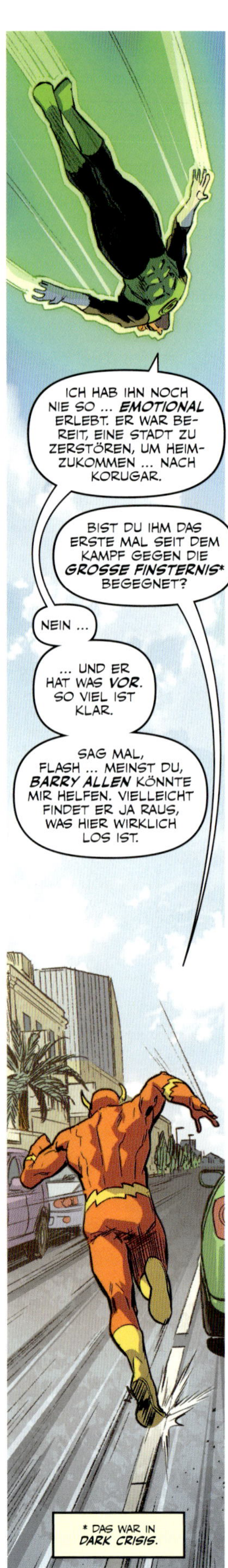
ICH HAB IHN NOCH NIE SO ... **EMOTIONAL** ERLEBT. ER WAR BEREIT, EINE STADT ZU ZERSTÖREN, UM HEIMZUKOMMEN ... NACH KORUGAR.
BIST DU IHM DAS ERSTE MAL SEIT DEM KAMPF GEGEN DIE **GROSSE FINSTERNIS*** BEGEGNET?
NEIN ...
... UND ER HAT WAS **VOR**. SO VIEL IST KLAR.
SAG MAL, FLASH ... MEINST DU, **BARRY ALLEN** KÖNNTE MIR HELFEN. VIELLEICHT FINDET ER JA RAUS, WAS HIER WIRKLICH LOS IST.
* DAS WAR IN *DARK CRISIS*.

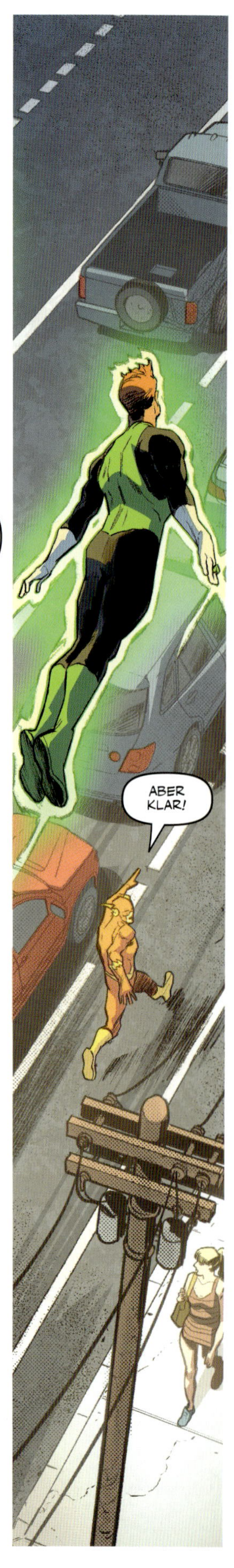
ABER KLAR!

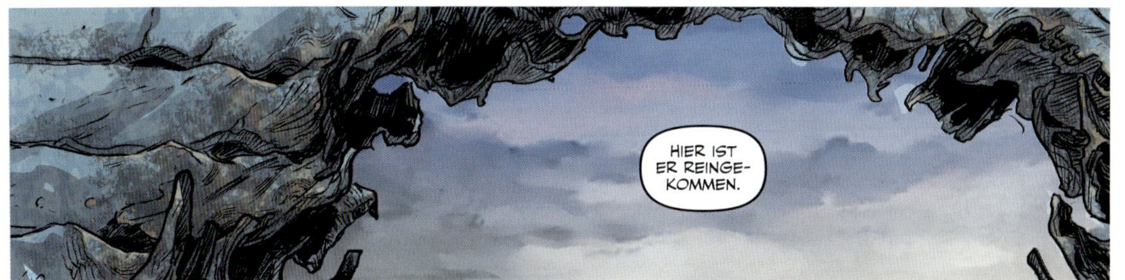
HIER IST ER REINGE-KOMMEN.

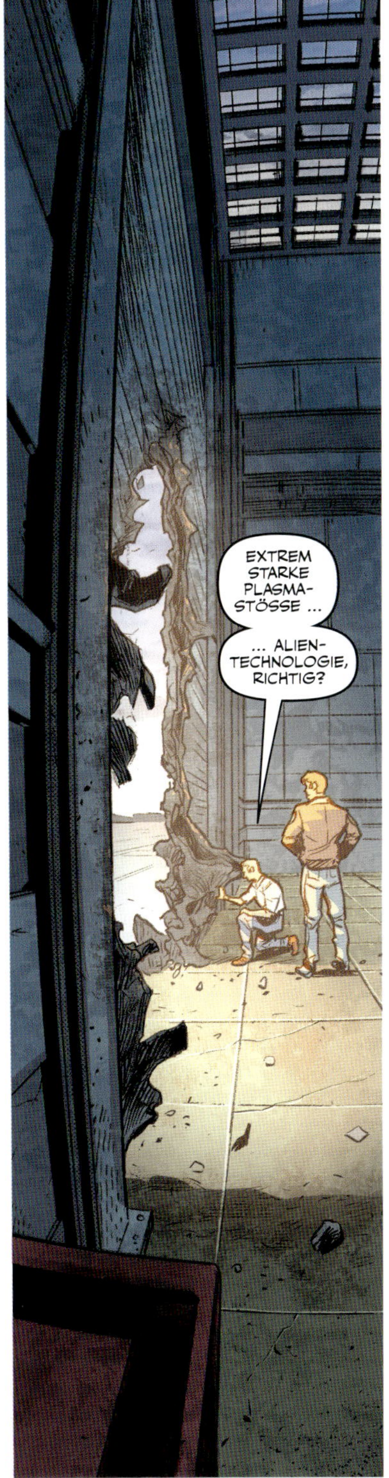
EXTREM STARKE PLASMA-STÖSSE ...
... ALIEN-TECHNOLOGIE, RICHTIG?

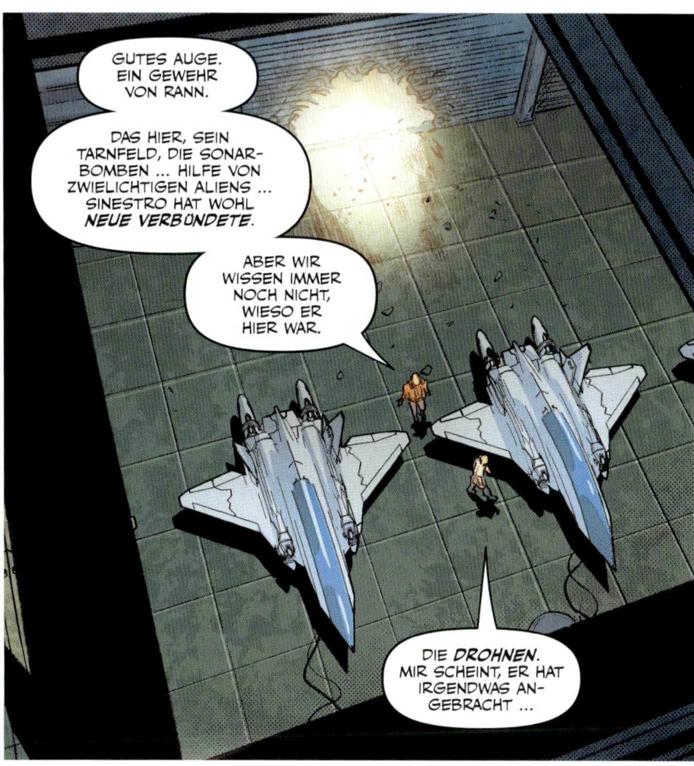
GUTES AUGE. EIN GEWEHR VON RANN.
DAS HIER, SEIN TARNFELD, DIE SONAR-BOMBEN ... HILFE VON ZWIELICHTIGEN ALIENS ... SINESTRO HAT WOHL NEUE VERBÜNDETE.
ABER WIR WISSEN IMMER NOCH NICHT, WIESO ER HIER WAR.
DIE DROHNEN. MIR SCHEINT, ER HAT IRGENDWAS AN-GEBRACHT ...

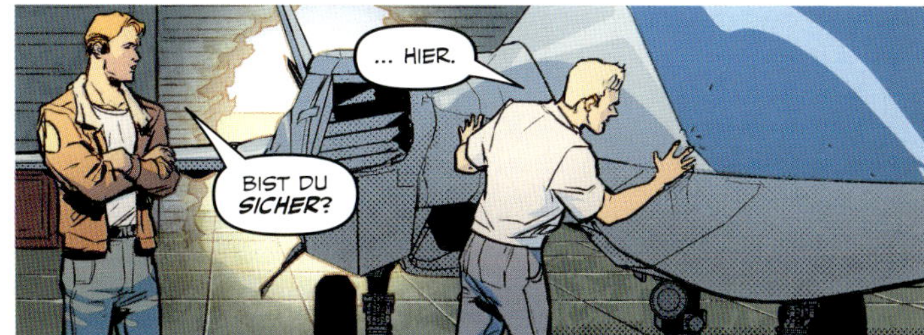
... HIER.
BIST DU SICHER?

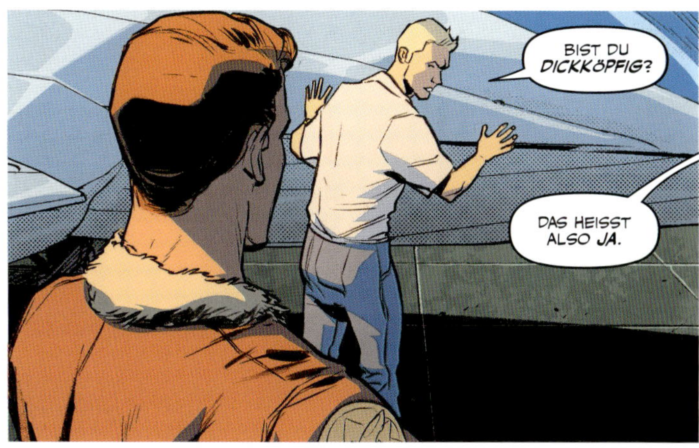
BIST DU DICKKÖPFIG?
DAS HEISST ALSO JA.

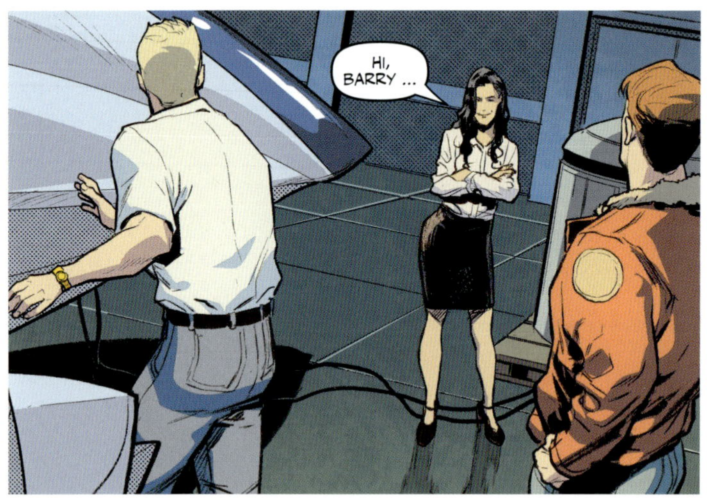
HI, BARRY ...

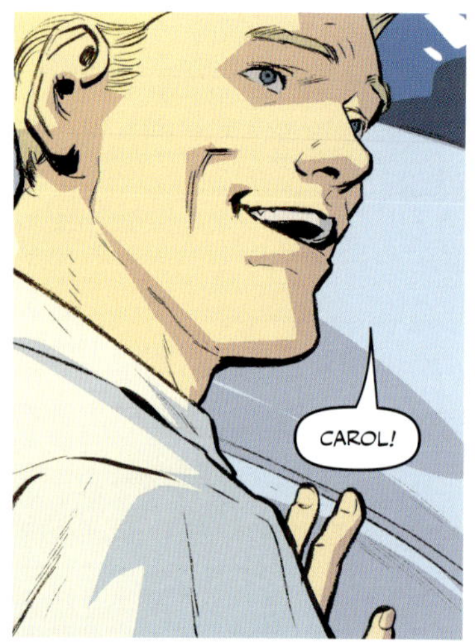
CAROL!

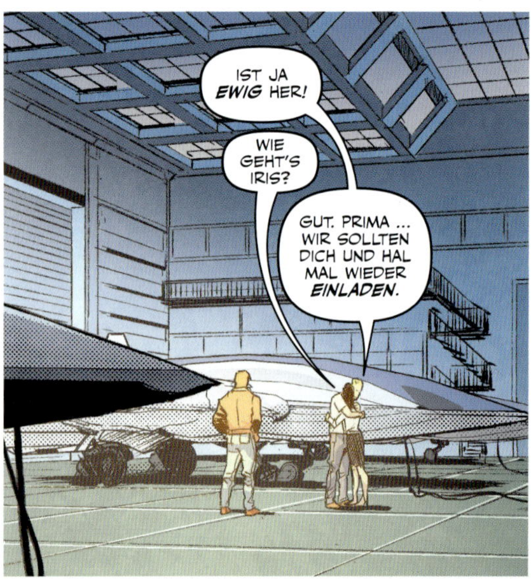
IST JA **EWIG** HER!
WIE GEHT'S IRIS?
GUT. PRIMA ... WIR SOLLTEN DICH UND HAL MAL WIEDER **EINLADEN**.

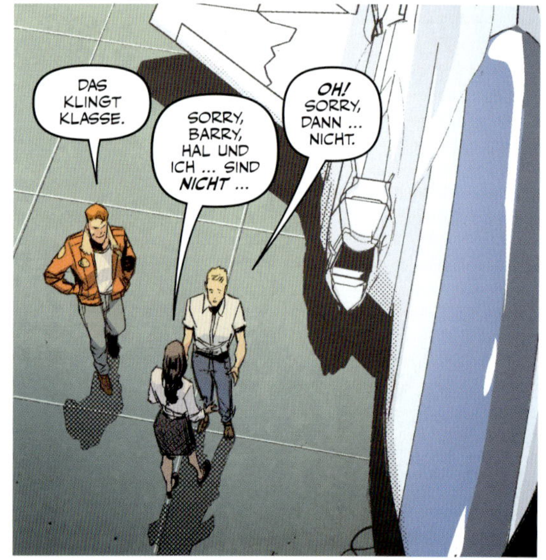
DAS KLINGT KLASSE.
SORRY, BARRY, HAL UND ICH ... SIND **NICHT** ...
OH! SORRY, DANN ... NICHT.

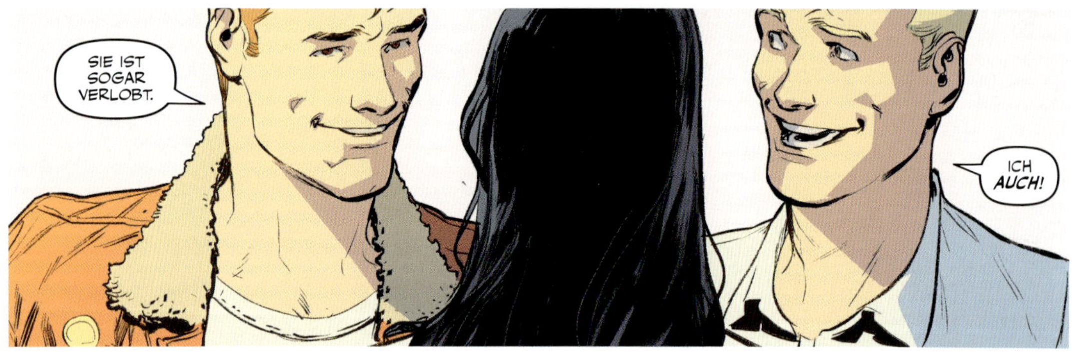
SIE IST SOGAR VERLOBT.
ICH **AUCH!**

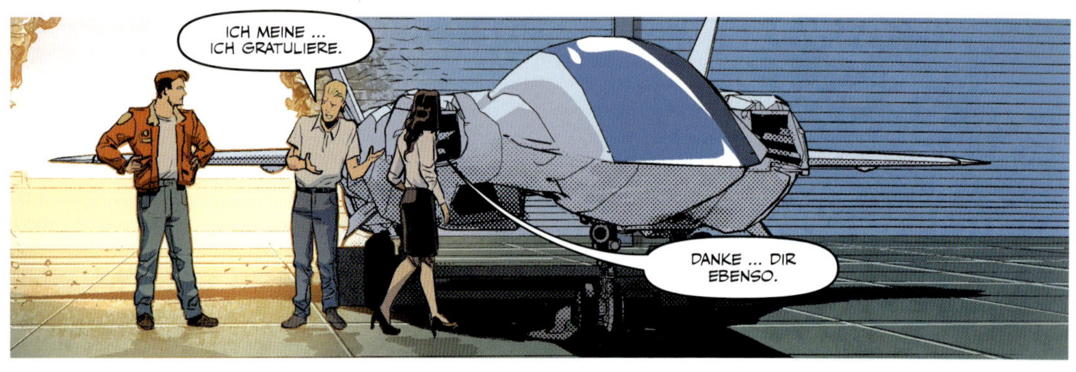
ICH MEINE ... ICH GRATULIERE.
DANKE ... DIR EBENSO.

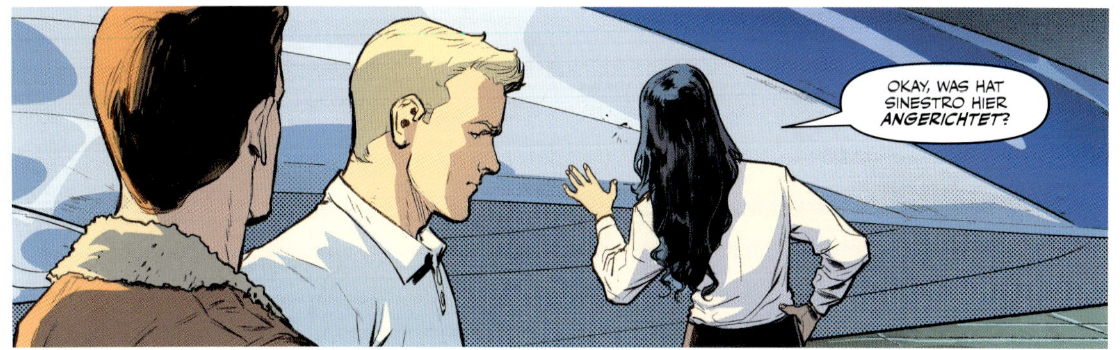
OKAY, WAS HAT SINESTRO HIER ANGERICHTET?

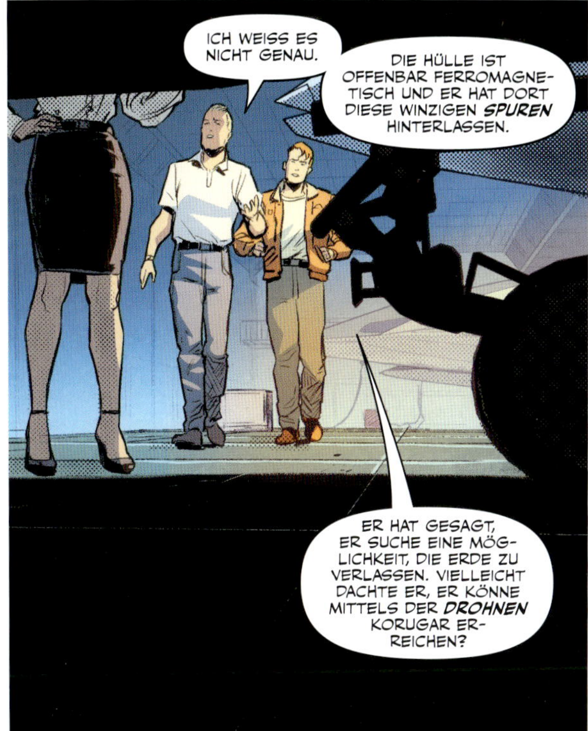
ICH WEISS ES NICHT GENAU.
DIE HÜLLE IST OFFENBAR FERROMAGNETISCH UND ER HAT DORT DIESE WINZIGEN SPUREN HINTERLASSEN.
ER HAT GESAGT, ER SUCHE EINE MÖGLICHKEIT, DIE ERDE ZU VERLASSEN. VIELLEICHT DACHTE ER, ER KÖNNE MITTELS DER DROHNEN KORUGAR ERREICHEN?

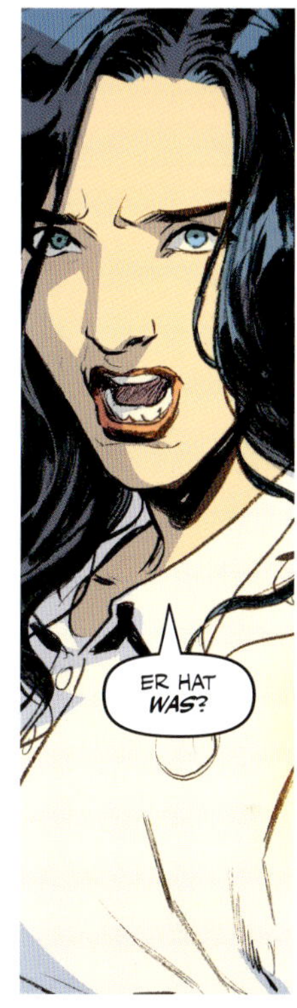
ER HAT WAS?

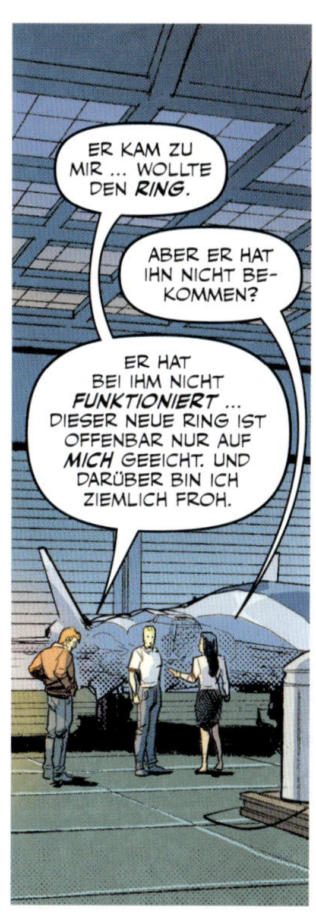
ER KAM ZU MIR ... WOLLTE DEN RING.
ABER ER HAT IHN NICHT BEKOMMEN?
ER HAT BEI IHM NICHT FUNKTIONIERT ... DIESER NEUE RING IST OFFENBAR NUR AUF MICH GEEICHT. UND DARÜBER BIN ICH ZIEMLICH FROH.

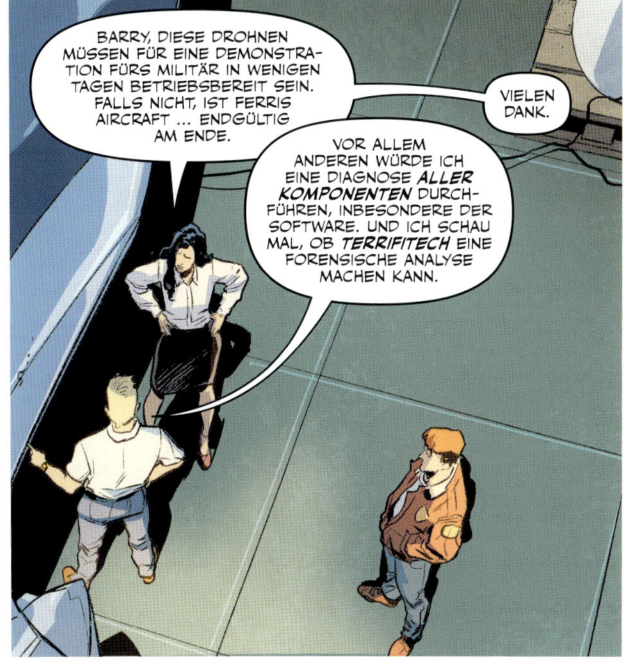
BARRY, DIESE DROHNEN MÜSSEN FÜR EINE DEMONSTRATION FÜRS MILITÄR IN WENIGEN TAGEN BETRIEBSBEREIT SEIN. FALLS NICHT, IST FERRIS AIRCRAFT ... ENDGÜLTIG AM ENDE.
VIELEN DANK.
VOR ALLEM ANDEREN WÜRDE ICH EINE DIAGNOSE ALLER KOMPONENTEN DURCHFÜHREN, INBESONDERE DER SOFTWARE. UND ICH SCHAU MAL, OB TERRIFITECH EINE FORENSISCHE ANALYSE MACHEN KANN.

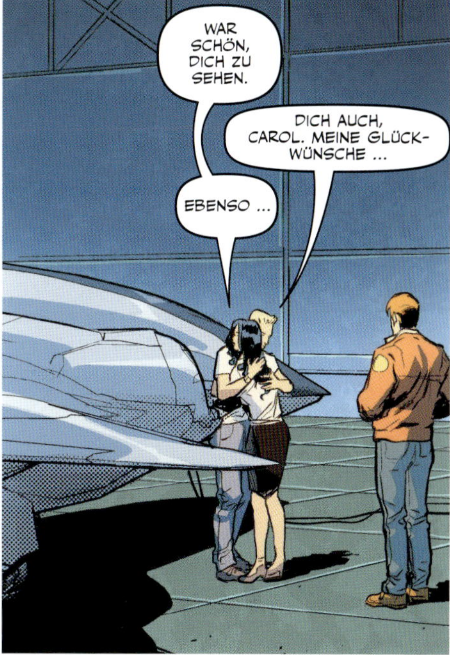
WAR SCHÖN, DICH ZU SEHEN.
DICH AUCH, CAROL. MEINE GLÜCKWÜNSCHE ...
EBENSO ...

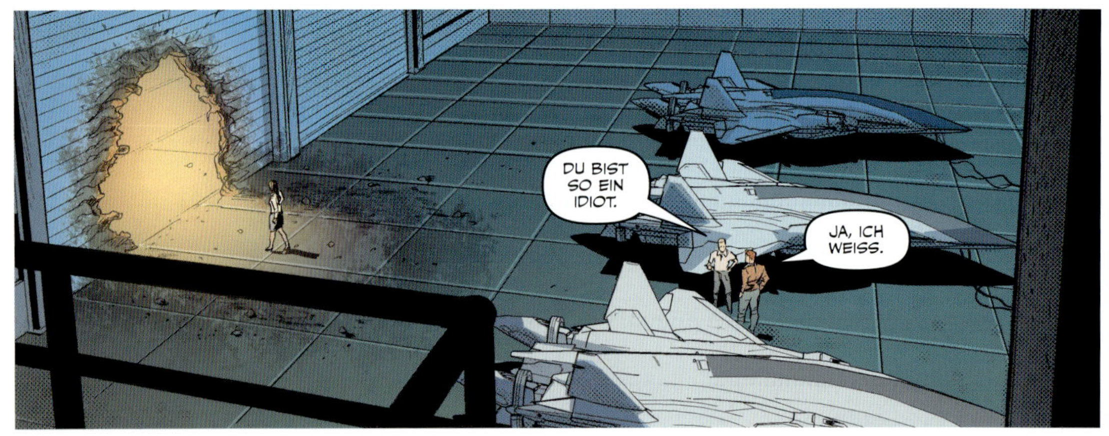
DU BIST SO EIN IDIOT.
JA, ICH WEISS.

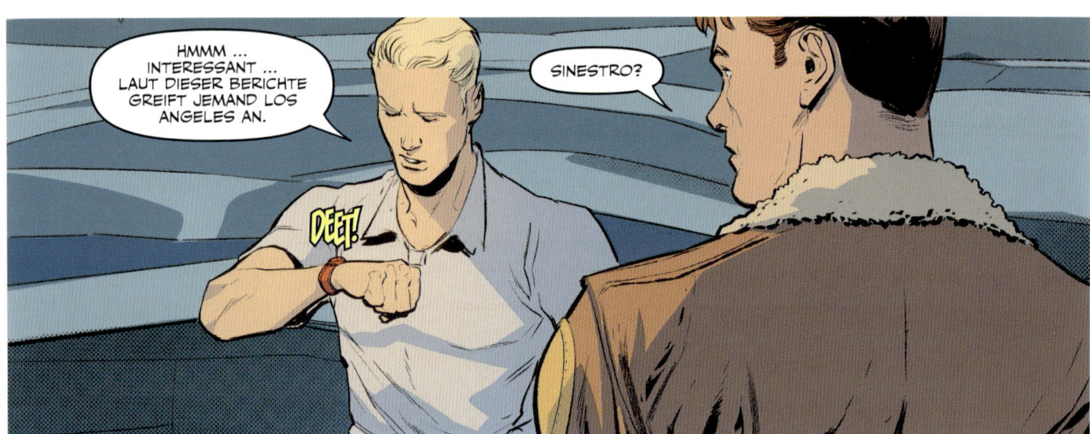
HMMM ... INTERESSANT ... LAUT DIESER BERICHTE GREIFT JEMAND LOS ANGELES AN.
DEET!
SINESTRO?

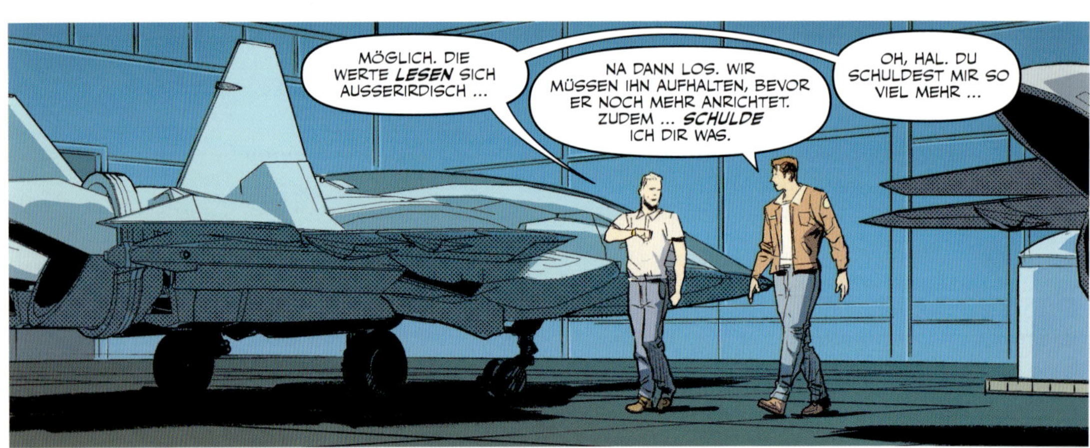
MÖGLICH. DIE WERTE **LESEN** SICH AUSSERIRDISCH ...
NA DANN LOS. WIR MÜSSEN IHN AUFHALTEN, BEVOR ER NOCH MEHR ANRICHTET. ZUDEM ... **SCHULDE** ICH DIR WAS.
OH, HAL. DU SCHULDEST MIR SO VIEL MEHR ...

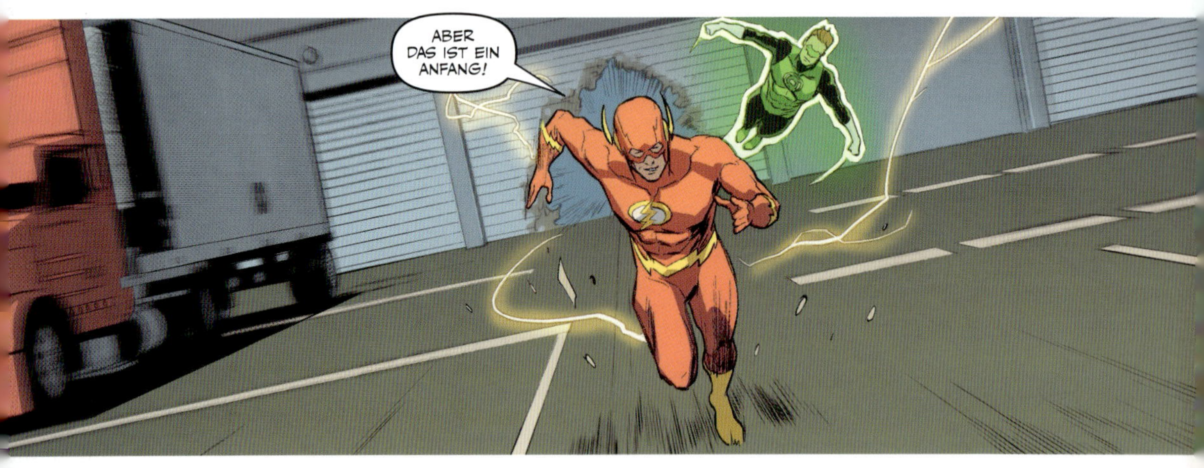
ABER DAS IST EIN ANFANG!

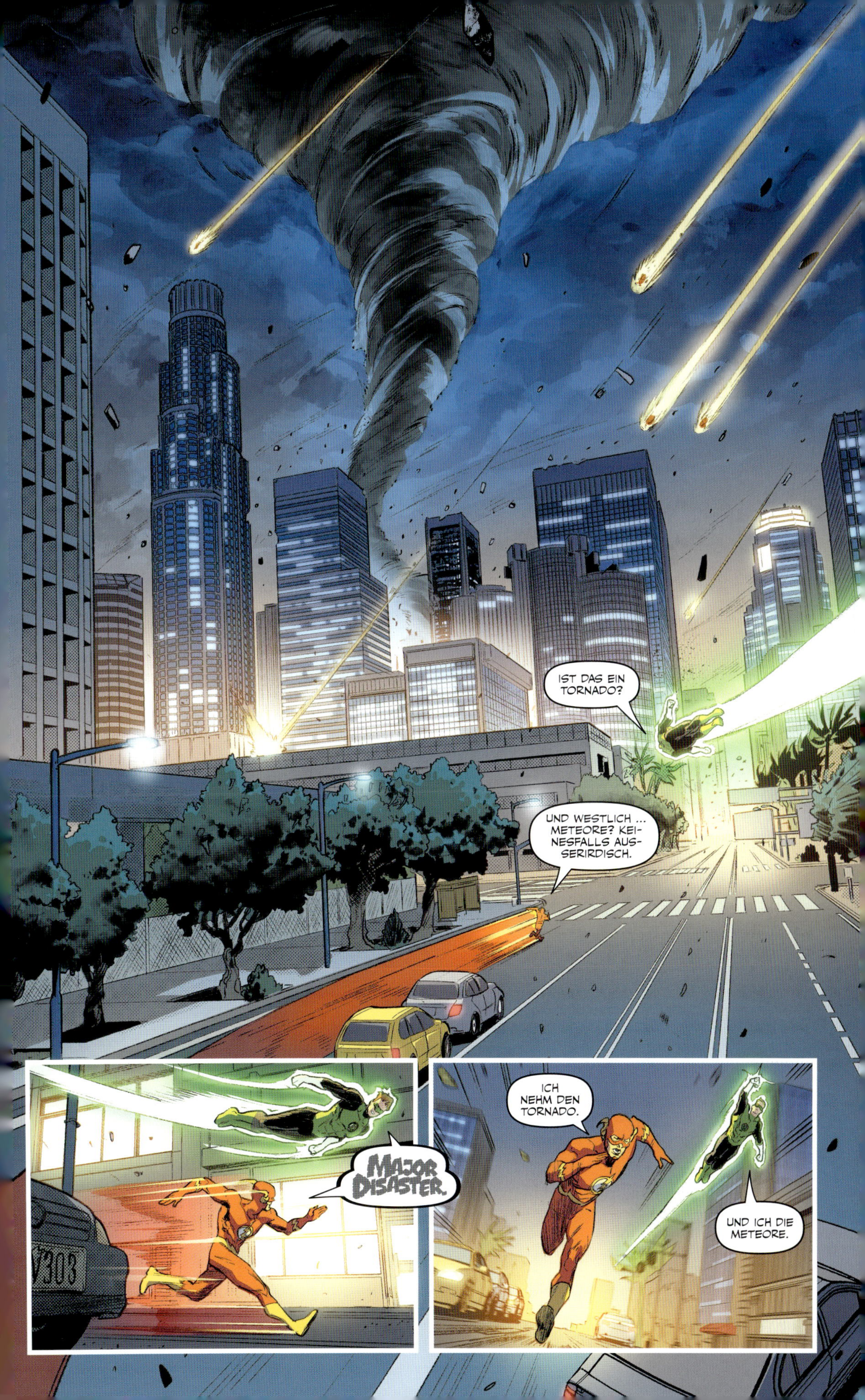
IST DAS EIN TORNADO?
UND WESTLICH ... METEORE? KEINESFALLS AUSSERIRDISCH.
MAJOR DISASTER.
ICH NEHM DEN TORNADO.
UND ICH DIE METEORE.

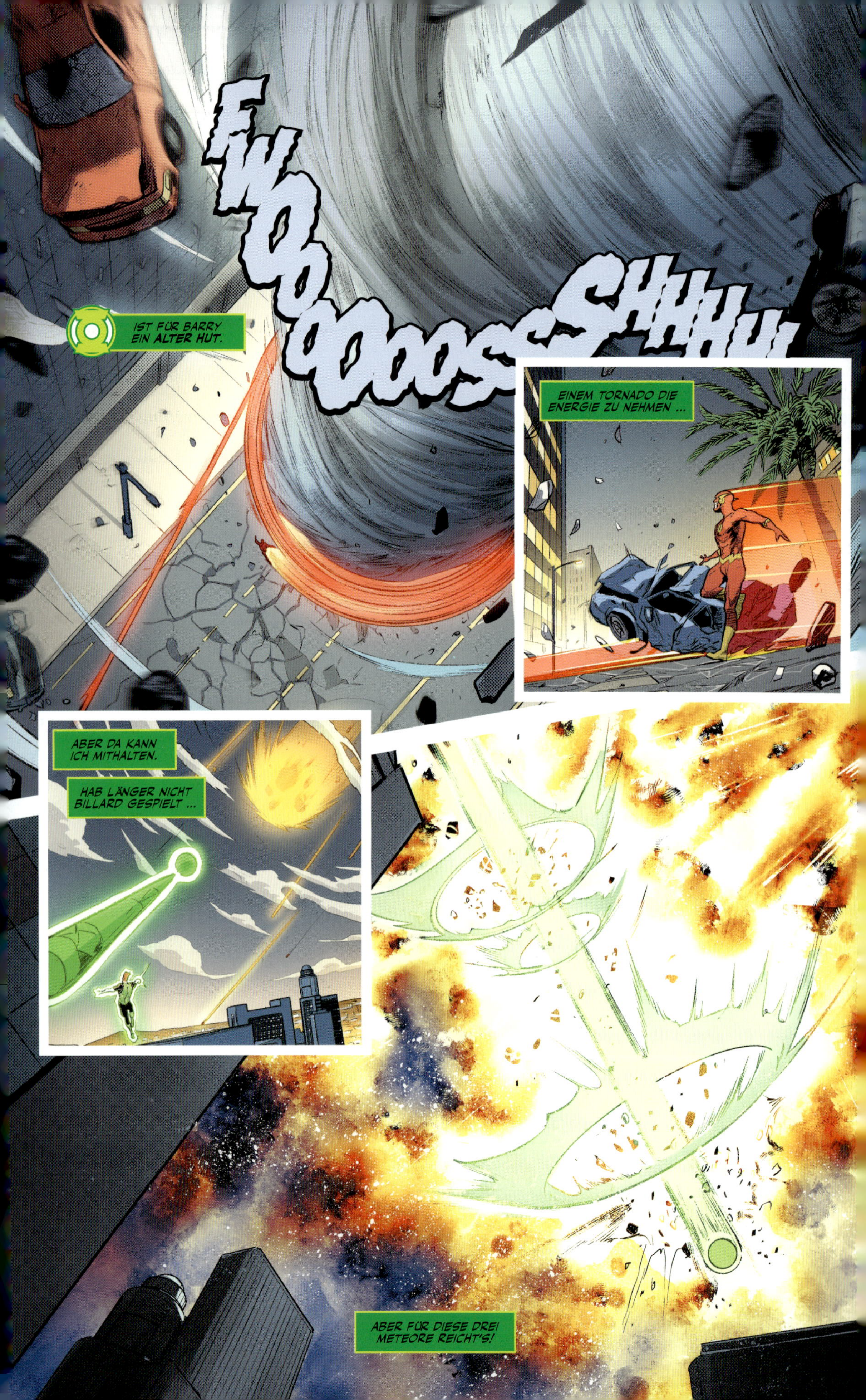
FWOOOOOOOSSSHHHH
EINEM TORNADO DIE ENERGIE ZU NEHMEN ...
IST FÜR BARRY EIN ALTER HUT.
ABER DA KANN ICH MITHALTEN.
HAB LÄNGER NICHT BILLARD GESPIELT ...
ABER FÜR DIESE DREI METEORE REICHT'S!

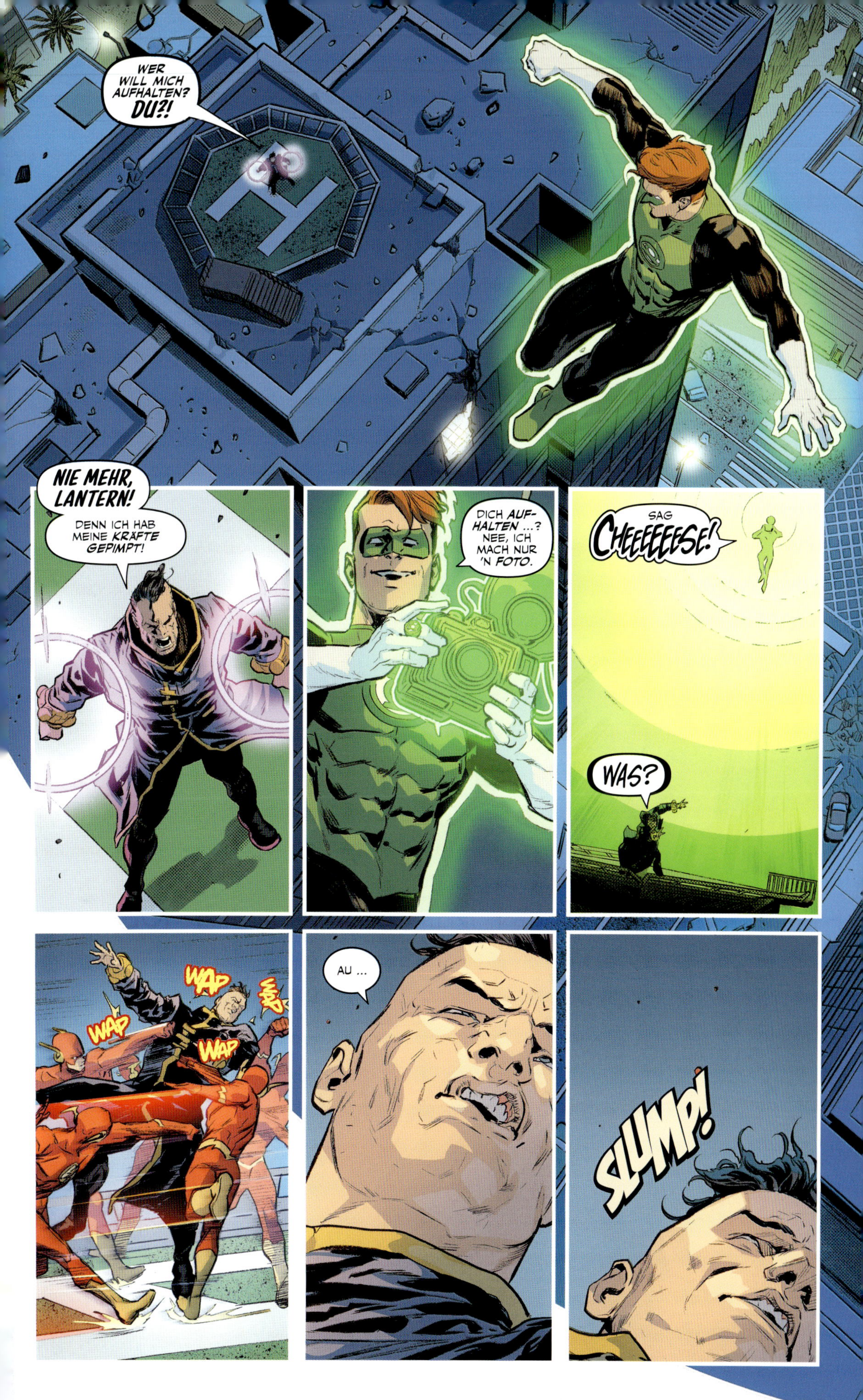
WER WILL MICH AUFHALTEN? DU?!
NIE MEHR, LANTERN!
DENN ICH HAB MEINE KRÄFTE GEPIMPT!
DICH AUFHALTEN ...? NEE, ICH MACH NUR 'N FOTO.
SAG
CHEEEEEESE!
WAS?
WAP
WAP
WAP
WAP
AU ...
SLUMP!

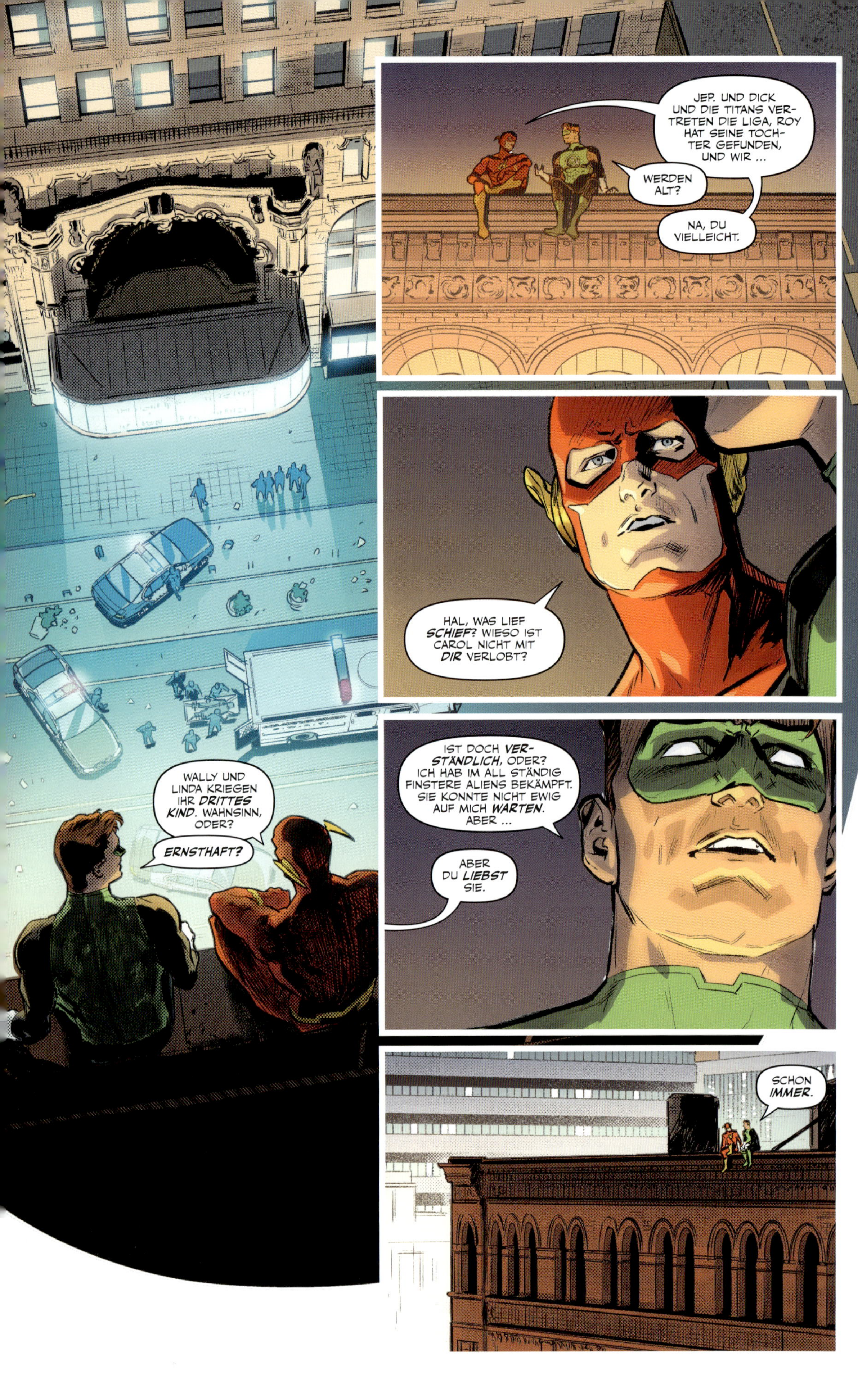

WALLY UND LINDA KRIEGEN IHR DRITTES KIND. WAHNSINN, ODER?
ERNSTHAFT?
JEP. UND DICK UND DIE TITANS VERTRETEN DIE LIGA, ROY HAT SEINE TOCHTER GEFUNDEN, UND WIR ...
WERDEN ALT?
NA, DU VIELLEICHT.
HAL, WAS LIEF SCHIEF? WIESO IST CAROL NICHT MIT DIR VERLOBT?
IST DOCH VERSTÄNDLICH, ODER? ICH HAB IM ALL STÄNDIG FINSTERE ALIENS BEKÄMPFT. SIE KONNTE NICHT EWIG AUF MICH WARTEN. ABER ...
ABER DU LIEBST SIE.
SCHON IMMER.

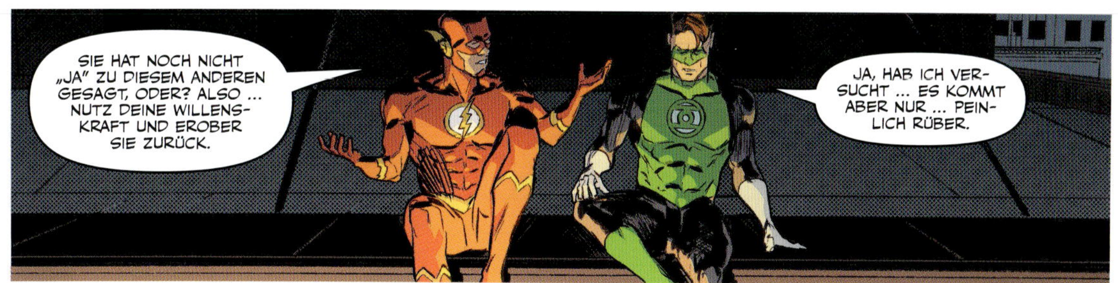
SIE HAT NOCH NICHT „JA" ZU DIESEM ANDEREN GESAGT, ODER? ALSO ... NUTZ DEINE WILLENS-KRAFT UND EROBER SIE ZURÜCK.
JA, HAB ICH VER-SUCHT ... ES KOMMT ABER NUR ... PEIN-LICH RÜBER.

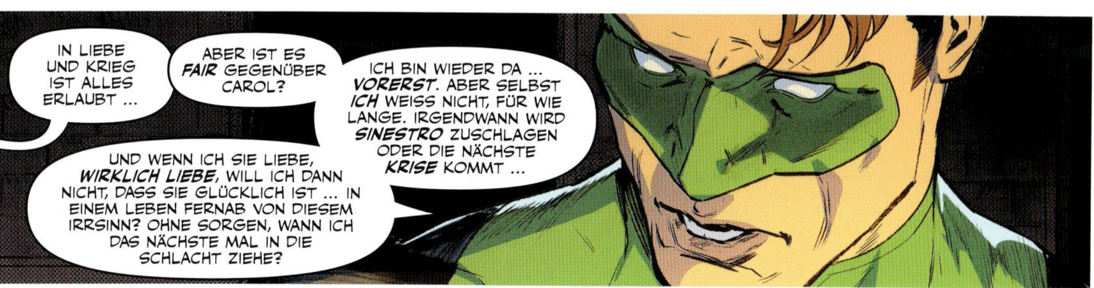
IN LIEBE UND KRIEG IST ALLES ERLAUBT ...
ABER IST ES FAIR GEGENÜBER CAROL?
ICH BIN WIEDER DA ... VORERST. ABER SELBST ICH WEISS NICHT, FÜR WIE LANGE. IRGENDWANN WIRD SINESTRO ZUSCHLAGEN ODER DIE NÄCHSTE KRISE KOMMT ...
UND WENN ICH SIE LIEBE, WIRKLICH LIEBE, WILL ICH DANN NICHT, DASS SIE GLÜCKLICH IST ... IN EINEM LEBEN FERNAB VON DIESEM IRRSINN? OHNE SORGEN, WANN ICH DAS NÄCHSTE MAL IN DIE SCHLACHT ZIEHE?

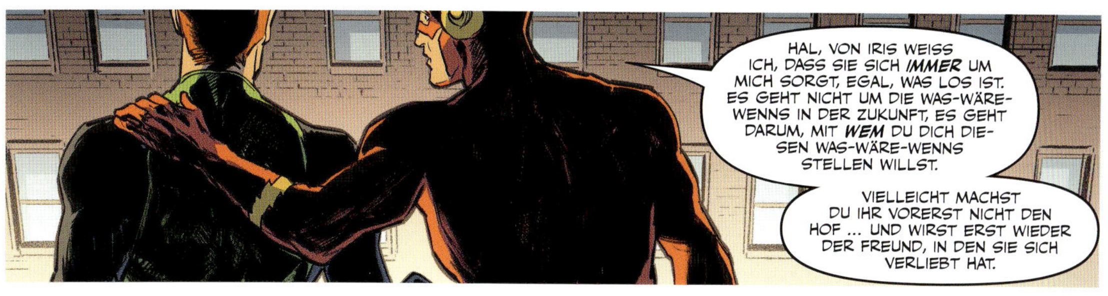
HAL, VON IRIS WEISS ICH, DASS SIE SICH IMMER UM MICH SORGT, EGAL, WAS LOS IST. ES GEHT NICHT UM DIE WAS-WÄRE-WENNS IN DER ZUKUNFT, ES GEHT DARUM, MIT WEM DU DICH DIE-SEN WAS-WÄRE-WENNS STELLEN WILLST.
VIELLEICHT MACHST DU IHR VORERST NICHT DEN HOF ... UND WIRST ERST WIEDER DER FREUND, IN DEN SIE SICH VERLIEBT HAT.

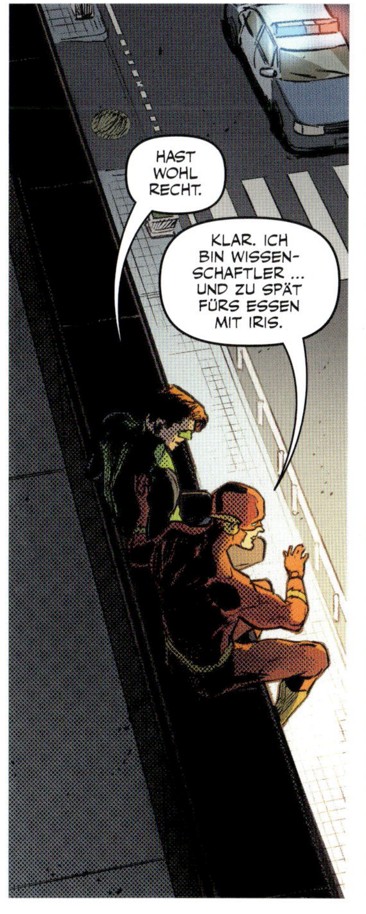
HAST WOHL RECHT.
KLAR. ICH BIN WISSEN-SCHAFTLER ... UND ZU SPÄT FÜRS ESSEN MIT IRIS.

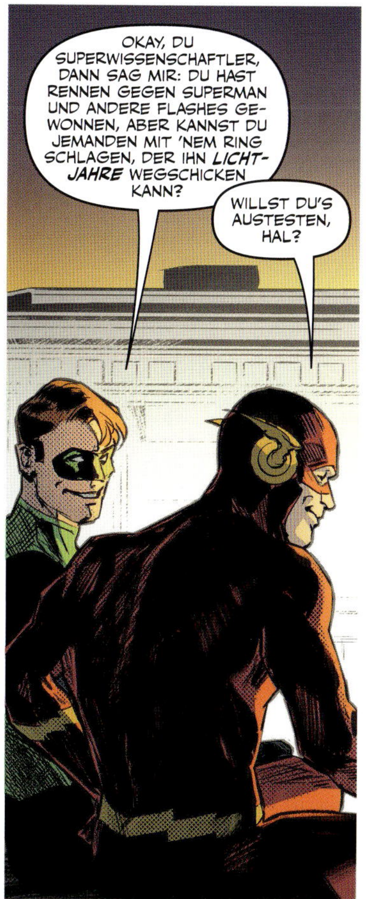
OKAY, DU SUPERWISSENSCHAFTLER, DANN SAG MIR: DU HAST RENNEN GEGEN SUPERMAN UND ANDERE FLASHES GE-WONNEN, ABER KANNST DU JEMANDEN MIT 'NEM RING SCHLAGEN, DER IHN LICHT-JAHRE WEGSCHICKEN KANN?
WILLST DU'S AUSTESTEN, HAL?

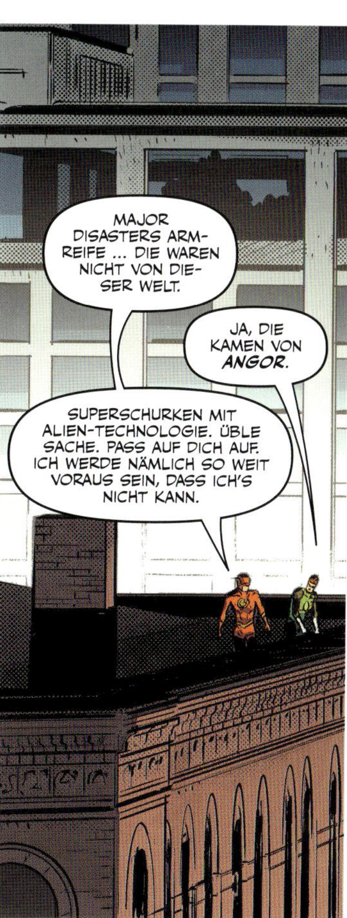
MAJOR DISASTERS ARM-REIFE ... DIE WAREN NICHT VON DIE-SER WELT.
JA, DIE KAMEN VON ANGOR.
SUPERSCHURKEN MIT ALIEN-TECHNOLOGIE. ÜBLE SACHE. PASS AUF DICH AUF. ICH WERDE NÄMLICH SO WEIT VORAUS SEIN, DASS ICH'S NICHT KANN.

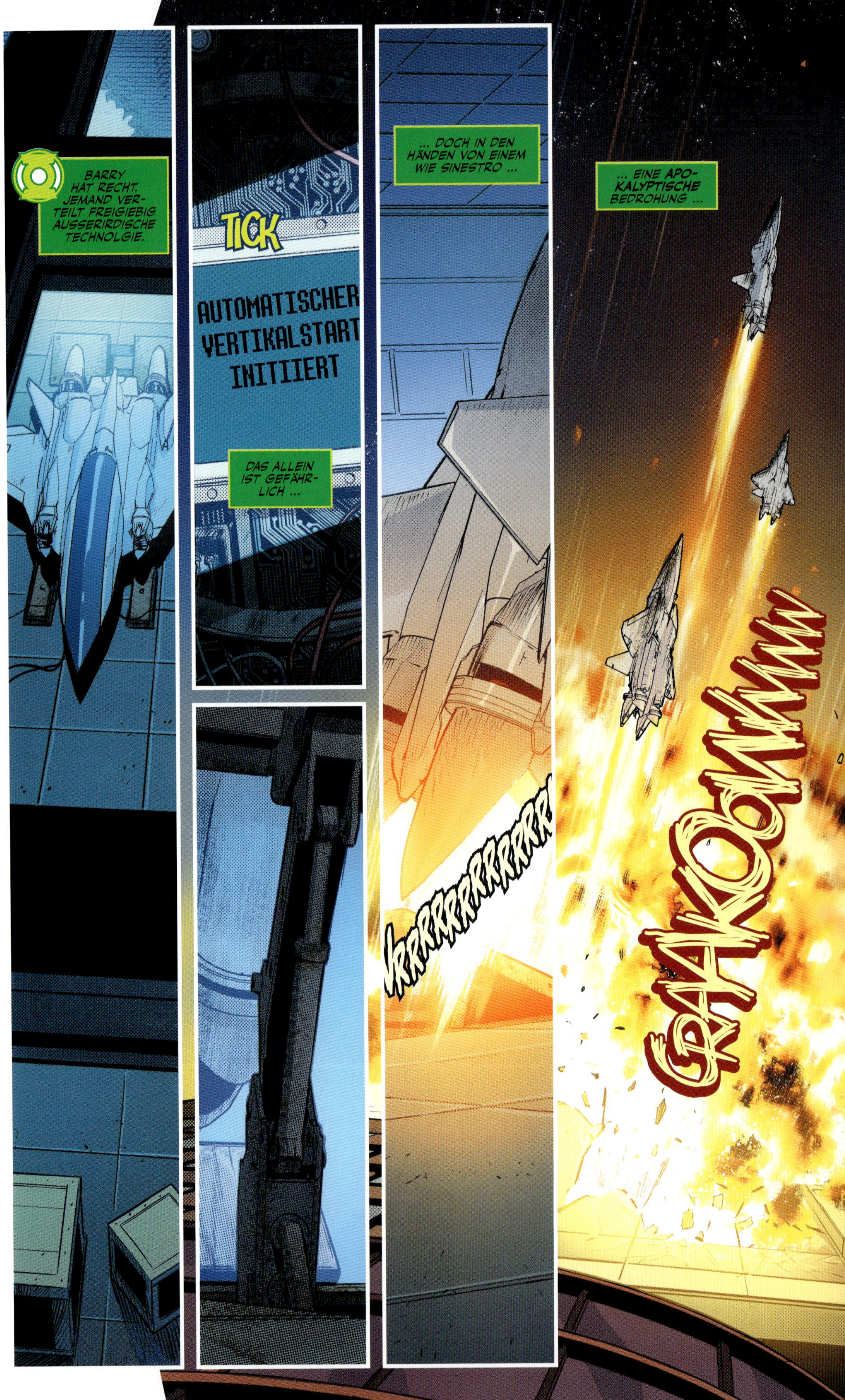
BARRY HAT RECHT. JEMAND VERTEILT FREIGIEBIG AUSSERIRDISCHE TECHNOLGIE.
TICK
AUTOMATISCHER VERTIKALSTART INITIIERT
DAS ALLEIN IST GEFÄHRLICH ...
... DOCH IN DEN HÄNDEN VON EINEM WIE SINESTRO ...
VRRRRRRRRRRRRRR
... EINE APOKALYPTISCHE BEDROHUNG ...
GRAKOOMWWWW

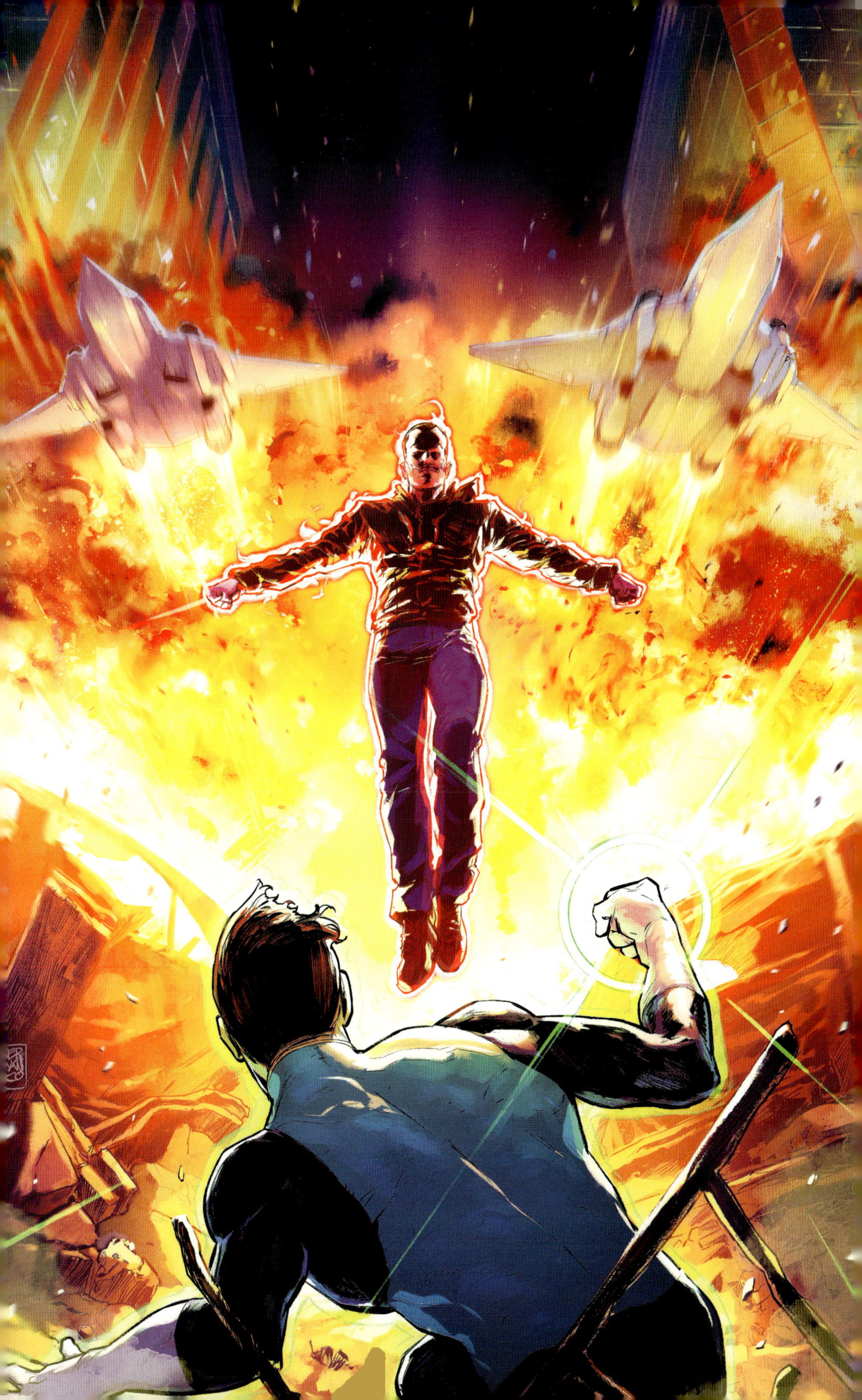

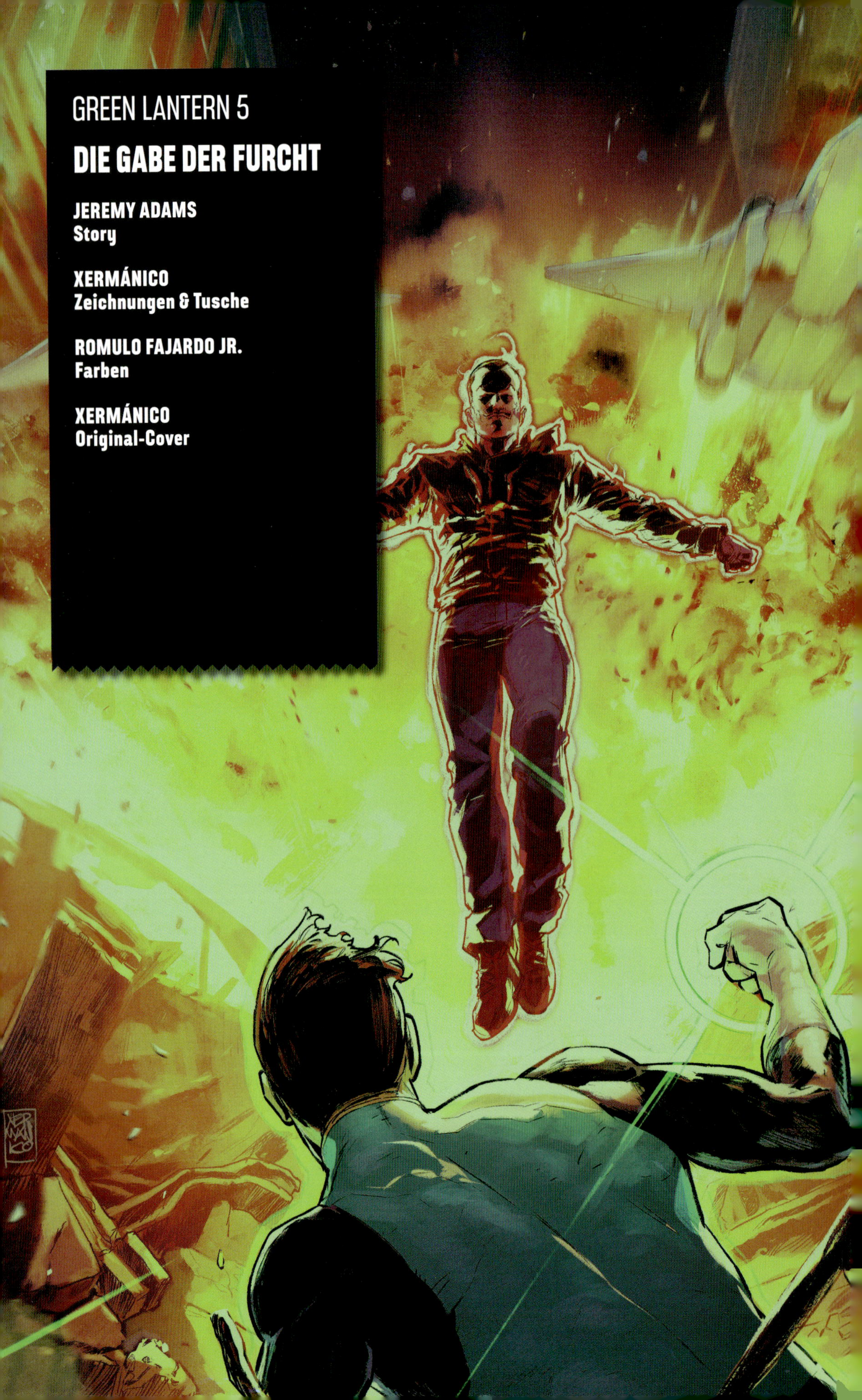

GREEN LANTERN 5

DIE GABE DER FURCHT

JEREMY ADAMS
Story

XERMÁNICO
Zeichnungen & Tusche

ROMULO FAJARDO JR.
Farben

XERMÁNICO
Original-Cover

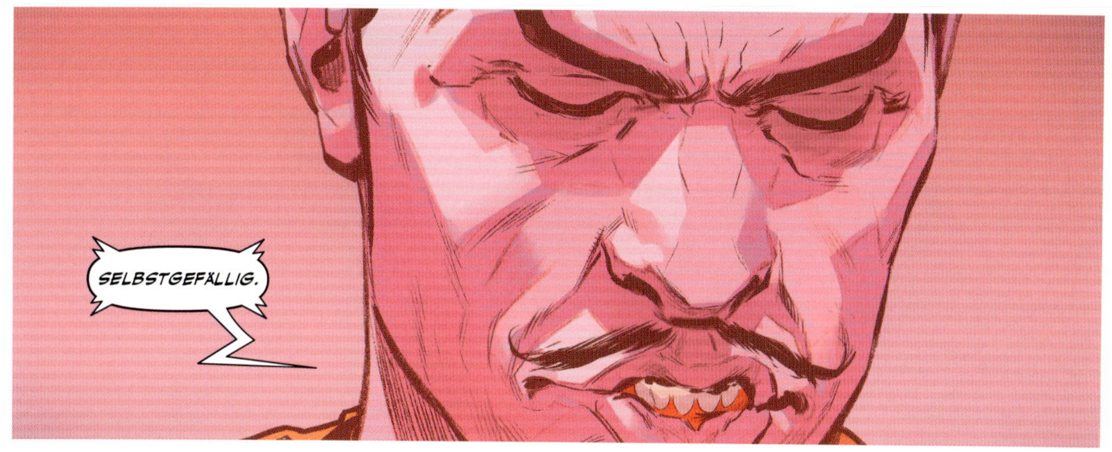
SELBSTGEFÄLLIG.

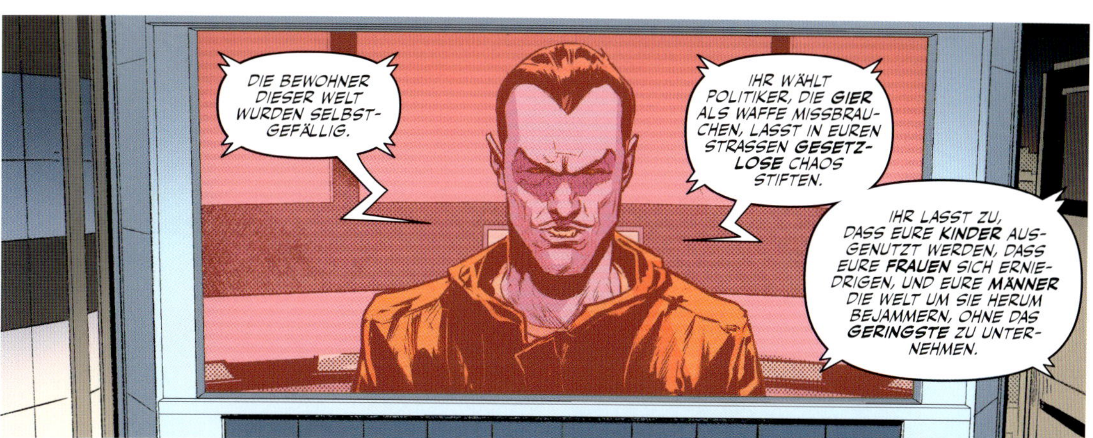
DIE BEWOHNER DIESER WELT WURDEN SELBST-GEFÄLLIG.
IHR WÄHLT POLITIKER, DIE GIER ALS WAFFE MISSBRAUCHEN, LASST IN EUREN STRASSEN GESETZLOSE CHAOS STIFTEN.
IHR LASST ZU, DASS EURE KINDER AUSGENUTZT WERDEN, DASS EURE FRAUEN SICH ERNIEDRIGEN, UND EURE MÄNNER DIE WELT UM SIE HERUM BEJAMMERN, OHNE DAS GERINGSTE ZU UNTERNEHMEN.

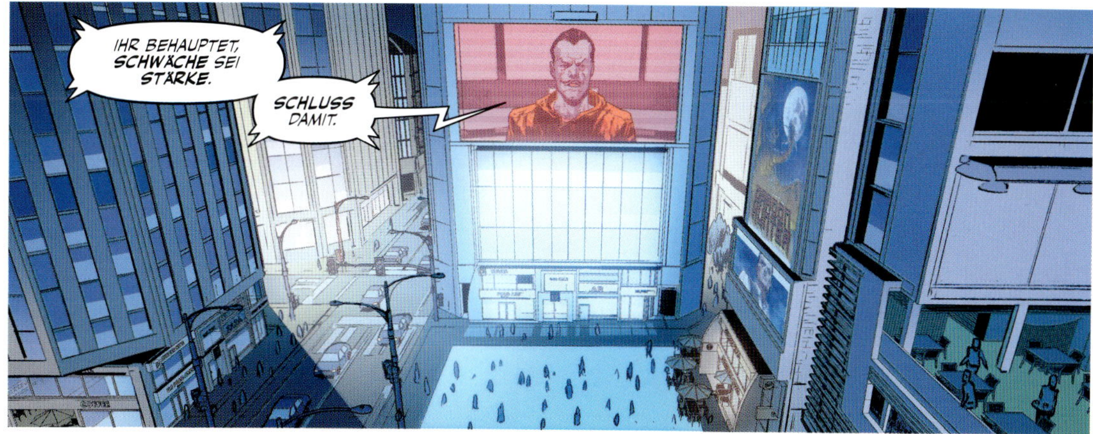
IHR BEHAUPTET, SCHWÄCHE SEI STÄRKE.
SCHLUSS DAMIT.

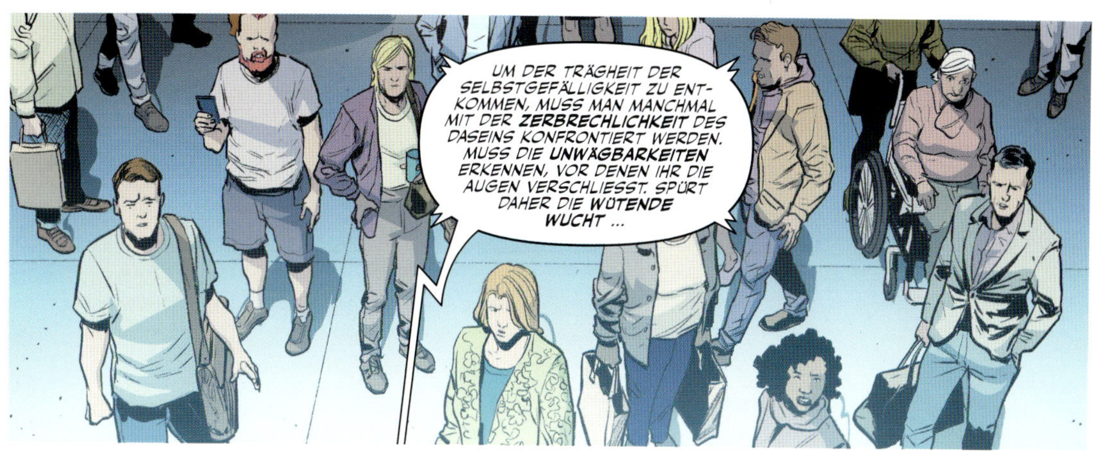
UM DER TRÄGHEIT DER SELBSTGEFÄLLIGKEIT ZU ENTKOMMEN, MUSS MAN MANCHMAL MIT DER ZERBRECHLICHKEIT DES DASEINS KONFRONTIERT WERDEN. MUSS DIE UNWÄGBARKEITEN ERKENNEN, VOR DENEN IHR DIE AUGEN VERSCHLIESST. SPÜRT DAHER DIE WÜTENDE WUCHT ...

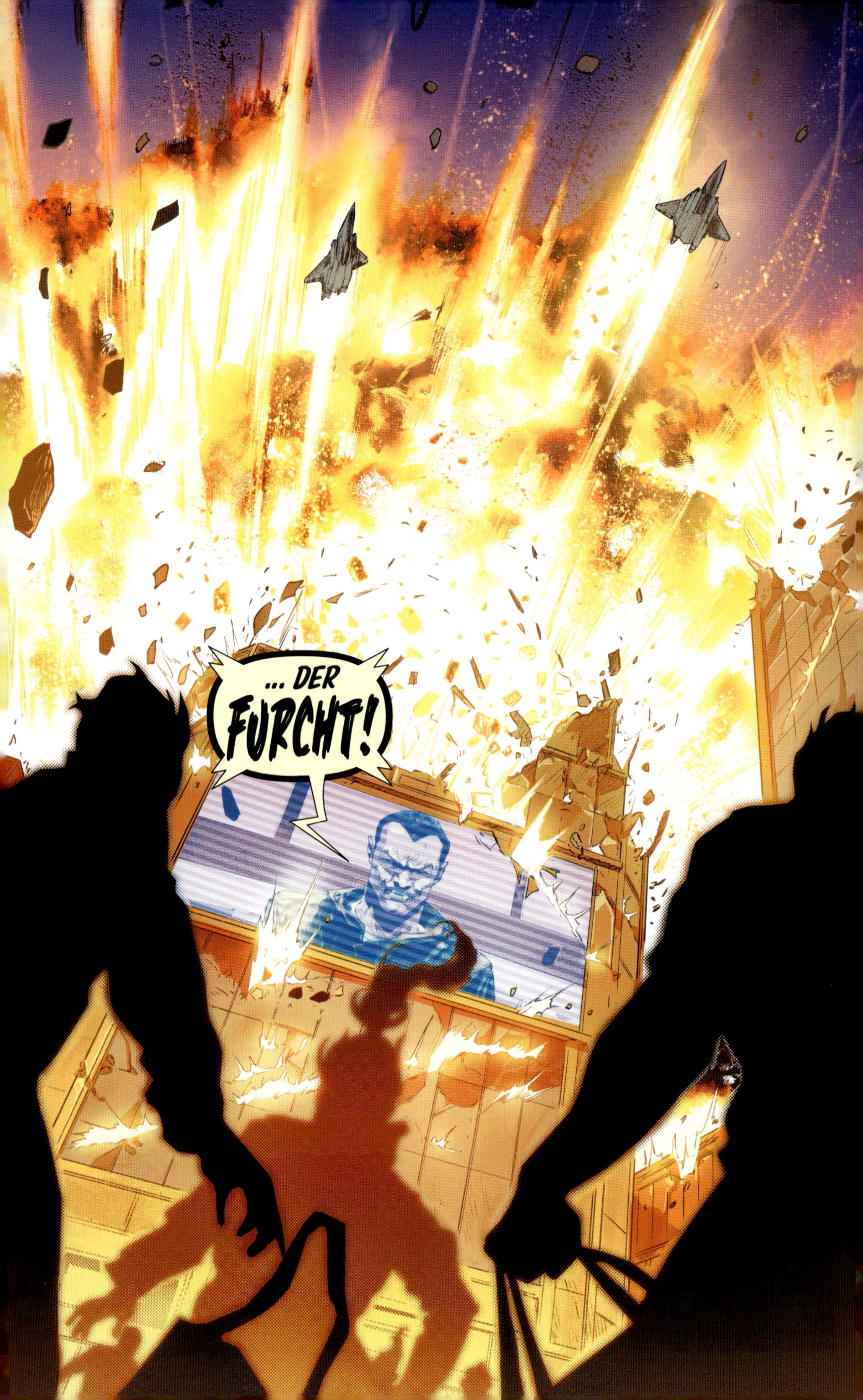
... DER FURCHT!

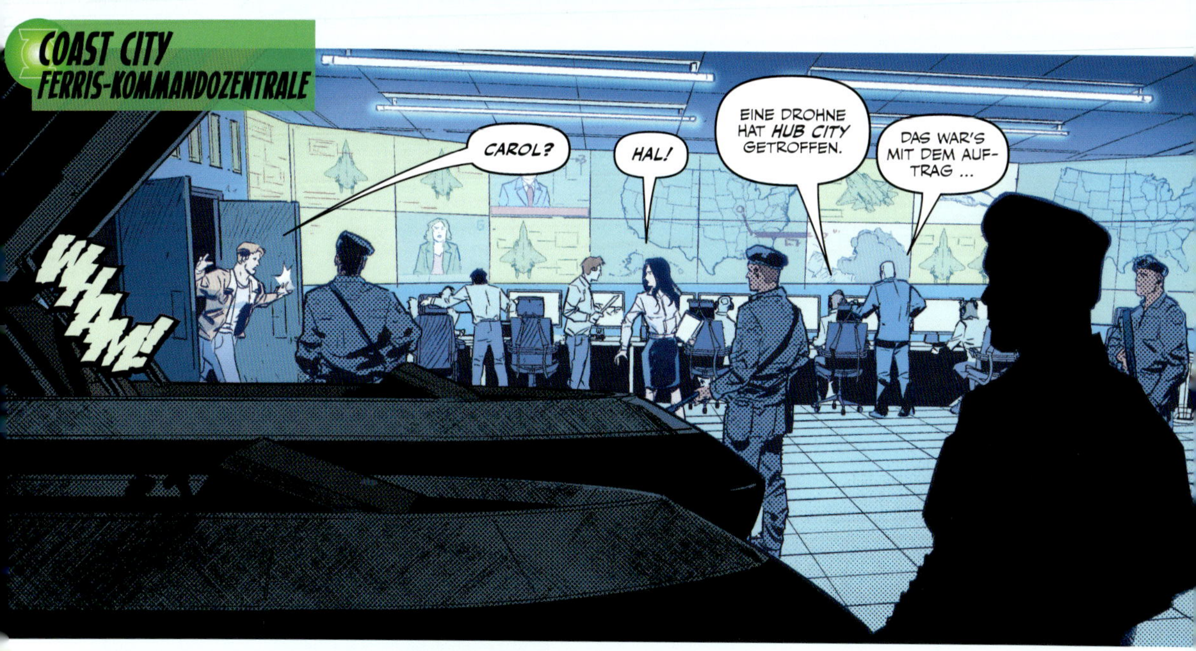
COAST CITY
FERRIS-KOMMANDOZENTRALE
WHAM!
CAROL?
HAL!
EINE DROHNE HAT HUB CITY GETROFFEN.
DAS WAR'S MIT DEM AUF-TRAG ...

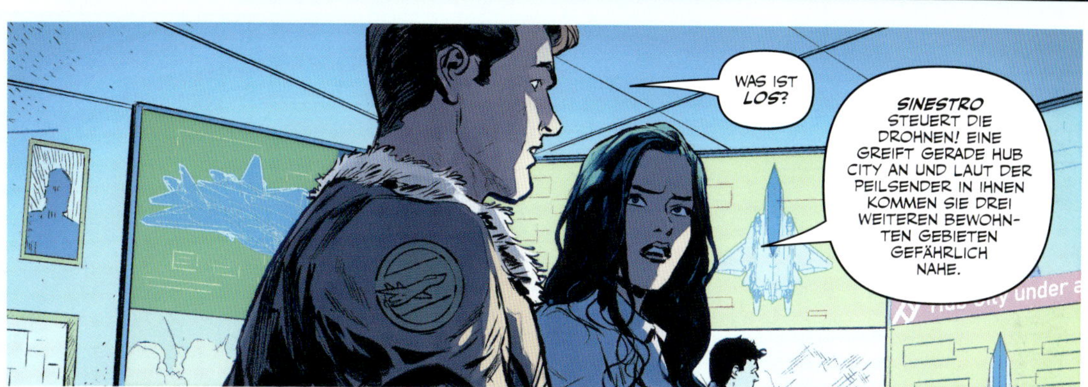
WAS IST LOS?
SINESTRO STEUERT DIE DROHNEN! EINE GREIFT GERADE HUB CITY AN UND LAUT DER PEILSENDER IN IHNEN KOMMEN SIE DREI WEITEREN BEWOHN-TEN GEBIETEN GEFÄHRLICH NAHE.

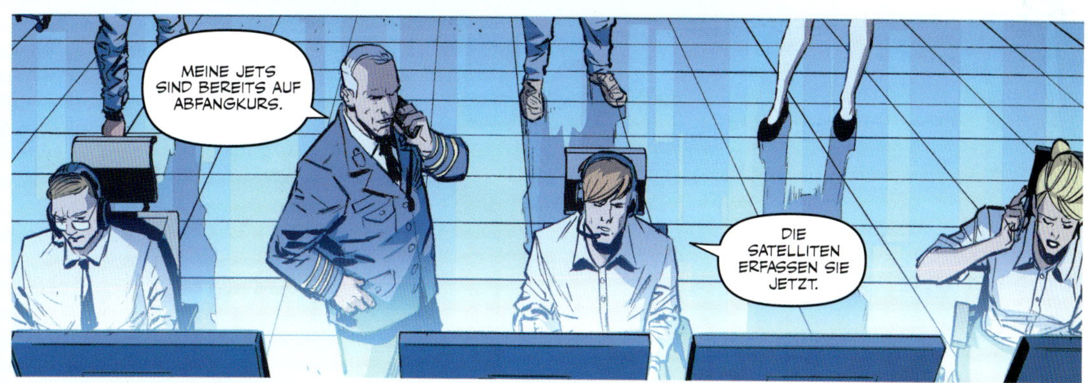
MEINE JETS SIND BEREITS AUF ABFANGKURS.
DIE SATELLITEN ERFASSEN SIE JETZT.

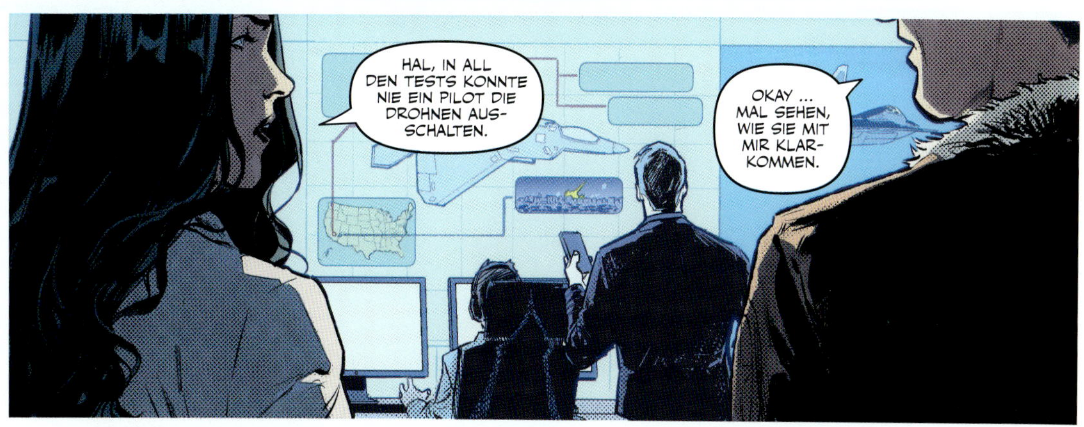
HAL, IN ALL DEN TESTS KONNTE NIE EIN PILOT DIE DROHNEN AUS-SCHALTEN.
OKAY ... MAL SEHEN, WIE SIE MIT MIR KLAR-KOMMEN.

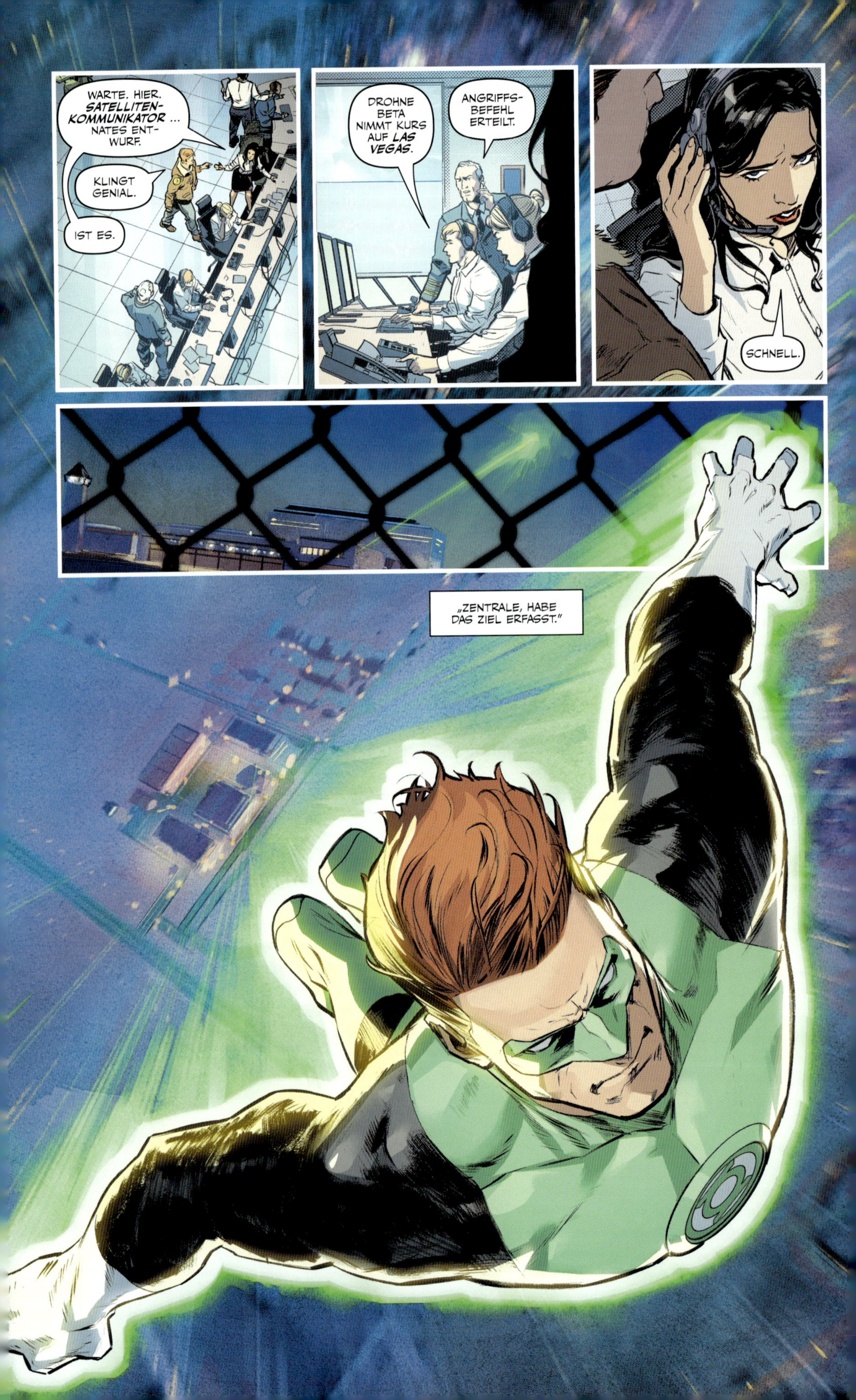

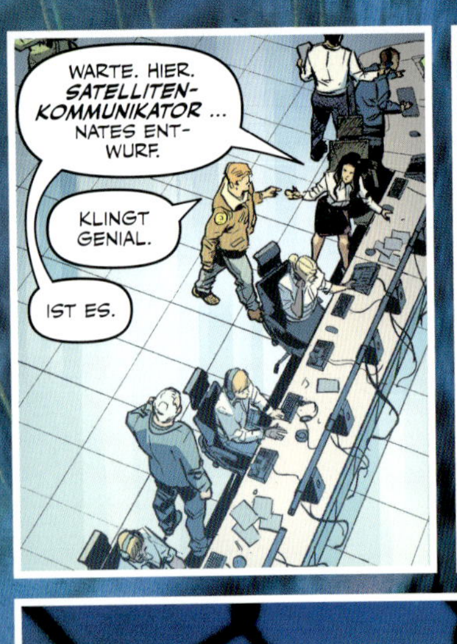

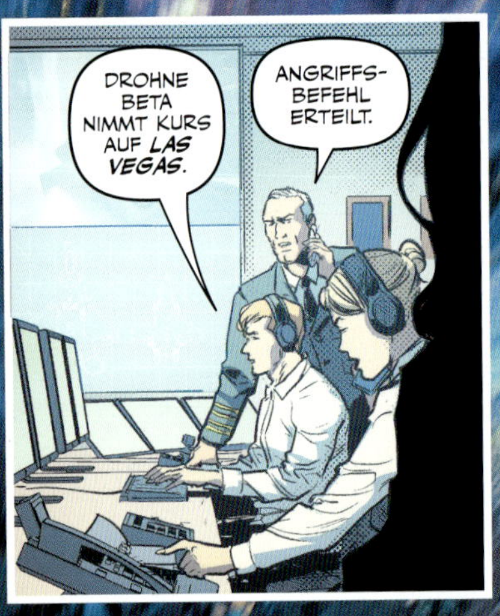

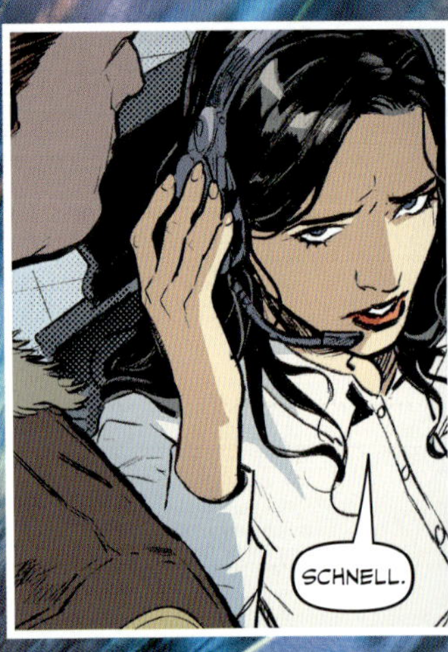

„ZENTRALE, HABE DAS ZIEL ERFASST."

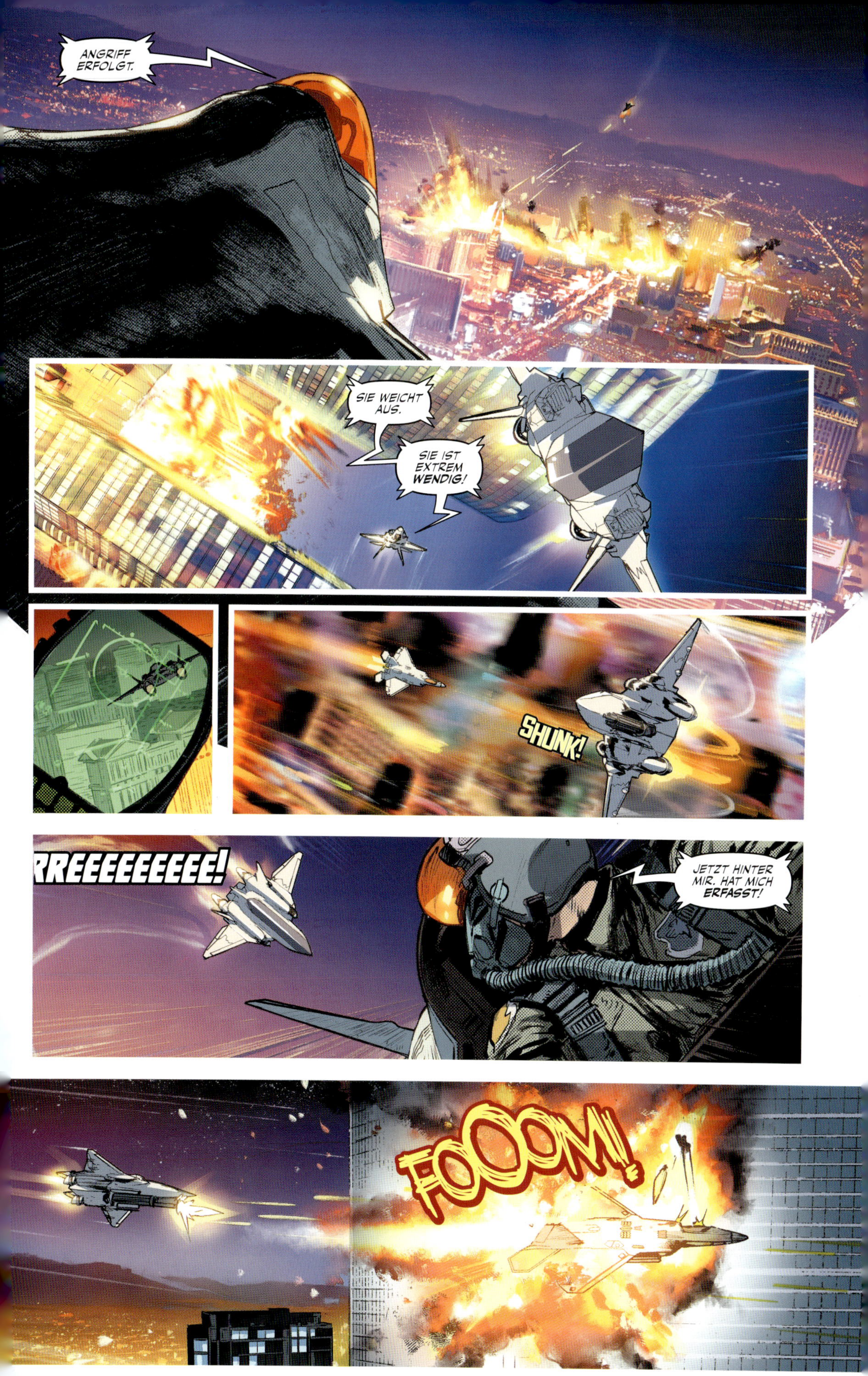

ANGRIFF ERFOLGT.

SIE WEICHT AUS.

SIE IST EXTREM WENDIG!

SHUNK!

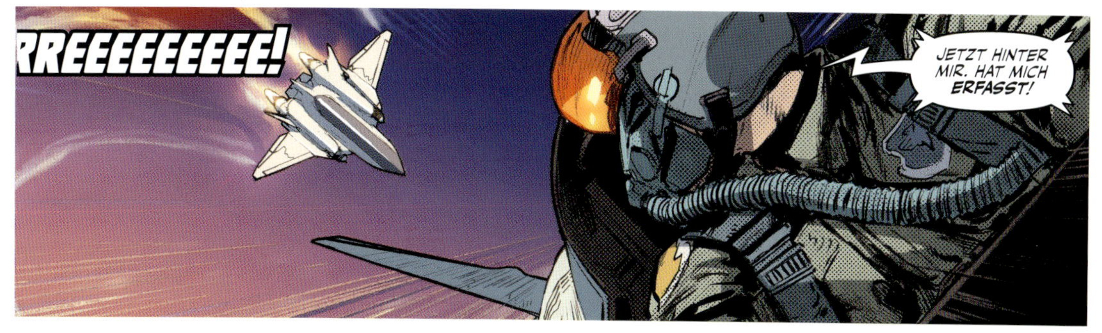

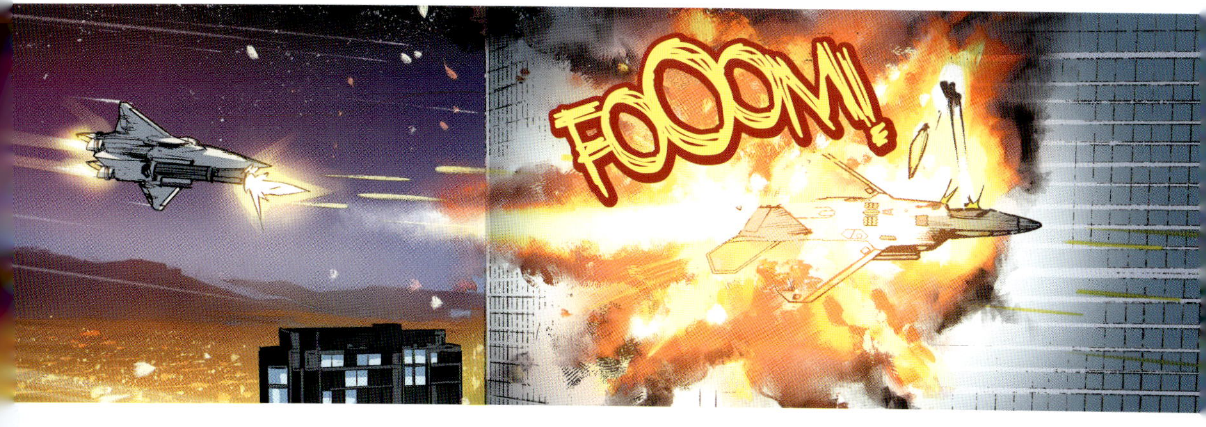

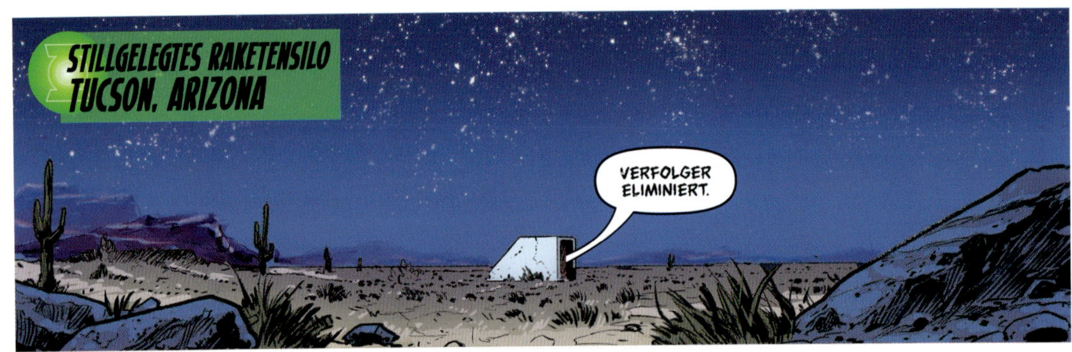
STILLGELEGTES RAKETENSILO
TUCSON, ARIZONA
VERFOLGER ELIMINIERT.

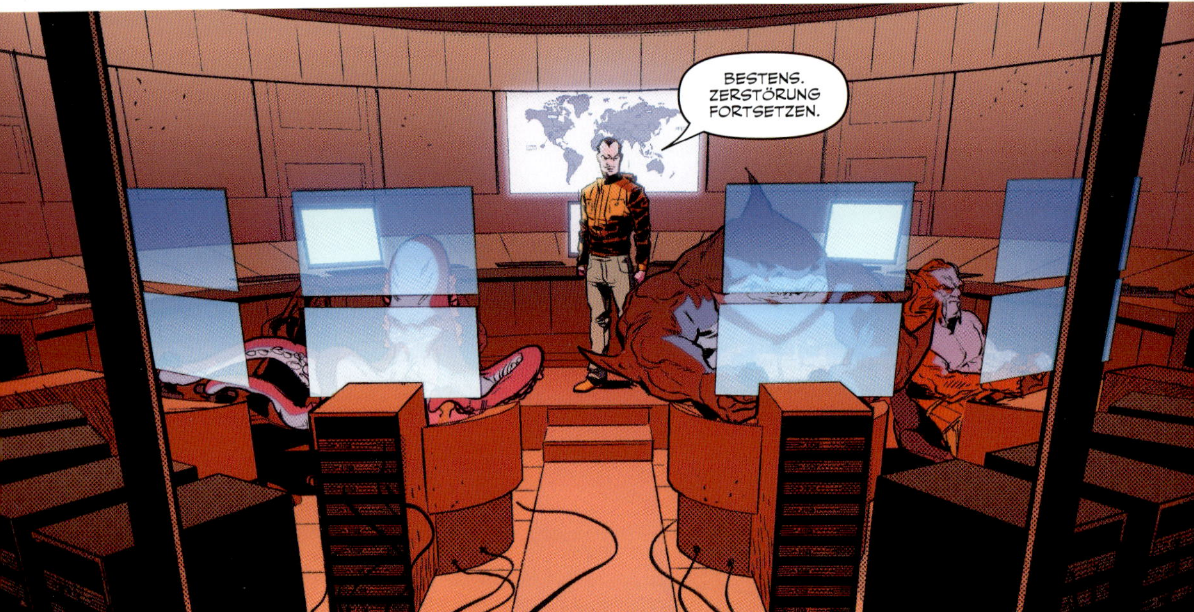
BESTENS. ZERSTÖRUNG FORTSETZEN.

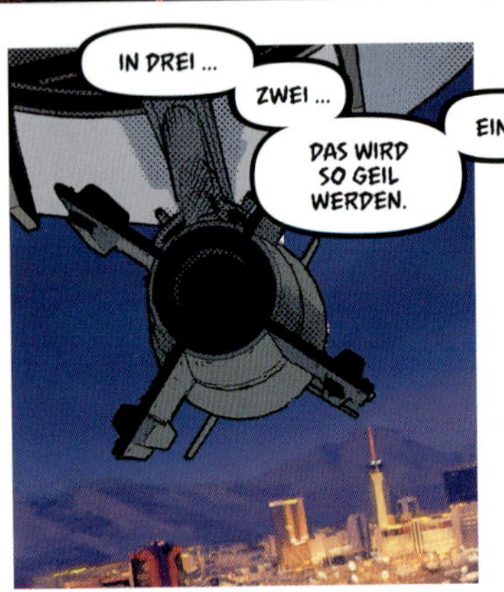
IN DREI ...
ZWEI ...
DAS WIRD SO GEIL WERDEN.
EINS.

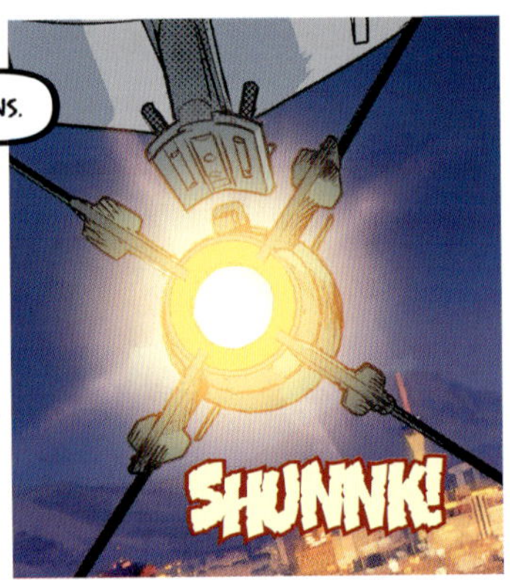
SHUNNK!

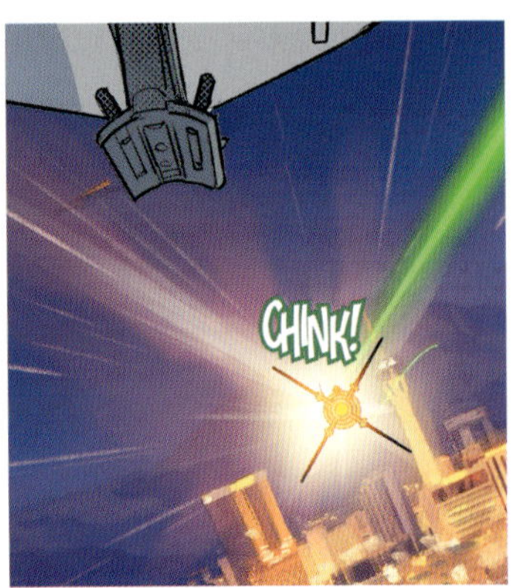
CHINK!

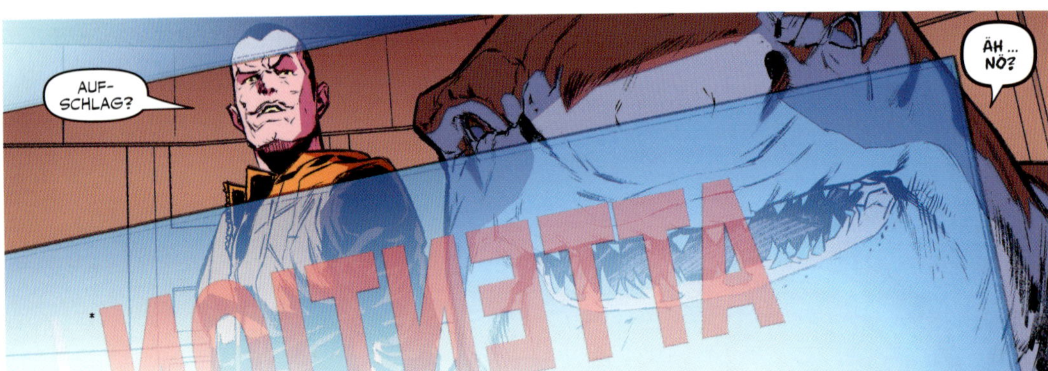
AUF-SCHLAG?
ÄH ... NÖ?
ATTENTION*

* ACHTUNG

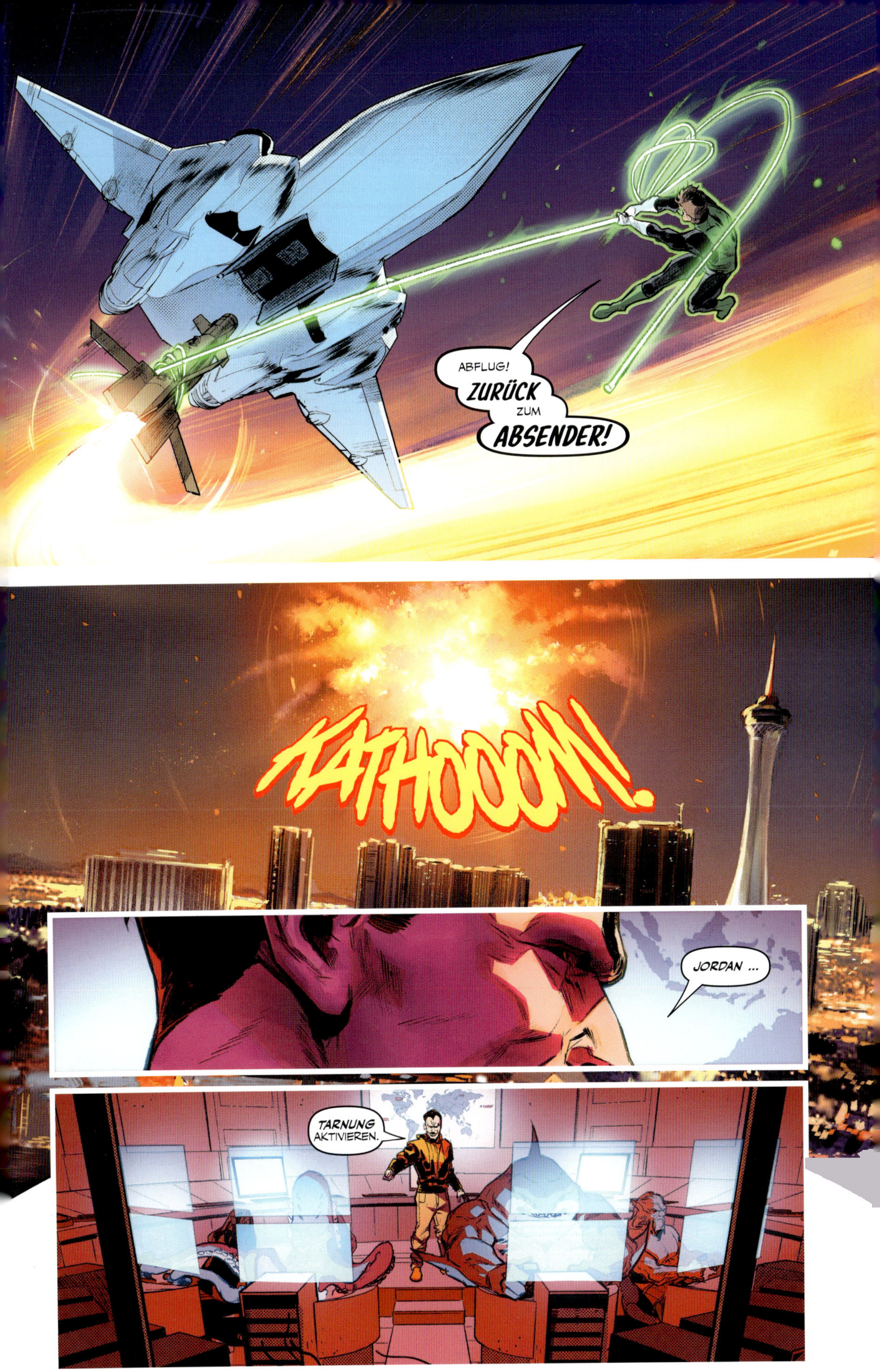

ABFLUG! ZURÜCK ZUM ABSENDER!
KATHOOOM!
JORDAN ...
TARNUNG AKTIVIEREN.

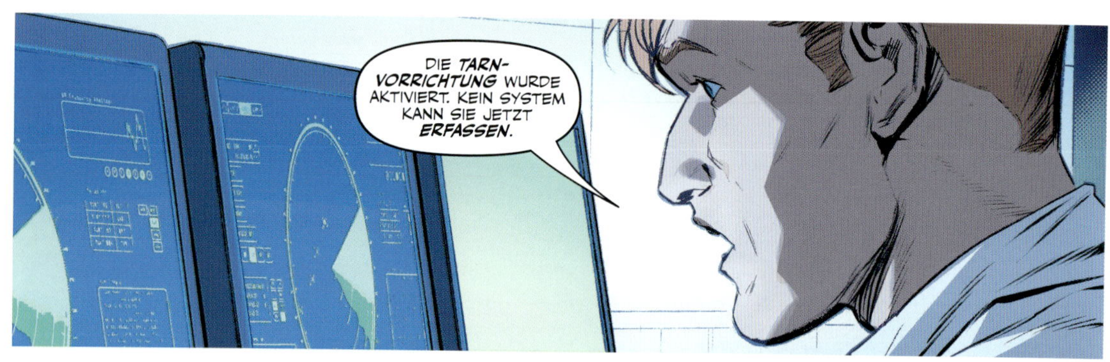
DIE TARNVORRICHTUNG WURDE AKTIVIERT. KEIN SYSTEM KANN SIE JETZT ERFASSEN.

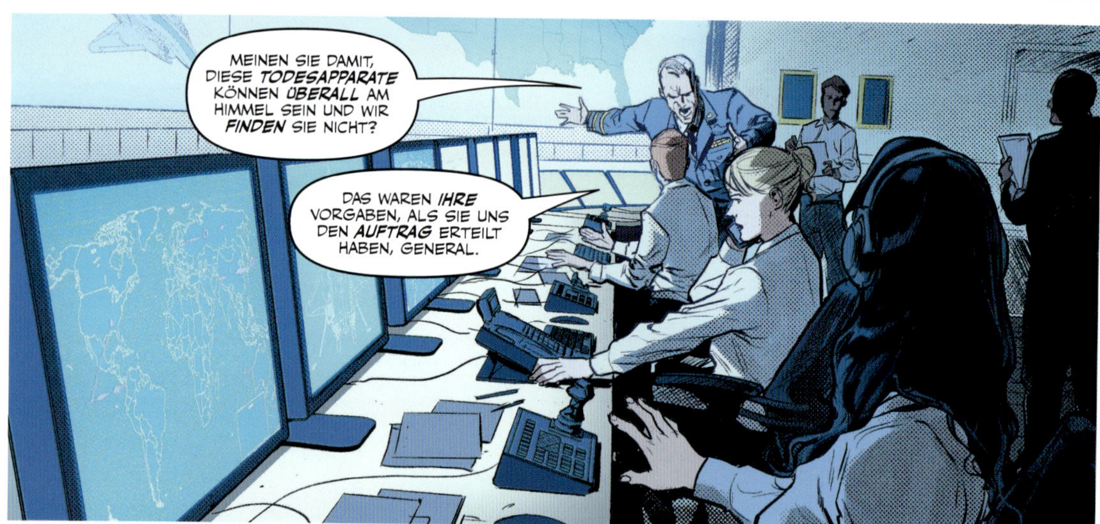
MEINEN SIE DAMIT, DIESE TODESAPPARATE KÖNNEN ÜBERALL AM HIMMEL SEIN UND WIR FINDEN SIE NICHT?
DAS WAREN IHRE VORGABEN, ALS SIE UNS DEN AUFTRAG ERTEILT HABEN, GENERAL.

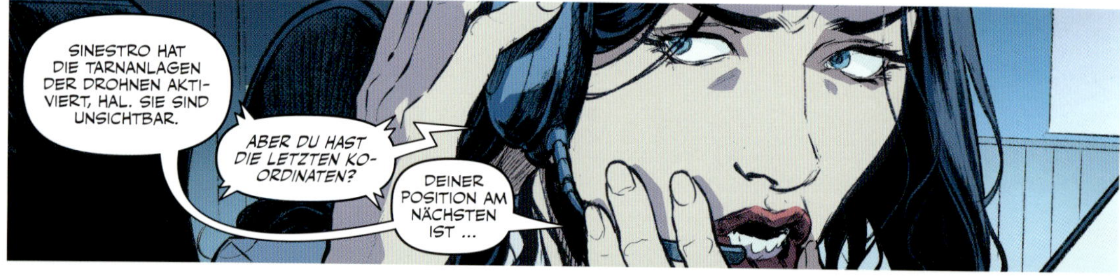
SINESTRO HAT DIE TARNANLAGEN DER DROHNEN AKTIVIERT, HAL. SIE SIND UNSICHTBAR.
ABER DU HAST DIE LETZTEN KOORDINATEN?
DEINER POSITION AM NÄCHSTEN IST ...

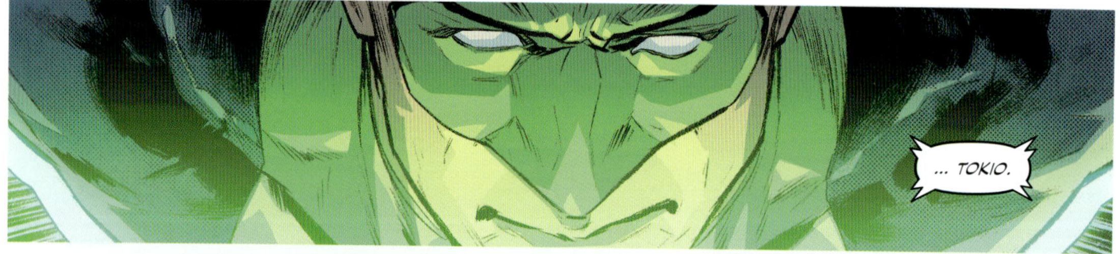
... TOKIO.

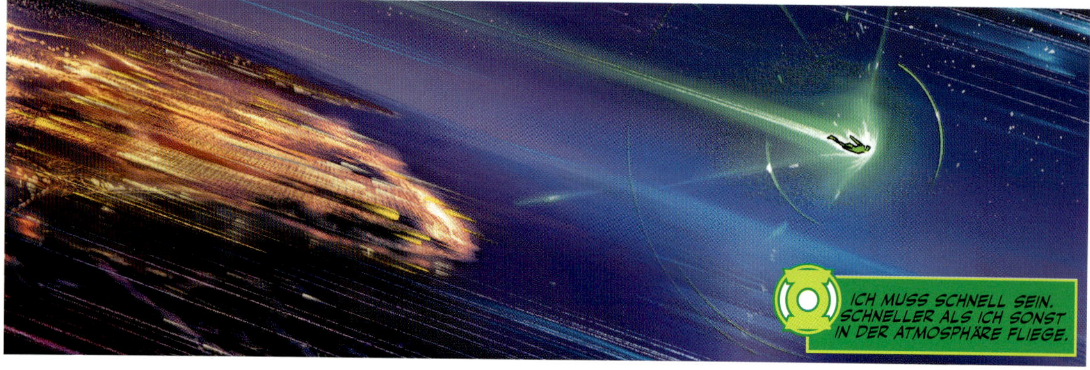
ICH MUSS SCHNELL SEIN. SCHNELLER ALS ICH SONST IN DER ATMOSPHÄRE FLIEGE.

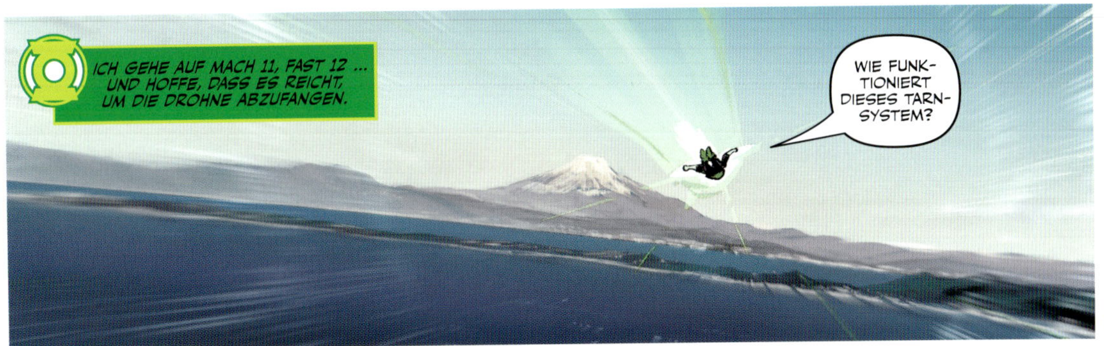
ICH GEHE AUF MACH 11, FAST 12 ... UND HOFFE, DASS ES REICHT, UM DIE DROHNE ABZUFANGEN.
WIE FUNKTIONIERT DIESES TARNSYSTEM?

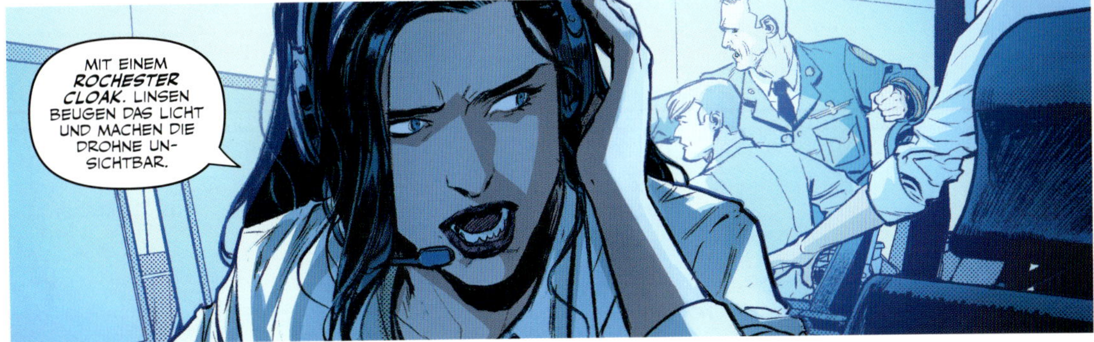
MIT EINEM **ROCHESTER CLOAK**. LINSEN BEUGEN DAS LICHT UND MACHEN DIE DROHNE UNSICHTBAR.

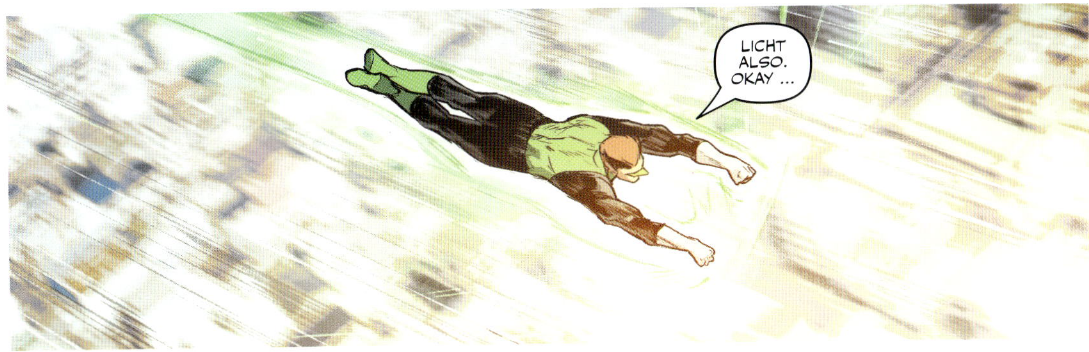
LICHT ALSO. OKAY ...

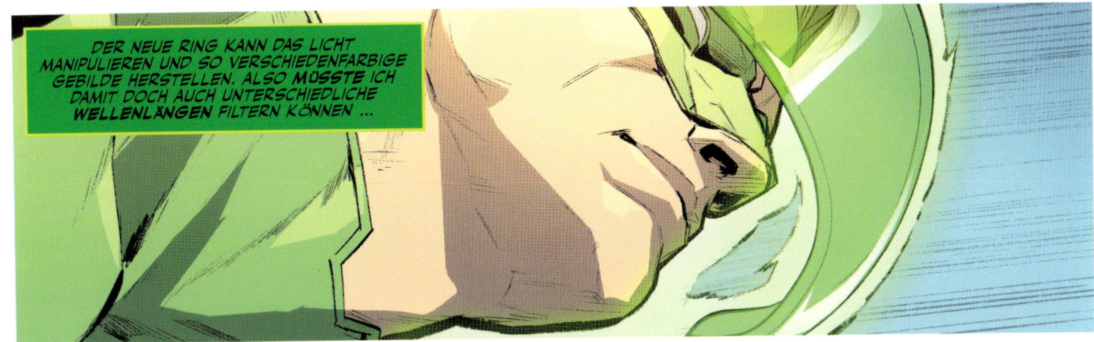
DER NEUE RING KANN DAS LICHT MANIPULIEREN UND SO VERSCHIEDENFARBIGE GEBILDE HERSTELLEN. ALSO **MÜSSTE** ICH DAMIT DOCH AUCH UNTERSCHIEDLICHE **WELLENLÄNGEN** FILTERN KÖNNEN ...

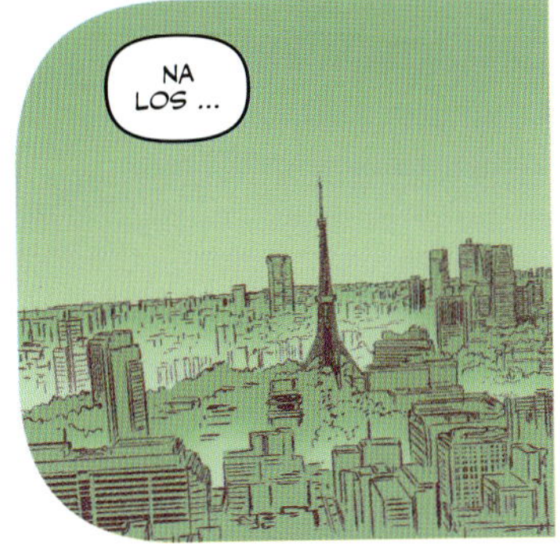
NA LOS ...

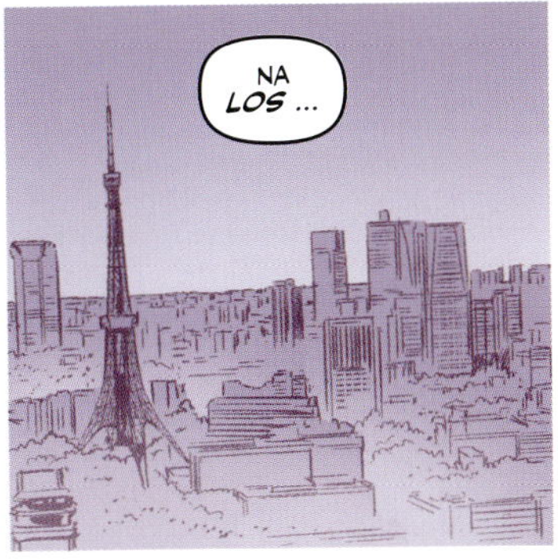
NA **LOS** ...

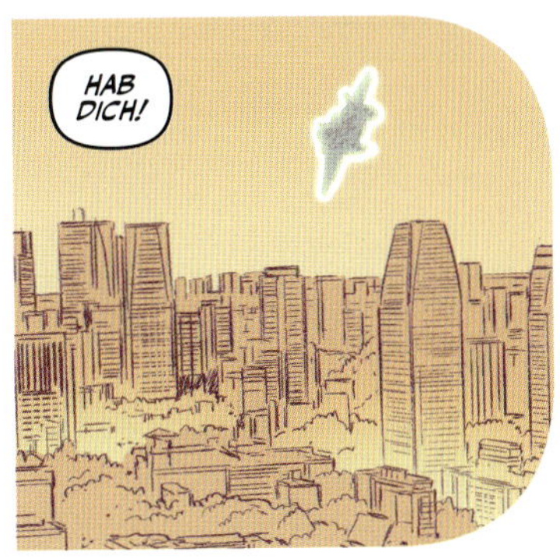
HAB DICH!

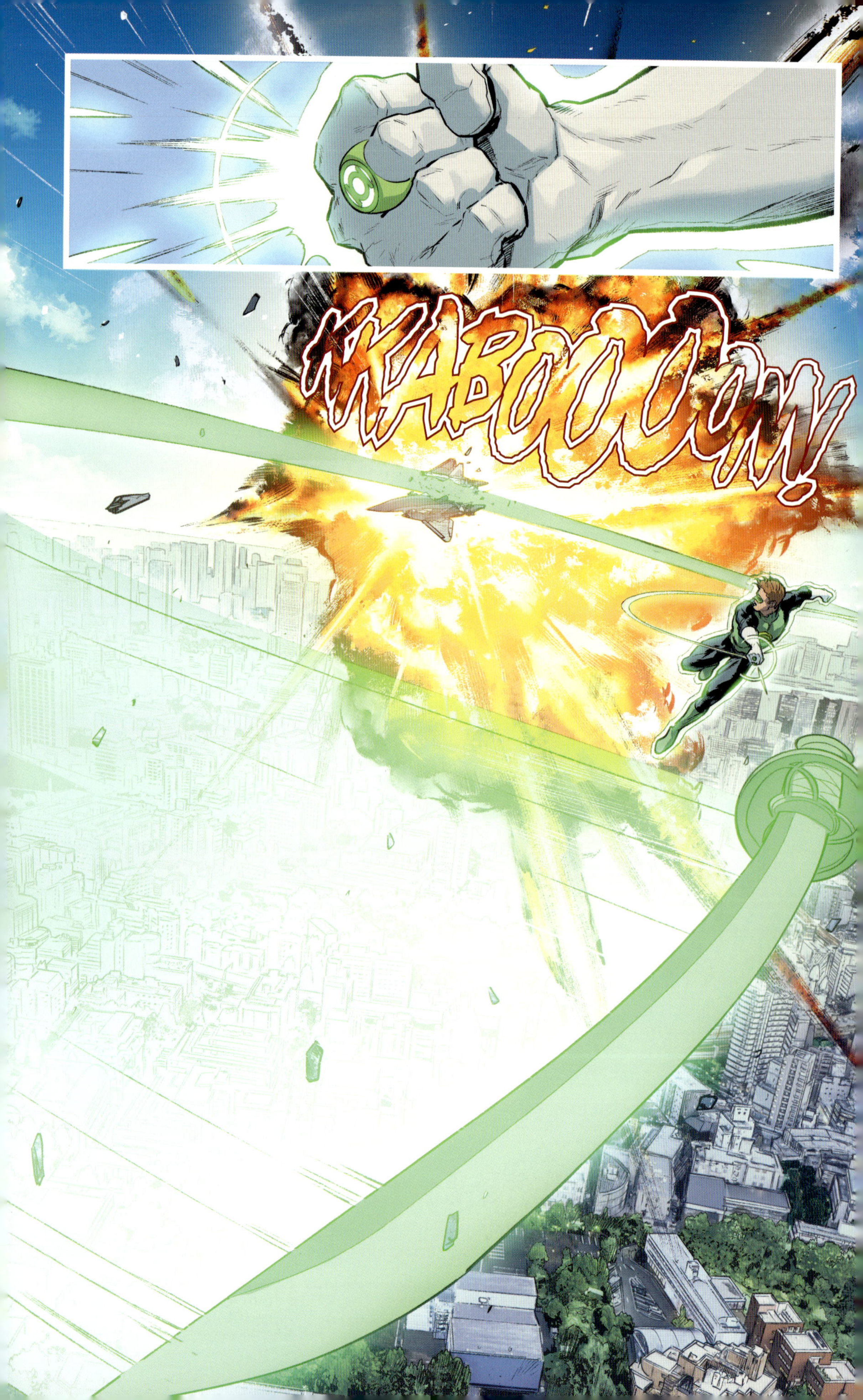
KABOOOOM!

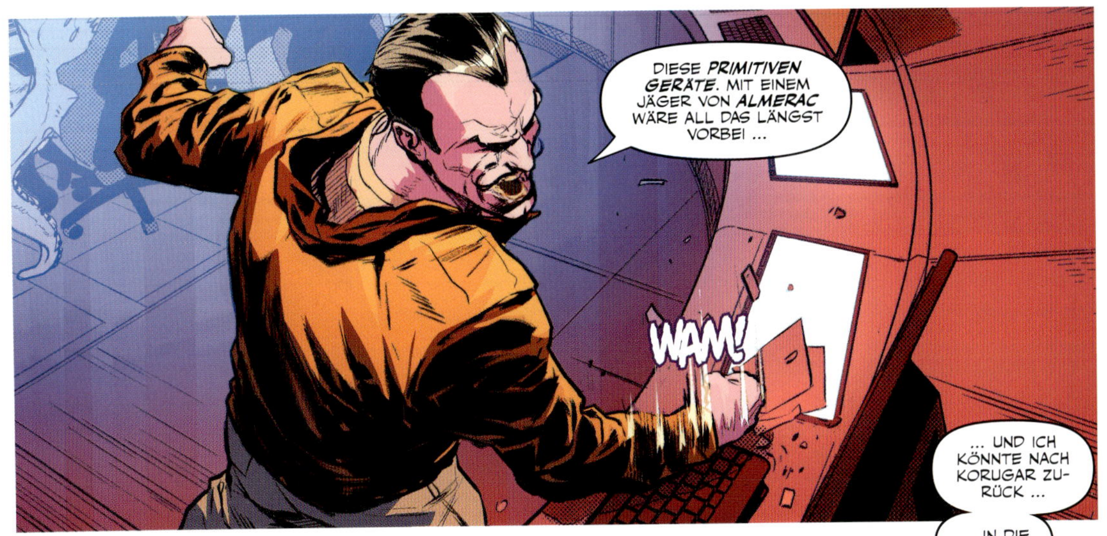
DIESE PRIMITIVEN GERÄTE. MIT EINEM JÄGER VON ALMERAC WÄRE ALL DAS LÄNGST VORBEI ...
WAM!
... UND ICH KÖNNTE NACH KORUGAR ZURÜCK ...
... IN DIE HEIMAT.
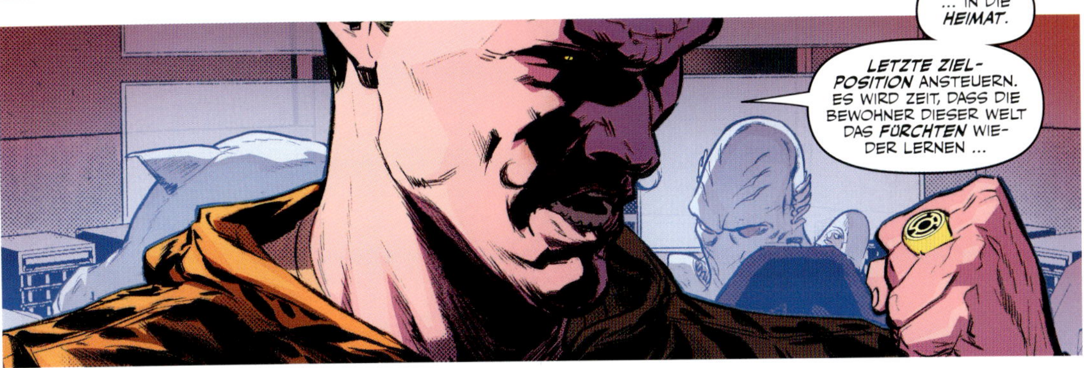
LETZTE ZIELPOSITION ANSTEUERN. ES WIRD ZEIT, DASS DIE BEWOHNER DIESER WELT DAS FÜRCHTEN WIEDER LERNEN ...
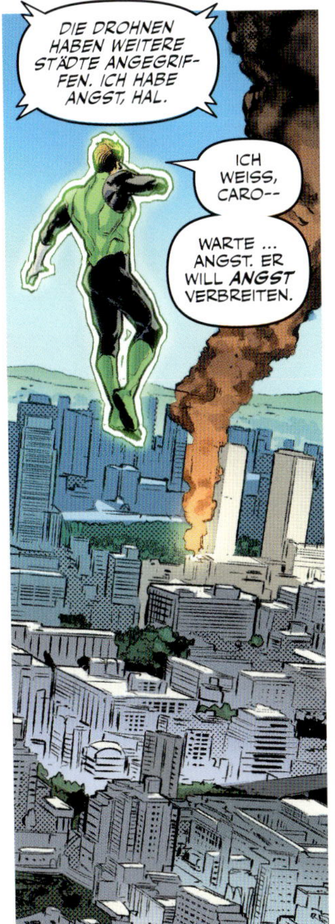
DIE DROHNEN HABEN WEITERE STÄDTE ANGEGRIFFEN. ICH HABE ANGST, HAL.
ICH WEISS, CARO--
WARTE ... ANGST. ER WILL ANGST VERBREITEN.
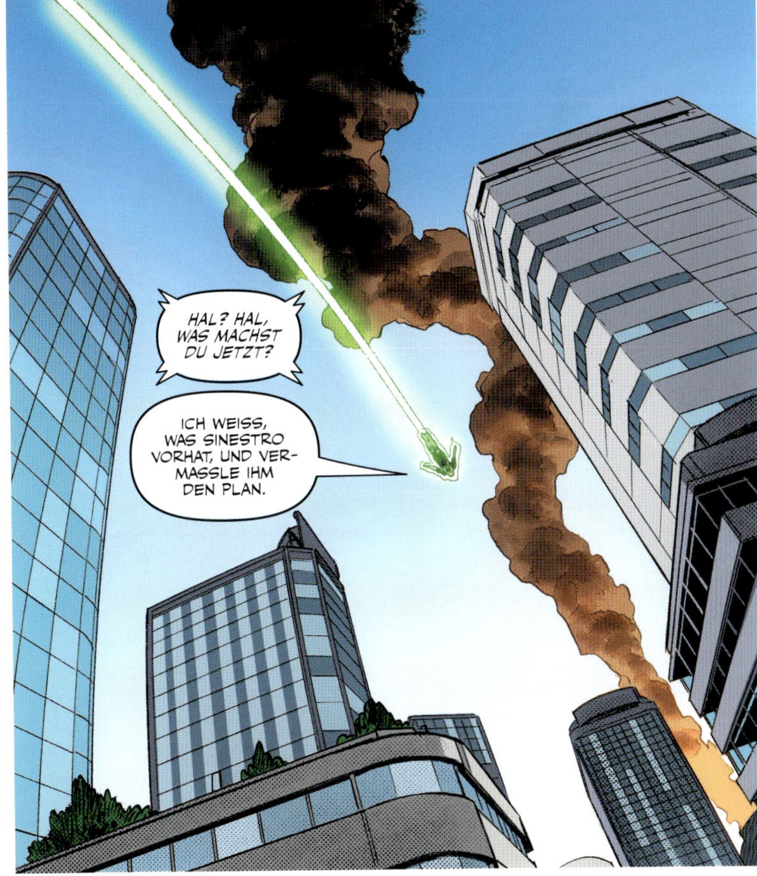
HAL? HAL, WAS MACHST DU JETZT?
ICH WEISS, WAS SINESTRO VORHAT, UND VERMASSLE IHM DEN PLAN.

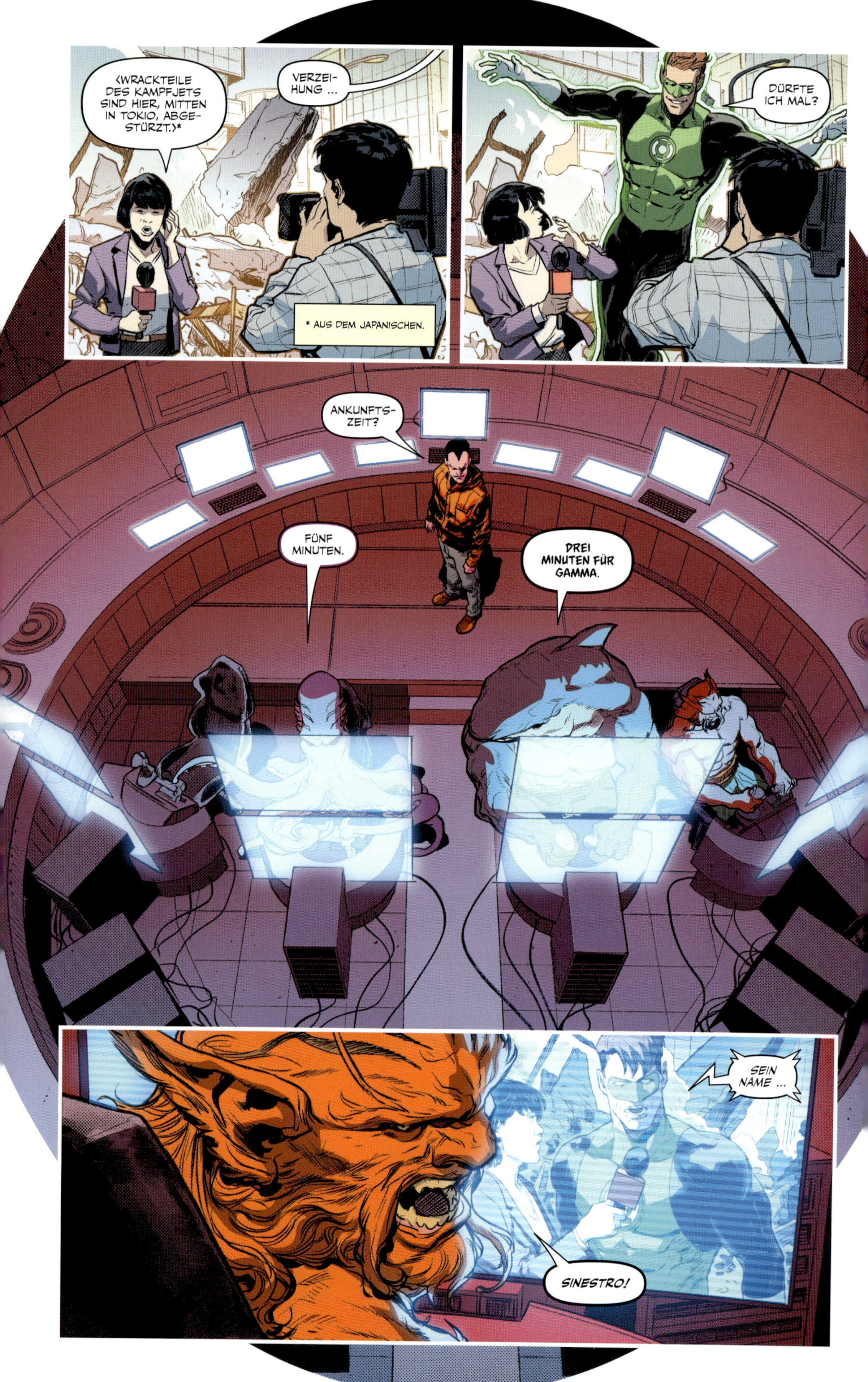
‹WRACKTEILE DES KAMPFJETS SIND HIER, MITTEN IN TOKIO, ABGESTÜRZT.›*
VERZEIHUNG …
* AUS DEM JAPANISCHEN.
DÜRFTE ICH MAL?
ANKUNFTSZEIT?
FÜNF MINUTEN.
DREI MINUTEN FÜR GAMMA.
SEIN NAME …
SINESTRO!

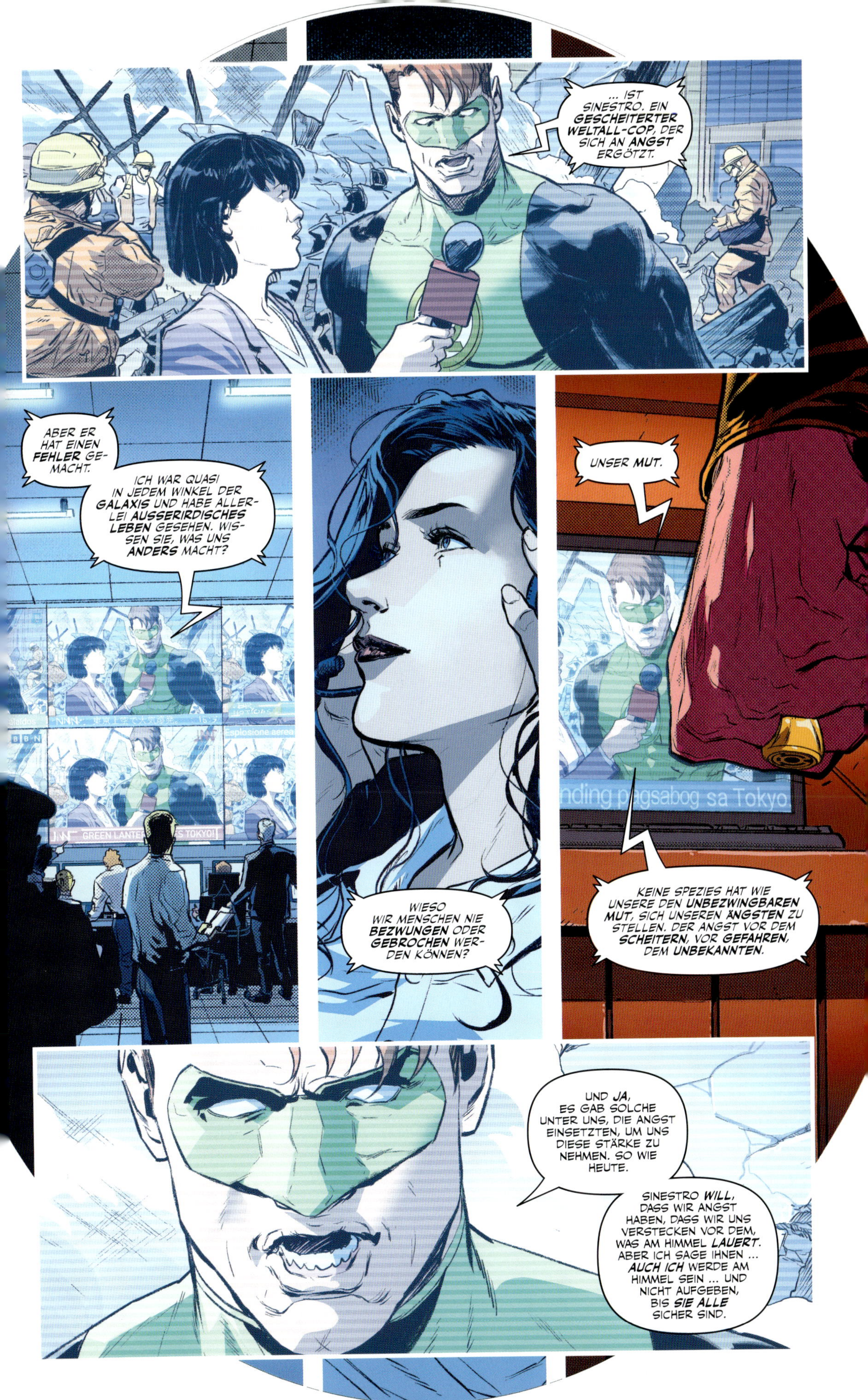
... IST SINESTRO. EIN GESCHEITERTER WELTALL-COP, DER SICH AN ANGST ERGÖTZT.
ABER ER HAT EINEN FEHLER GEMACHT.
ICH WAR QUASI IN JEDEM WINKEL DER GALAXIS UND HABE ALLERLEI AUSSERIRDISCHES LEBEN GESEHEN. WISSEN SIE, WAS UNS ANDERS MACHT?
GREEN LANTERN ... TOKYO!
Esplosione aerea
WIESO WIR MENSCHEN NIE BEZWUNGEN ODER GEBROCHEN WERDEN KÖNNEN?
UNSER MUT.
nding pagsabog sa Tokyo
KEINE SPEZIES HAT WIE UNSERE DEN UNBEZWINGBAREN MUT, SICH UNSEREN ÄNGSTEN ZU STELLEN. DER ANGST VOR DEM SCHEITERN, VOR GEFAHREN, DEM UNBEKANNTEN.
UND JA, ES GAB SOLCHE UNTER UNS, DIE ANGST EINSETZTEN, UM UNS DIESE STÄRKE ZU NEHMEN. SO WIE HEUTE.
SINESTRO WILL, DASS WIR ANGST HABEN, DASS WIR UNS VERSTECKEN VOR DEM, WAS AM HIMMEL LAUERT. ABER ICH SAGE IHNEN ... AUCH ICH WERDE AM HIMMEL SEIN ... UND NICHT AUFGEBEN, BIS SIE ALLE SICHER SIND.

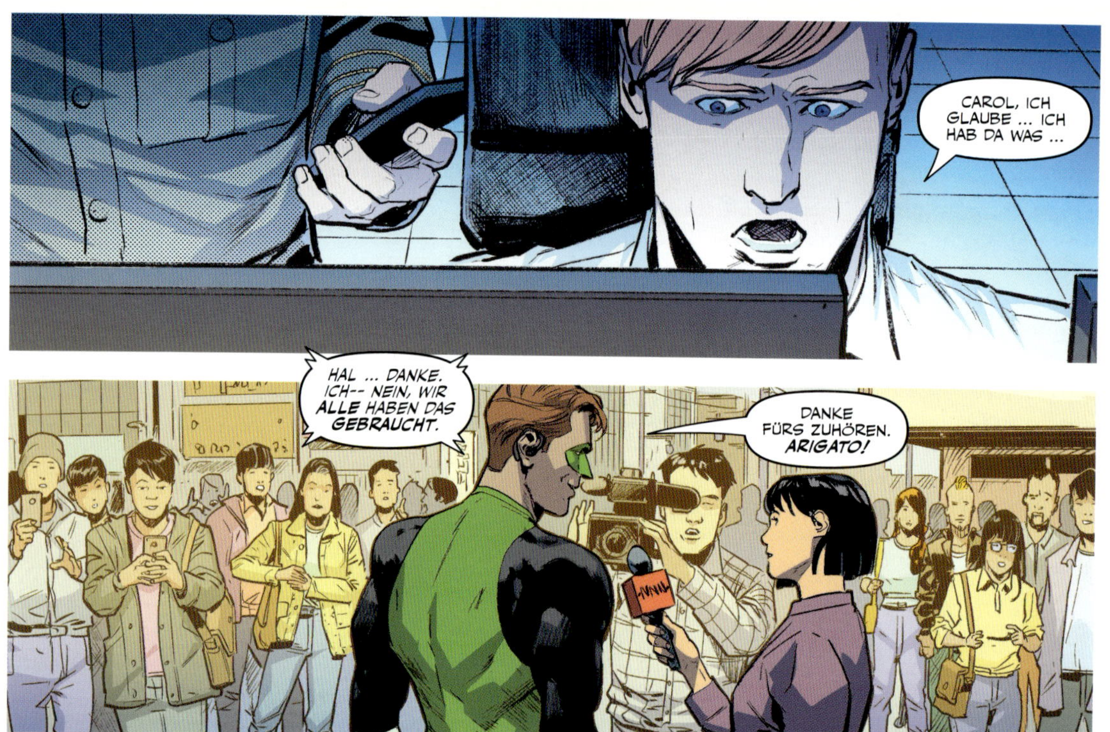
CAROL, ICH GLAUBE ... ICH HAB DA WAS ...
HAL ... DANKE. ICH-- NEIN, WIR ALLE HABEN DAS GEBRAUCHT.
DANKE FÜRS ZUHÖREN. ARIGATO!

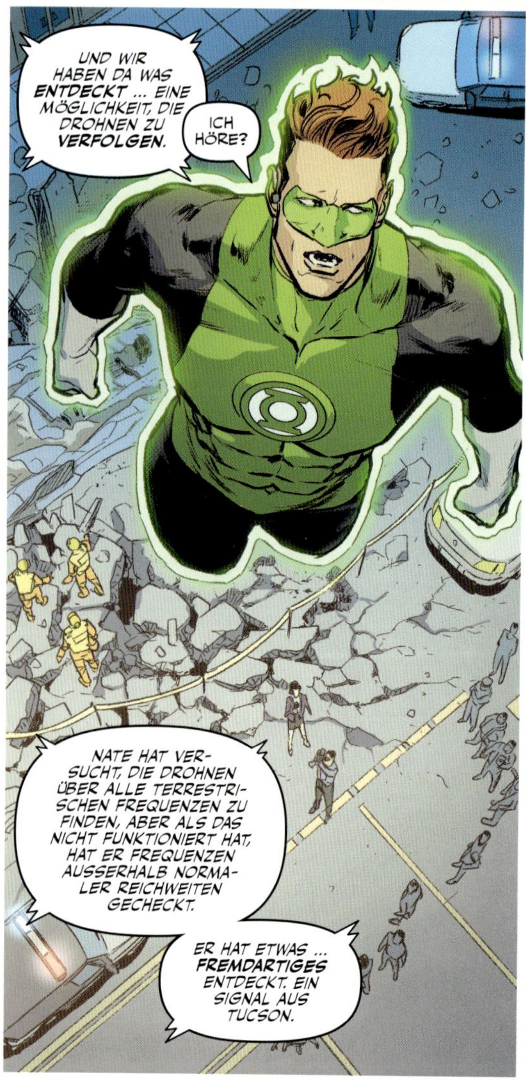
UND WIR HABEN DA WAS ENTDECKT ... EINE MÖGLICHKEIT, DIE DROHNEN ZU VERFOLGEN.
ICH HÖRE?
NATE HAT VERSUCHT, DIE DROHNEN ÜBER ALLE TERRESTRISCHEN FREQUENZEN ZU FINDEN, ABER ALS DAS NICHT FUNKTIONIERT HAT, HAT ER FREQUENZEN AUSSERHALB NORMALER REICHWEITEN GECHECKT.
ER HAT ETWAS ... FREMDARTIGES ENTDECKT. EIN SIGNAL AUS TUCSON.

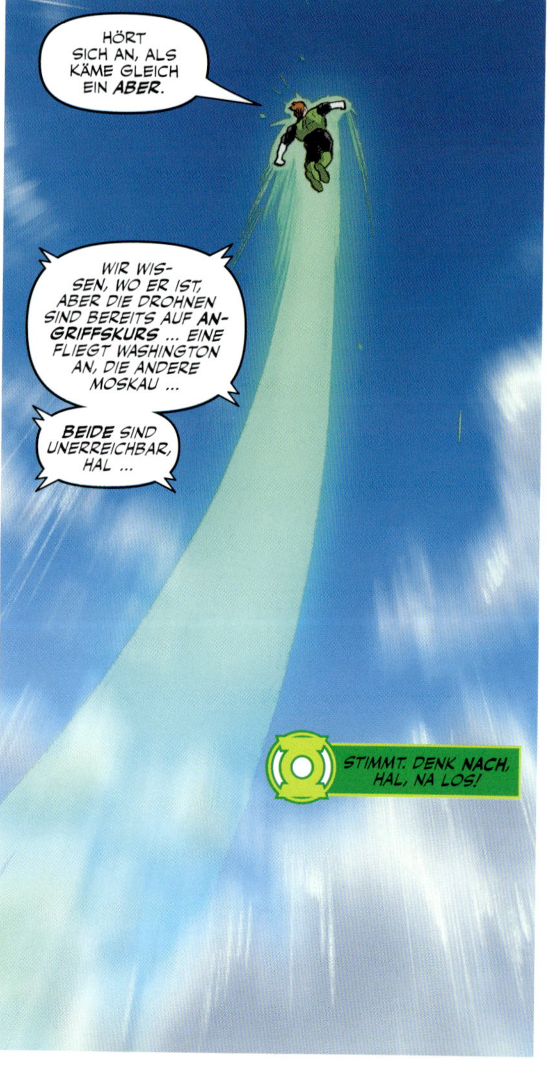
HÖRT SICH AN, ALS KÄME GLEICH EIN ABER.
WIR WISSEN, WO ER IST, ABER DIE DROHNEN SIND BEREITS AUF ANGRIFFSKURS ... EINE FLIEGT WASHINGTON AN, DIE ANDERE MOSKAU ...
BEIDE SIND UNERREICHBAR, HAL ...
STIMMT. DENK NACH, HAL, NA LOS!

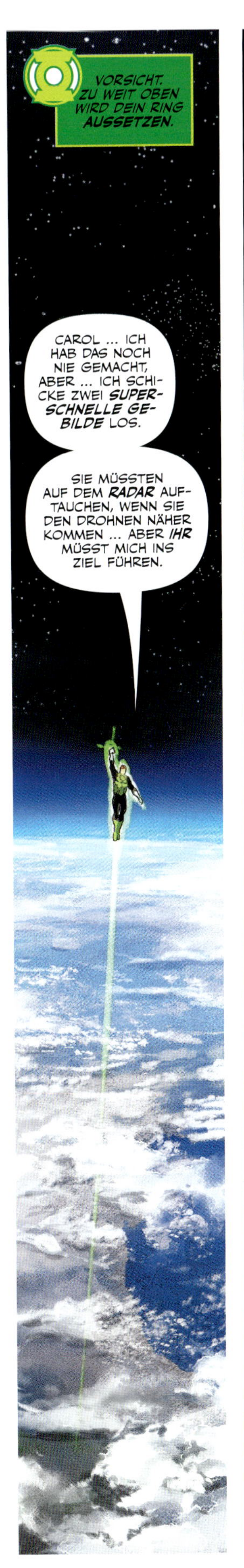
VORSICHT. ZU WEIT OBEN WIRD DEIN RING AUSSETZEN.
CAROL ... ICH HAB DAS NOCH NIE GEMACHT, ABER ... ICH SCHICKE ZWEI SUPERSCHNELLE GEBILDE LOS.
SIE MÜSSTEN AUF DEM RADAR AUFTAUCHEN, WENN SIE DEN DROHNEN NÄHER KOMMEN ... ABER IHR MÜSST MICH INS ZIEL FÜHREN.
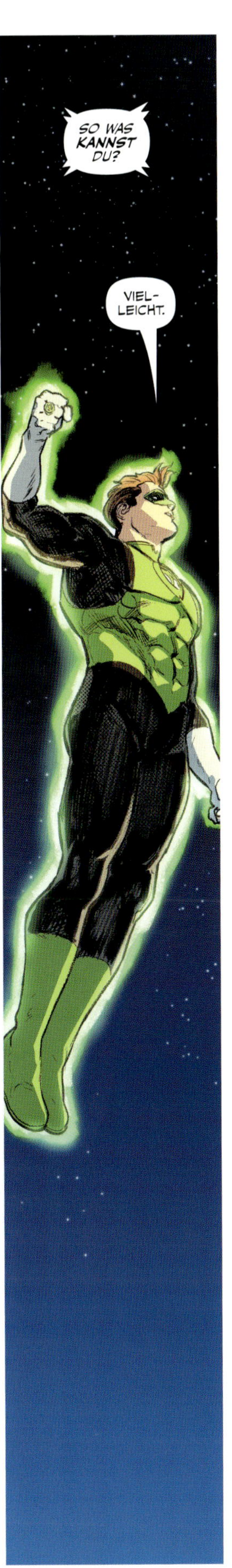
SO WAS KANNST DU?
VIELLEICHT.
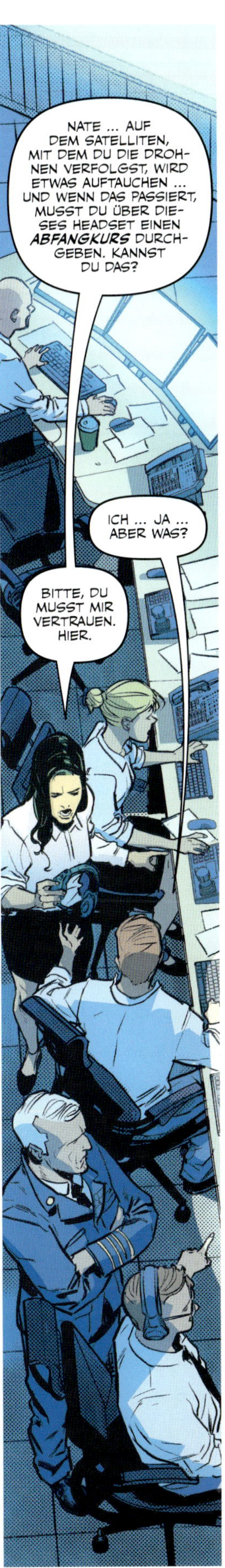
NATE ... AUF DEM SATELLITEN, MIT DEM DU DIE DROHNEN VERFOLGST, WIRD ETWAS AUFTAUCHEN ... UND WENN DAS PASSIERT, MUSST DU ÜBER DIESES HEADSET EINEN ABFANGKURS DURCHGEBEN. KANNST DU DAS?
ICH ... JA ... ABER WAS?
BITTE, DU MUSST MIR VERTRAUEN. HIER.
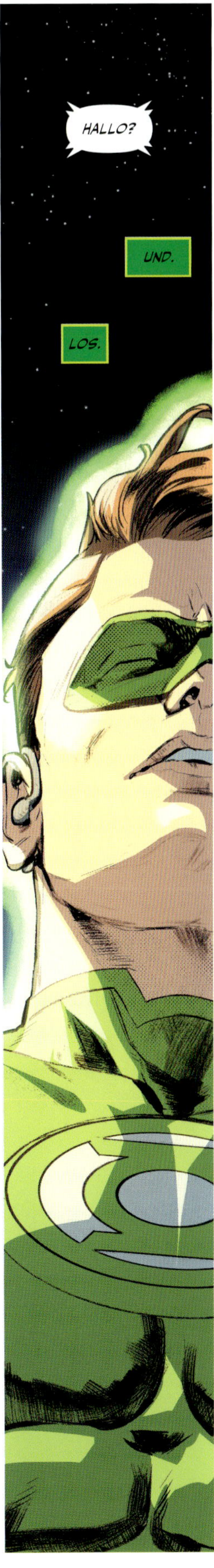
HALLO?
UND.
LOS.

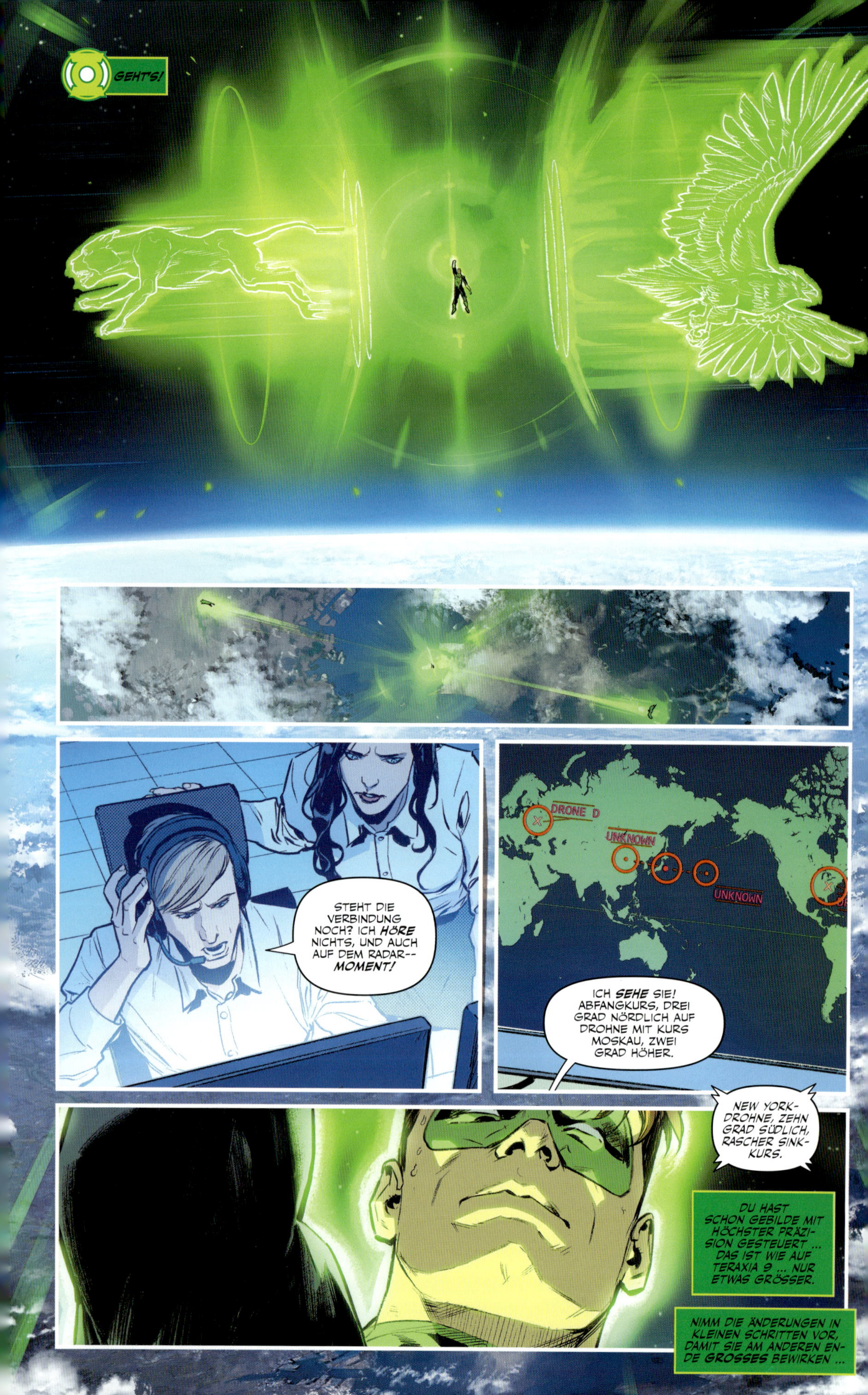
GEHT'S!
DRONE D
UNKNOWN
UNKNOWN
STEHT DIE VERBINDUNG NOCH? ICH HÖRE NICHTS, UND AUCH AUF DEM RADAR-- MOMENT!
ICH SEHE SIE! ABFANGKURS, DREI GRAD NÖRDLICH AUF DROHNE MIT KURS MOSKAU, ZWEI GRAD HÖHER.
NEW YORK-DROHNE, ZEHN GRAD SÜDLICH, RASCHER SINK-KURS.
DU HAST SCHON GEBILDE MIT HÖCHSTER PRÄZISION GESTEUERT ... DAS IST WIE AUF TERAXIA 9 ... NUR ETWAS GRÖSSER.
NIMM DIE ÄNDERUNGEN IN KLEINEN SCHRITTEN VOR, DAMIT SIE AM ANDEREN ENDE GROSSES BEWIRKEN ...

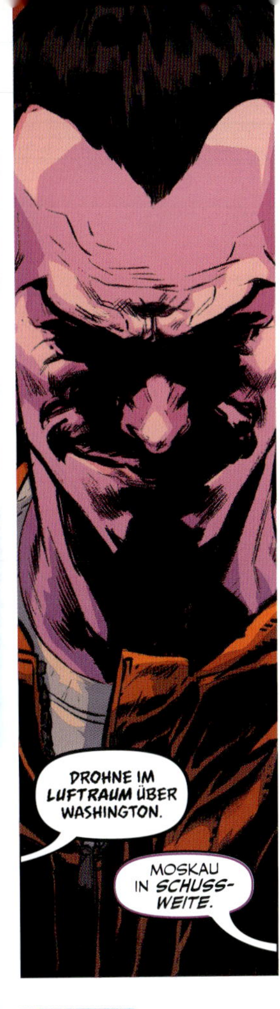
DROHNE IM LUFTRAUM ÜBER WASHINGTON.
MOSKAU IN SCHUSS-WEITE.

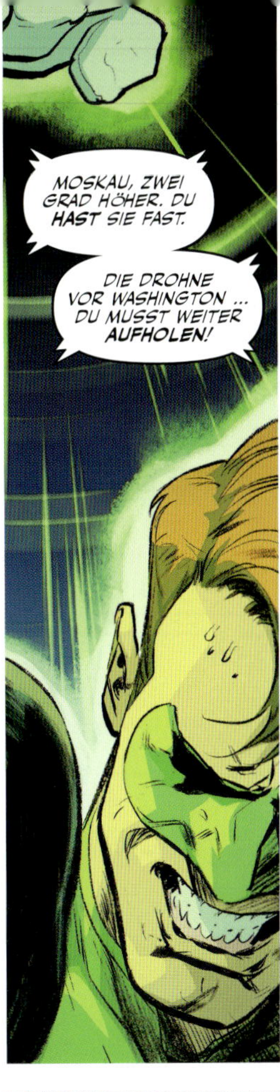
MOSKAU, ZWEI GRAD HÖHER. DU HAST SIE FAST.
DIE DROHNE VOR WASHINGTON ... DU MUSST WEITER AUFHOLEN!

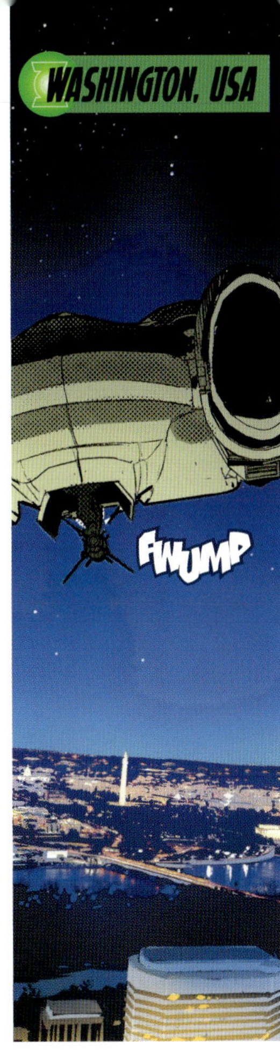
WASHINGTON, USA
FWUMP

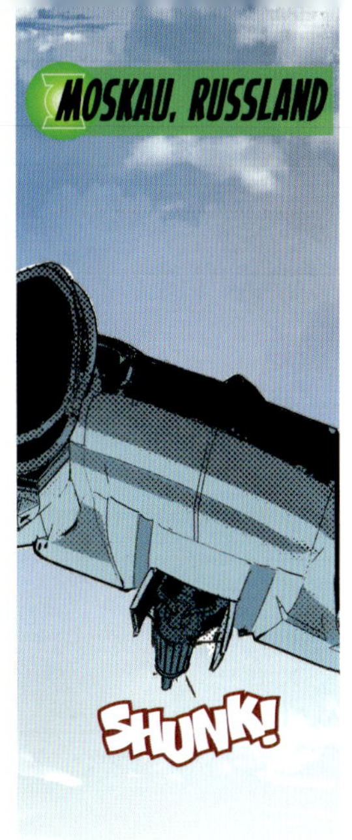
MOSKAU, RUSSLAND
SHUNK!

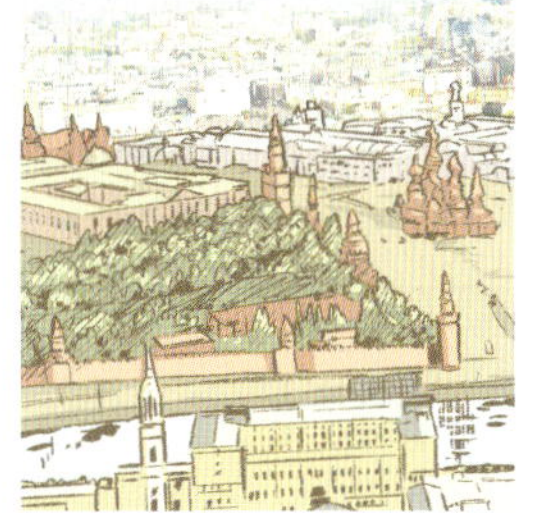

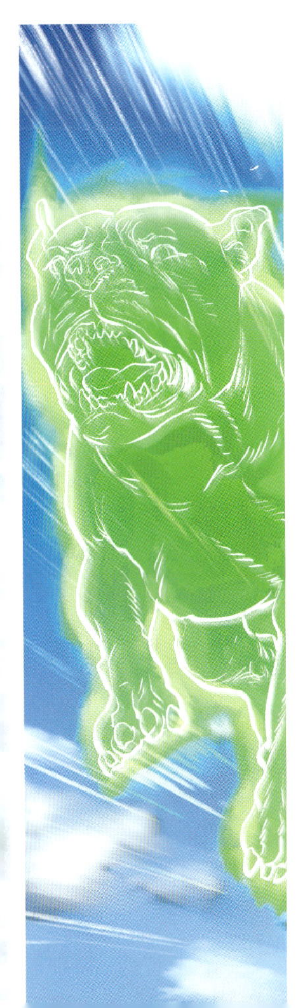

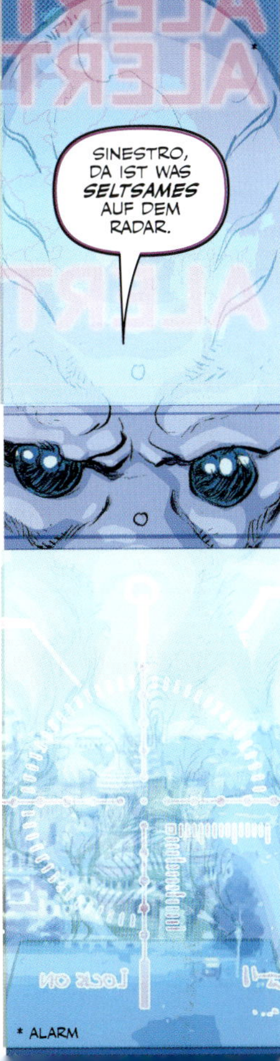
ALERT
ALERT
SINESTRO, DA IST WAS SELTSAMES AUF DEM RADAR.
ALERT
* ALARM

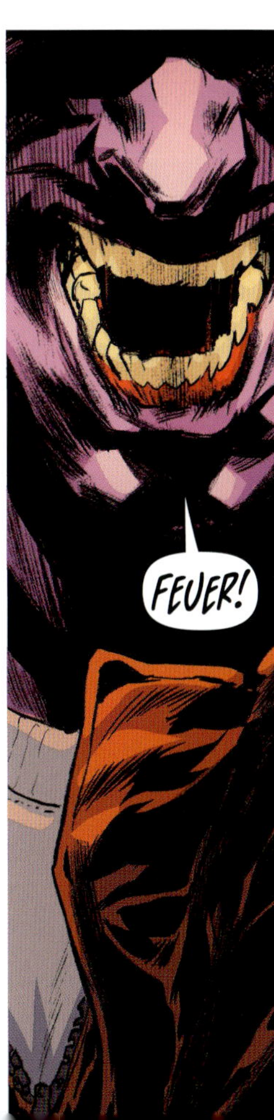
FEUER!

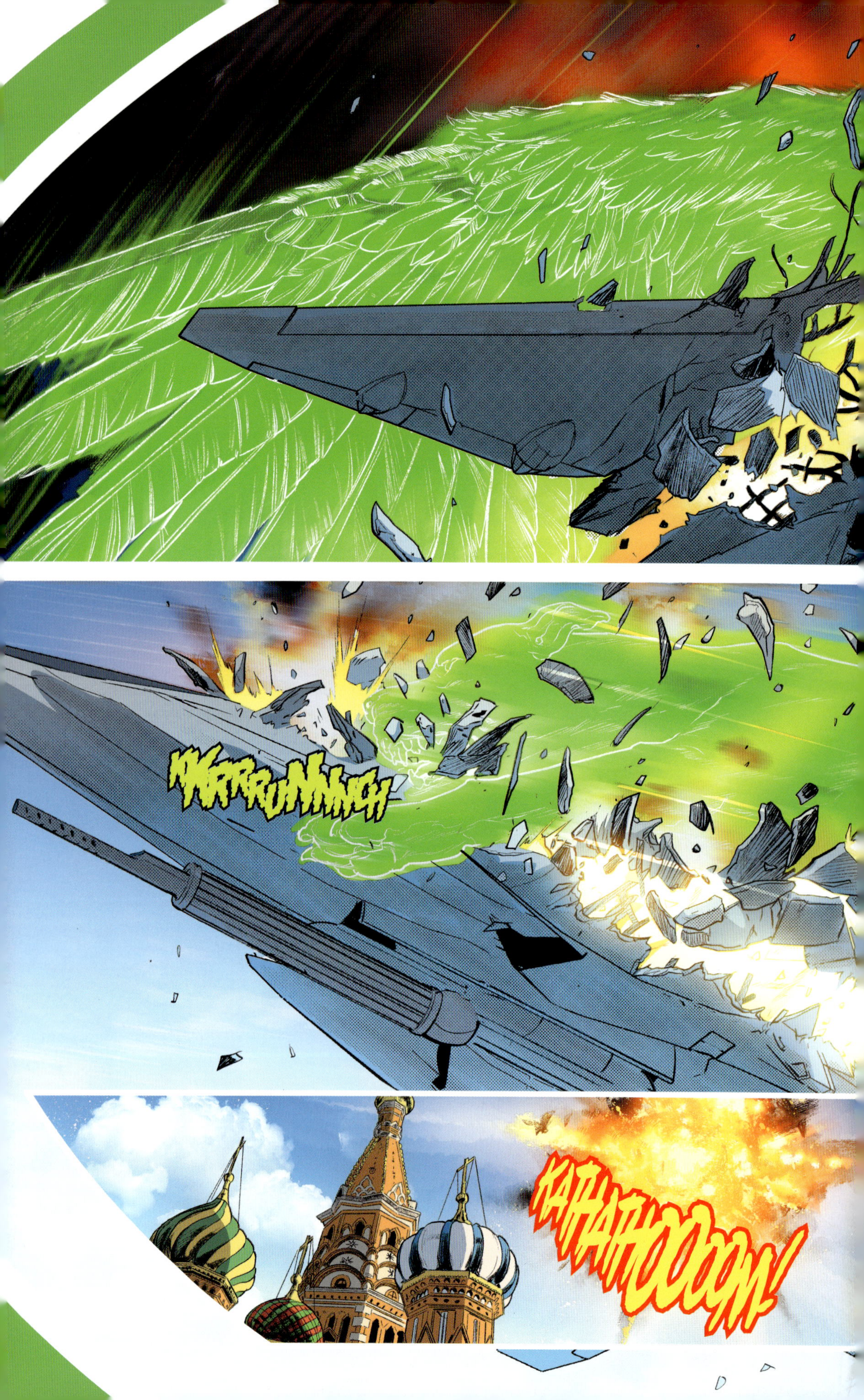
KWRRRUNNNCH
KATHATHOOOOM!

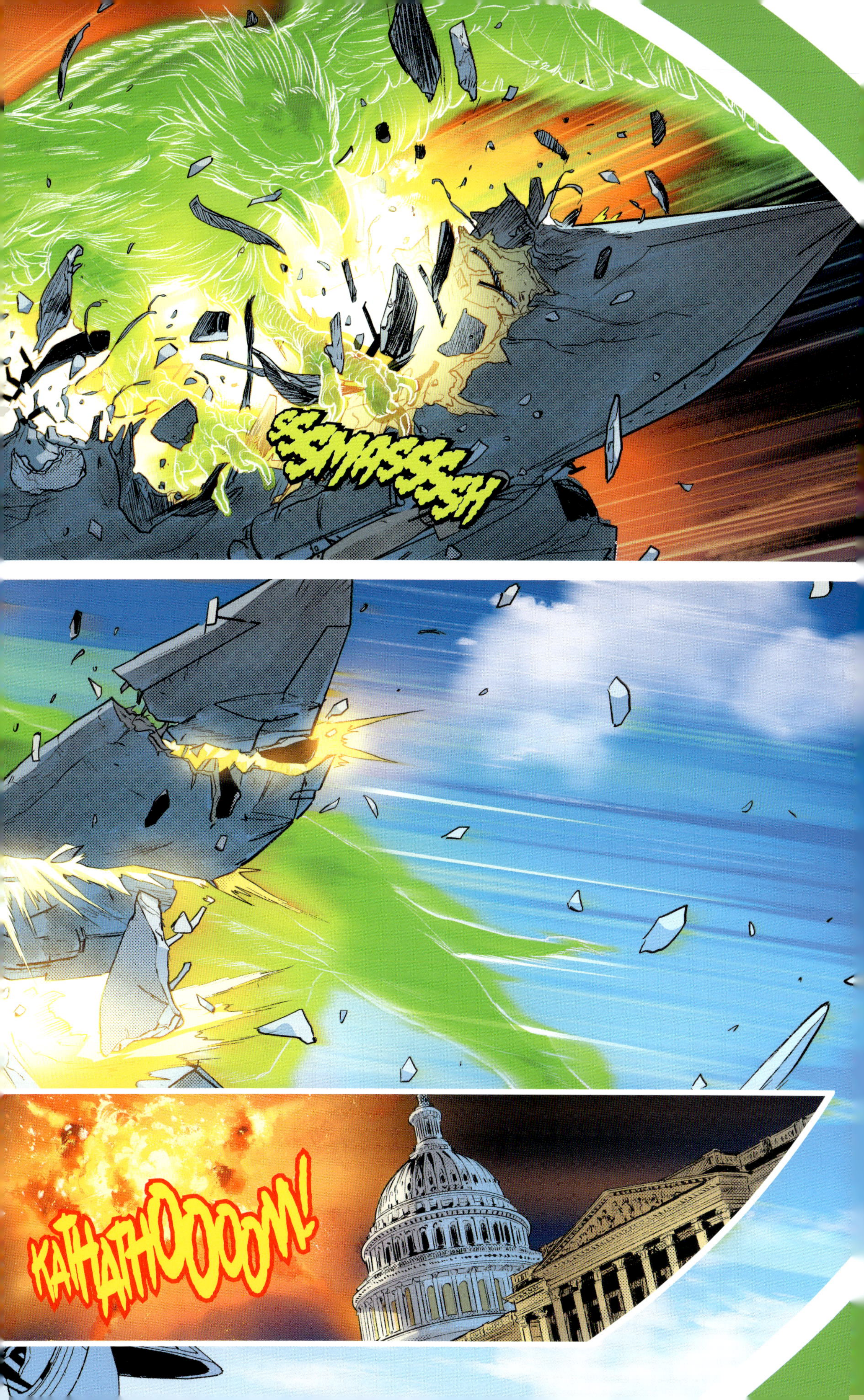
SSMASSSSH
KATHAPHOOOOOM!

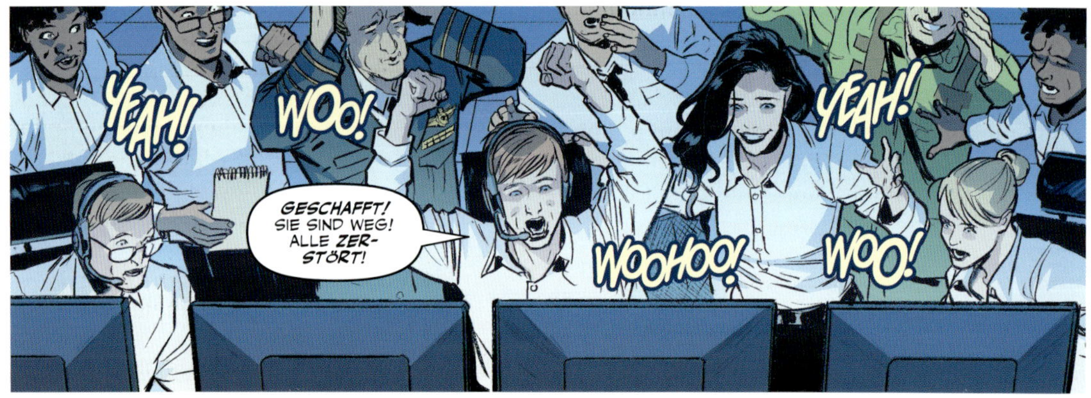
YEAH!
WOO!
YEAH!
GESCHAFFT! SIE SIND WEG! ALLE ZERSTÖRT!
WOOHOO!
WOO!

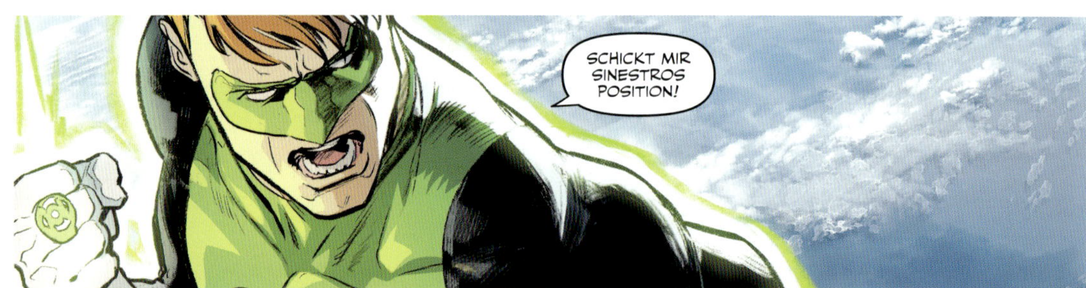
SCHICKT MIR SINESTROS POSITION!

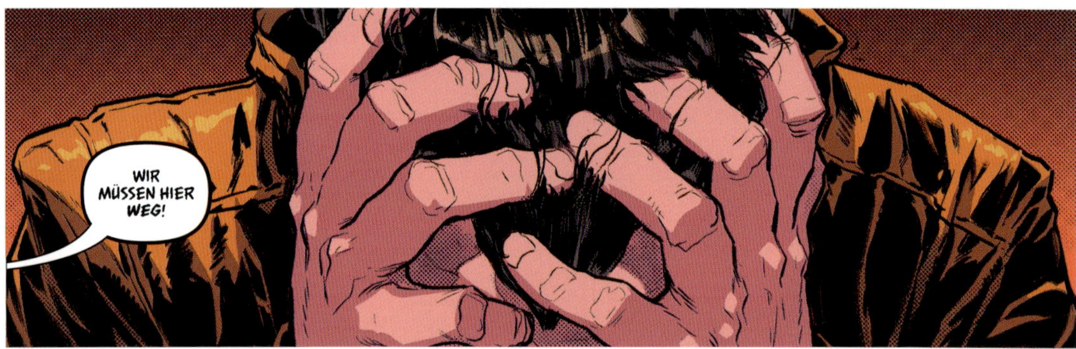
WIR MÜSSEN HIER WEG!

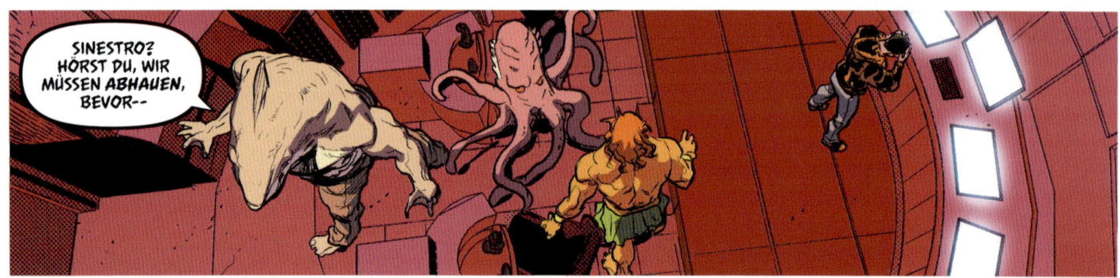
SINESTRO? HÖRST DU, WIR MÜSSEN ABHAUEN, BEVOR--

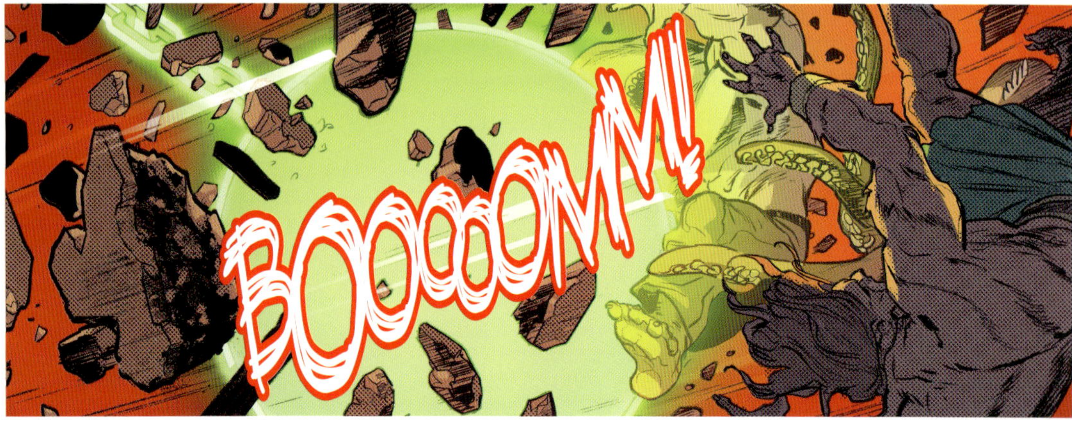
BOOOOOMM!

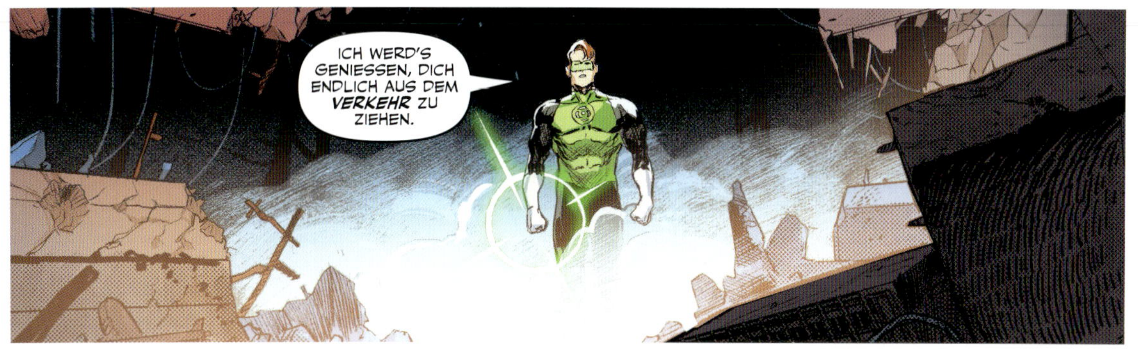
ICH WERD'S GENIESSEN, DICH ENDLICH AUS DEM VERKEHR ZU ZIEHEN.

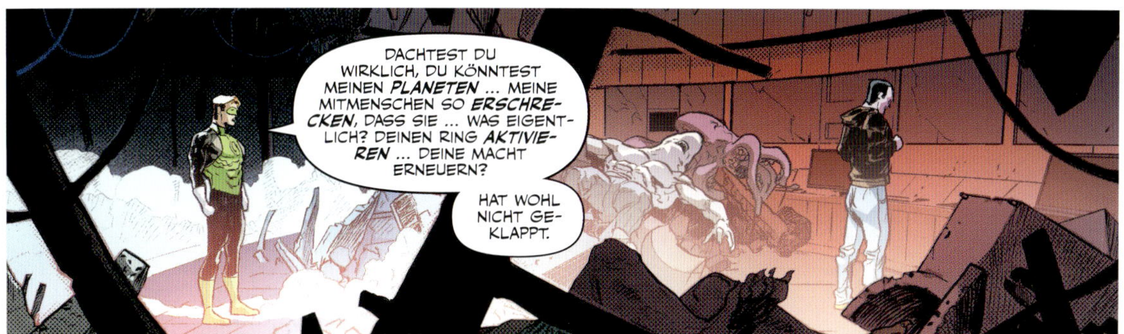
DACHTEST DU WIRKLICH, DU KÖNNTEST MEINEN PLANETEN ... MEINE MITMENSCHEN SO ERSCHRECKEN, DASS SIE ... WAS EIGENTLICH? DEINEN RING AKTIVIEREN ... DEINE MACHT ERNEUERN?
HAT WOHL NICHT GEKLAPPT.

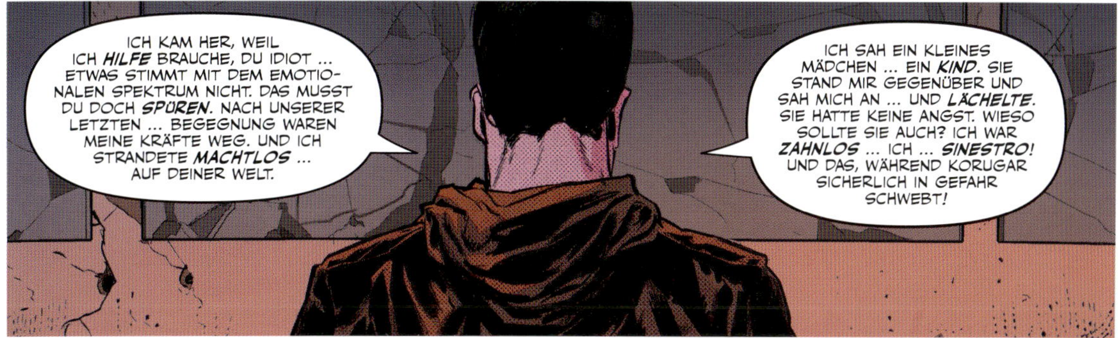
ICH KAM HER, WEIL ICH HILFE BRAUCHE, DU IDIOT ... ETWAS STIMMT MIT DEM EMOTIONALEN SPEKTRUM NICHT. DAS MUSST DU DOCH SPÜREN. NACH UNSERER LETZTEN ... BEGEGNUNG WAREN MEINE KRÄFTE WEG. UND ICH STRANDETE MACHTLOS ... AUF DEINER WELT.
ICH SAH EIN KLEINES MÄDCHEN ... EIN KIND. SIE STAND MIR GEGENÜBER UND SAH MICH AN ... UND LÄCHELTE. SIE HATTE KEINE ANGST. WIESO SOLLTE SIE AUCH? ICH WAR ZAHNLOS ... ICH ... SINESTRO! UND DAS, WÄHREND KORUGAR SICHERLICH IN GEFAHR SCHWEBT!

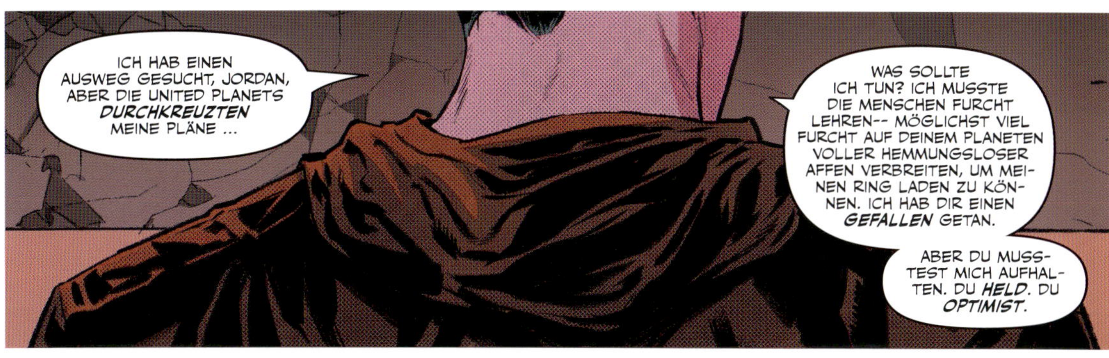
ICH HAB EINEN AUSWEG GESUCHT, JORDAN, ABER DIE UNITED PLANETS DURCHKREUZTEN MEINE PLÄNE ...
WAS SOLLTE ICH TUN? ICH MUSSTE DIE MENSCHEN FURCHT LEHREN-- MÖGLICHST VIEL FURCHT AUF DEINEM PLANETEN VOLLER HEMMUNGSLOSER AFFEN VERBREITEN, UM MEINEN RING LADEN ZU KÖNNEN. ICH HAB DIR EINEN GEFALLEN GETAN.
ABER DU MUSSTEST MICH AUFHALTEN. DU HELD. DU OPTIMIST.

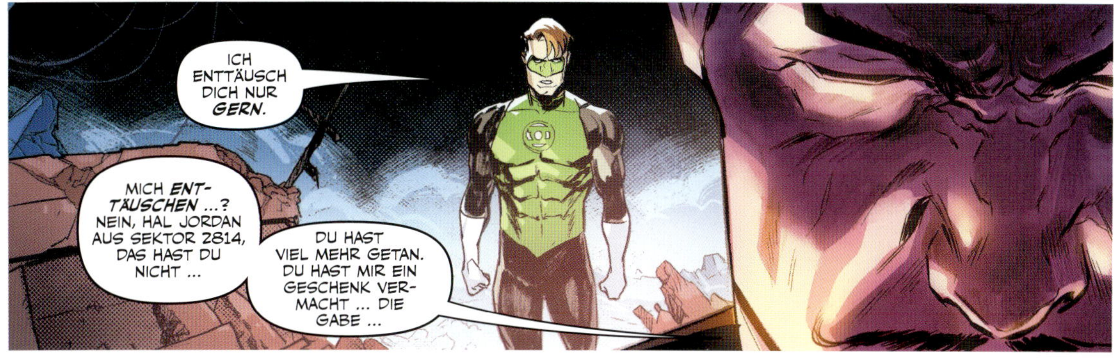
ICH ENTTÄUSCH DICH NUR GERN.
MICH ENTTÄUSCHEN ...? NEIN, HAL JORDAN AUS SEKTOR 2814, DAS HAST DU NICHT ...
DU HAST VIEL MEHR GETAN. DU HAST MIR EIN GESCHENK VERMACHT ... DIE GABE ...

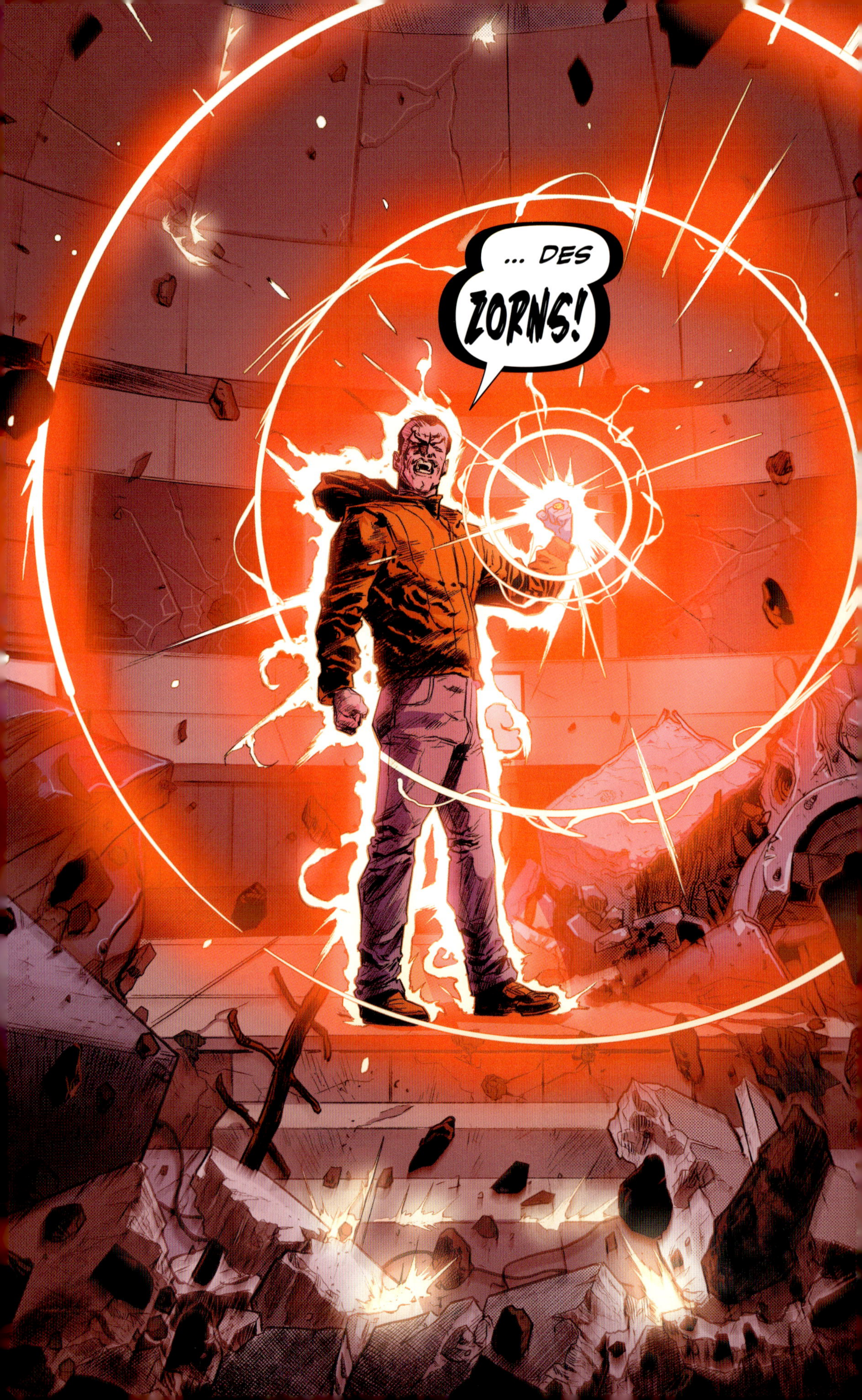
... DES
ZORNS!

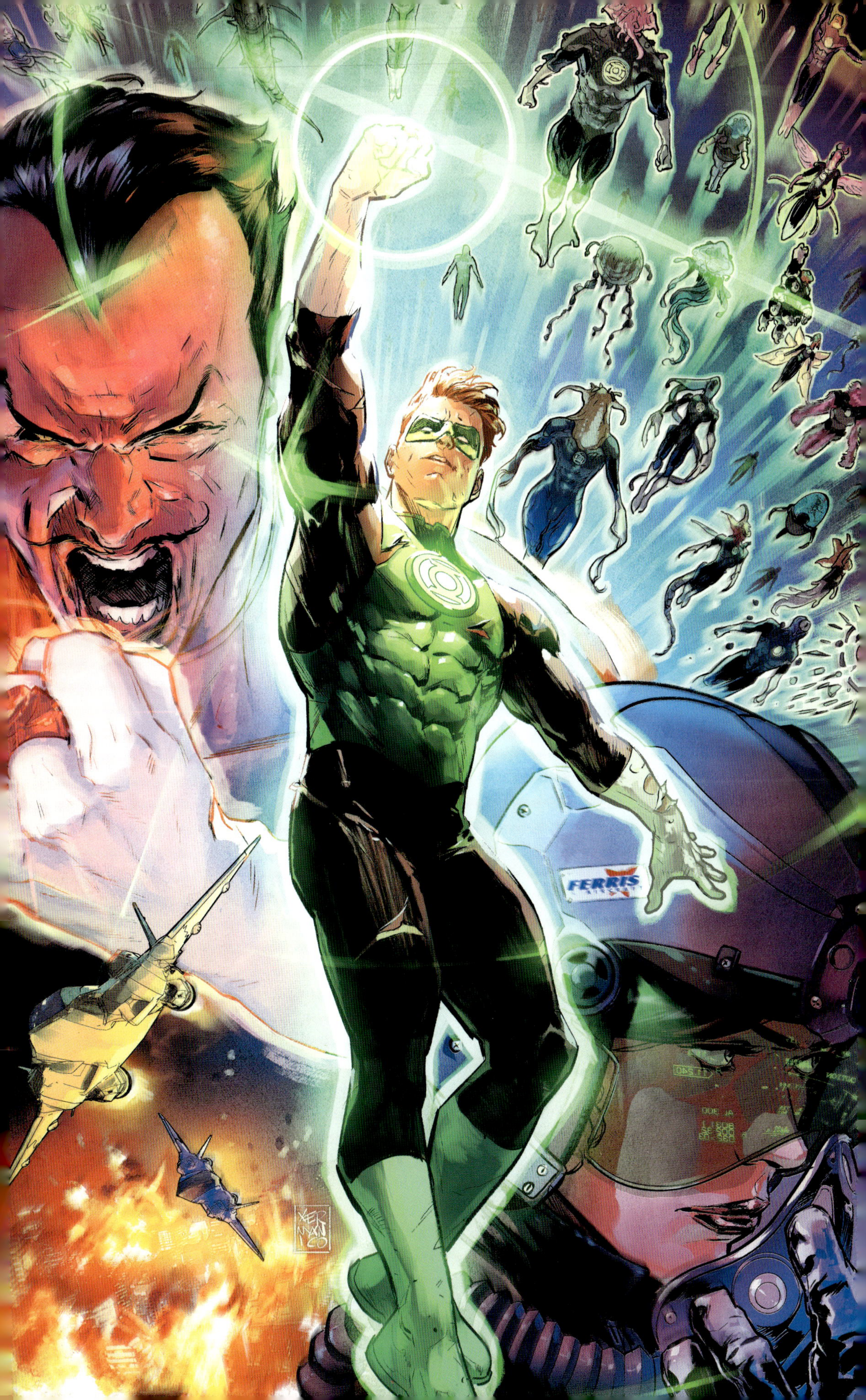
FERRIS

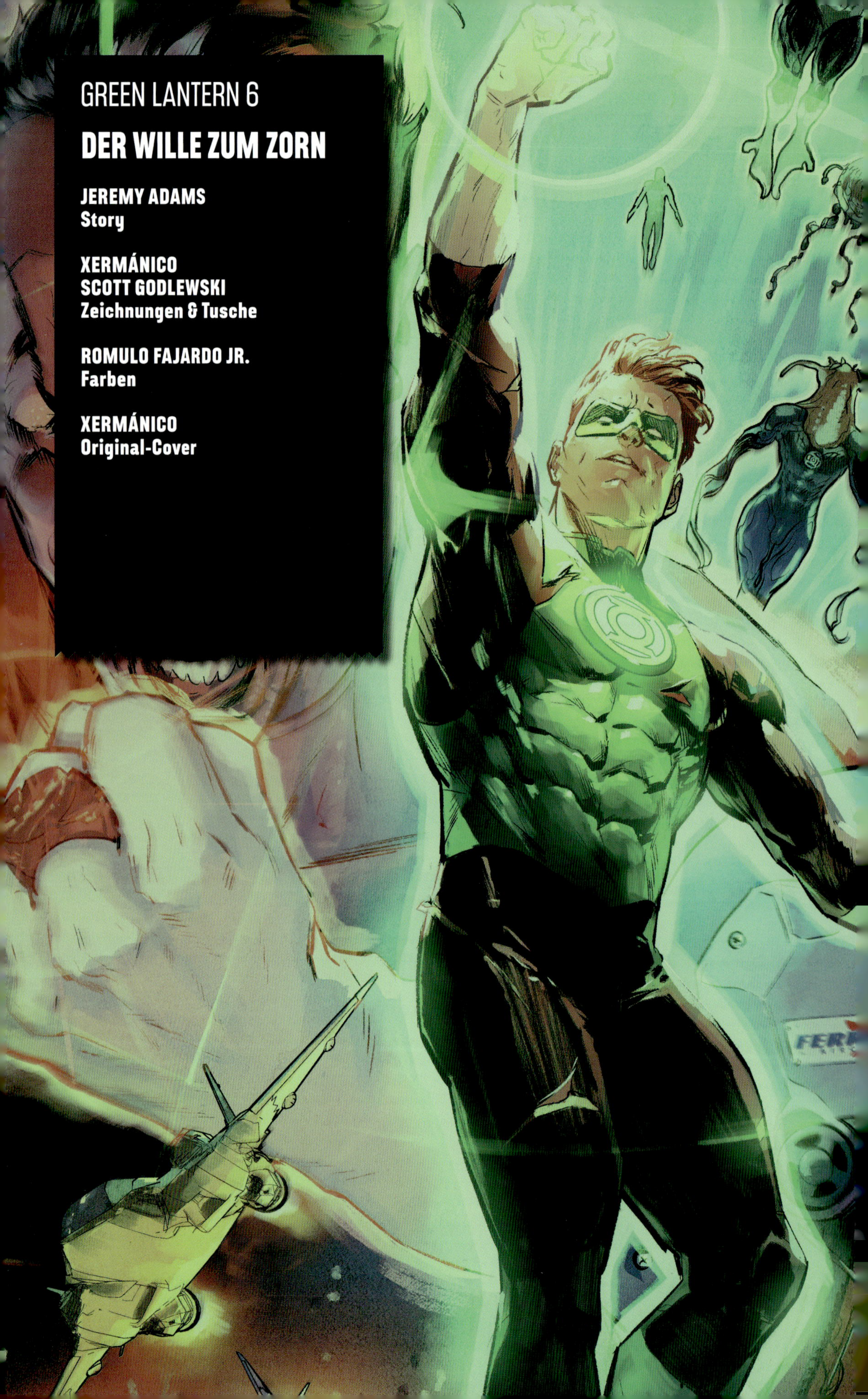

GREEN LANTERN 6

DER WILLE ZUM ZORN

JEREMY ADAMS
Story

XERMÁNICO
SCOTT GODLEWSKI
Zeichnungen & Tusche

ROMULO FAJARDO JR.
Farben

XERMÁNICO
Original-Cover

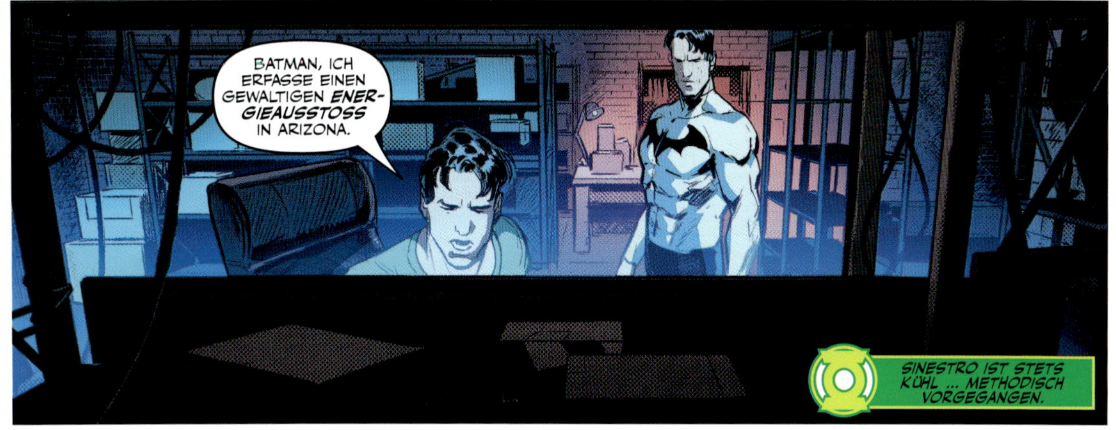
BATMAN, ICH ERFASSE EINEN GEWALTIGEN ENERGIEAUSSTOSS IN ARIZONA.
SINESTRO IST STETS KÜHL ... METHODISCH VORGEGANGEN.

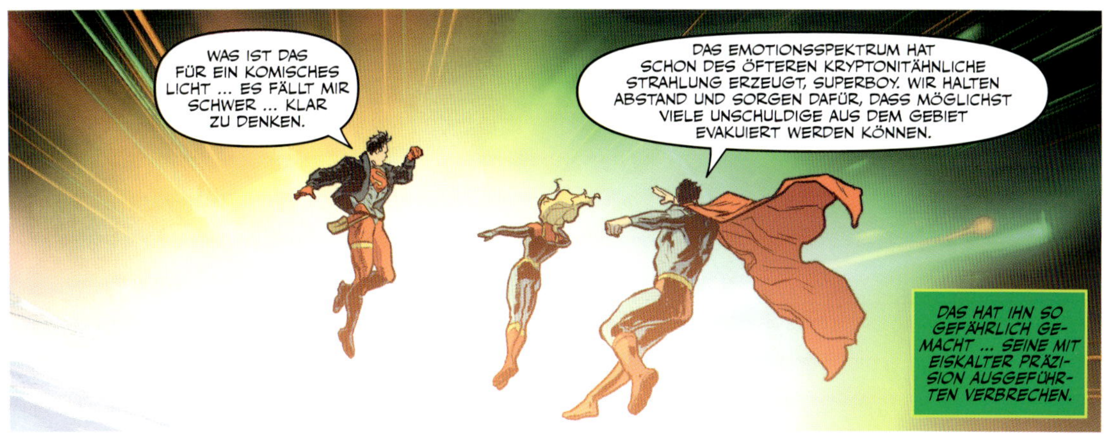
WAS IST DAS FÜR EIN KOMISCHES LICHT ... ES FÄLLT MIR SCHWER ... KLAR ZU DENKEN.
DAS EMOTIONSSPEKTRUM HAT SCHON DES ÖFTEREN KRYPTONITÄHNLICHE STRAHLUNG ERZEUGT, SUPERBOY. WIR HALTEN ABSTAND UND SORGEN DAFÜR, DASS MÖGLICHST VIELE UNSCHULDIGE AUS DEM GEBIET EVAKUIERT WERDEN KÖNNEN.
DAS HAT IHN SO GEFÄHRLICH GEMACHT ... SEINE MIT EISKALTER PRÄZISION AUSGEFÜHRTEN VERBRECHEN.

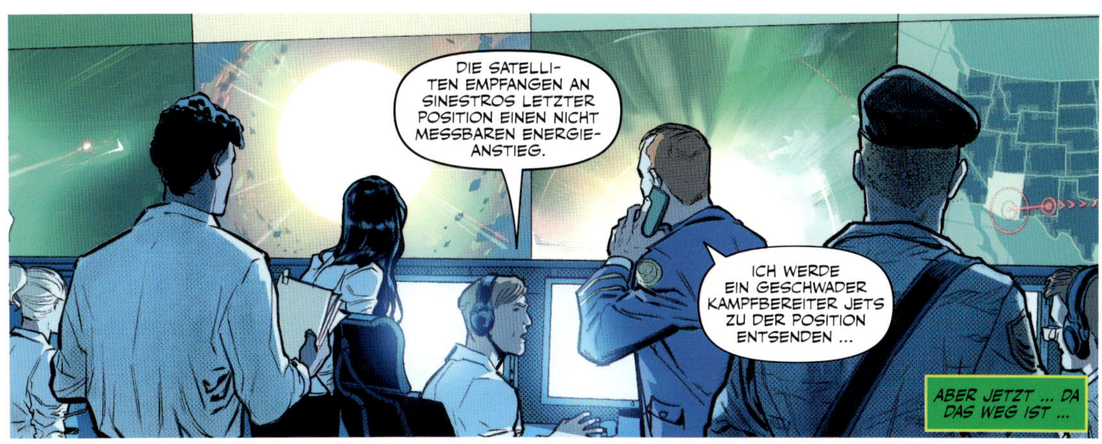
DIE SATELLITEN EMPFANGEN AN SINESTROS LETZTER POSITION EINEN NICHT MESSBAREN ENERGIEANSTIEG.
ICH WERDE EIN GESCHWADER KAMPFBEREITER JETS ZU DER POSITION ENTSENDEN ...
ABER JETZT ... DA DAS WEG IST ...

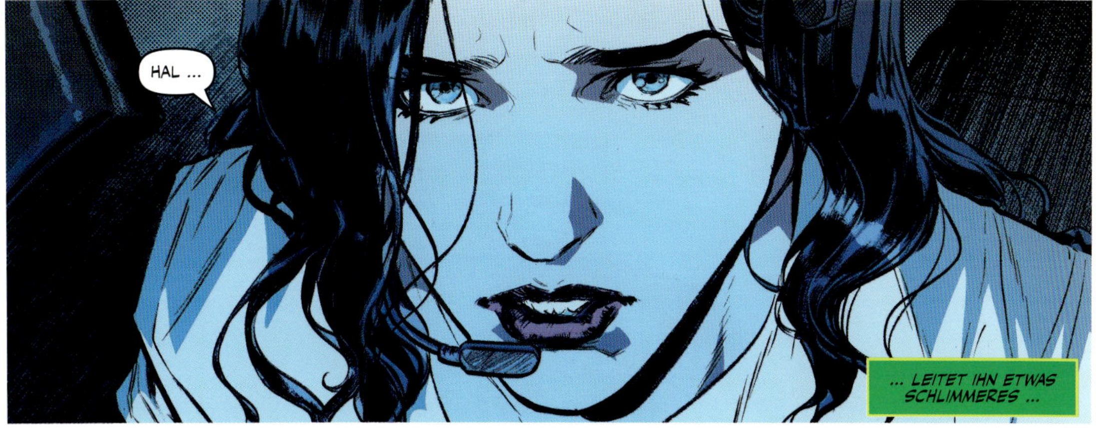
HAL ...
... LEITET IHN ETWAS SCHLIMMERES ...

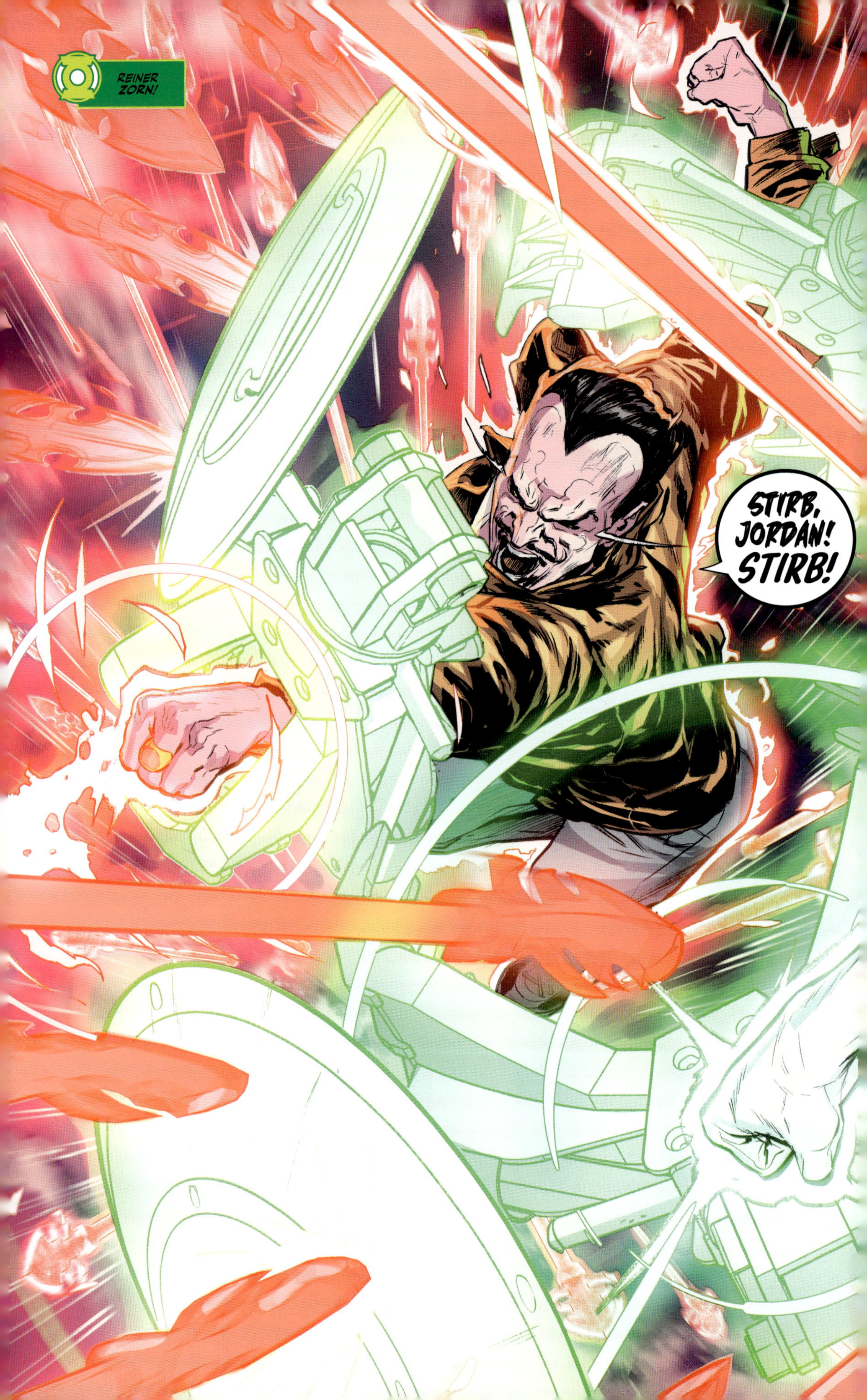
REINER ZORN!
STIRB, JORDAN! STIRB!

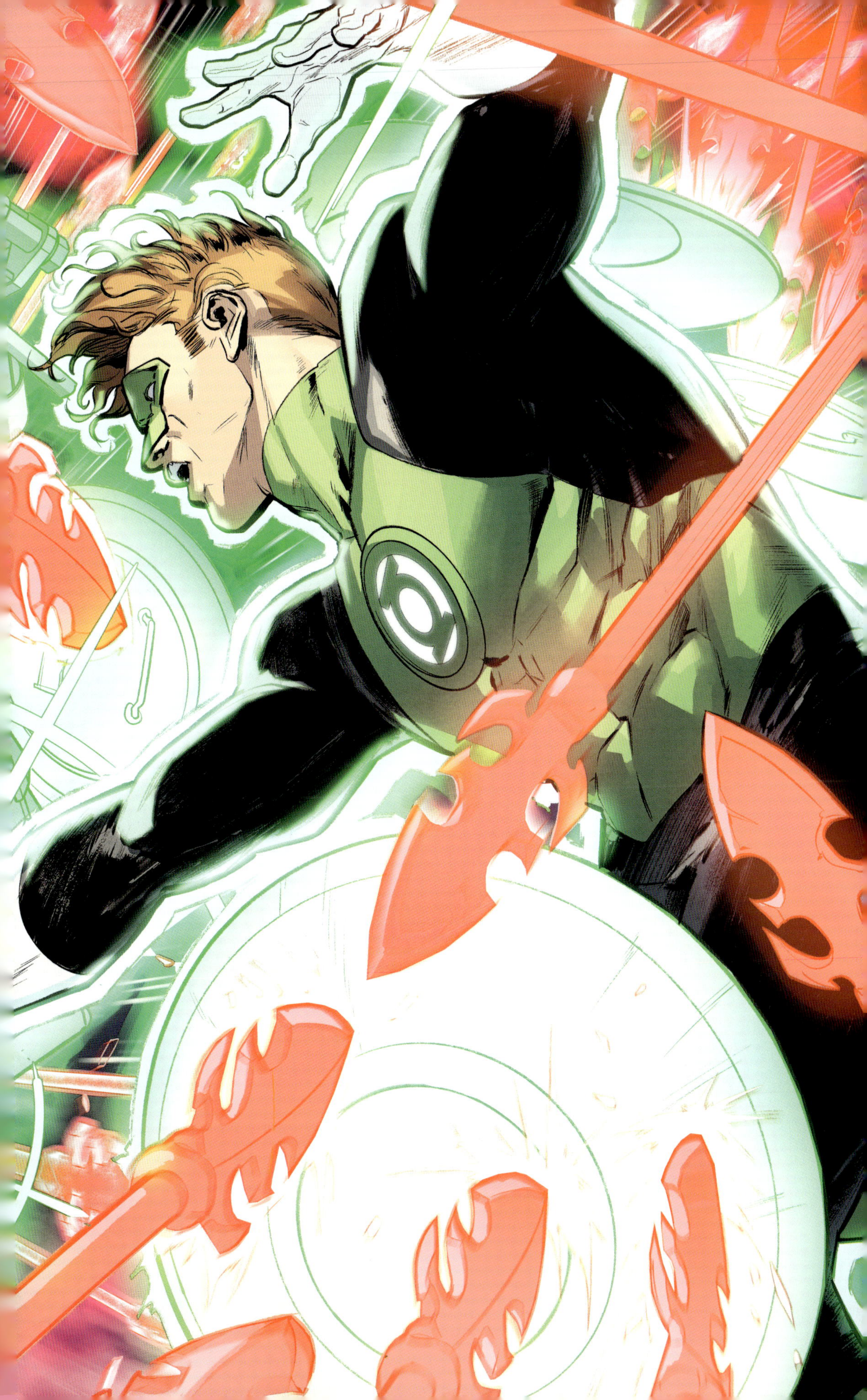

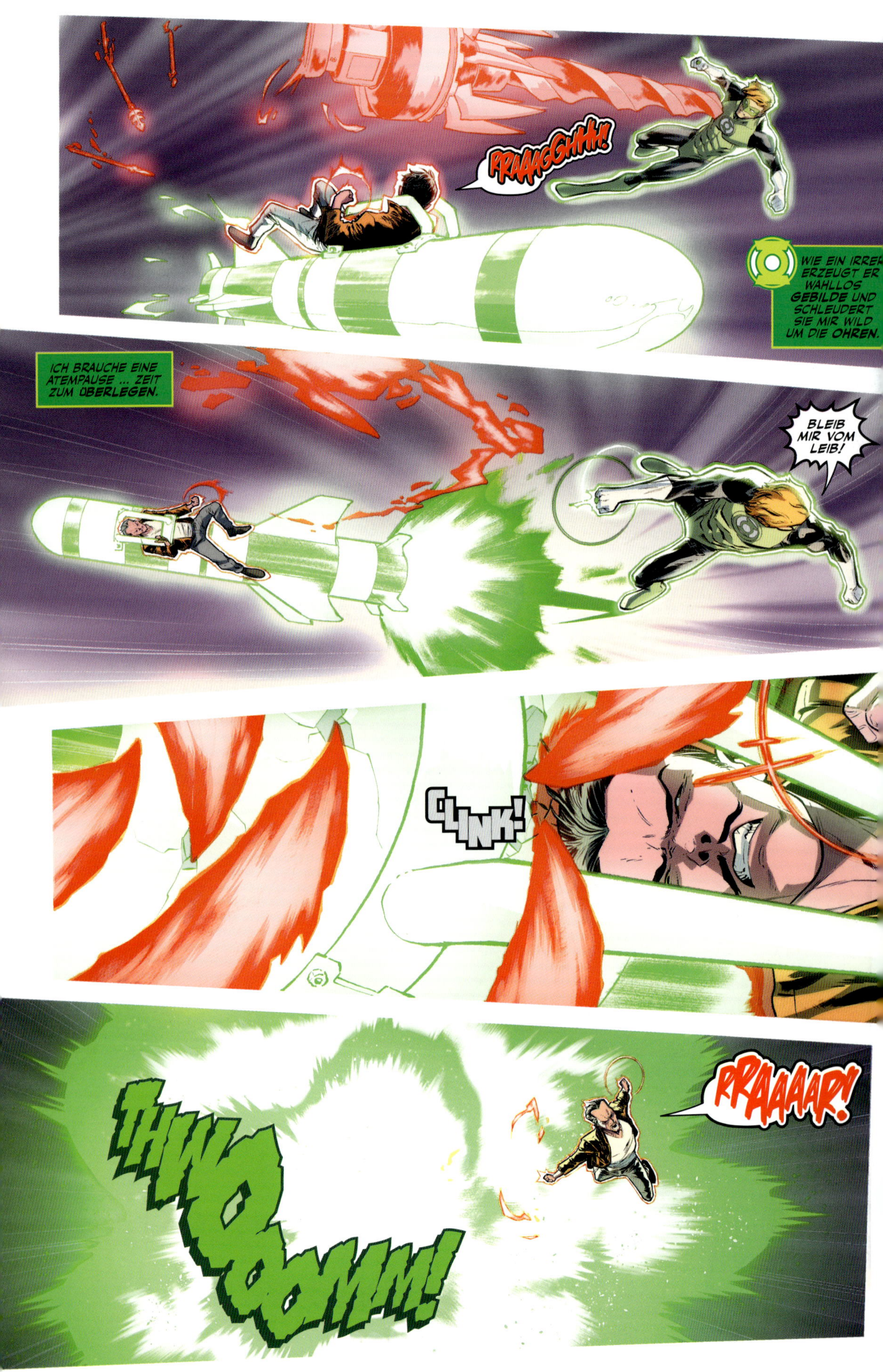
PRAAAGGHHH!
WIE EIN IRRER ERZEUGT ER WAHLLOS GEBILDE UND SCHLEUDERT SIE MIR WILD UM DIE OHREN.
ICH BRAUCHE EINE ATEMPAUSE ... ZEIT ZUM ÜBERLEGEN.
BLEIB MIR VOM LEIB!
CLINK!
THWOOOMM!
RRAAAAR!

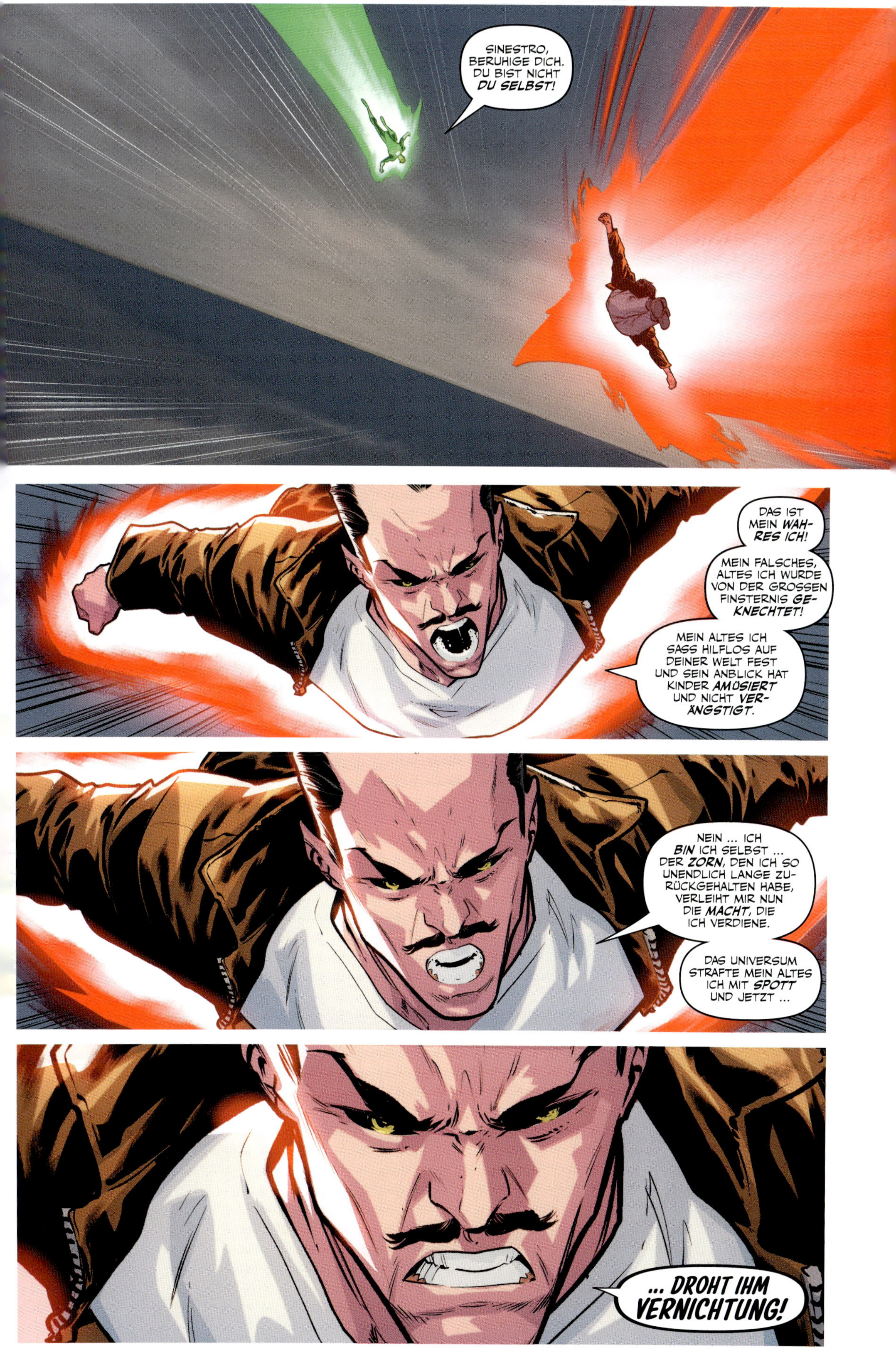

SINESTRO, BERUHIGE DICH. DU BIST NICHT DU SELBST!

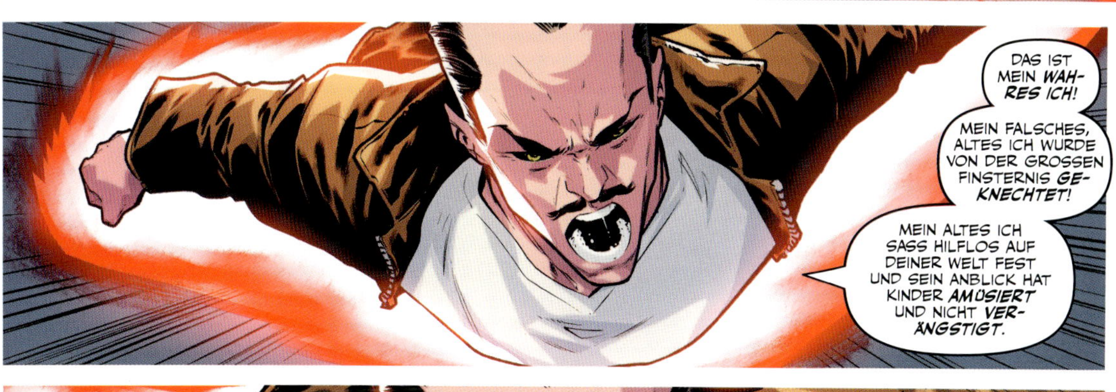
DAS IST MEIN WAHRES ICH!
MEIN FALSCHES, ALTES ICH WURDE VON DER GROSSEN FINSTERNIS GEKNECHTET!
MEIN ALTES ICH SASS HILFLOS AUF DEINER WELT FEST UND SEIN ANBLICK HAT KINDER AMÜSIERT UND NICHT VERÄNGSTIGT.

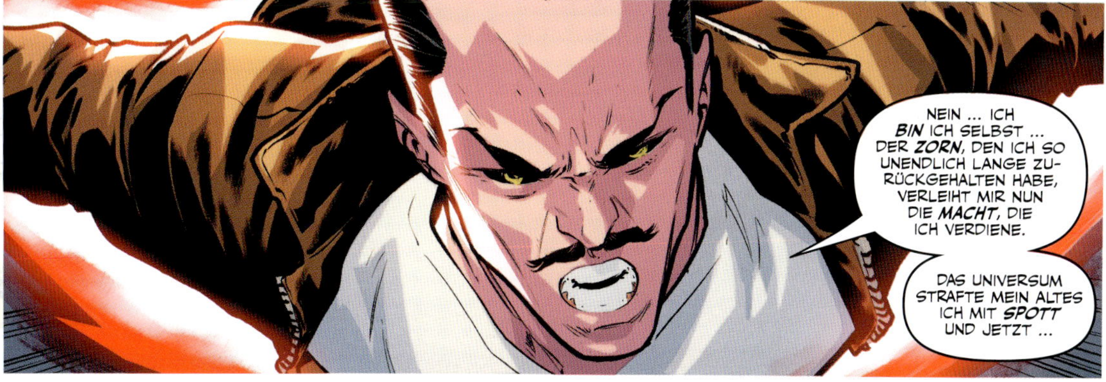
NEIN ... ICH BIN ICH SELBST ... DER ZORN, DEN ICH SO UNENDLICH LANGE ZURÜCKGEHALTEN HABE, VERLEIHT MIR NUN DIE MACHT, DIE ICH VERDIENE.
DAS UNIVERSUM STRAFTE MEIN ALTES ICH MIT SPOTT UND JETZT ...

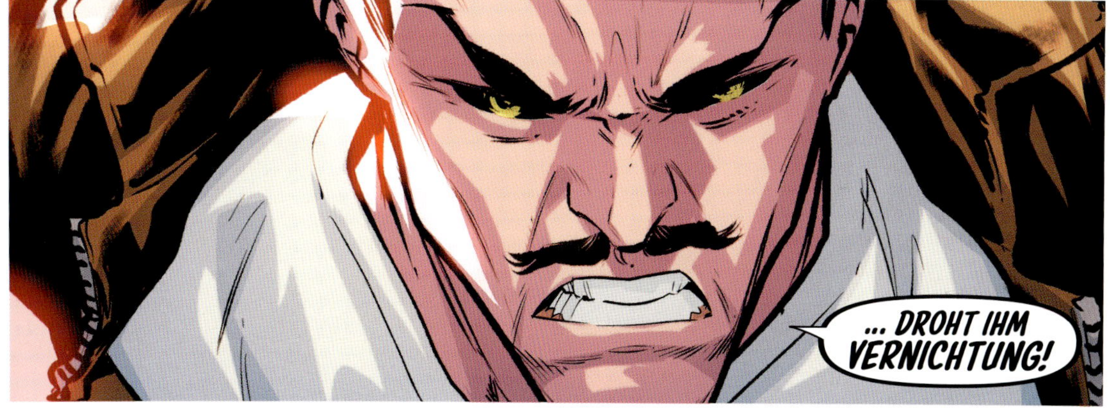
... DROHT IHM VERNICHTUNG!

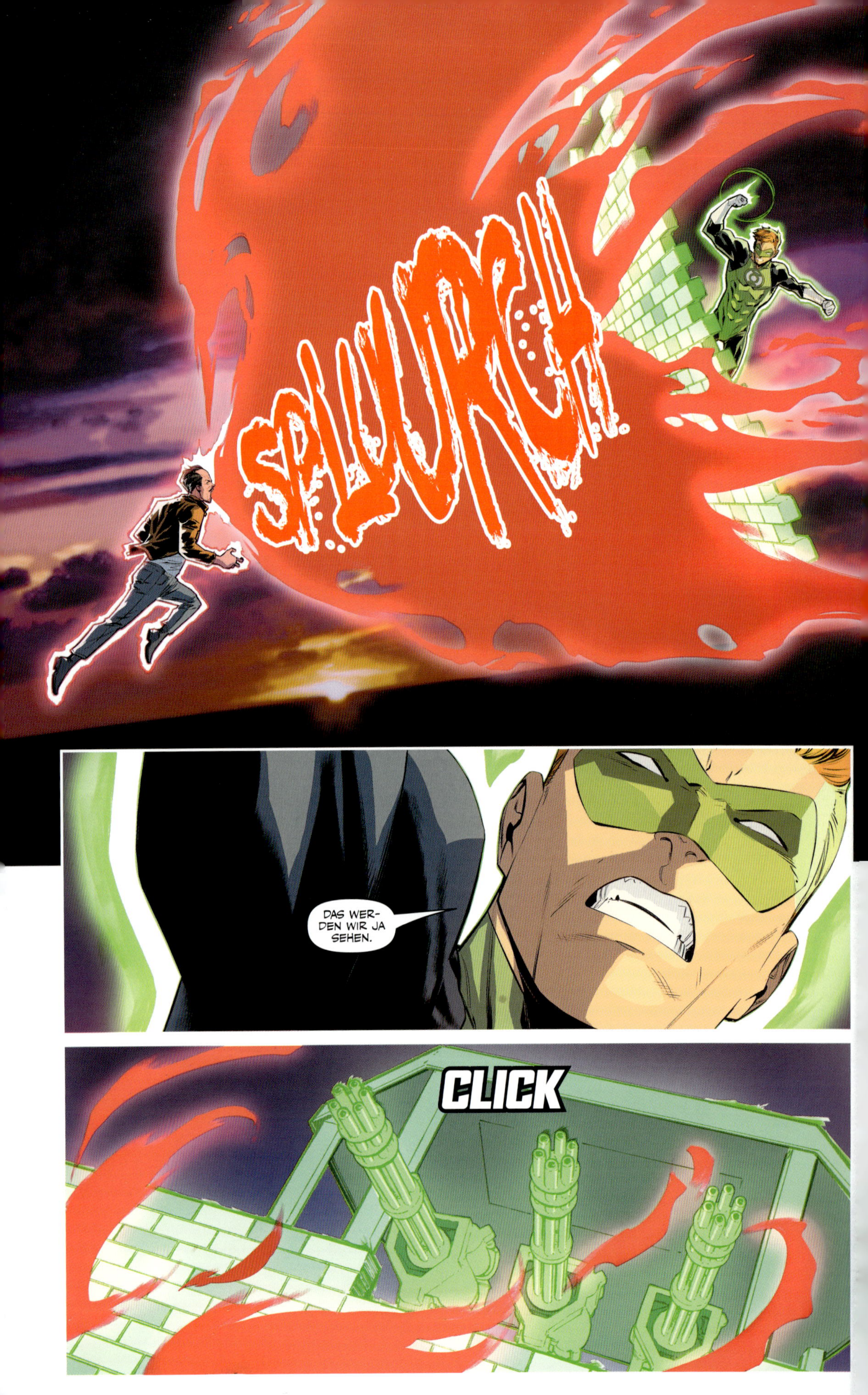

SPLUURCH

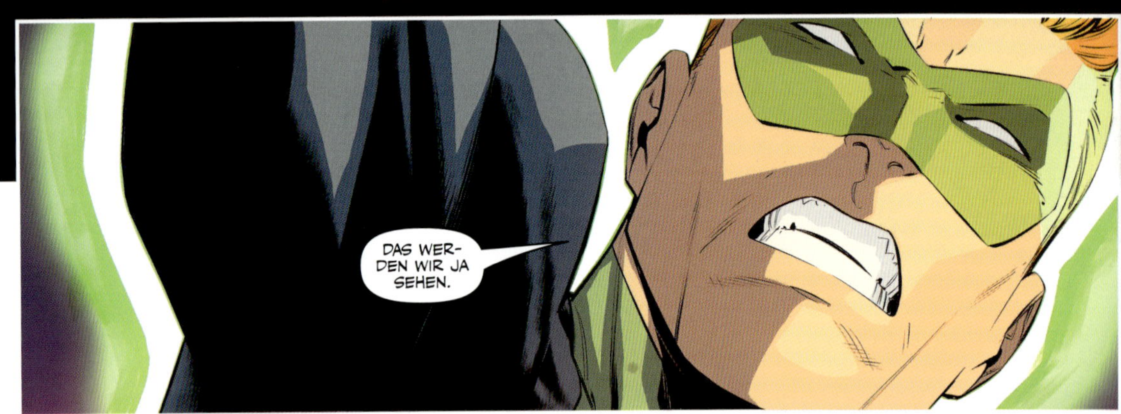
DAS WERDEN WIR JA SEHEN.

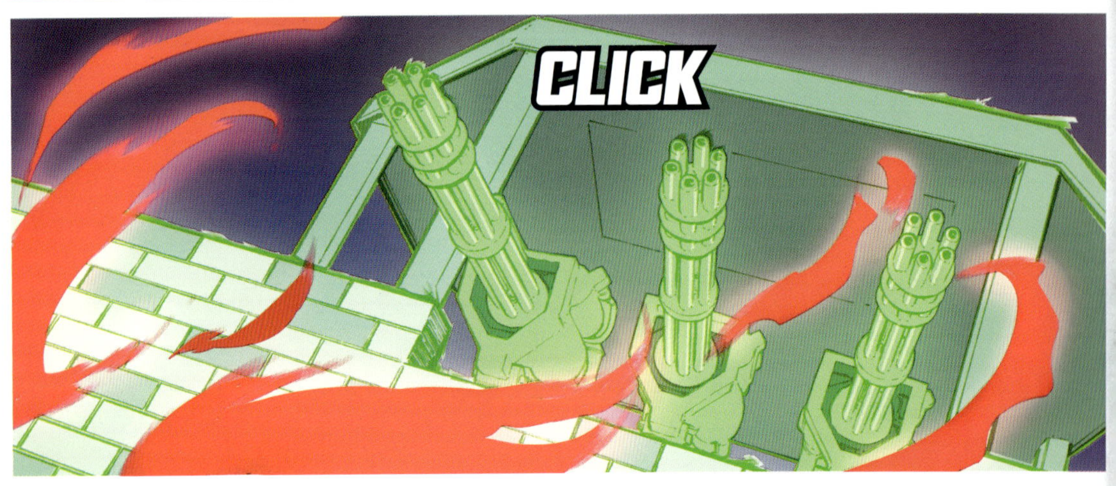
CLICK

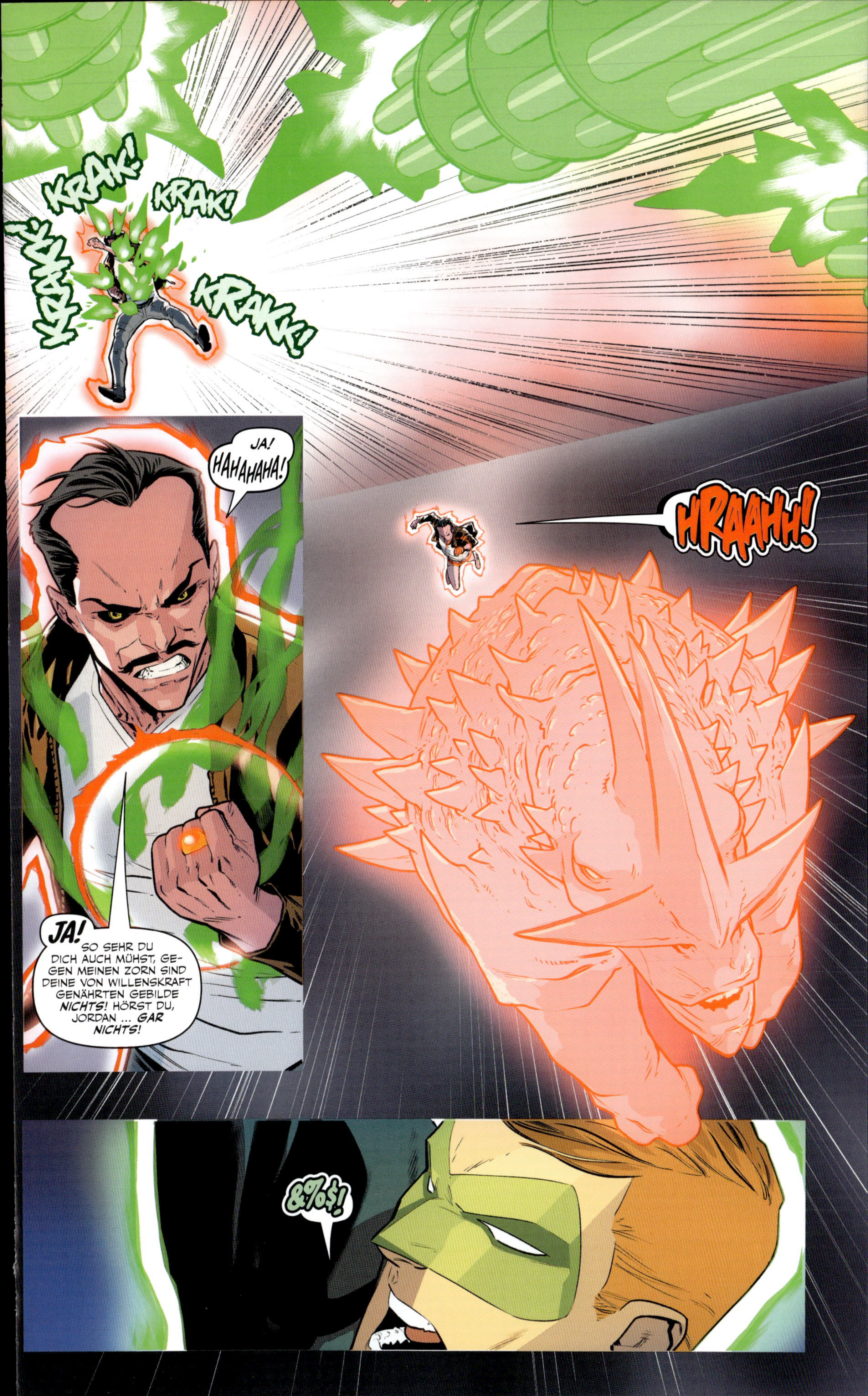

KRAK!
KRAK!
KRAKK!
KRAKK!
JA! HAHAHAHA!
HRAAHH!
JA! SO SEHR DU DICH AUCH MÜHST, GEGEN MEINEN ZORN SIND DEINE VON WILLENSKRAFT GENÄHRTEN GEBILDE NICHTS! HÖRST DU, JORDAN ... GAR NICHTS!
&%$!

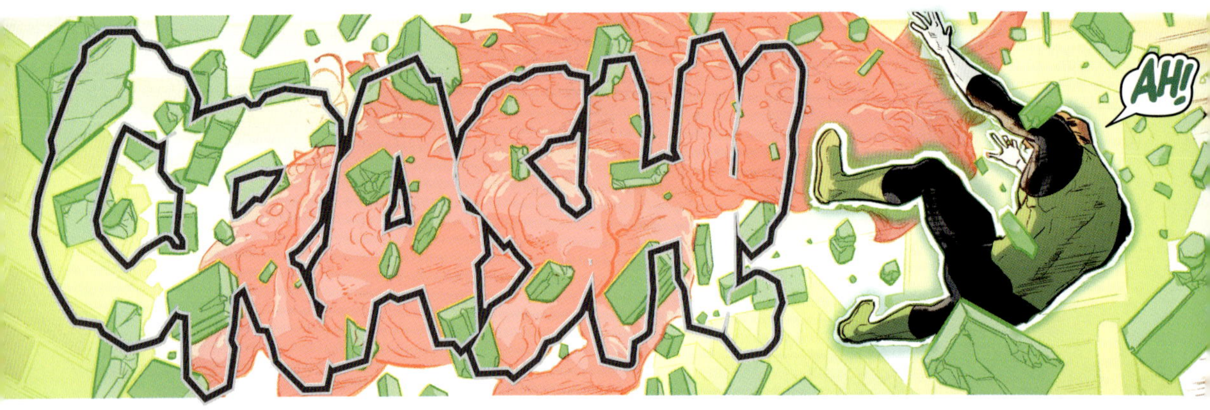
CRASH!
AH!

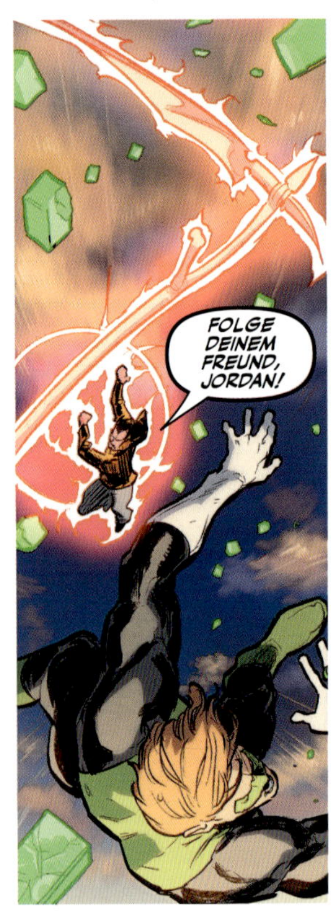
FOLGE DEINEM FREUND, JORDAN!

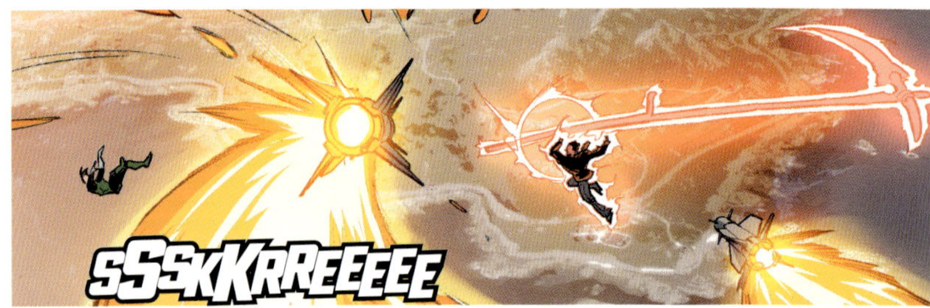
SSSKKRREEEEEE

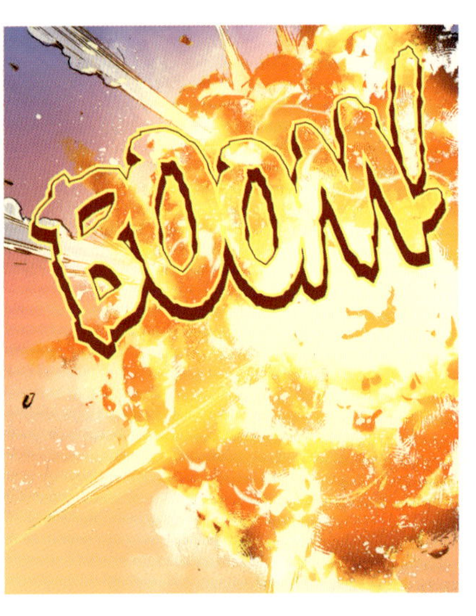
BOOM!

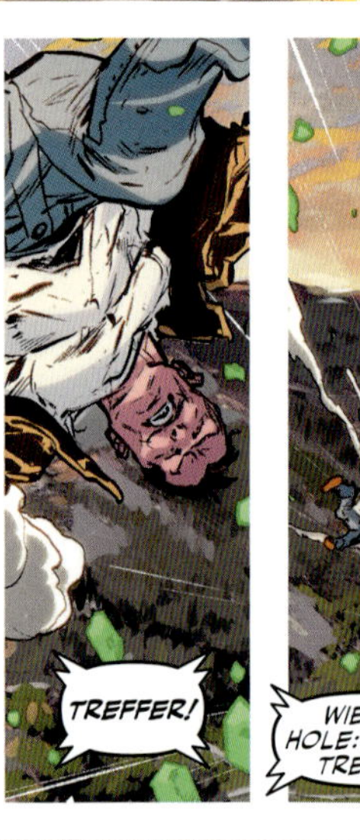
TREFFER!

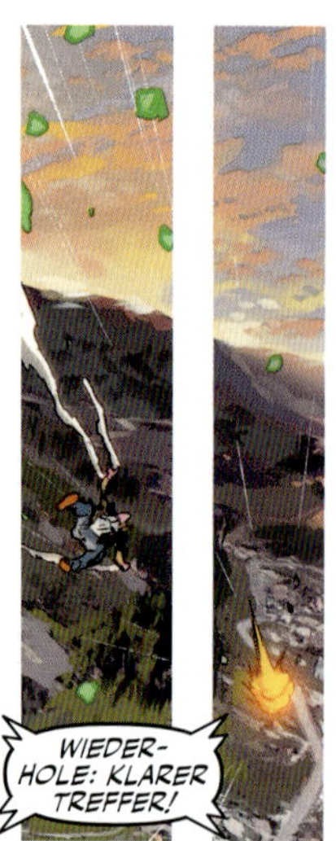
WIEDER-HOLE: KLARER TREFFER!

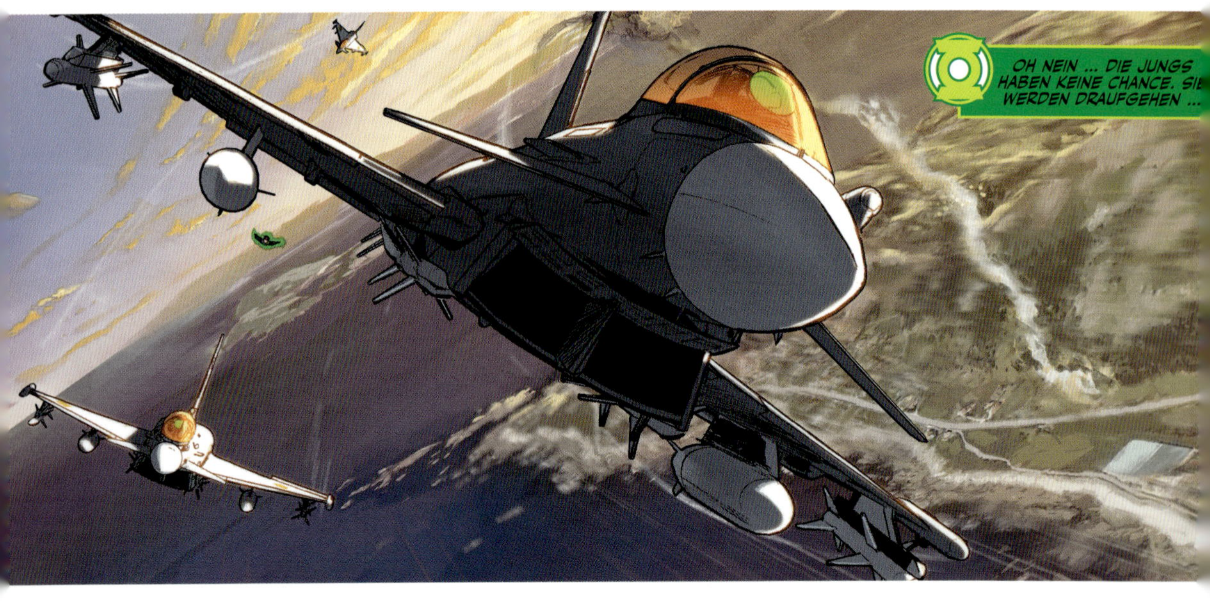
OH NEIN ... DIE JUNGS HABEN KEINE CHANCE. SIE WERDEN DRAUFGEHEN ...

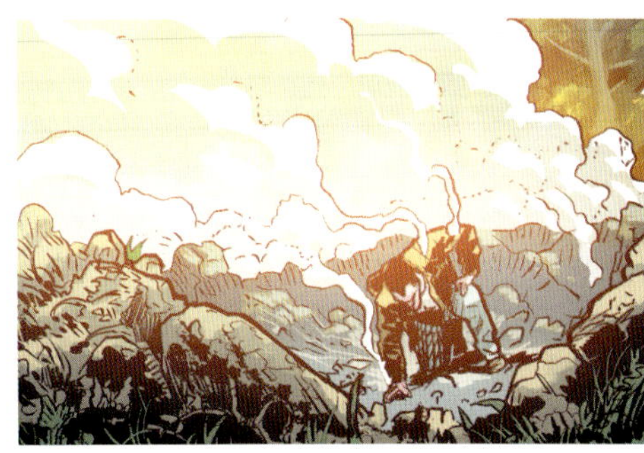
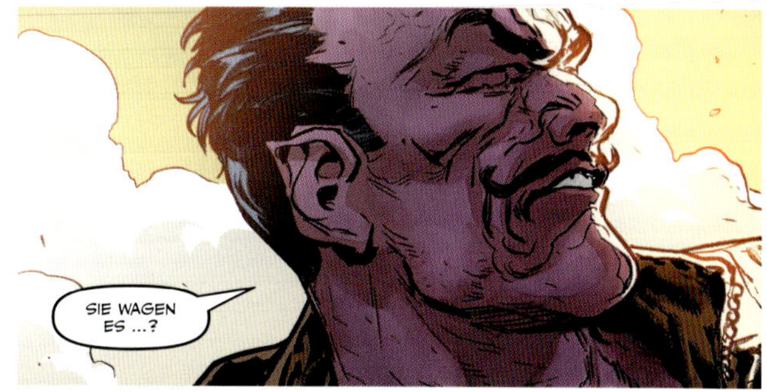
SIE WAGEN ES ...?
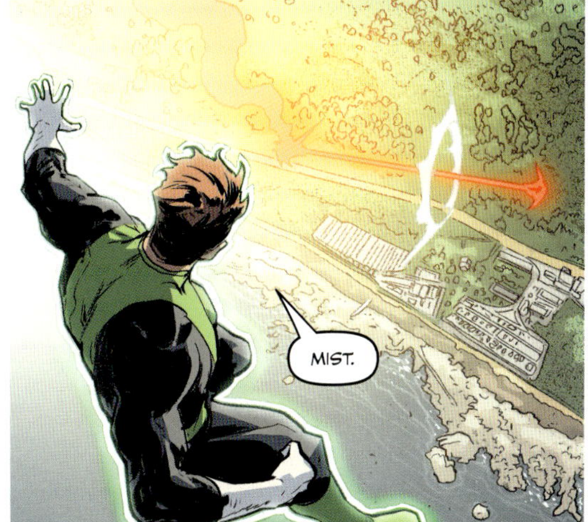
MIST.
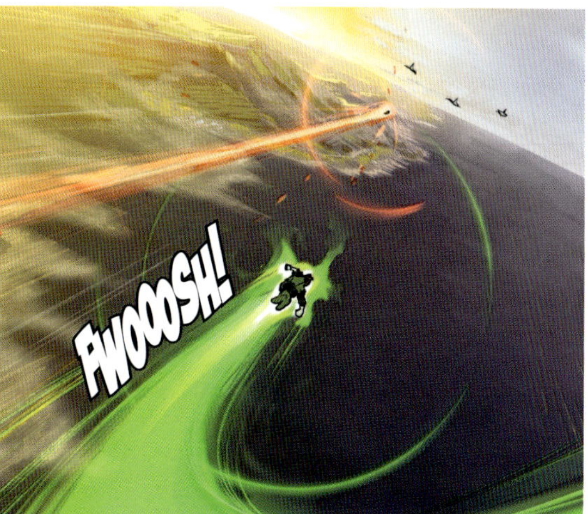
FWOOOSH!
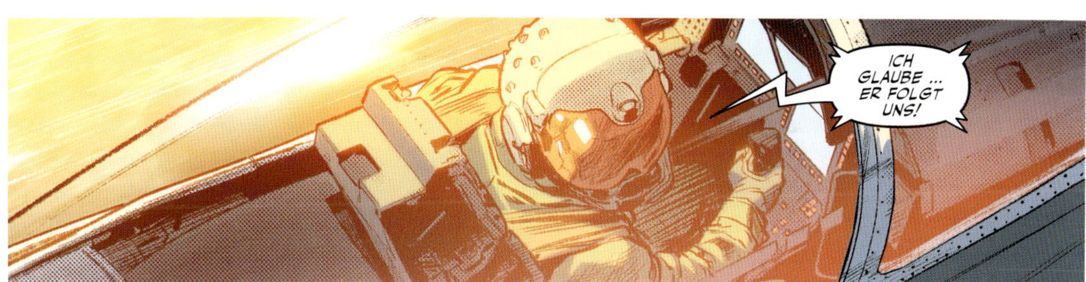
ICH GLAUBE ... ER FOLGT UNS!
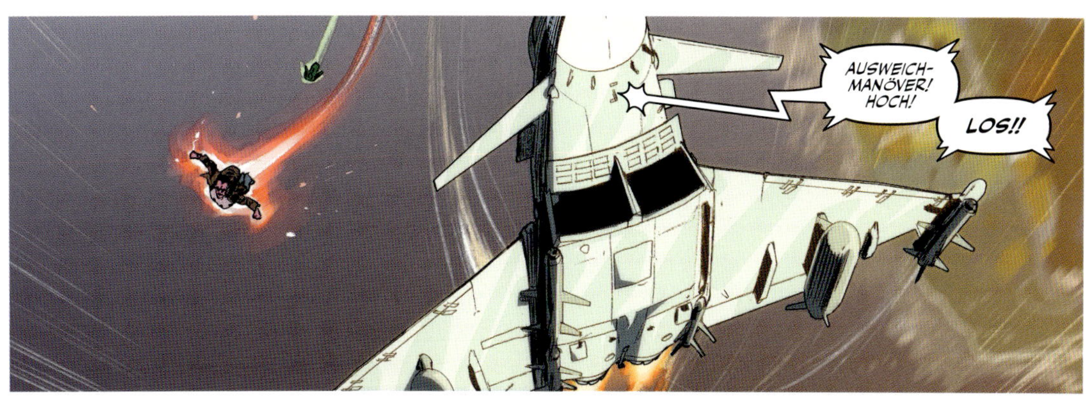
AUSWEICH-MANÖVER! HOCH!
LOS!!
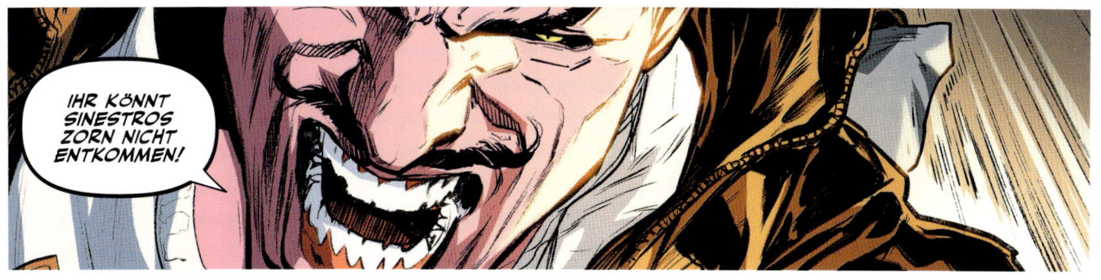
IHR KÖNNT SINESTROS ZORN NICHT ENTKOMMEN!

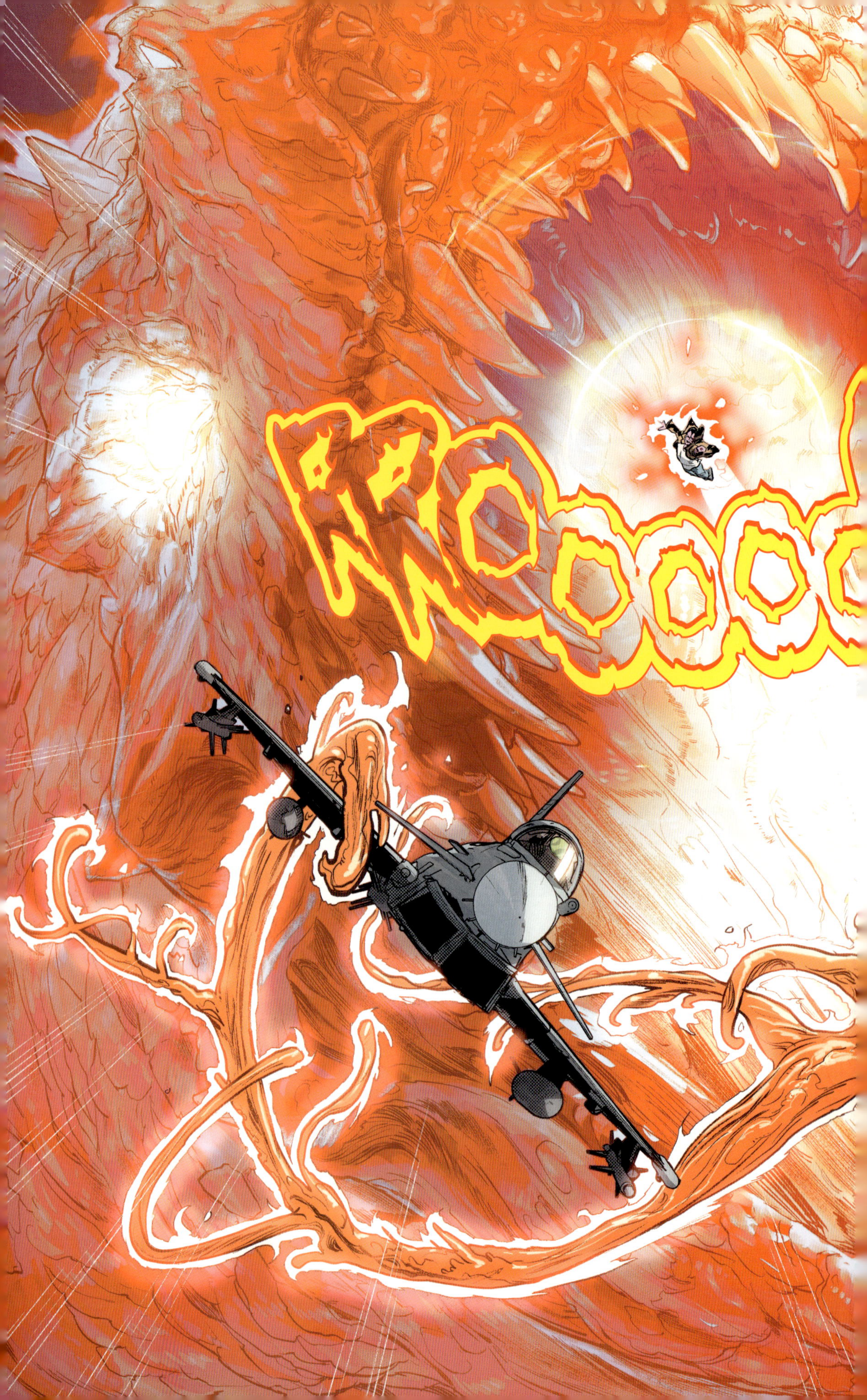
FWOOOOO

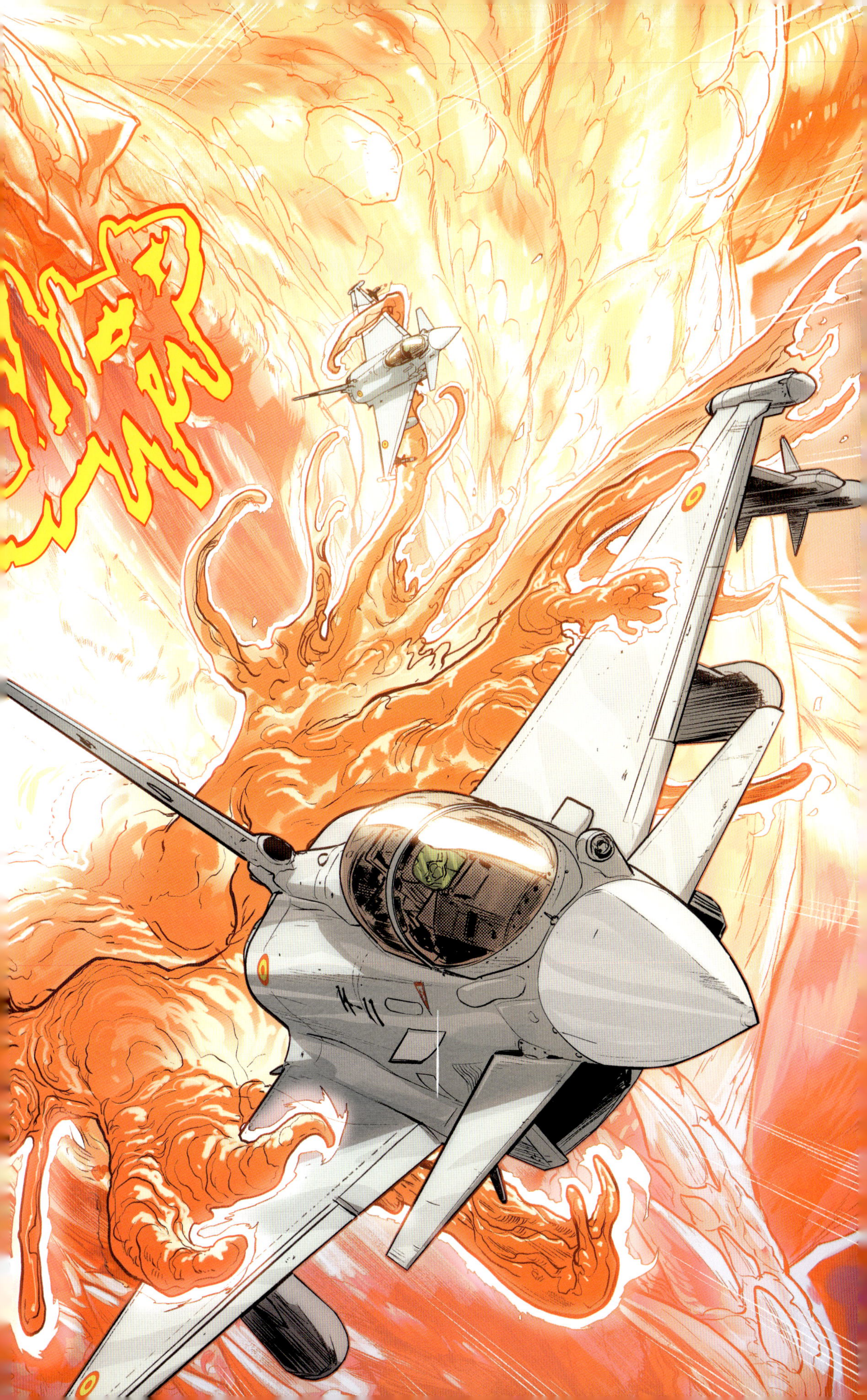

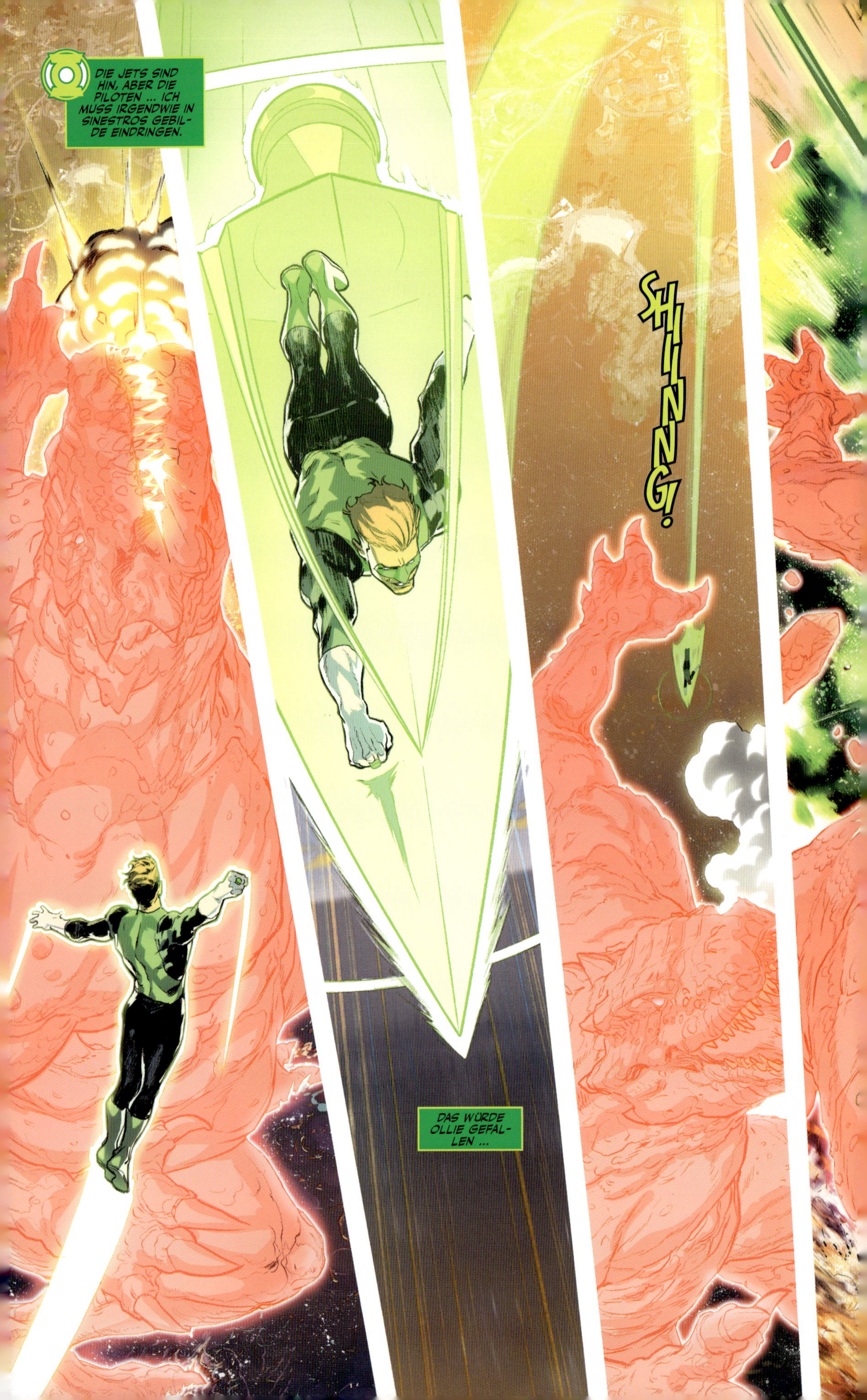
DIE JETS SIND HIN, ABER DIE PILOTEN ... ICH MUSS IRGENDWIE IN SINESTROS GEBILDE EINDRINGEN.
SHIIINNG!
DAS WÜRDE OLLIE GEFALLEN ...

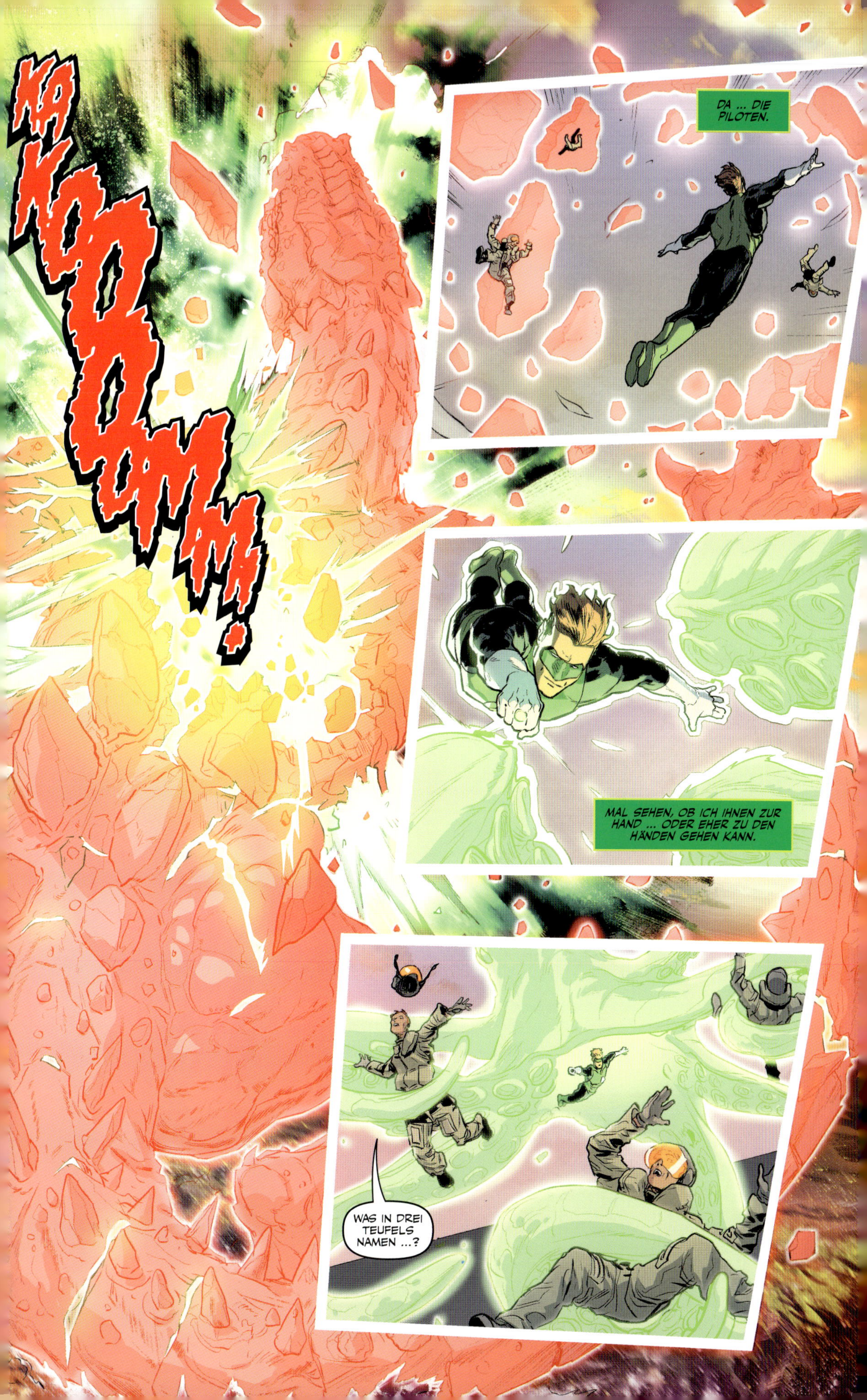
KA-KOOOOMMM!
DA ... DIE PILOTEN.
MAL SEHEN, OB ICH IHNEN ZUR HAND ... ODER EHER ZU DEN HÄNDEN GEHEN KANN.
WAS IN DREI TEUFELS NAMEN ...?

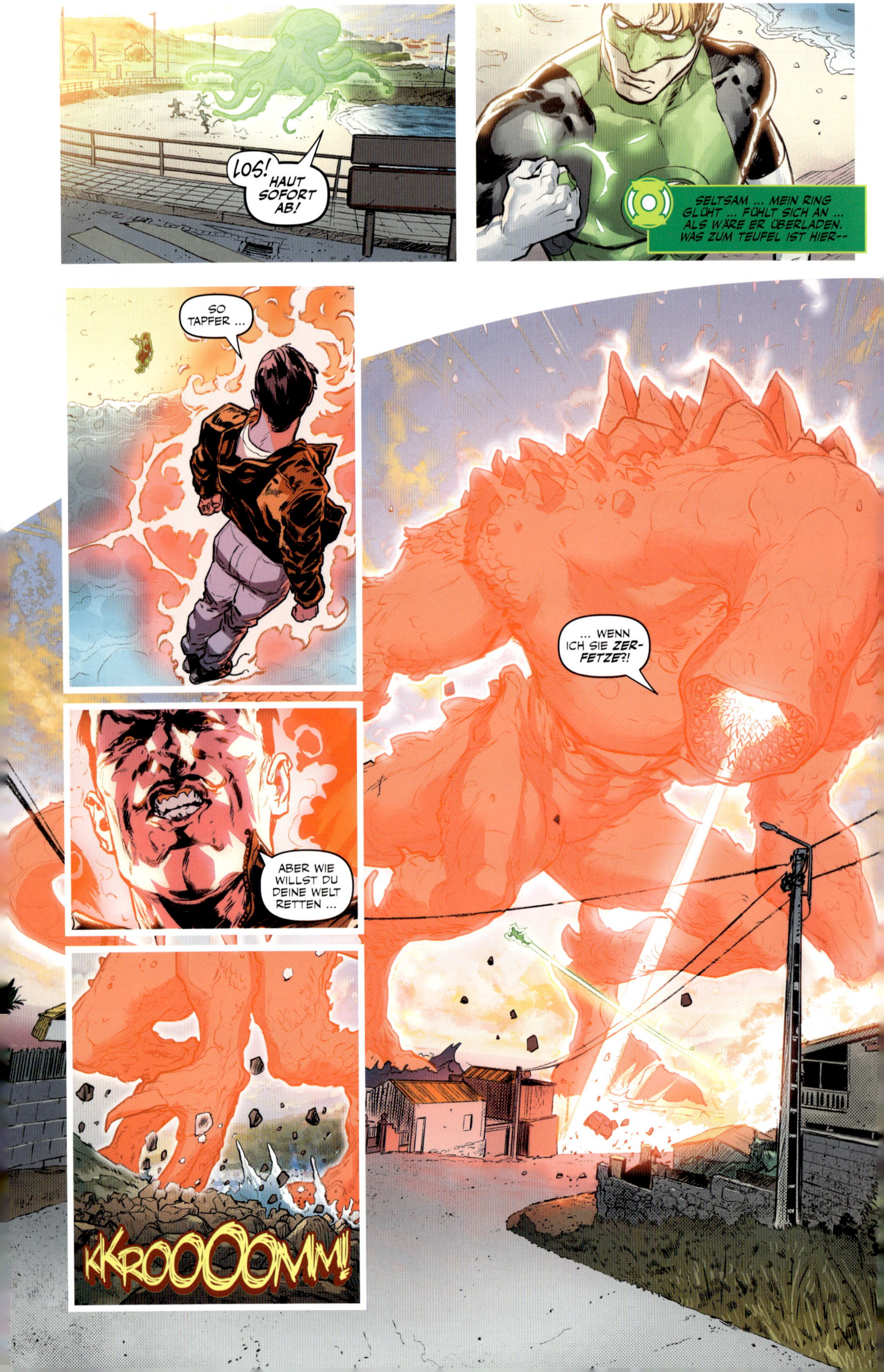

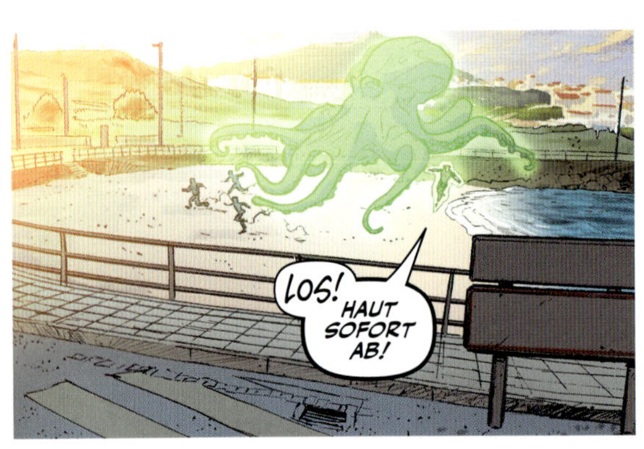
LOS! HAUT SOFORT AB!

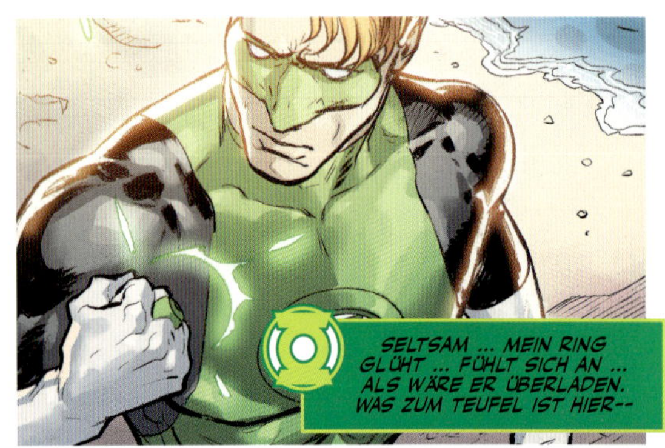
SELTSAM ... MEIN RING GLÜHT ... FÜHLT SICH AN ... ALS WÄRE ER ÜBERLADEN. WAS ZUM TEUFEL IST HIER--

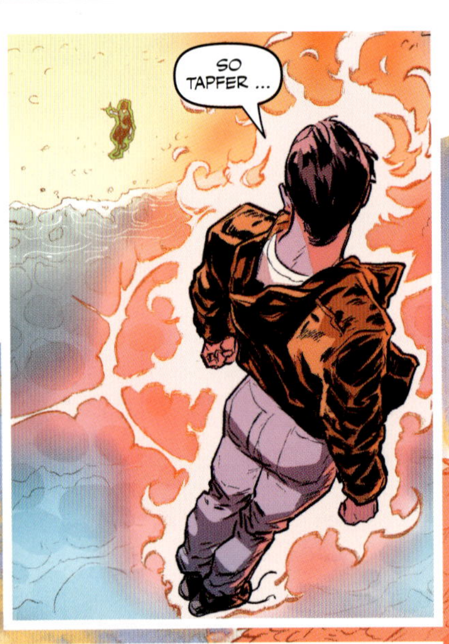
SO TAPFER ...

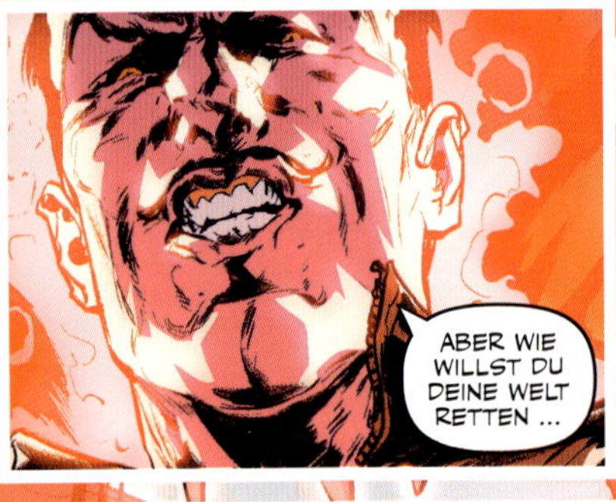
ABER WIE WILLST DU DEINE WELT RETTEN ...
... WENN ICH SIE *ZERFETZE*?!

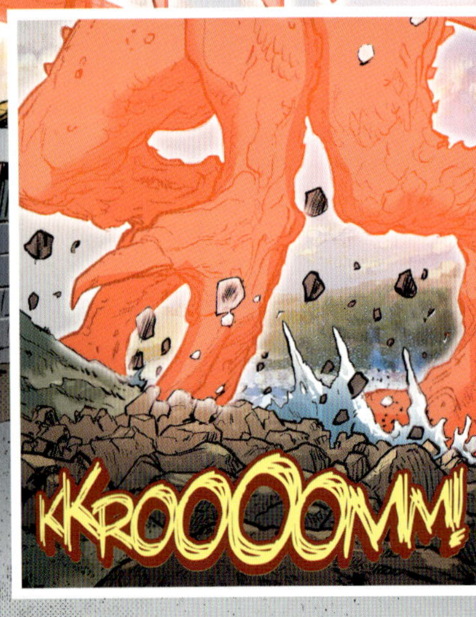
KKROOOOMM!

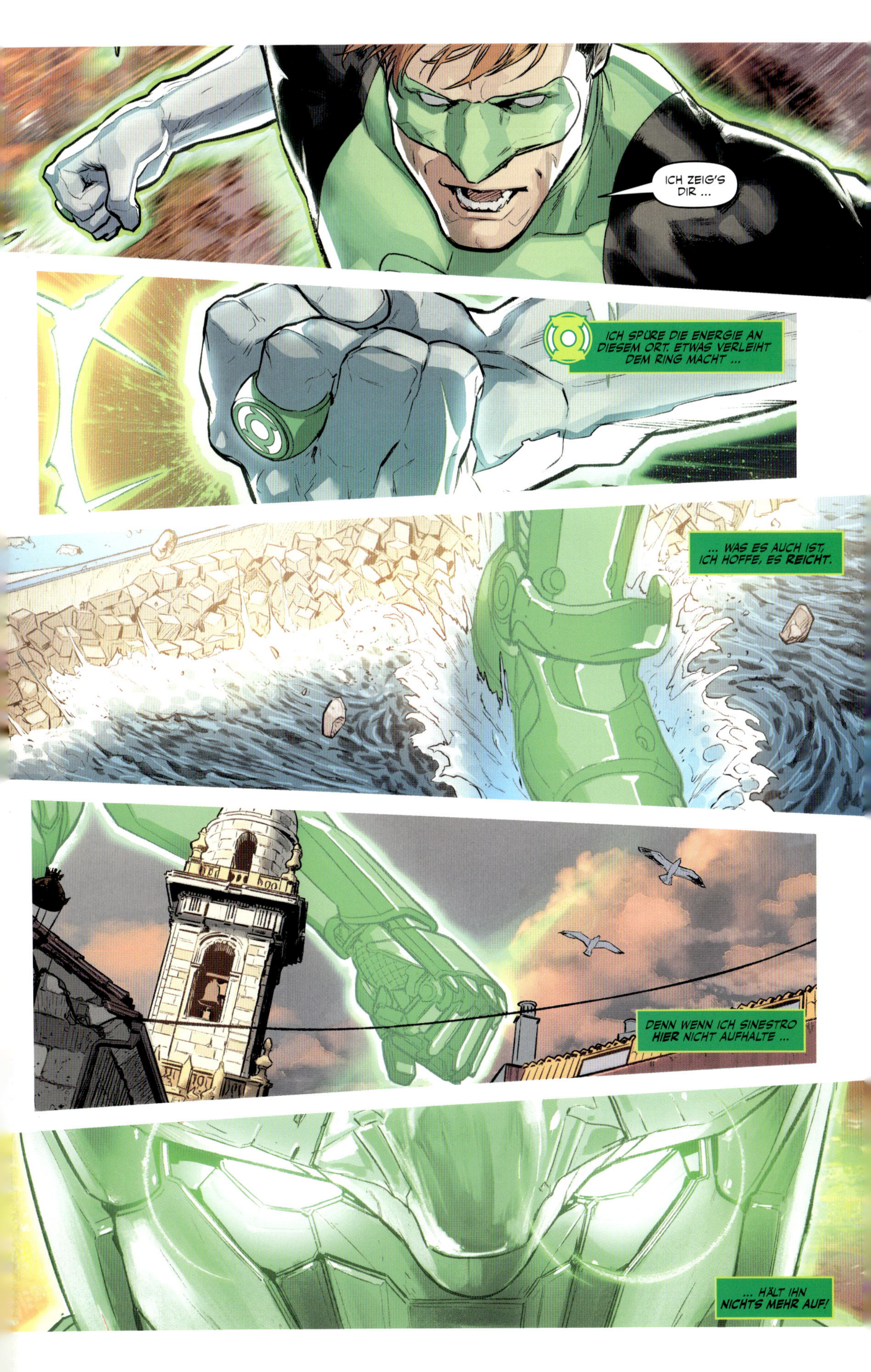
ICH ZEIG'S DIR ...
ICH SPÜRE DIE ENERGIE AN DIESEM ORT. ETWAS VERLEIHT DEM RING MACHT ...
... WAS ES AUCH IST, ICH HOFFE, ES REICHT.
DENN WENN ICH SINESTRO HIER NICHT AUFHALTE ...
... HÄLT IHN NICHTS MEHR AUF!

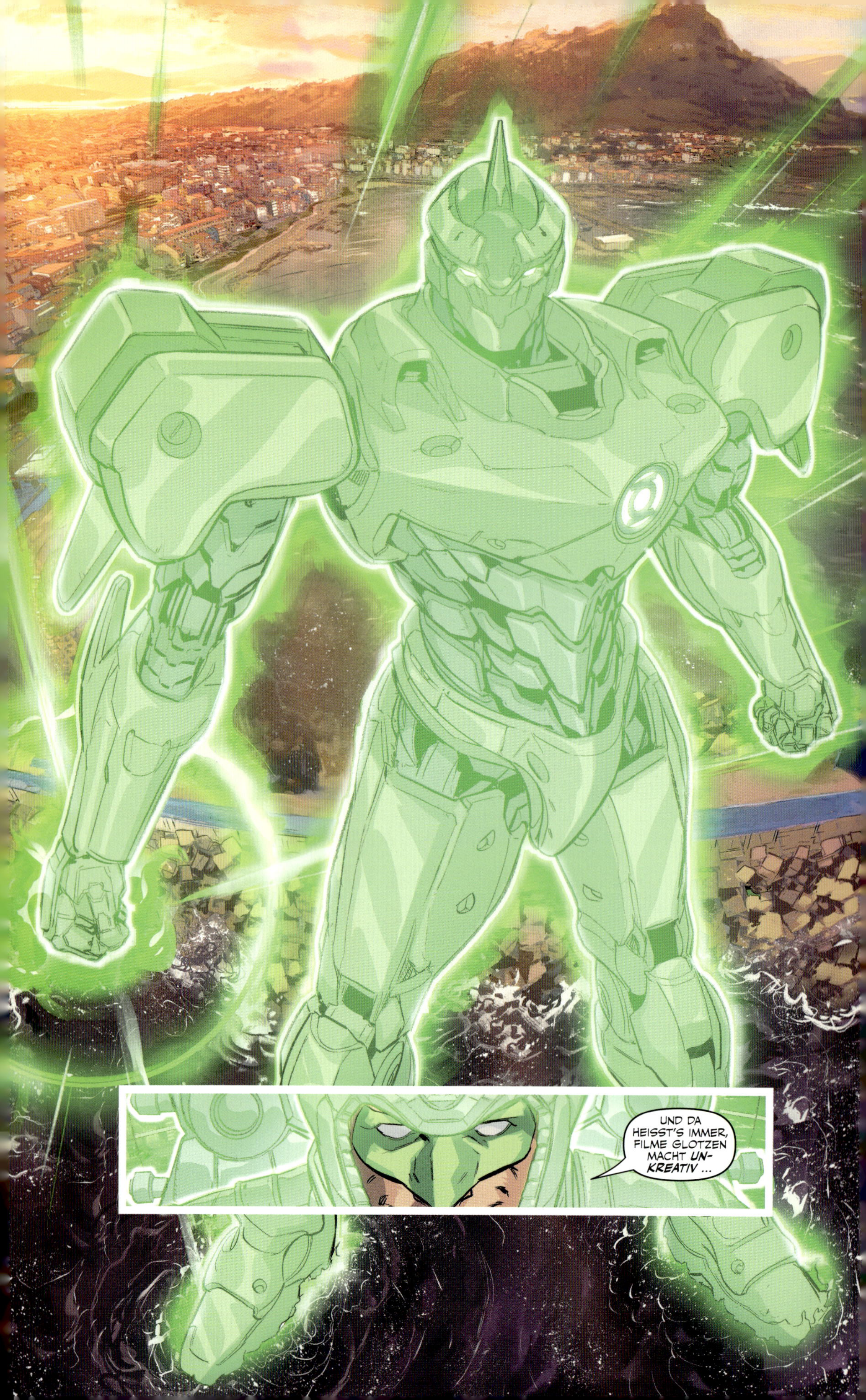
UND DA HEISST'S IMMER, FILME GLOTZEN MACHT UN-KREATIV ...

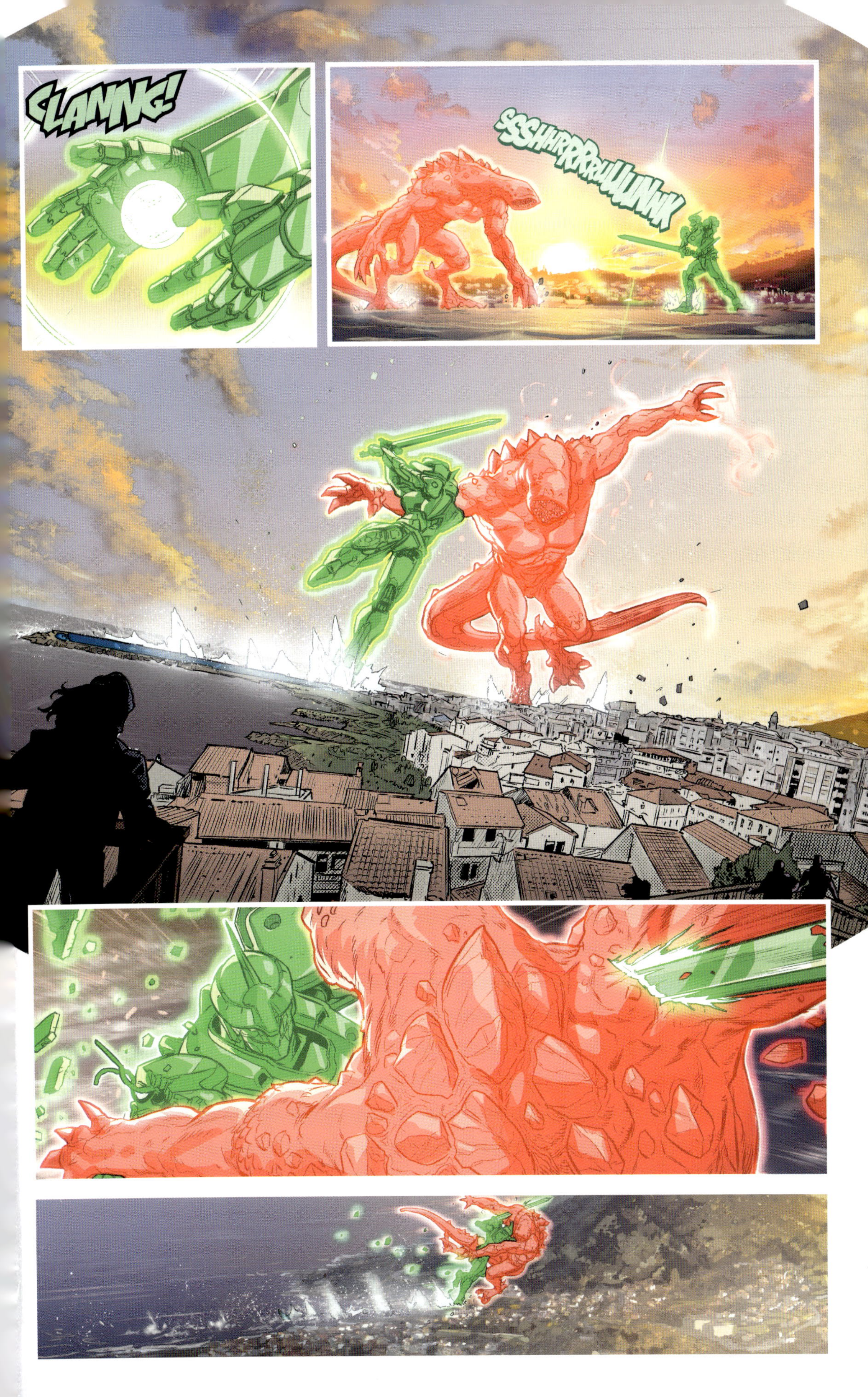
CLANNG!
SSSHRRRRRUUUNNK

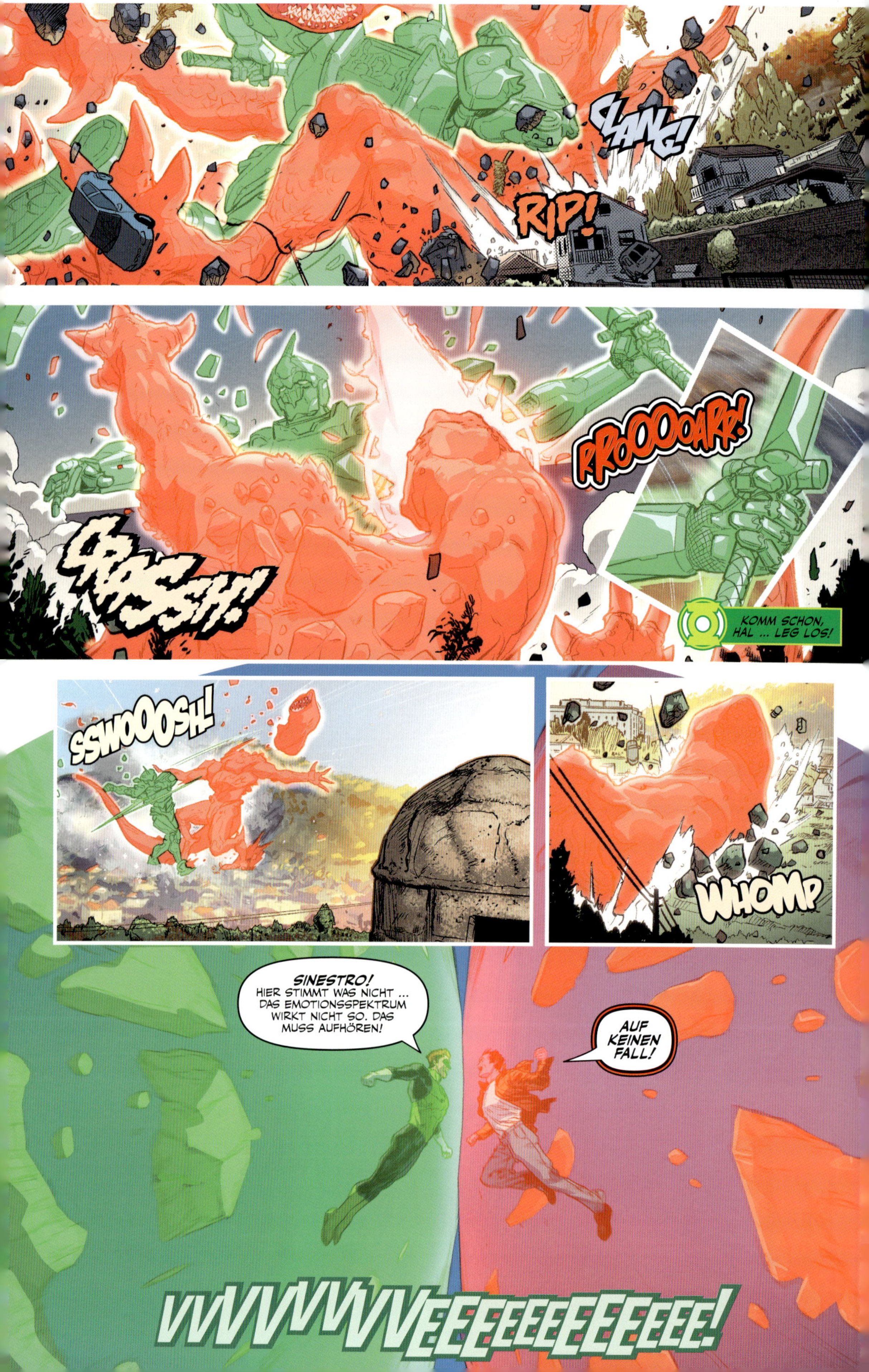

CLANG!
RIP!

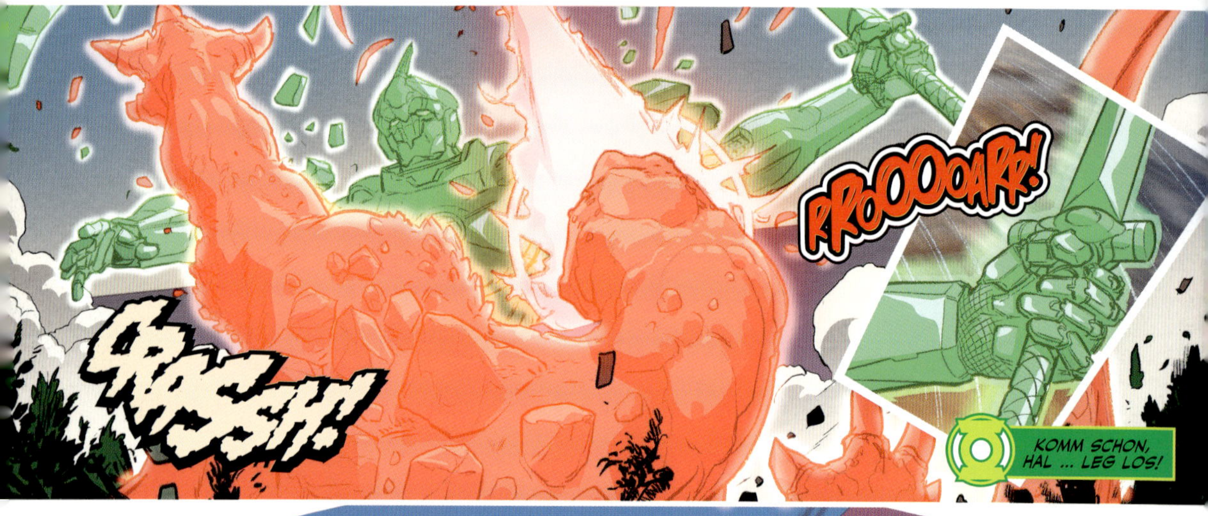

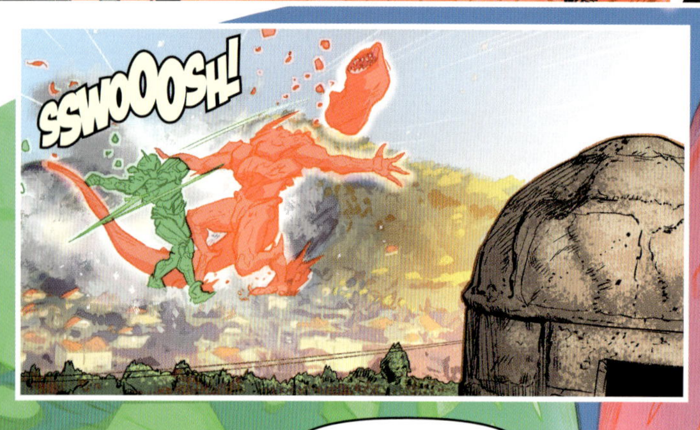

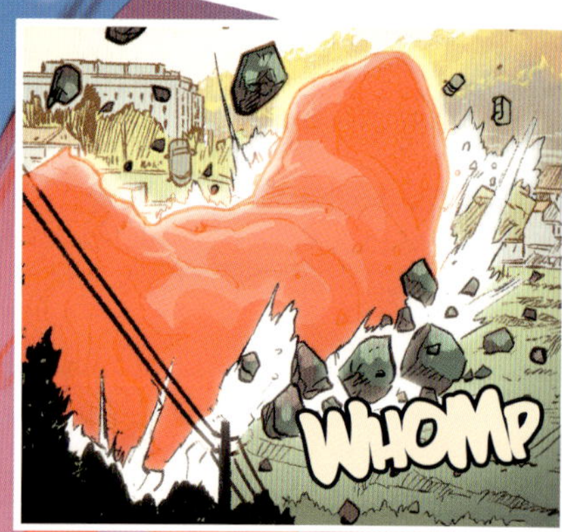

SINESTRO! HIER STIMMT WAS NICHT ... DAS EMOTIONSSPEKTRUM WIRKT NICHT SO. DAS MUSS AUFHÖREN!
AUF KEINEN FALL!

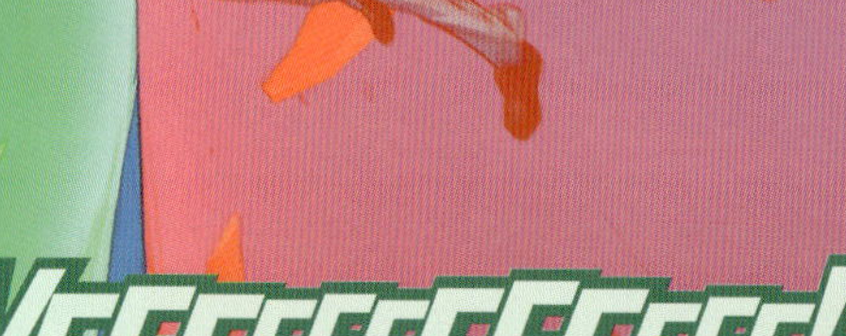

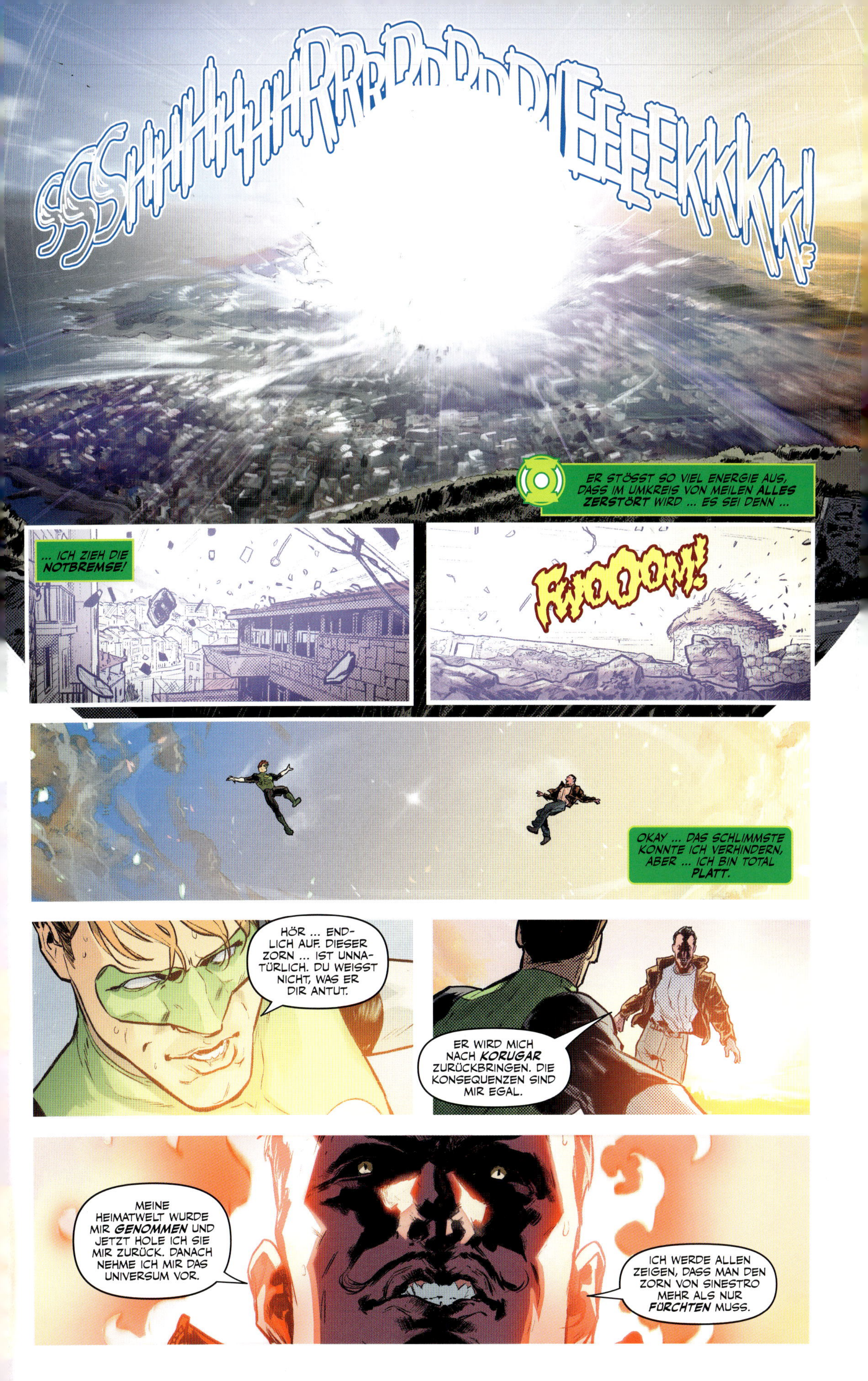

SSSHHHHHHHRRRDDDDDIEEEEEKKKKK!

ER STÖSST SO VIEL ENERGIE AUS, DASS IM UMKREIS VON MEILEN **ALLES ZERSTÖRT** WIRD ... ES SEI DENN ...

... ICH ZIEH DIE **NOTBREMSE!**

FWOOOOM!

OKAY ... DAS SCHLIMMSTE KONNTE ICH VERHINDERN, ABER ... ICH BIN TOTAL **PLATT**.

HÖR ... ENDLICH AUF. DIESER ZORN ... IST UNNATÜRLICH. DU WEISST NICHT, WAS ER DIR ANTUT.

ER WIRD MICH NACH **KORUGAR** ZURÜCKBRINGEN. DIE KONSEQUENZEN SIND MIR EGAL.

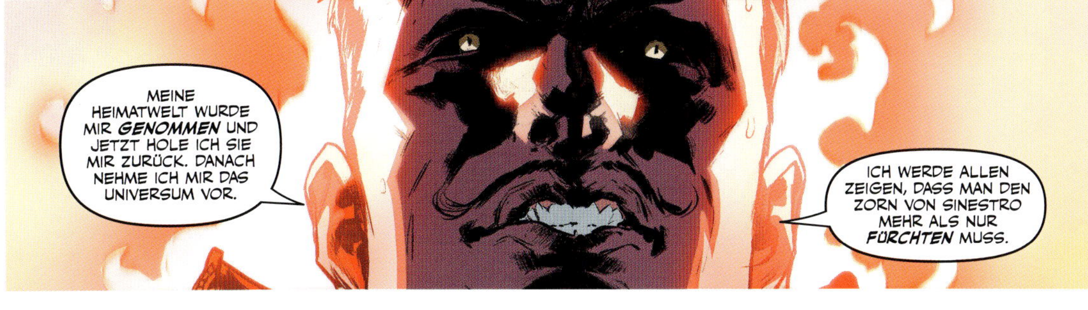

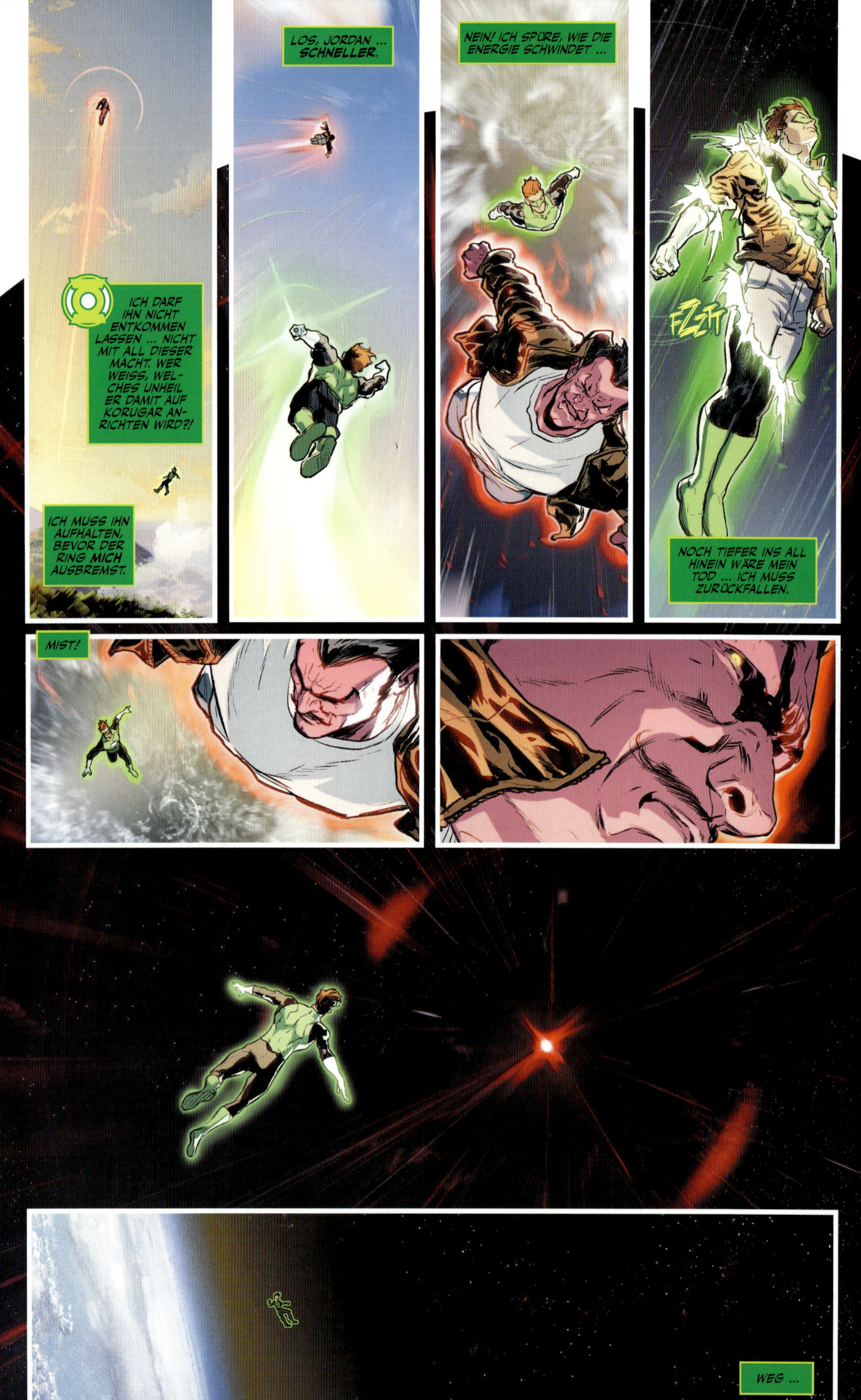
ICH DARF IHN NICHT ENTKOMMEN LASSEN ... NICHT MIT ALL DIESER MACHT. WER WEISS, WELCHES UNHEIL ER DAMIT AUF KORUGAR ANRICHTEN WIRD?!
ICH MUSS IHN AUFHALTEN, BEVOR DER RING MICH AUSBREMST.
LOS, JORDAN ... SCHNELLER.
NEIN! ICH SPÜRE, WIE DIE ENERGIE SCHWINDET ...
FZZTT
NOCH TIEFER INS ALL HINEIN WÄRE MEIN TOD ... ICH MUSS ZURÜCKFALLEN.
MIST!
WEG ...

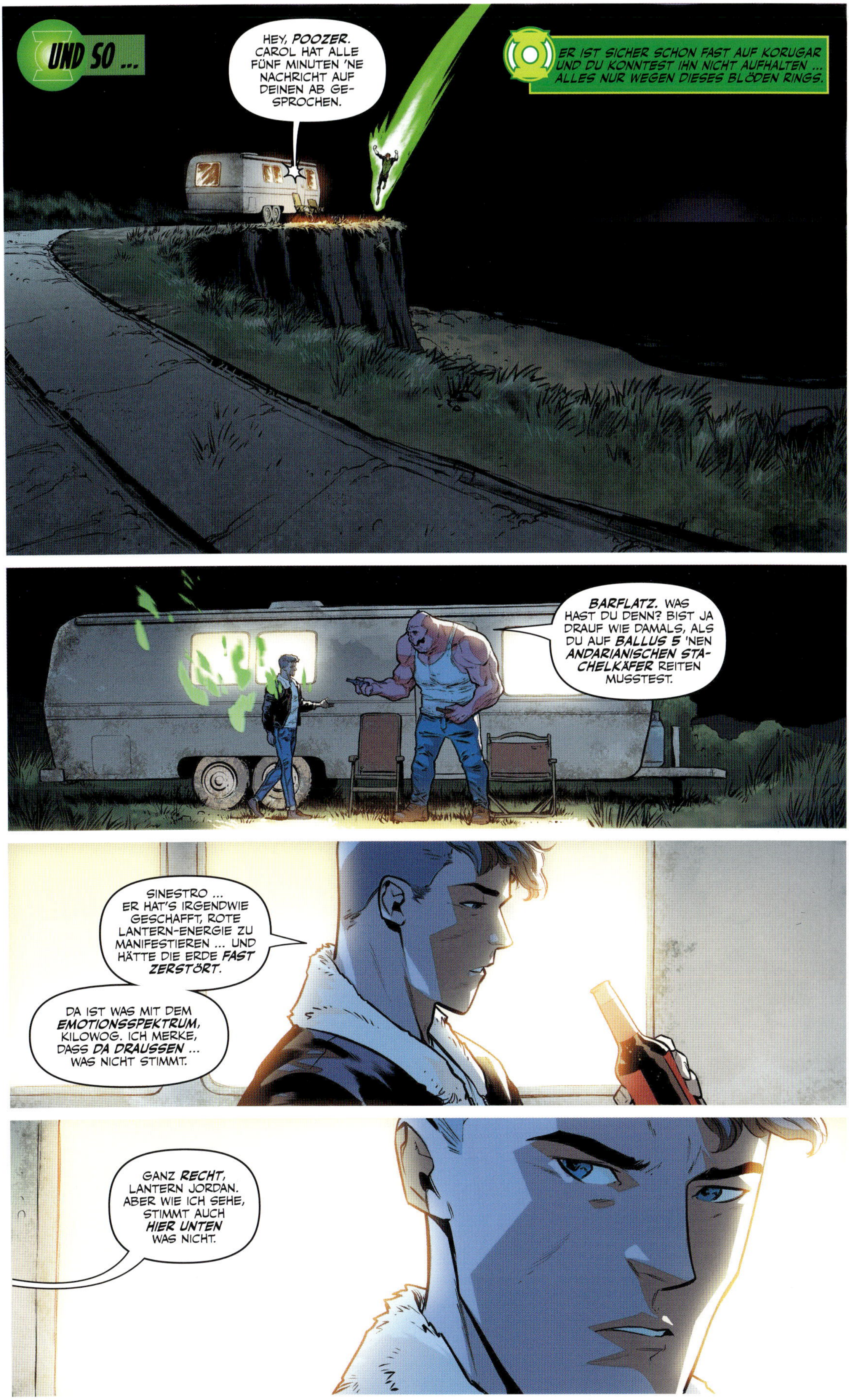

UND SO ...

HEY, POOZER. CAROL HAT ALLE FÜNF MINUTEN 'NE NACHRICHT AUF DEINEN AB GESPROCHEN.

ER IST SICHER SCHON FAST AUF KORUGAR UND DU KONNTEST IHN NICHT AUFHALTEN ... ALLES NUR WEGEN DIESES BLÖDEN RINGS.

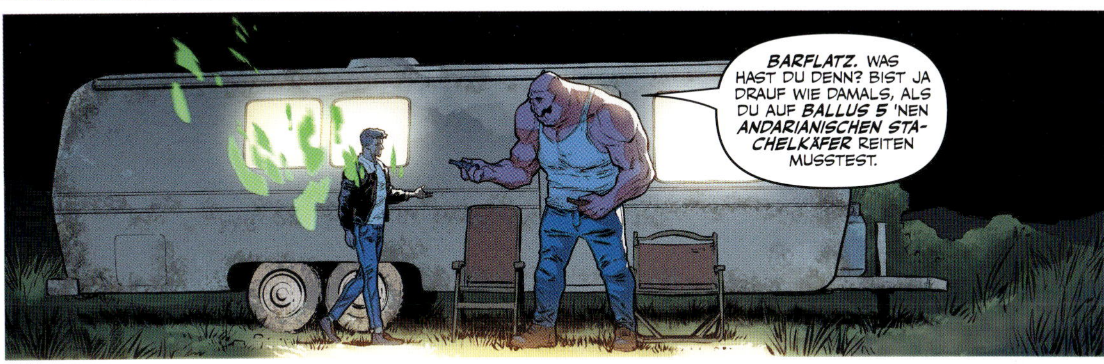

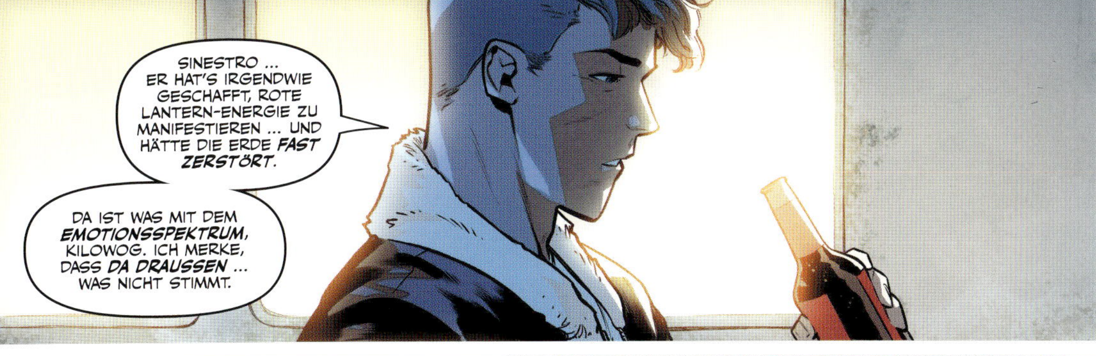

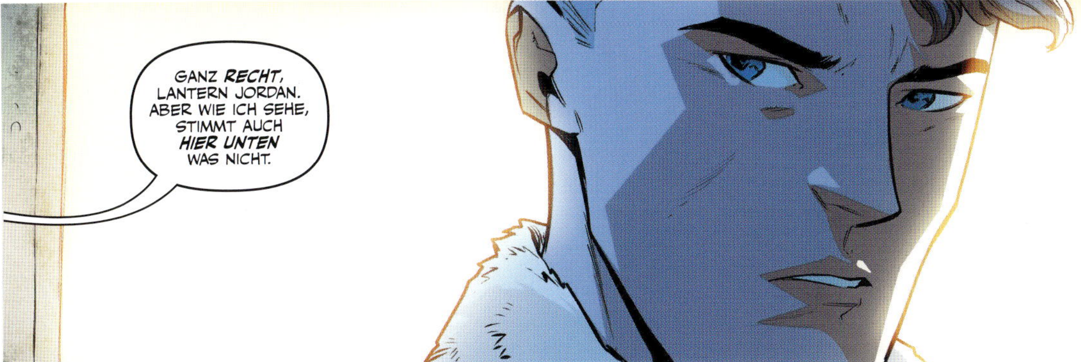

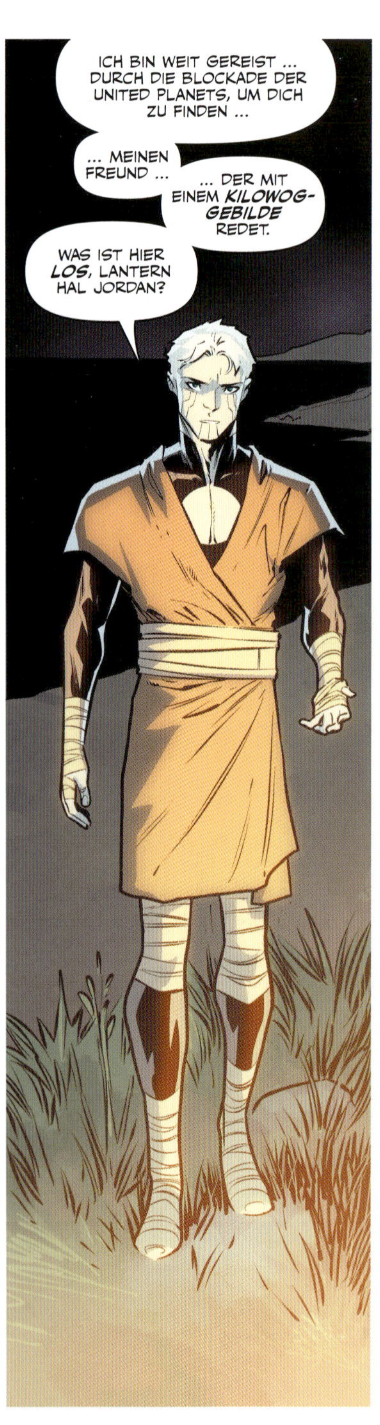
ICH BIN WEIT GEREIST ... DURCH DIE BLOCKADE DER UNITED PLANETS, UM DICH ZU FINDEN ...
... MEINEN FREUND ...
... DER MIT EINEM KILOWOG-GEBILDE REDET.
WAS IST HIER LOS, LANTERN HAL JORDAN?

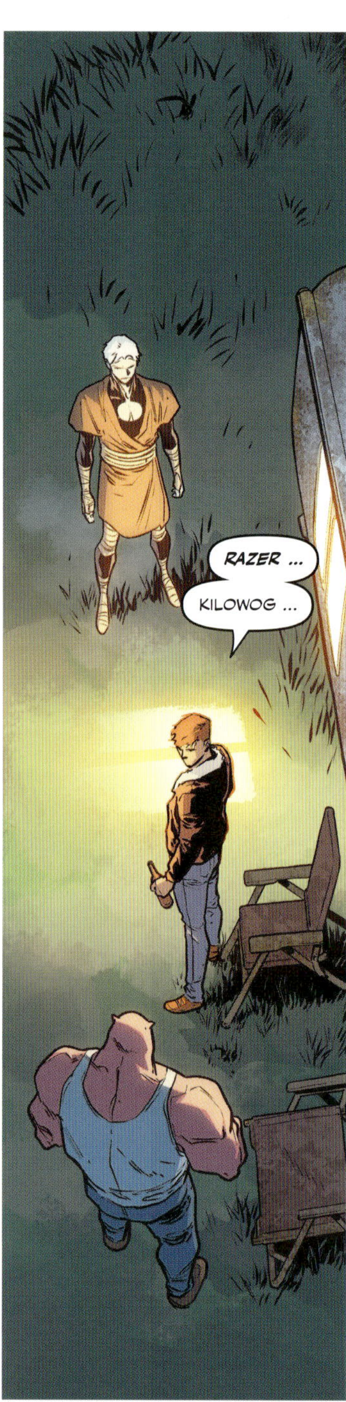
RAZER ...
KILOWOG ...

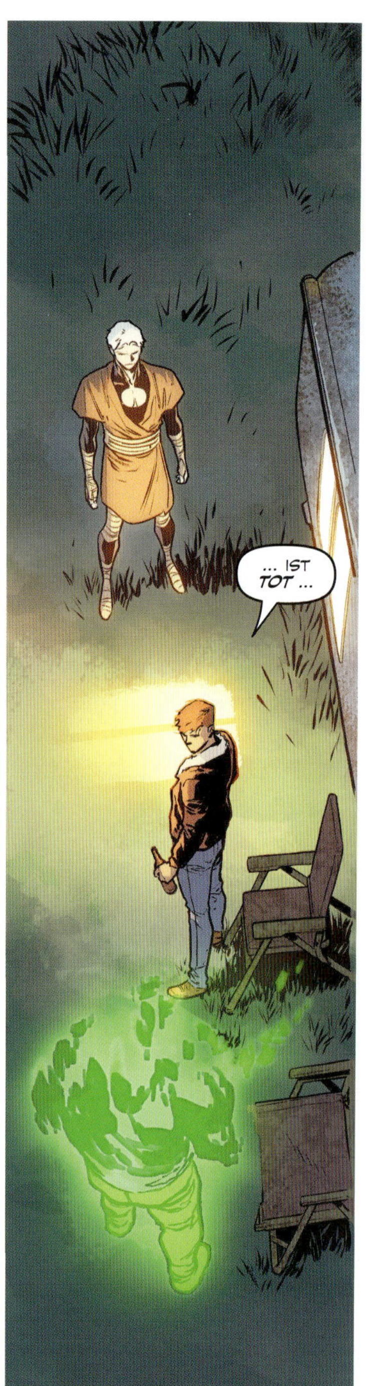
... IST TOT ...

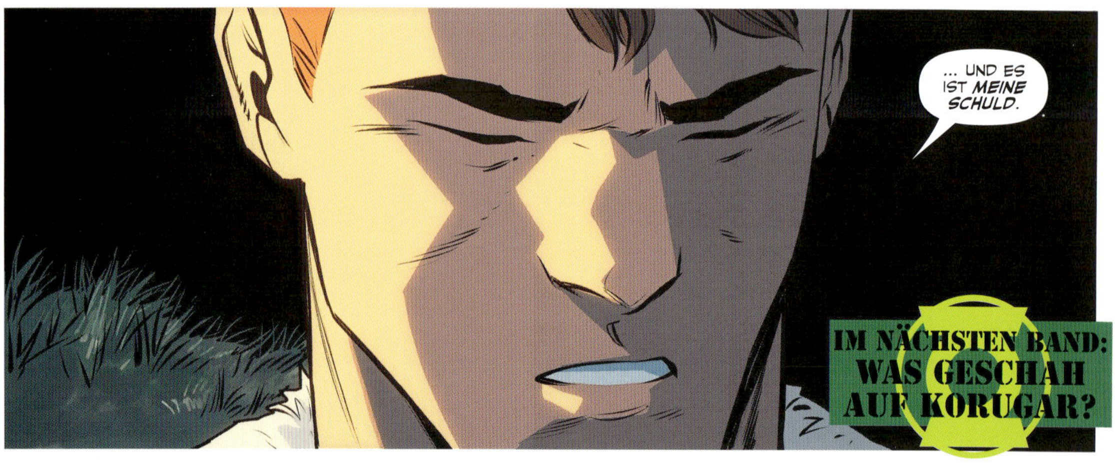
... UND ES IST MEINE SCHULD.
IM NÄCHSTEN BAND: WAS GESCHAH AUF KORUGAR?

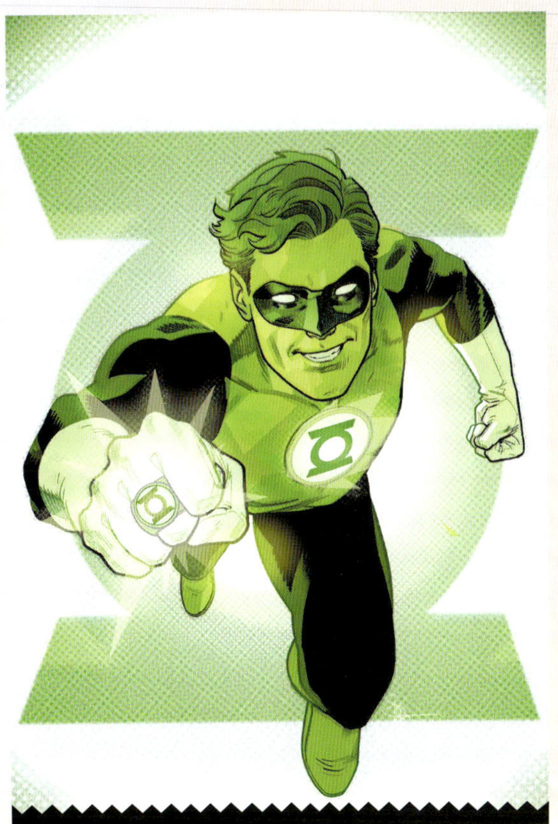

GREEN LANTERN 3
Variant-Cover von EVAN „DOC" SHANER

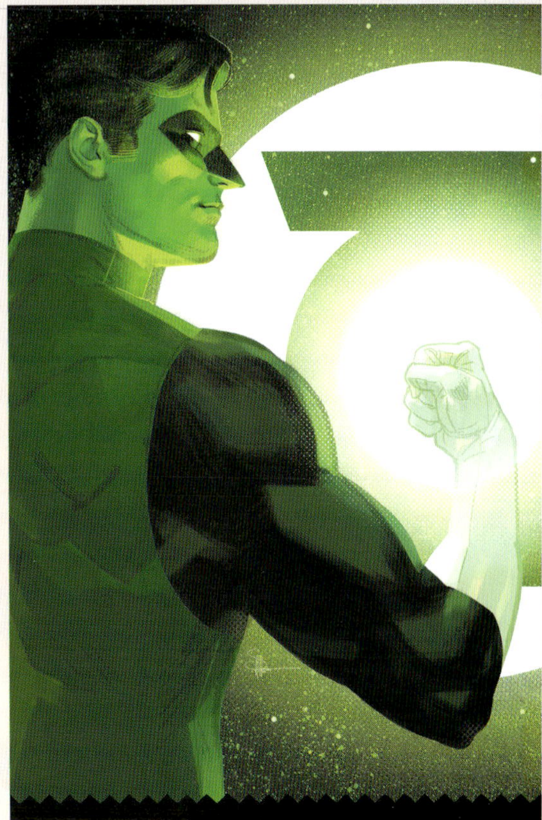

GREEN LANTERN 4
Variant-Cover von EVAN „DOC" SHANER

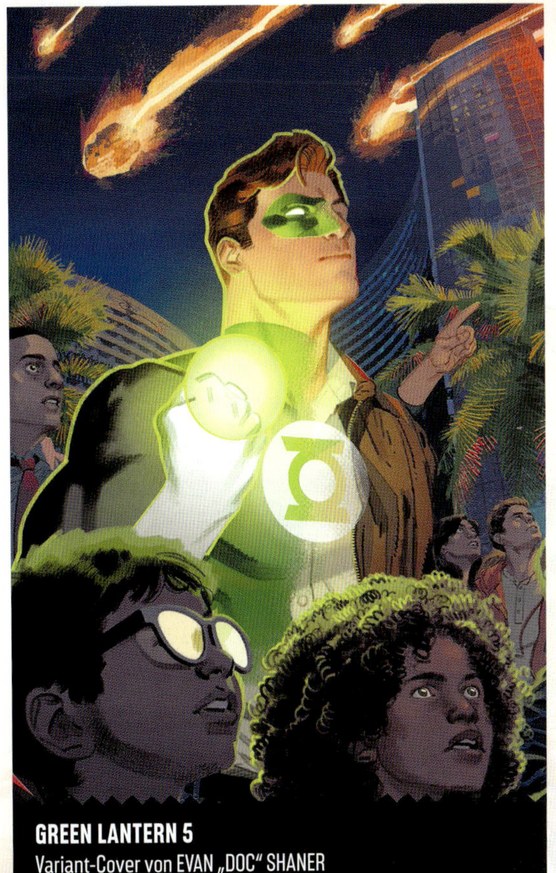

GREEN LANTERN 5
Variant-Cover von EVAN „DOC" SHANER

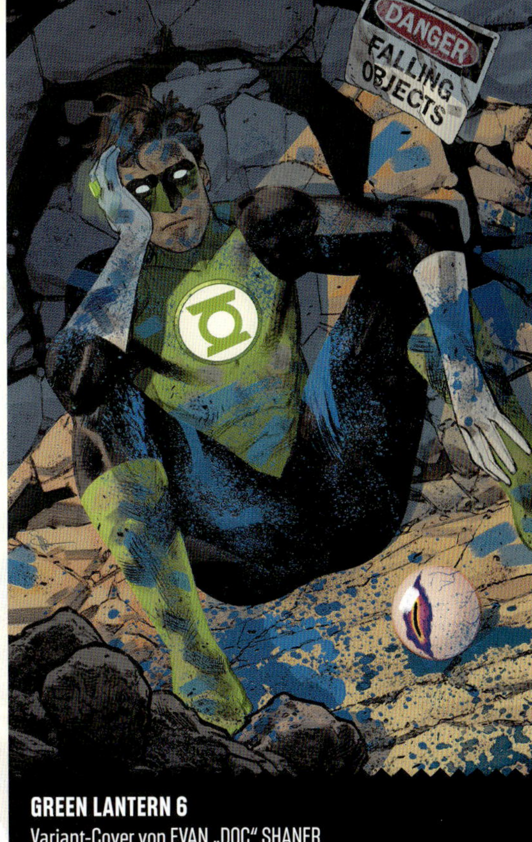

GREEN LANTERN 6
Variant-Cover von EVAN „DOC" SHANER

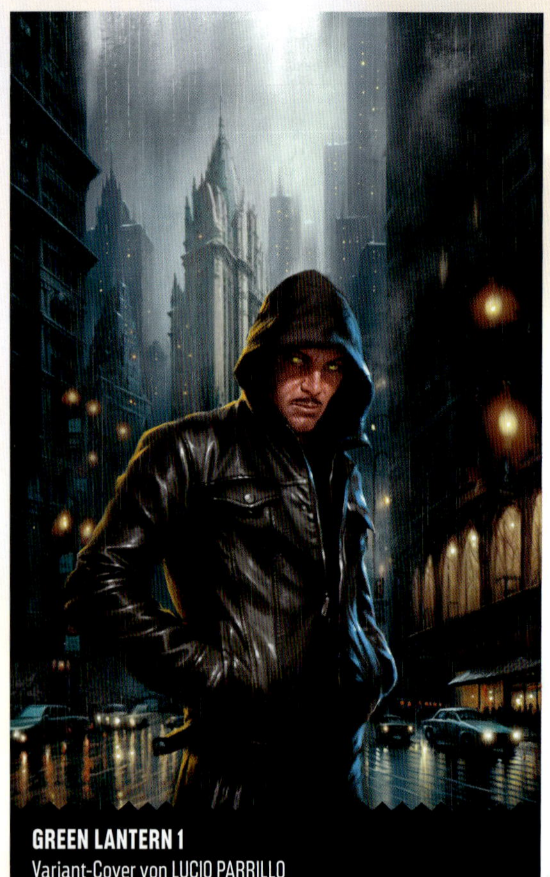

GREEN LANTERN 1
Variant-Cover von LUCIO PARRILLO

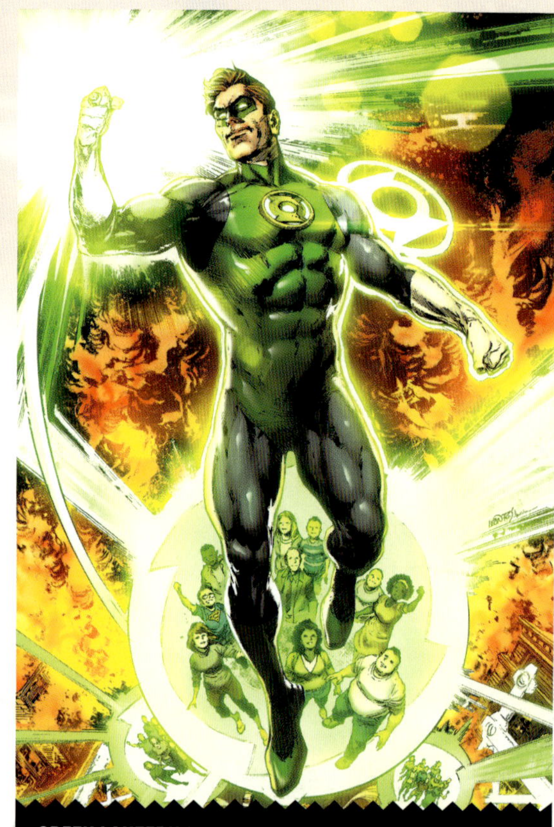

GREEN LANTERN 1
Variant-Cover von IVAN REIS

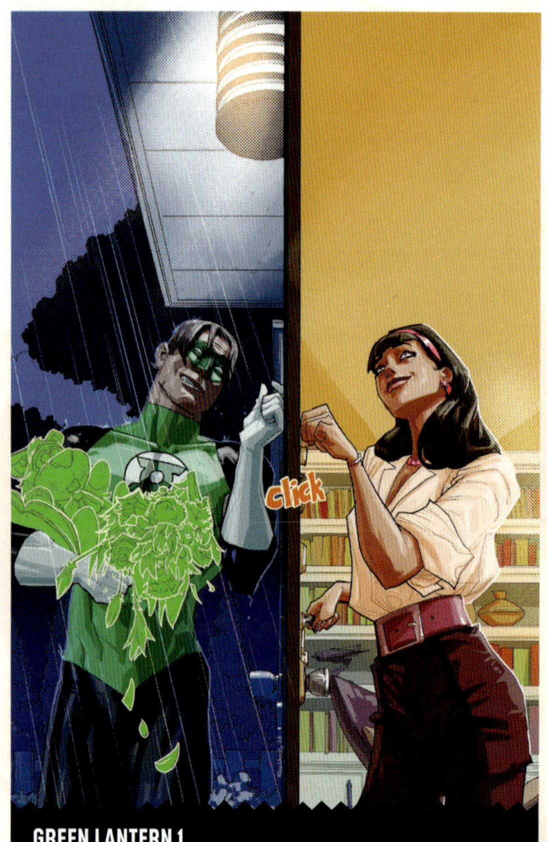

GREEN LANTERN 1
Variant-Cover von PETE WOODS

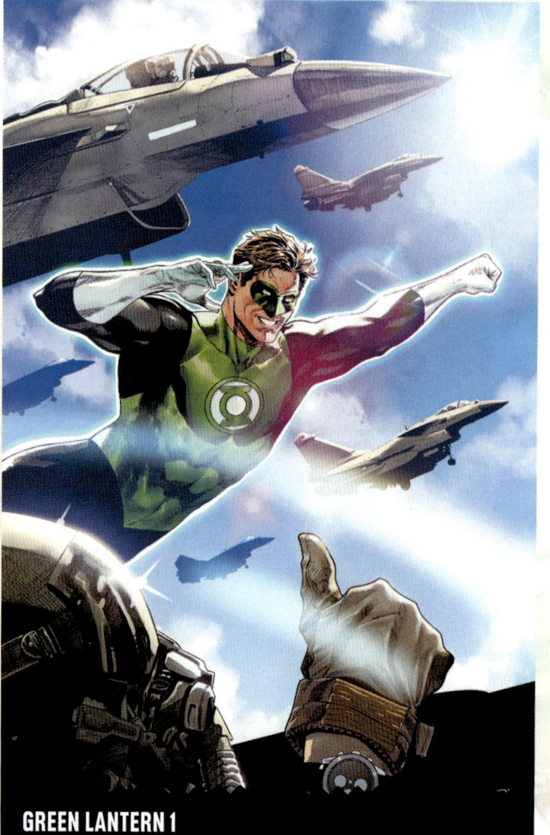

GREEN LANTERN 1
Variant-Cover von DANIEL SAMPERE

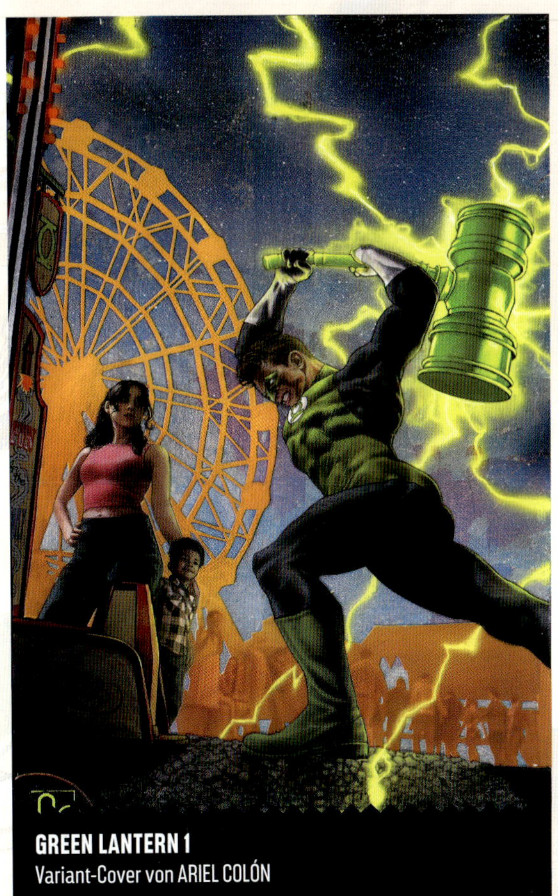

GREEN LANTERN 1
Variant-Cover von ARIEL COLÓN

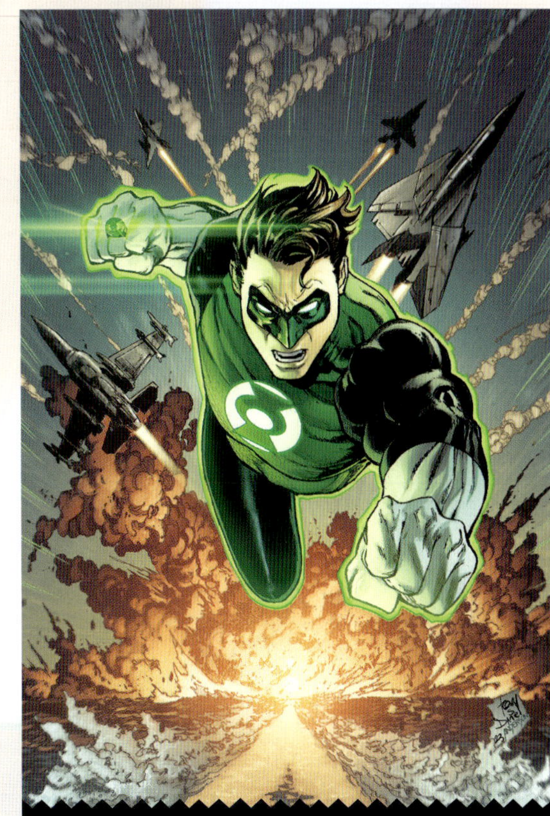

GREEN LANTERN 2
Variant-Cover von TONY S. DANIEL

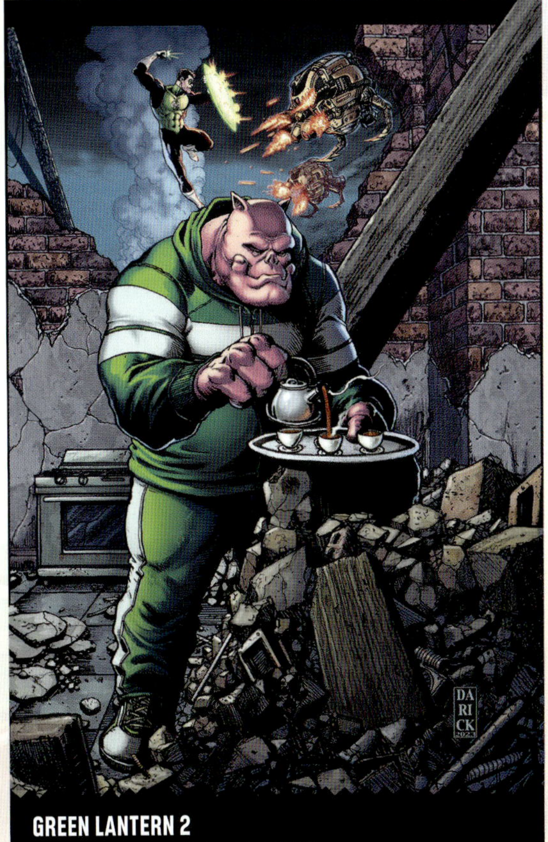

GREEN LANTERN 2
Variant-Cover von DARICK ROBERTSON

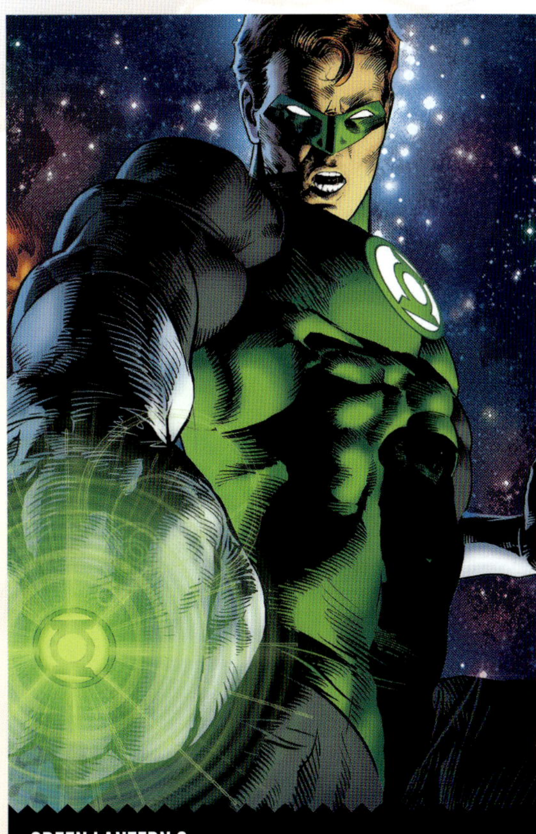

GREEN LANTERN 2
Variant-Cover von MIKE DEODATO JR.

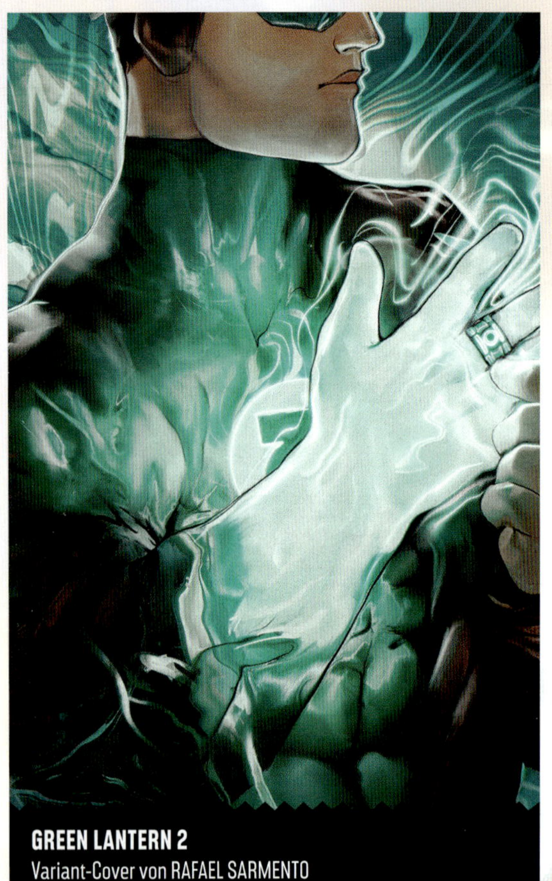

GREEN LANTERN 2
Variant-Cover von RAFAEL SARMENTO

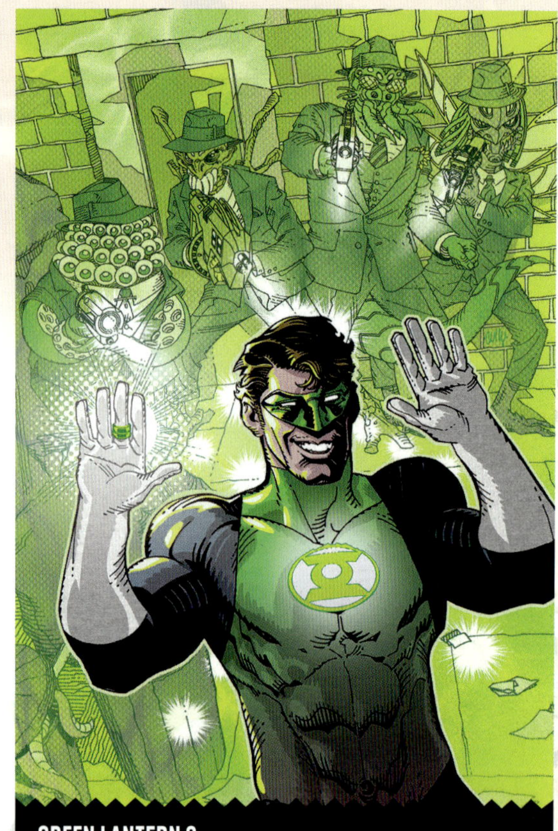

GREEN LANTERN 2
Variant-Cover von CULLY HAMNER

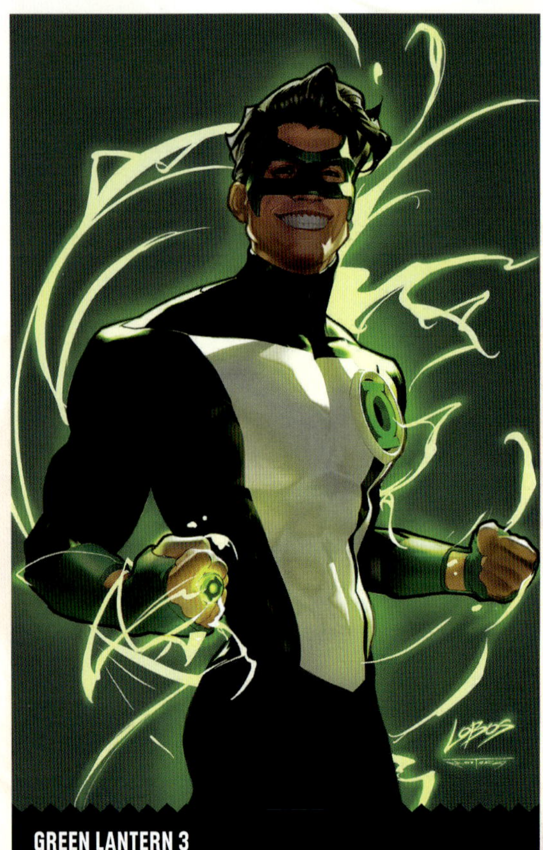

GREEN LANTERN 3
Variant-Cover von PABLO VILLALOBOS

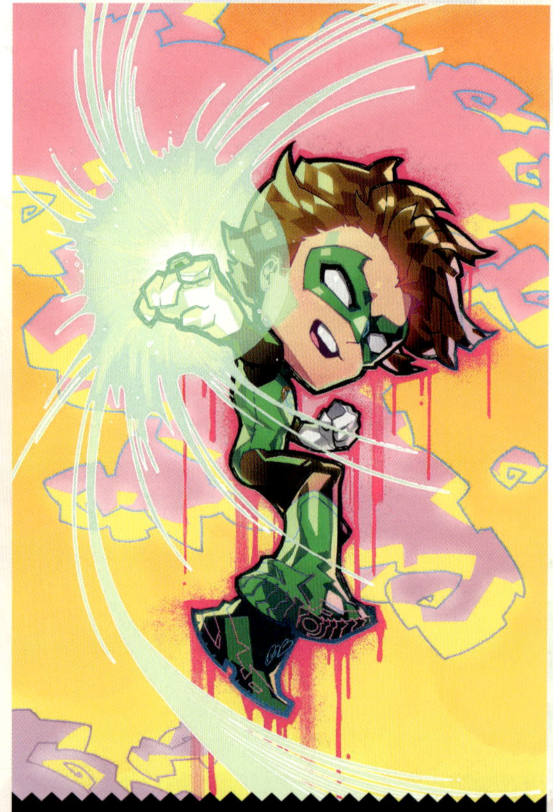

GREEN LANTERN 3
Variant-Cover von ROSE BESCH

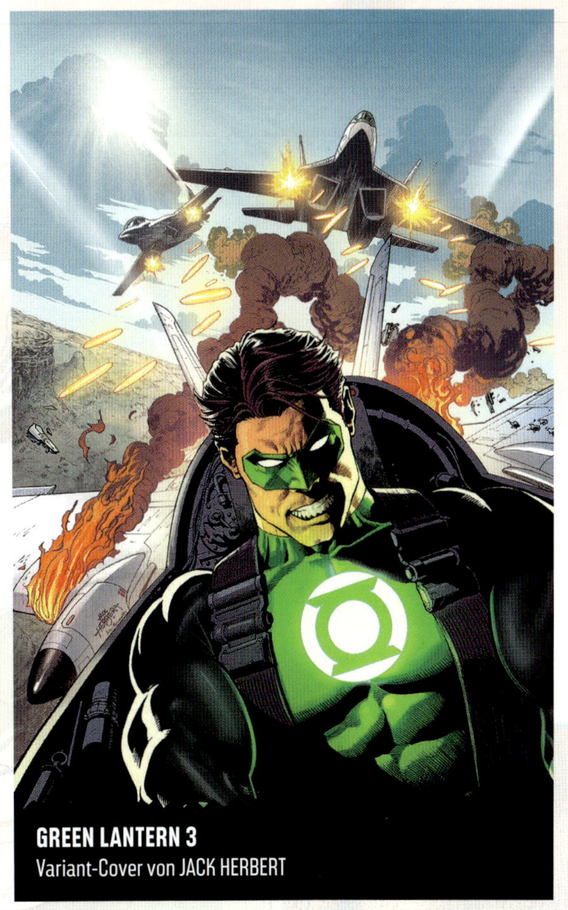

GREEN LANTERN 3
Variant-Cover von JACK HERBERT

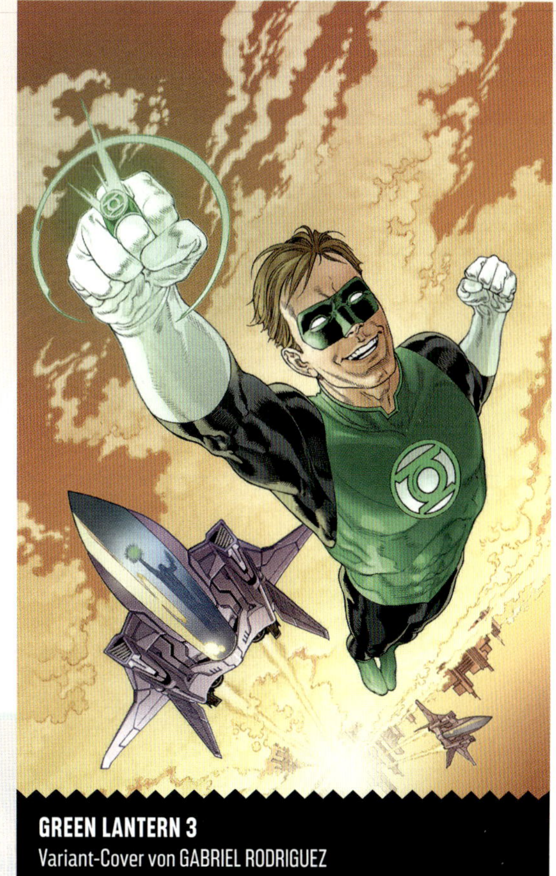

GREEN LANTERN 3
Variant-Cover von GABRIEL RODRIGUEZ

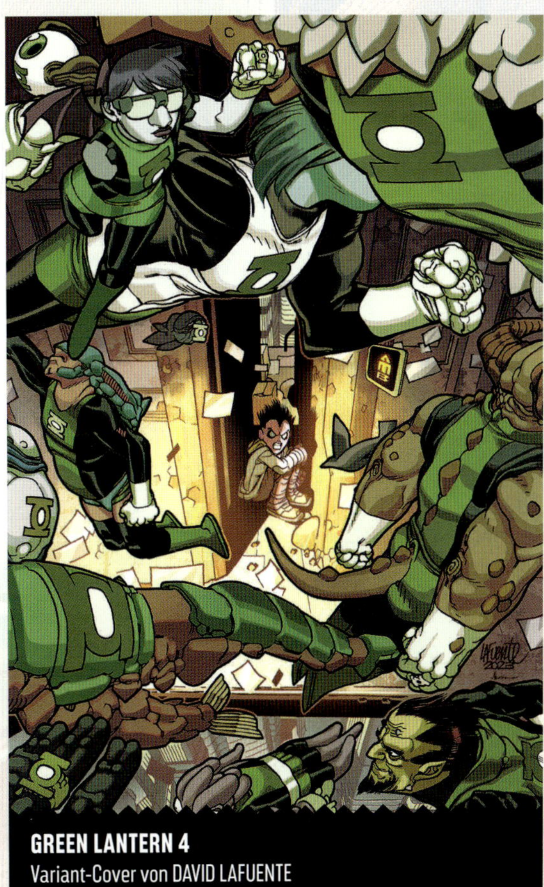

GREEN LANTERN 4
Variant-Cover von DAVID LAFUENTE

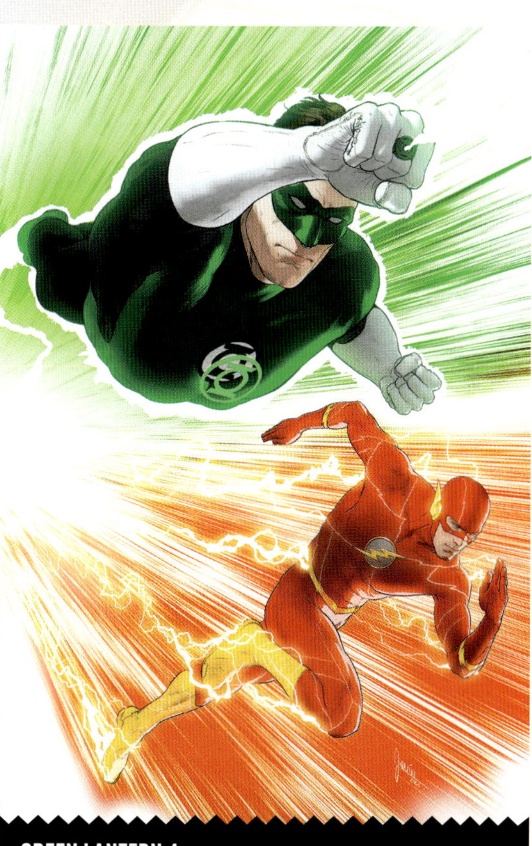

GREEN LANTERN 4
Variant-Cover von MIKEL JANÍN

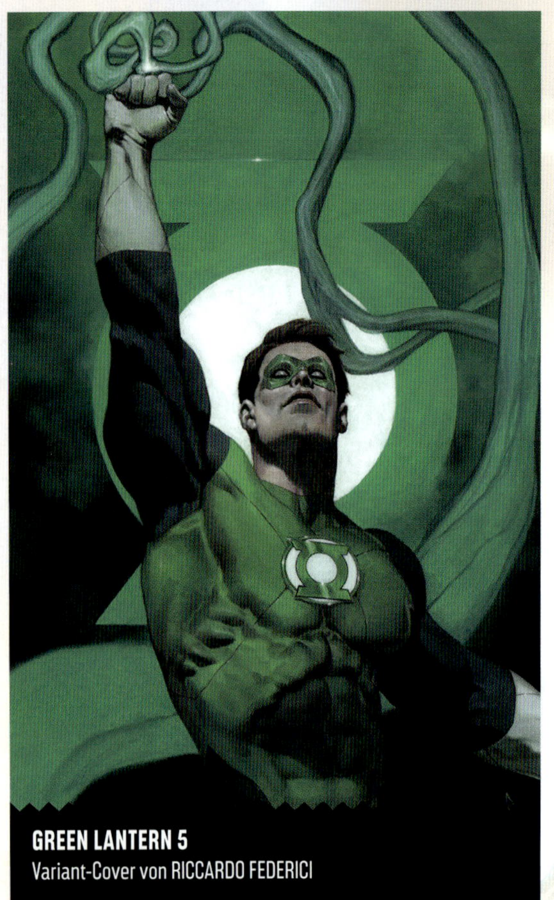

GREEN LANTERN 5
Variant-Cover von RICCARDO FEDERICI

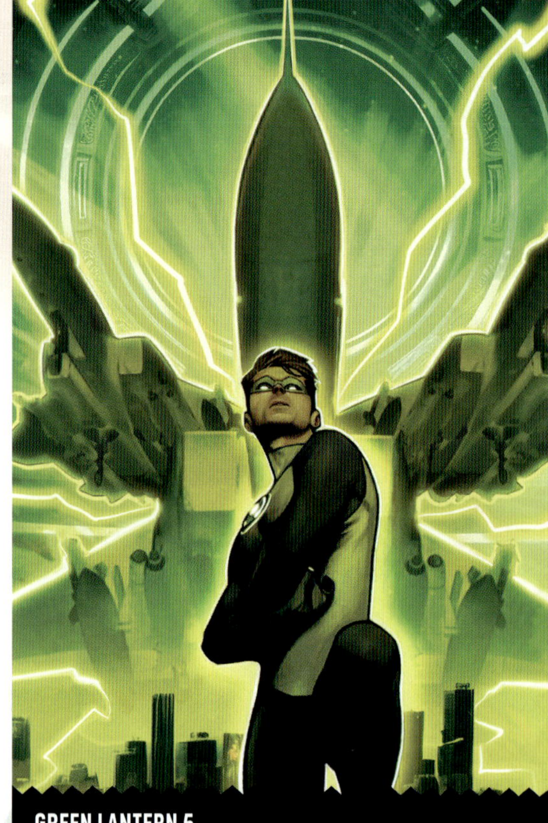

GREEN LANTERN 5
Variant-Cover von FRANCESCO TOMASELLI

GREEN LANTERN 6
Variant-Cover von MICHAEL WALSH

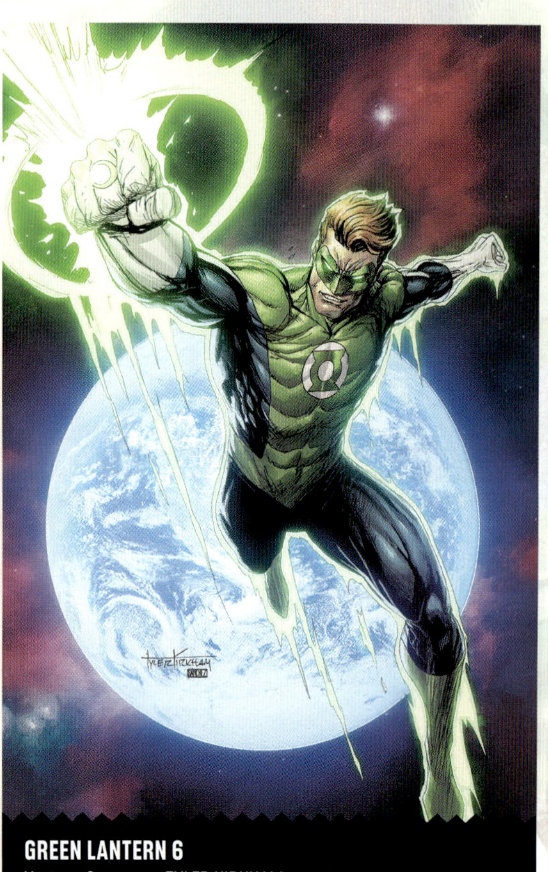

GREEN LANTERN 6
Variant-Cover von TYLER KIRKHAM

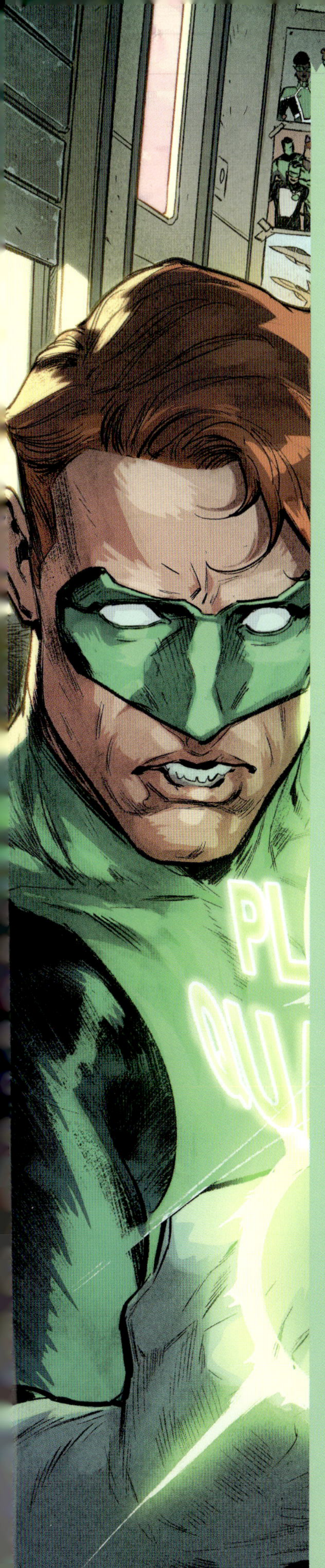

RAUMSEKTOR ERDE

von **Christian Heiß**

FESTER BODEN

Zurück auf der Erde lautet der Titel dieser *Green Lantern*-Ausgabe und er steht programmatisch für den neuen Ansatz, den das Kreativteam um Autor **Jeremy Adams** und Zeichner **Xermánico** für diese Serie mit **Hal Jordan** gewählt haben. Seitdem **Geoff Johns** im Jahr 2005 mit *Green Lantern: Rebirth* den draufgängerischen Piloten aus **Coast City** als „Grüne Leuchte" der Erde zurückbrachte, haben sich die Abenteuer der Weltall-Cops bis auf wenige Ausnahmen nur in der Galaxis abgespielt. Egal, ob es in Johns' Ära war, die in dem Crossover **Blackest Night** gipfelte, oder bei seinem Nachfolger **Robert Venditti**, in dessen Serie *Hal Jordan und das Green Lantern Corps*, sowie bei **Grant Morrisons** wildem Trip durch den Kosmos oder zuletzt im *Green Lantern Megaband* von Ideengeber **Geoffrey Thorne**, der sich auf die Erlebnisse von Hals Verbündeten **John Stewart** konzentrierte, Hal und die anderen Ringträger setzten kaum einmal Fuß auf die Erde. Nun aber ist **Dawn of DC** angebrochen, ein „Neuer Morgen" für Hal und all die anderen DC-Helden, die allesamt mit aufregenden neuen Kreativ-Teams und überraschenden Story-Ansätzen ins Jahr 2024 starten. Nicht nur Hal Jordan wurde ein frischer Anstrich verpasst, auch andere Helden wie **Superman**, **Catwoman**, **Flash**, **Green Arrow**, **Wonder Woman**, die **Titans** und sogar die **Doom Patrol** präsentieren sich demnächst mit neuen Abenteuern.

FREUND UND FEIND

Hal Jordan kann wegen eines Erlasses der **United Planets** gar nicht anders, als auf seinem Heimatplaneten zu bleiben und begegnet schon nach wenigen Seiten einigen alten Bekannten: Zuallererst natürlich seiner großen Liebe **Carol Ferris**, mit der ihn stets eine heftige, aber auch unerfüllte Romanze verband. Ganz nebenbei trug Carol, die den Flugzeugbauer **Ferris Air** leitet, den violetten Ring der außerirdischen **Zamaroner**, der für die Macht der Liebe steht, und war zeitweilig gar Königin dieser sogenannten **Star Sapphires**.

Das **Demolition Team**, dem Hal auf dem Friedhof Angst und Schrecken einjagt, sucht schon seit den 1980er-Jahren Hals Heimatstadt Coast City heim. Viel schwerer als das wiegt aber die Rückkehr von **Thaal Sinestro** vom Planeten **Korugar**, der einst selbst dem **Green Lantern Corps** angehörte und Hals Mentor war, aber nach dem Missbrauch seiner Macht aus dem Corps verbannt wurde. In der Zwischendimension **Qward** erhielt er seinen ersten gelben Energiering, der die Macht der Furcht bündelt, und versucht seither als Meister der Angst, das Corps zu vernichten. Was Sinestro mit seiner neu gewonnenen Macht der Zorn-Energie nun anstellen wird, ist ungewiss. Ebenso unklar ist, welche Ereignisse auf Korugar Hals Freund und Ausbilder **Kilowog** das Leben gekostet haben.

DAS KREATIV-TEAM

JEREMY ADAMS stammt aus der Kleinstadt Prescott, Arizona, und machte sich nach seinem Abschluss an der Universität von Arizona sofort auf nach Los Angeles, um seinen Traum von einem Job in der Entertainment-Industrie zu verwirklichen. Er machte sich schnell einen Namen als Drehbuchautor für Film und Fernsehen. Seine Arbeit umfasst Serien wie *Supernatural*, *Green Lantern: The Animated Series*, *DC Super Hero Girls* und *Justice League Action*, aber auch Animationsfilme wie *Justice Society: World War II*, *Batman: Soul of the Dragon* und *Mortal Kombat Legends: Battle of the Realms*. Hinzu kommen viele Projekte zu Lego und Scooby-Doo. Mit Storys zum dystopischen Event-Spektakel *Future State* wurde er DC-Autor, wenig später übernahm er die aktuelle *Flash*-Serie, mit der er Fans und Kritiker begeisterte. Zuletzt schrieb Adams zusammen mit DC-Ikone Geoff Johns die Event-Miniserie *Flashpoint Beyond*.

XERMÁNICO ist der Künstlername des spanischen Illustrators Alejandro Germánico Benito, der nach einem Studium der Schönen Künste in Salamanca weitere zwei Jahre Comics und Bildkunst an der Escola Joso in Barcelona studierte. 2011 begann er, Comics für den US-amerikanischen Markt für Verlage wie Zenescope und IDW zu bebildern, darunter eine zweiteilige Serie über den Videogame-Charakter Duke Nukem. Als Zeichner an der Serie *Arrow* zum gleichnamigen TV-Hit und der Videogame-Begleitreihe *Injustice: Götter unter uns* gelang ihm der Schritt zu DC Comics. Es folgten weitere Arbeiten für den amerikanischen Verlagsriesen wie *Wonder Woman*, Grant Morrisons *Green Lantern* und zuletzt die Event-Serien *Flashpoint Beyond* und *Justice League: Infinite Frontier*.

ROMULO FAJARDO JR. ist ein philippinischer Comic-Zeichner, der sich auf digitale Kolorierung spezialisiert hat. Er begann Mitte der 2000er-Jahre in der Branche und arbeitete für diverse Verlage wie Harris Comics, Top Cow und Dynamite. IDW war der erste Verlag, der von seiner Arbeit profitierte und ihn mit der Kolorierung von *The Maze Agency* beauftragte. Seitdem hat er *Witchblade* und *The Darkness* für Top Cow, *The Death-Defying 'Devil*, *Battlestar Galactica*, *Kato Origins* und *Jennifer Blood* für Dynamite koloriert. Zudem hat er für DC und IDW das Crossover *Star Trek/Legion of Super-Heroes* koloriert sowie an wichtigen DC-Titeln wie *Wonder Woman*, *Red Hood und die Outlaws* und *Batman* gearbeitet.

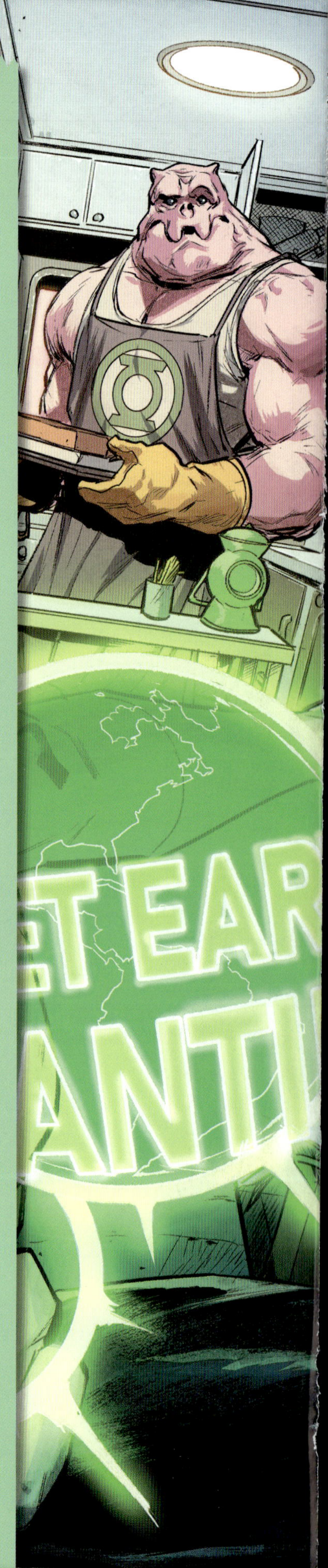